韩国汉字音新探

〔韩〕严翼相 著
钱有用 李京徽 译

北京大学出版社
PEKING UNIVERSITY PRESS

图书在版编目（CIP）数据

韩国汉字音新探 /（韩）严翼相著；钱有用，李京徽译 . —— 北京：北京大学出版社，2024. ——（未名译库）. —— ISBN 978-7-301-35196-3

Ⅰ . H552

中国国家版本馆 CIP 数据核字第 20247Z5337 号

书　　　名	韩国汉字音新探 HANGUO HANZIYIN XINTAN
著作责任者	〔韩〕严翼相　著　钱有用　李京徽　译
责任编辑	赵明秀　邓晓霞
标准书号	ISBN 978-7-301-35196-3
出版发行	北京大学出版社
地　　　址	北京市海淀区成府路 205 号　100871
网　　　址	http://www.pup.cn　新浪微博：@ 北京大学出版社
电子邮箱	zpup@pup.cn
电　　　话	邮购部 010-62752015　发行部 010-62750672　编辑部 010-62753334
印　刷　者	北京虎彩文化传播有限公司
经　销　者	新华书店
	720 毫米 ×1020 毫米　16 开本　25 印张　420 千字 2024 年 7 月第 1 版　2024 年 7 月第 1 次印刷
定　　　价	76.00 元

未经许可，不得以任何方式复制或抄袭本书之部分或全部内容。
版权所有，侵权必究
举报电话：010-62752024　电子邮箱：fd@pup.cn
图书如有印装质量问题，请与出版部联系，电话：010-62756370

关于著者

严翼相,韩国汉阳大学中文系荣誉教授,中国湖南大学客座教授。曾任韩国中国语言学会会长、韩国中国语教育学会会长、韩国汉字音研究会会长,汉阳大学人文学院院长、图书馆馆长、出版社社长、国际语学院院长。韩国延世大学中文系学士(1981)、硕士(1985),美国印第安纳大学东亚语言文化系博士(1991)。*Language and Linguistics* (SSCI)、*International Journal of Chinese Linguistics*、*Lingua Sinica*、*Journal of Macro Linguistics* 等国际著名语言学期刊编委。研究领域为汉语音韵音系学、韩汉比较、汉语教学、语言政策等。韩文著作有《韩国汉字音新探》(2015)、《中国语音韵论与应用》(2016)等。主编著作有《韩汉语言探讨》(2013)、*Language Evolution and Changes in Chinese*(2016)等。主要论文有 "2200 years of language contact between Korean and Chinese"(2015)、"现代汉语中元音收敛现象"(2016)等。曾获首尔市长颁发的"首尔"起名功劳奖(2005)、首尔政策人大奖(2006),汉阳大学校长颁发的优秀研究教授奖、优秀讲课教授奖等。两本专著和一本译著被选为大韩民国学术院优秀学术图书,另有一本译著被选为文化体育观光部优秀学术图书。

关于译者

钱有用，中国社会科学院语言研究所副研究员。南开大学对外汉语专业学士（2007），韩国汉阳大学中国语言学专业硕士（2010），美国威斯康星大学麦迪逊分校中国语言学专业博士（2015）。2015年9月至2016年8月在韩国汉阳大学中文系任助理教授。研究领域为现代音系学、汉语音韵学和韩语音韵学。代表作为 A Study of Sino-Korean Phonology: Its Origin, Adaptation and Layers（2018）。

李京徽，韩国汉阳大学中文系讲师。吉林外国语大学对外汉语专业学士（2012），韩国汉阳大学中国语言学专业硕士（2019），韩国汉阳大学中国语言学专业博士（2024）。参与韩国研究财团研究项目"东亚语言的类型和系统"（2017—2020）、"现代汉语宾格扩张现象语义限制研究"（2018—2020）。研究成果有《韩国人汉语口语偏误类型分析》《中韩反义词语义结构对比研究》《汉韩同形词语义对比研究——以汉语"前后"和韩语"전후"为例》等。

著者序
学问的流传

带领我走进语言学学术世界的人是延世大学的崔玲爱教授。1983年读研后，我师从崔玲爱教授，学习了赖福吉（Peter Ladefoged）的 *A Course in Phonetics*、董同龢的《汉语音韵学》、王力的《汉语诗律学》等。当时韩国的中文系上课用英文教材，这让我很惊讶。而且我发现有趣的是，历史音韵学研究原来可以延展到文学研究。

我被汉语音韵学的魅力深深吸引，是1985年在美国印第安纳大学布鲁明顿分校严棉教授的课上。同时期我阅读了郑锦全教授的 *A Synchronic Phonology of Mandarin Chinese*，对现代汉语音系学有了新的认识。我又认真读了一遍董同龢的《汉语音韵学》，开始对韩国汉字音和汉语中古音的区别产生了兴趣。那时我正在学习日语。我发现汉语现代音与韩国汉字音及日本汉字音的差异不仅跟韩语、日语音韵限制有关，而且和中古音的演变过程密切相关。之后我迷上了历史音韵学。得知严棉教授是董同龢的弟子，董同龢师从王力，王力师从赵元任，我真切地感受到某种自豪感和责任感。那种感觉就像是传承了中国语言学的正统一般。

后来我对韩国古代汉字音和汉语上古音、方言音进行了比较研究，在1991年取得博士学位，至今已有30年。这些年来，韩国汉字音成为我最重要的研究领域，而本书汇集了几十年来我一直感兴趣的研究课题。语言学在19世纪成为独立学科，某种程度上得益于突破了过去的文献研究范式。本书大部分选题属于非文献研究，这一点跟其他汉字音研究成果有本质性的区别。

◆ 韩国汉字音新探

我对韩国汉字音产生兴趣是因为中国的教授，而我又把这种兴趣传递给钱有用、李京徽等中国学生。他们都在汉阳大学中文系研究生课堂上，听过我讲的现代汉语音系学、汉语历史音韵学、韩汉比较音韵学等课程，和我一样感受到韩国汉字音的魅力。钱有用在美国威斯康星大学麦迪逊分校以韩国汉字音为主题撰写了博士论文，并在Routledge出版社出版了韩国汉字音方面的专著。李京徽通晓韩汉双语，是韩汉语言研究方面的人才。当年中国教授传授给我的学问，如今我又传授给中国学生。相信将来有一天，他们也会把学问传授给他人。

他们两人三年多来倾心翻译这本书。译稿完成后我也花了不少时间校对。中文版在韩文原版基础上作了修改补充，书稿质量得到了提升。借此机会，我要向译者为翻译本书所付出的辛劳表示衷心的感谢。还要感谢北京大学出版社承担本书中文版的出版工作，感谢北京语言大学和邵磊教授的支持。最后，我要感谢汉阳大学中文系李莲花、陈文备、周文亮等几位已经毕业的硕士、博士生，他们很久前参与了本书部分内容的初译。

这本书可能是弟子们在我退休前送给我的最宝贵的礼物。同时，对中国读者而言，我期待本书成为解开韩国汉字音与不同时期、不同地域中国汉字音关系之谜的一把钥匙。

2021年圣诞节
美国加州圣塔克拉拉
严翼相

译者序

"韩国汉字音"（又称"朝鲜汉字音""高丽译音"）是指韩语里汉字的读音。自高本汉利用韩国汉字音构拟汉语中古音，学界逐渐认识到韩国汉字音在构拟汉语古音方面的价值。实际上韩国汉字音内部有不同层次，所反映的汉语音系跨越千年，对于研究汉语上古音、中古音、近代音都有重要而独特的价值。《韩国汉字音新探》（韩文名为《한국한자음 중국식으로 다시보기》）是韩国汉阳大学严翼相教授多年研究成果的结晶，基本涵盖了韩国汉字音相关的主要核心议题。全书分四部分：第一部分为总论，介绍了韩国汉字音研究的方法、对象、主要成果和今后的课题；第二部分考察了汉字传入朝鲜半岛的时期和路径，构拟了早期韩国汉字音尤其是百济汉字音的声韵体系；第三部分探析了韩国汉字音保留的上古汉语成分，证明韩汉语言接触可追溯到上古汉语阶段；第四部分讨论了韩国汉字音研究的热点、难点问题，如-l韵尾的来源、汉字音腭化的原因和过程、不规则读音的成因等。据我们所知，国内关于韩国汉字音的著作为数甚少。相信本书会填补这方面的空缺，帮助国内读者增进对韩国汉字音的认识。

在翻译本书的过程中，我们一直在思考如何将原著译成准确、地道的汉语。原著有很多术语，看上去和汉语很像，但又和汉语语义并非完全对应。这就要求我们在翻译时多加注意。此外，韩语可以接受长定语，句子整体较长，如果直译成汉语，会比较别扭。我们在必要时对句子结构进行了调整，切分为短句，以符合汉语的表达习惯。翻译时我们也会考虑到中韩读者知识背景的差异，部分内容对国内读者而言比较熟悉，就尽量简略，而有些地方国内读者缺

◆ **韩国汉字音新探**

少背景知识，不易理解，我们便加了译者注以作补充说明。

　　译稿定稿之际，我们想向严翼相教授表示感谢。他对我们翻译这本书表现出十足的信任，并积极为我们提供各种帮助。在翻译之初，严教授把他手头部分章节的译文草稿寄给我们参考。在翻译过程中，他总是不厌其烦地解答我们的各种疑问。译稿完成后，严教授细致审阅了全稿，提出了很多宝贵的修改意见。他还将译稿作为教材在课上使用，征询学生们对译稿的意见，并向我们一一反馈。

　　本书校样出来后，韩国光云大学曲晓云教授进行了认真、细致的校对，提出了中肯的修改意见。北京师范大学张维佳教授欣然为本书题写书名，使本书大为增色。在此一并致以衷心的感谢。

　　这本译著能够顺利出版，离不开北京语言大学邵磊教授的热情帮助。从申请出版资助，签订出版合同，到书稿最终出版，邵教授始终鼎力相助，及时、耐心地帮我们与出版社沟通。此外，我们还特别感谢北京大学出版社责编对本书出版的大力支持。本书符号、音标较多，排版不易，责编不辞辛劳，耗费了大量的时间和精力，保证了书稿的质量。

　　对我们而言，翻译本书是一个难得的深入学习原著的机会。尽管我们希望把翻译做好，但因水平有限，译著肯定存在不足之处，还望广大读者批评指正。

2022年12月31日

钱有用　李京徽

原著第二版序
又一个约定

我不记得首尔奥运会是1988年哪一天举办的,却准确记得北京奥运会的举办日——2008年8月8日,因为那一天也是这本书第一版的发行日。其实但凡这书的出版比8号早几天,我便有机会带上几本,参加8月7—8日在美国印第安纳大学召开的学会。当时我暗暗想体验一下中国人喜欢的数字"8"的力量,愿这本书在中文系、韩文系都成为热销书,可当时"8"的魔力没有期待的那么神通广大。不过幸运的是,次年这本书入选大韩民国学术院优秀图书,我也加入了韩国汉字音研究会,有机会与学界同人开展广泛的交流。

过去几年,我一直用这本书给汉阳大学研究生上韩汉比较音韵学这门课。上课时发现的错误和解释不清楚的地方,这次都做了更正。不仅如此,一些章节还增补了最近的研究成果和资料,总共增加了31条文献。最大的成果是,本书第十一章明确回答了为什么汉语-t入声韵尾在韩国汉字音中对应为-l韵尾,而韩语固有词中的-t韵尾却完整地保留了下来。可以说简单明了地解决了韩语学界长久以来的一个难题。另外,我从自己最近发表的有关汉字音的论文中,选了和本书内容最契合的一篇,作为本书的第十五章。这篇文章概括了汉字音误读的原因。刚开始,我想把这篇文章排在讨论多音字的第十章后面,可是因为想以此篇总括全书的内容,所以还是把它放到全书最后,作为结论部分。

笔者在修订这本书时,再一次被汉字音的魅力所吸引。虽然国内外对韩国汉字音的研究不多,但一直有成果出现。令人鼓舞的是,海外以韩国汉字音

◆ **韩国汉字音新探**

作为学位论文主题的学生越来越多,外国学者对这个主题也愈加关注。可纵观国际学界,似乎主导韩国汉字音研究的学者大部分是日本学者。韩国学者有必要更积极地参与国际学术活动,在海外出版研究成果。

最后,研究汉字音让笔者对韩语和汉语的历史和接触产生了很多疑问:汉语和韩语两种语言接触的历史究竟是怎样的?韩语、汉语、日语、阿尔泰语之间存在的对应词意味着什么?汉语和韩语之间同源和借用的边界在哪里?我想将这些问题作为长期课题,未来一一给出解答。考虑到和读者直接做这种约定压力太大,这是我跟自己的约定。希望通过这本书有更多的海内外学者愿意一起参与到汉字音的研究中来。

2015年8月8日
第一届韩汉语言学国际学术会议(ISSKL1/IACL23)筹备中
严翼相

原著第一版序
两个约定

　　父亲是一个沉默寡言的人，只有在喝酒时才会说一些话。我在美国度过了八年的时光，回国时父亲已经是肺癌晚期，躺在病床上，两个月后离开了人世。弥留之际父亲只给我留下了三句话：爱妻子，好好抚养子女，成为优秀的学者。对于即将开始第三年新任教授生活的我而言，父亲留下的话弥足珍贵。我认为成为优秀的学者就是爱学生、爱学问。过去几十年我积极努力地生活，相信这是在遵守我和父亲之间的约定。

　　1985年，我为了寻求学问的客观性选择了留美，但对中文系毕业生来说，去美国留学其实是一种冒险。因为当时韩国中文系没有美国博士出身的教授。出国前几天，我拜访了硕士导师崔玲爱教授。当时金容沃教授也在场，他帮我给印第安纳大学的林斯特鲁夫（Lynn Struve）教授写了一封介绍信，并叮嘱我在美国千万不要以韩国相关主题作为学位论文的题目。当时我也不想跟不太了解韩国的美国教授写韩国相关的论文而侥幸毕业，便爽快地答应了。

　　但是，在印第安纳大学正式学习语言学的过程中，我的想法发生了变化。我认为应该研究自己最擅长的领域，开始对韩汉比较研究产生了兴趣。这段时间不过一年，问题就出现了。我没办法确定学位论文该写什么。为了寻找论文主题，我花了几年时间读汉语、韩语和汉字音方面的论著。当时让我眼前一亮的是瑞典语言学家高本汉（Bernhard Karlgren）1926年写的有关古代东亚语言、历史的书。他在书中提出了古代东亚汉字的传播路径，而我研究后对高本汉的学说产生了怀疑。经过几年的苦恼，我最终以百济汉字音和中国古音及

◆ 韩国汉字音新探

方言的比较作为博士论文的主题。对高本汉学说的反驳是我（Eom 1990）的第一篇语言学论文，文章大幅修改后，收录为本书的第六章。

博士阶段鼓励我研究汉字音的严棉教授后来成了我的导师。严棉教授随丈夫的姓，英文名叫Margaret M. Y. Sung，是研究闽方言的专家。韩国汉字音是基于中国古音，汉字音既是韩语也是汉语。为了研究汉语历史音韵要利用中国方言，而韩国汉字音具有不亚于中国方言的学术价值。也可以说我最后遵守了与金教授的约定。

我一直主张开展韩国式的汉语语言学研究，这个想法就是在留学期间产生的。汉字音研究是韩国中国语言学界具有代表性的韩国式主题。2002年我的《韩国视角下的中国语言学》推出初版时，我打算将有关汉字音的文章编为此书的第三部分。但编辑后发现书的分量太多，出版时只好将其排除在外。当时计划不久后出版汉字音方面的书，可作为姊妹篇，本书的题目也是那时定好的。

在着手准备这本书时，有两点我一直挂在心上。一是避免遗漏相关研究的遗憾，二是不知韩语学界如何评价。过去六年里，第一个问题得到一定程度的解决，终于将有关文章汇总成书。现在读者依次阅读会发现前后内容有关联。考虑到有些读者可能只挑选感兴趣的部分阅读，为了这些读者，各章会有一些重复的内容，希望从头到尾通读的读者谅解。而第二个负担依然存在。尽管如此，从1990年到2008年，18年间发表的有关汉字音的文章仍然有整理的必要，而且也想提出有别于韩语学者的分析，所以鼓起勇气做了决断。从韩语学的立场来看，书中的观点可能和他们的有所不同。但如果本书能提供重新检讨汉字音多种现有学说的契机，本书的作用就达到了。

我将博士学位论文献给父母，第一部专著献给妻子。那段时间没有妻子的理解和协助，我就不能在研究室专心研究。第二部专著想献给渐渐独立的两个儿子。虽然说是为了遵守和父亲的约定，我才专心研究，但最终还是为了自我满足。对于孩子，我没有扮演好父亲和朋友的角色，从心底感到愧疚。即使他们对这本书的内容毫不关心，如果能以此机会让他们感受到父爱，那也就足够了。

原著第一版序

　　最后，感谢编写本书时给予宝贵意见的崔玲爱教授、朴镇浩教授以及李垠贞、金垣中等众多弟子。特别是研究国语史的朴镇浩教授给予了细心指正，对纠正本书的错误有很大的帮助。另外，再次感谢为出版本书不辞辛劳的韩国文化社金振秀（音译）社长。现在只剩下最重要的一件事，那就是听取读者的指正和批评。

2008年1月22日
一个下雪的冬日
杏园
严翼相

目 录

翻译体例 ·· 1

第一部分 总 论

第一章 如何研究韩国汉字音·· 3
  1. 引言 ·· 4
  2. 韩国汉字音的性质 ··· 5
  3. 各语言分期 ·· 6
  4. 研究方法 ··· 9
  5. 研究对象 ·· 11
  6. 主要研究内容及成果 ··· 11
    6.1 汉字的传入和汉字音定型时期 ······························· 11
    6.2 汉字的传入途径 ·· 14
    6.3 外部变化 ··· 15
    6.4 内部变化 ··· 16
  7. 今后的课题 ··· 17
  8. 结语：韩国汉字音研究的新意义 ·································· 19

第二部分 百济汉字音的新解释

第二章 韩国古代汉字音有没有送气音声母················· 23
  1. 引言：有关送气音的两种学说 ····································· 23

2. 高句丽汉字音的声母 …………………………………… 25
  3. 百济汉字音的声母 ……………………………………… 26
  4. 新罗汉字音的声母 ……………………………………… 27
  5. 结语 …………………………………………………… 30

第三章　韩国古代汉字音有没有浊音声母 ………………………… **32**
  1. 引言 …………………………………………………… 32
  2. 高句丽汉字音的声母 …………………………………… 35
  3. 百济汉字音的声母 ……………………………………… 36
  4. 新罗汉字音的声母 ……………………………………… 38
  5. 结语 …………………………………………………… 39

第四章　从中国音韵学角度看百济汉字音声母体系 ……………… **41**
  1. 引言 …………………………………………………… 42
    1.1 研究意义和目的 …………………………………… 42
    1.2 前人研究的成果和问题 …………………………… 44
  2. 百济汉字音的构拟方法和资料 ………………………… 45
  3. 上古硬腭塞音、擦音 …………………………………… 51
    3.1 上古 *ȶ- 声母 ……………………………………… 52
    3.2 上古 *ȶʰ- 和 *ȡ- 声母 ……………………………… 54
    3.3 上古 *ȵ- 声母 ……………………………………… 55
    3.4 上古 *ɕ- 和 *ʑ- 声母 ……………………………… 55
  4. 上古齿龈塞音和边音 …………………………………… 57
    4.1 上古齿龈塞音Ⅰ（中古舌上音）…………………… 57
    4.2 上古齿龈塞音Ⅱ（中古舌头音）…………………… 59
  5. 上古唇音 ……………………………………………… 61
    5.1 上古唇音Ⅰ（中古双唇音）………………………… 62
    5.2 上古唇音Ⅱ（中古唇齿音）………………………… 63

6. 上古喉塞音和软腭擦音 ·· 64
　6.1 上古*ʔ-声母 ··· 65
　6.2 上古零声母 ·· 66
　6.3 上古*ɣ(j)-(>中古j->Ø)声母 ······························· 67
　6.4 上古*x-和*ɣ-声母 ··· 68
7. 上古软腭塞音 ·· 69
　7.1 上古*k-声母 ··· 70
　7.2 上古*kʰ-声母 ·· 71
　7.3 上古*g-声母 ··· 72
　7.4 上古*ŋ-声母 ··· 72
8. 上古齿龈塞擦音、擦音 ·· 74
　8.1 上古*ts-声母 ·· 75
　8.2 上古*tsʰ-和*dz-声母 ······································ 76
　8.3 上古*s-和*z-声母 ··· 78
9. 上古后齿龈塞擦音、擦音 ····································· 79
　9.1 上古*tʃ-、*tʃʰ-、*dʒ-声母 ······························ 80
　9.2 上古*ʃ-和*ʒ-声母 ··· 81
10. 结语 ·· 82

第五章　百济汉字音韵母与声调之疑问 ····················· **86**

1. 引言 ··· 86
2. 元音 ··· 88
3. 辅音韵尾 ·· 91
　3.1 塞音韵尾 ··· 92
　3.2 鼻音韵尾 ··· 96
4. 声调 ··· 99
5. 结语 ··· 100

第三部分　韩语与汉语上古音的接触

第六章　高本汉有关韩日汉字音假说的问题 …………………… **105**
  1. 高本汉的假说 ……………………………………………… 106
  2. 其他假说 …………………………………………………… 107
  3. 高本汉假说的问题 ………………………………………… 108
  4. 新假说 ……………………………………………………… 110
  5. 语言学证据：第一次尝试 ………………………………… 111
  6. 新证据：第二次尝试 ……………………………………… 114
    6.1 上古章系塞擦音化 …………………………………… 115
    6.2 中古知系塞擦音化 …………………………………… 116
    6.3 中古浊阻塞音清化 …………………………………… 118
    6.4 中古匣母三等元音化 ………………………………… 119
    6.5 中古日母非鼻音化 …………………………………… 122
  7. 结语 ………………………………………………………… 123

第七章　韩国古代汉字音为汉语上古音说 …………………… **127**
  1. 汉字音的时期问题 ………………………………………… 128
    1.1 现代汉字音的形成时期 ……………………………… 128
    1.2 汉字的传入时期 ……………………………………… 130
  2. 研究目的、材料和方法 …………………………………… 133
  3. 汉语音的变化 ……………………………………………… 134
    3.1 汉代音和汉语语音史 ………………………………… 134
    3.2 章系的变化 …………………………………………… 135
    3.3 端系的变化 …………………………………………… 135
  4. 古代汉字音中的上古章系声母 …………………………… 136
    4.1 高句丽汉字音 ………………………………………… 136
    4.2 百济汉字音 …………………………………………… 138
    4.3 新罗汉字音 …………………………………………… 140

5. 古代汉字音中的上古端系声母 ············· 141
   5.1 高句丽汉字音 ············· 141
   5.2 百济汉字音 ············· 142
   5.3 新罗汉字音 ············· 143
6. 其他旁证资料 ············· 146
   6.1 乡歌保留的上古音痕迹 ············· 146
   6.2 精系字的中世汉字音 ············· 147
   6.3 固有词化的汉字词 ············· 147
   6.4 汉字的俗音 ············· 148
7. 结语 ············· 149

第八章 nal、il同源说的新解释 ············· **151**

1. 什么是"nal、il同源说" ············· 152
2. "nal、il同源说"的问题 ············· 153
3. 新假设 ············· 156
4. 东亚语言中i和a的对应 ············· 158
   4.1 汉藏语同源词 ············· 158
   4.2 上古质部的现代汉字音分派 ············· 159
   4.3 《诗经》 ············· 160
   4.4 现代汉语方言 ············· 162
5. 东亚语言中e和a的对应 ············· 162
   5.1 汉藏语同源词 ············· 163
   5.2 现代汉语方言 ············· 163
6. 结语 ············· 164
7. 余论 ············· 166

第九章 nə、na汉语上古音说 ············· **168**

1. 引言 ············· 169
2. 上古汉语的鼻音声母和韩国汉字音 ············· 170

3. nə与汉语上古音 ·············· 171
4. 日母汉字的韩语训读 ·············· 172
5. na与汉语上古音 ·············· 175
6. 疑母汉字的韩语训读 ·············· 176
7. "nə、na汉语上古音说"的三个问题 ·············· 179
8. 结语 ·············· 181
9. 余论 ·············· 183

第四部分　韩国汉字音相关争议

第十章　从中国音韵学角度分析多音字 ·············· **187**
1. 引言 ·············· 188
　1.1 研究对象与目的 ·············· 188
　1.2 研究方法与动向 ·············· 189
2. 上古音的痕迹 ·············· 191
　2.1 澄母汉字的非腭化 ·············· 191
　2.2 见母侵韵字的i元音化 ·············· 194
3. 入声韵尾的意义 ·············· 196
　3.1 中古音的痕迹 ·············· 199
　3.2 近代音的痕迹 ·············· 202
4. 阻塞音的送气音化 ·············· 205
　4.1 早期中古音以前读音的痕迹 ·············· 209
　4.2 晚期中古音以前读音的痕迹 ·············· 214
　4.3 近代音的痕迹 ·············· 216
5. 现代音的痕迹 ·············· 222
　5.1 深圳 ·············· 223
　5.2 榨菜 ·············· 223
　5.3 香港 ·············· 224
　5.4 哈尔滨 ·············· 224

5.5 乌龙茶 ·· 225
   5.6 其他 ·· 225
  6. 结语 ·· 225

第十一章　韩国汉字音-l韵尾中国方言起源说探疑 ················ **228**
  1. 引言 ·· 229
  2. Martin的学说 ··· 231
  3. Martin学说的问题 ··· 232
  4. 内部变化的证据 ··· 234
   4.1 汉语西北方音与韩国汉字音 ·· 234
   4.2 7世纪前汉字音-l韵尾 ·· 235
   4.3 《训民正音解例》中的情况 ·· 239
  5. 汉字音韵尾的秘密 ·· 241
  6. 结语 ·· 244

第十二章　汉字音腭化的词汇扩散变化 ································ **246**
  1. 引言 ·· 247
  2. 汉语和汉字音的塞擦音化 ··· 251
  3. 研究方法 ··· 253
  4. 舌上音知系二等字的变化 ··· 254
   4.1 非腭化的情况 ·· 254
   4.2 腭化的情况 ·· 257
  5. 舌上音知系三等字的变化 ··· 261
   5.1 腭化的情况 ·· 261
   5.2 非腭化的情况 ·· 267
  6. 舌头音端系一等字的变化 ··· 268
   6.1 非腭化的情况 ·· 268
   6.2 腭化的情况 ·· 271
  7. 舌头音端系四等字的变化 ··· 272
   7.1 腭化的情况 ·· 272

7.2 非腭化的情况 ································· 276
　　8. 结语 ··· 278

第十三章　寻找与韩日汉字音最接近的中国方言 ········ **282**
　　1. 引言 ··· 283
　　2. 传统类似度测定方法 ···························· 285
　　　　2.1 标准的设定 ································ 285
　　　　2.2 调查的方言 ································ 286
　　　　2.3 计量共同特征 ······························ 288
　　3. 传统研究方法的问题 ···························· 290
　　　　3.1 计量标准的可变性 ·························· 290
　　　　3.2 规则选择的随意性 ·························· 292
　　4. 探索解决方法 ·································· 295
　　　　4.1 丁邦新的条件分类 ·························· 295
　　　　4.2 普林斯和斯莫伦斯基的优选论 ················ 296
　　　　4.3 郑锦全的计量法 ···························· 296
　　5. 基于计量测定方法的相互理解度 ·················· 297
　　　　5.1 韩汉相互理解度 ···························· 297
　　　　5.2 日汉相互理解度 ···························· 299
　　6. 基于计量测定方法的语音类似度 ·················· 301
　　　　6.1 韩汉语音类似度 ···························· 301
　　　　6.2 日汉语音类似度 ···························· 302
　　7. 结语 ··· 304

第十四章　寻找与韩国汉字词最接近的中国方言 ········ **307**
　　1. 问题 ··· 307
　　2. 调查方法 ····································· 311
　　3. 调查资料 ····································· 316
　　4. 调查结果 ····································· 322
　　5. 结果分析 ····································· 327

第十五章　不规则汉字音的成因 ································ **331**
　1. 引言 ··· 331
　2. 现代汉语的不规则读音 ··· 334
　　2.1 声母 ··· 334
　　2.2 韵母 ··· 336
　3. 韩国汉字音的不规则读音 ·· 338
　　3.1 声母 ··· 338
　　3.2 韵母 ··· 348
　4. 结语 ··· 349

参考文献 ·· **350**

附录　汉语外来词标记法对照表 ································· **366**

翻译体例

一、为方便国内读者理解，译稿在需要提供背景知识或说明处增加了脚注。这类脚注标【译者注】，以区别于原脚注。

二、译稿辅音的名称遵照原著，一般用被动发音器官命名。如"舌根音"依原著称"软腭音"。

三、原著对韩文字母的转写有以下惯例。

辅音							
韩文字母	国际音标	韩文字母	国际音标	韩文字母	国际音标	韩文字母	国际音标
ㄱ	k	ㅋ	k^h	ㄲ	kk	ㅈ	ts(tɕ)
ㄷ	t	ㅌ	t^h	ㄸ	tt	ㅊ	$ts^h(tɕ^h)$
ㅂ	p	ㅍ	p^h	ㅃ	pp	ㅅ	s(ɕ)
ㄹ	r (l)	ㅎ	h	ㅆ	ss	ㄴ	n
ㅁ	m					ㅇ	ŋ

元音							
韩文字母	国际音标	韩文字母	国际音标	韩文字母	国际音标	韩文字母	国际音标
ㅏ	a	ㅜ	u	ㅔ	e	ㅘ	wa
ㅑ	ja	ㅠ	ju	ㅖ	je	ㅝ	wə
ㅓ	ə	ㅡ	ɨ	ㅚ	ø	ㅢ	ɨi
ㅕ	jə	ㅣ	i	ㅞ	we	ㆍ	ɐ
ㅗ	o	ㅐ	ɛ	ㅙ	wɛ		
ㅛ	jo	ㅒ	jɛ	ㅟ	wi		

说明：

（1）ㄹ作首音时转写为r，作韵尾时转写为l。

（2）ㅈ、ㅊ、ㅅ在元音i或滑音j前腭化为tɕ、$tɕ^h$、ɕ。

（3）ㆍ字母中世韩语使用，现代韩语不再使用。

四、译稿对韩文字母的转写基本遵照原著，只对不一致处作了统一。

（1）原著ㅈ、ㅊ、ㅅ不在i或j之前时有tʃ、tʃʰ、ʃ和ts、tsʰ、s两种转写，译稿统一作ts、tsʰ、s。

（2）原著ㄲ字母有kk和k'两种转写，译稿统一作kk。

（3）原著第十章将韵核前的ㅣ转写为y，译稿统一作j。

五、原著第十二章涉及韩语历时音变，部分注音反映的是中世韩语音值，与惯例有所不同。译稿基本保留原转写，只是为保持统一或避免混淆略有修改。

（1）原著第十二章将中世韩语ㆍ转写为ʌ，译稿统一作ɐ。

（2）原著第十二章将中世韩语韵核前的ㅣ转写为y，译稿统一作j。

（3）原著第十二章将中世韩语尚未单元音化的ㅐ和ㅔ转写为ay和ey，为避免同汉语y混淆，译稿转写为ai和ei。

六、译稿将韩文字母转写为音标时，会酌情加上"."表示音节边界。例如，[pa.ram]（风）。

七、译稿转写韩文字母时采用音位标注，不反映音变后的读音。例如，다방（茶房）按音位转写为[ta.paŋ]，而不是浊音化后的音值[ta.baŋ]。각오（觉悟）按音位转写为[kak.o]，而不是连读后的音值[ka.go]。

第一部分 总 论

第一章　如何研究韩国汉字音[*]

> 1. 引言
> 2. 韩国汉字音的性质
> 3. 各语言分期
> 4. 研究方法
> 5. 研究对象
> 6. 主要研究内容及成果
>   6.1 汉字的传入和汉字音定型时期
>   6.2 汉字的传入途径
>   6.3 外部变化
>   6.4 内部变化
> 7. 今后的课题
> 8. 结语：韩国汉字音研究的新意义

---

[*] 第一章为全书的总论，介绍全书的基本原则、研究方法、研究对象、主要成果和今后的课题，阐述笔者对研究汉字音的理由、研究价值、研究对象、研究方法等的看法。本章以笔者（严翼相 2002a，2005a）《韩国视角下的中国语言学》第12章"韩中比较音韵论的成果和课题"为底稿，曾以期刊论文形式刊于《中国语言学论集》第48辑（严翼相 2008a）。为了和本书整体结构、内容相符，收入时进行了大幅修改和补充。

1. 引言

本章分主题介绍韩国汉字音研究的方法、对象及主要成果。最近除中国外，韩国学界也开始将"韩国汉字音"简称"韩汉音"，将"日本汉字音"简称"日汉音"，将"越南汉字音"简称"越汉音"。但"韩汉音"的说法在韩国国语学界还未普及，因此本书称"韩国汉字音"。若简称"汉字音"即是指"韩国汉字音"。不论专业背景是韩语语言学还是汉语语言学，只要对韩国汉字音感兴趣，都可以从本书了解到如何从汉语语言学角度分析韩国汉字音的有关问题。本章不仅讨论汉字音的传入时期、传入途径、定型时期等传统主题，还简要介绍笔者关于"古代汉字音送气音、浊音存在与否""古代韩语开音节说""-l韵尾汉语方言起源说""腭化汉语影响说""汉字音南方方言起源说"等汉字音争议问题的研究成果。本章希望告诉年轻研究者，只有从新的角度考察汉字音，才能有新的解释。桥本万太郎（Hashimoto 1977）几十年前写过这种面向汉字音入门研究者的导论文章，而本章将重点关注这些年来韩国汉字音研究的新成果。

本书分四部分。第一部分是总论。第二部分是有关百济汉字音的四篇文章。百济汉字音对于判断古代东亚汉字传播的时期和路径具有重要作用。笔者对百济语、百济汉字音现有研究提出疑问，重新构拟了百济汉字音声母（第四章）、韵母（第五章）体系。第二章和第三章探讨了构拟百济汉字音首先面临的问题，即送气音（第二章）、浊音（第三章）有无音位功能。

第三部分包括笔者一直主张的"韩国古代汉字音为中国上古音说"方面的几篇文章。第六章回答了为什么韩国汉字音比日本汉字音反映的汉语音时代晚，汉语音通过什么路径传入韩国和日本，以及为什么百济汉字音研究十分重要。第七章阐明了汉字何时传入古代朝鲜半岛，展示了古代汉字音中保留的汉语上古音痕迹。第八章和第九章主要证明所谓的韩语固有词也有汉语上古音的痕迹，从汉朝起韩中之间已有活跃的语言接触。

第四部分尝试摆脱以往以典籍研究为主的范式，围绕争议问题，从新的角度分析汉字音。第十章主张一字多音现象体现了汉语音的时间变化，显示韩

第一章 如何研究韩国汉字音

中之间有持续的语言接触。第十一章否定了韩国汉字音/-l/韵尾源于汉语方言影响的学说，提出这是韩语内部的变化。第十二章从词汇扩散理论的角度重新解释了近代汉字音腭化的原因和过程。第十三章和第十四章试图用科学的方法阐明韩国汉字音究竟与哪种汉语方言最相似。这不仅有助于判定韩国汉字音的传播途径、形成时期及变化速度，而且有助于判断韩国汉字音母体方言相关学说的真伪。新增的第十五章分析了现代汉语和韩国汉字音中不规则读音的成因。

2. 韩国汉字音的性质

将韩国汉字音与汉语现代音比较，不易发现派生关系，因为并不相似。但与汉语中古音比较，就要另当别论。[①] 下面的材料和本节主要内容引自严翼相（2002a，2005a：328—330）。（1）中，SK（Sino-Korean）指韩国汉字音，MC（Middle Chinese）指汉语中古音，MM（Modern Mandarin）指现代汉语。

（1）	SK	MC	MM
学生	haksɛŋ	ɣɔkʃɐŋ	ɕyeʂəŋ
学校	hakkjo	ɣɔkɣau	ɕyeɕiɑu
教室	kjoɕil	kauɕĭĕt	tɕiɑoʂ
英语	jəŋə	ĭɐŋŋĭo	iŋy
学习	haksɨp	ɣɔkzĭəp	ɕyeɕi

（1）显示，韩国汉字音以汉语中古音为基础。例如，中古入声韵尾-p、-t、-k在现代汉语（普通话）中都已脱落，在韩国汉字音中却保留为-p、-l、-k。中古音是指约1400年以前隋唐时期的汉语音。韩国汉字音是韩语还是汉语？虽然来源是汉语古代音，但上千年来与韩语混用，也可以说是韩语音。

---

① 汉语中古音是参考采用王力拟音的郭锡良（1986）。本书汉语固有名词韩语标记是根据严翼相标记法，参见严翼相（2002a，2002b）及本书附录。

当然，对汉语音的接纳不是原样照搬，难免在韩语音韵系统内有所调整，而且长期以来一直受到韩语变化的影响。对比语言学（contrastive linguistics）是比较两种不同语系的语言，比较语言学（comparative linguistics）是比较相同语系的语言。比较韩语和汉语属于对比语言学，但比较韩国汉字音和汉语音是比较语言学。因为追根溯源韩国汉字音源于汉语古音。

韩国汉字音较完整地保存了汉语原音，比起变化较快的汉语北方方言，反而更接近汉语古音。韩国汉字音主要反映汉语中古音，但不意味着汉字是中古音时期传入古代韩国。汉字传入古代韩国是在中古音时期之前。韩国国语学者常提到，公元前108—公元前107年汉四郡设立，汉字最晚是公元前1世纪从中国传入的。汉四郡意味着古代韩民族和汉族之间存在大规模的接触，不难推测当时两种语言有过接触。不过，两民族之间更早的大规模接触，可以上溯到公元前194年建立的卫满朝鲜。在笔者看来，卫满朝鲜时汉字已大量传入朝鲜半岛。

可是我们没有公元前2世纪汉字传入朝鲜半岛的语言学证据。公元前1—公元2世纪从语言学角度看属于上古音时期。上古音是语言学能推定的最早时期的汉语音，大概是汉末以前即公元2世纪以前的汉语音。也就是说，不论是公元前2世纪还是公元前1世纪，公元2世纪以前的汉语音都只能理解为上古音。如果"公元前1世纪说"不是基于语言学证据，而是基于历史事实得出的学说，那么"公元前2世纪说"也可以成立，因为越来越多的人接受卫满朝鲜为历史事实。

总之，若要证明笔者的这种主张，汉字音一定是要保留了汉语上古音的痕迹。正因为这种原因，笔者这些年都在挖掘韩语和汉字音中汉语上古音的痕迹。对该主题感兴趣的读者可参阅本书第三部分或笔者的相关论文（严翼相 1994a, 1997a, 2006, 2007d, 2008c；Eom 1990, 1995, 2007a）。

3. 各语言分期

对韩国汉字音开展历时研究不能不与汉语、韩语比较。但韩语的分期和汉语不同。韩语和汉语经历了不同的变化轨迹，理应有不同的分期。韩语和韩

第一章　如何研究韩国汉字音

国汉字音的分期也不同，因为韩语的变化时点和汉字音的变化时点可能不同。而且不同学者观点不一，提出的分期也不一样。由此看来，将韩国汉字音和汉语或韩语比较时，到底指哪个时期有时会不明确。为避免混乱，下面介绍汉语、韩语和汉字音最常见的分期。

汉语最古老的语音系统为上古音，是指据中国的语言学资料构拟出的汉末（公元2世纪）之前的汉语音。中古音是以隋唐时期（6—7世纪前后）的汉语音为代表。近代音是以元代（13—14世纪前后）的汉语音为代表。这时的汉语也叫早期官话（Early Mandarin）或古代官话（Old Mandarin）。20世纪以后的汉语音叫现代音。有些学者把宋代音归为后期中古音，而不是近代音，但罗杰瑞（Norman 1988）认为，宋、元两个朝代统称古代官话时期，明、清为中世官话（Middle Mandarin）时期。林焘、耿振生（2004）也认为近代音是从宋朝到清末。参考这些观点，我们将汉语语音的分期整理如下：

（2）上古音：？—2世纪（东汉末）
　　中古音：3—10世纪（魏晋南北朝、隋、唐）
　　近代音：10—19世纪（宋、元、明、清）
　　现代音：20世纪—现在

韩语也大体分为四个时期。据韩国国内通用的李基文（1998）的学说，古代韩语是统一新罗末的10世纪初之前的韩语。他认为，中世韩语的时间范围是高丽和朝鲜初期的10—16世纪末。他以14世纪末朝鲜王朝建国为准，把中世韩语又分为前期中世和后期中世。16世纪末1592—1598年发生了壬辰倭乱。李基文强调，虽然壬辰倭乱之前中世韩语已开始向近代韩语转变，但不能忽视与外部势力长期作战引发的韩语内部变化。总之，近代韩语的时间范围是从17世纪初到19世纪末，20世纪开始形成现代韩语。

（3）古代韩语：？—10世纪初（统一新罗末）
　　中世韩语：10—16世纪末（高丽—壬辰倭乱）

◆ **韩国汉字音新探**

前期中世韩语：10—14世纪（高丽）
后期中世韩语：14—16世纪（朝鲜初期—壬辰倭乱）
近代韩语：17—19世纪（朝鲜后期）
现代韩语：20世纪—现在

李基文划分的古代韩语时期相对过长。古朝鲜的语言和三国（高句丽、百济、新罗）的语言肯定不同，统一新罗的语言和高句丽语、百济语有差异也是众所周知的事情。但之所以把这么长的时期统称为一个阶段是因为语言资料极度缺乏。到现在为止，对古朝鲜语基本无从推测。按李基文的主张，新罗统一朝鲜半岛让新罗语成为三国的共同语，就现代韩语渊源而言，高句丽语和百济语影响较小，可将新罗-统一新罗语视作古代韩语的主轴。将李基文的这种分期跟汉语相比会发现，只有现代汉语和现代韩语时期一致，其他阶段都不同。这造成古代韩语时期涵盖汉语上古音、中古音时期，在比较汉语和韩语时出现明显的不对称。①本书对韩语的分期是参照李基文的学说，不过为避免读者混淆，把李基文使用的"国语"一律替换成"韩语"，即写成古代韩语、中世韩语、近代韩语、现代韩语。

韩国汉字音的分期跟上述韩语的分期也不同。俞昌均（1980）根据汉字音的变化把汉字音分为以下几个阶段：

（4）古代汉字音：汉字传入—7世纪（？—668年新罗统一）
中期汉字音：7—16世纪末（新罗统一—壬辰倭乱）
近世汉字音：壬辰倭乱—现代汉字音

近世汉字音的起点和近代韩语的起点相同，但古代汉字音、中期汉字音

---

① 柳烈（1990，1992）以公元前3世纪古朝鲜末之前为古代韩语时期，以三国时代形成期到10世纪初的高丽末为中世前期，并将朝鲜时代分为中世中期和后期，一定程度上避免了这个问题。但笔者怀疑将三国时代、统一新罗、高丽统称为一个时期是否合适。因为统一新罗以庆州为中心，而高丽语言的中心区域是开城。

的分界点与古代韩语、中世韩语的分界点相差300多年。新罗的统一对消除三国间的语言差异起到重要作用,而且这时的语言很可能奠定了现代韩语的基础。但高丽建国后,政治、经济、社会的中心区域迁至朝鲜半岛中部,语言估计也有新的变化。这样看来,李基文将作为现代韩语源流的统一新罗语归入古代韩语的学说虽有道理,但观察韩语整个形成过程,一直到统一新罗末都看作同一时期是有问题的。因为这不仅忽视了古朝鲜语,还忽视了不同于新罗语的高句丽语和百济语。就这点来看,俞昌均的分期更合理。但为语言分期时历史事件只可作为参考,判断要以实际发生的语言变化为基准。虽然韩语和汉字音采用一致的分期有利于比较,但不能为了讨论方便而无视语言的变化。因此,笔者没有统一韩语和汉字音的分期,而是韩语按李基文的学说,汉字音在俞昌均学说基础上稍作修订。鉴于20世纪初汉字音完成了腭化,笔者将俞昌均的"近世"以20世纪为准分为"近代"和"现代",并将"中期"依李基文的用语改为"中世"。

(5)古代汉字音:汉字传入—7世纪新罗统一
中世汉字音:7—16世纪壬辰倭乱
近代汉字音:17—19世纪
现代汉字音:20世纪—现代

4. 研究方法

汉字音研究的经典课题是汉字何时传入朝鲜半岛,汉字音反映了什么时期的汉语。判断现代汉字音与哪个时期的汉语最相似比较简单,只要有对汉语音历时变化的准确理解,便可作出大致的判断。但判断汉字传入时期比较复杂。只有再现古代汉字音的面貌才能判断。历史语言学把再现一种语言过去的模样称作构拟或拟测(reconstruction)。历史语言学是研究语言历史的学问,构拟可以说是历史语言学最重要的研究课题。

历史比较语言学构拟一种语言主要有两种方法:比较构拟(comparative

reconstruction）和内部构拟（internal reconstruction）。如果把汉字音研究看作比较语言学的分支领域，汉字音研究最终只能依赖历史比较语言学的这两种基本研究方法，即比较构拟和内部构拟。两种方法的最大区别在于研究对象语言的性质。比较同源成分在亲属语言中的形式，进而推测早期形式的方法是比较构拟。对目标语言内部加以分析，从中发现各种变体，进而探究语言变化的方法是内部构拟。

比较构拟的前提条件是，从共同祖语分化的邻近语言保留了共同祖语的部分特点。假如这种相似性不是巧合或借用的结果，便可推断出原形。相关语言普遍存在，不代表一定是由同一词源派生的同源词。"爸爸、妈妈"在世界多种语言中都是以唇音开始的"papa、mama"。从发声学来看，这些只是最易发音的音节，不过是偶然的巧合。英语的"computer"韩语叫"컴퓨터"（kʰəm.pʰju.tʰə），也不能说明英语和韩语有语系上的关联。因为这只是借用。经过这种过程构拟出来的音原则上要符合自然语言的一般通则。例如，如果构拟的语言体系只有一个元音，就不太合理。因为这种语言很难存在，或者可以说是不存在的。当然这只是一般的说法。不论哪种语言都不会只完整具备一种类型学特点。自然语言的一般通则也可能超出一般人的想象。

内部构拟的前提条件是，语言出现历史变化时要留下某种痕迹。内部构拟是从共时角度去寻找这种痕迹。当对象语言没有相关历史资料时，内部构拟特别有用。Hock（1986）指出，内部构拟有以下四条原则。

（6）a. 更自然、更普遍的变化过程优先。
　　　b. 音变和规则性变化比类推和其他非语音变化优先。
　　　c. 解释力更强、符合结构原理的分析优先。
　　　d. 相同条件下，最简单、合理的分析优先。

除此之外，李基文（1998）提出了第三种研究方法：方言资料研究法。方言比较归根结底属于比较构拟。林焘、耿振生（2004）认为汉语古音的构拟方法除了比较法和内部构拟法，还有译音对勘法。韩国、日本、越南等汉字文化圈的汉字音就属于译音。译音对勘法是比较汉语音与用汉字以外的文字标记的汉字音。这本质上也是方言比较工作，也属于比较构拟。

总之，历史比较语言学研究最重要的两种方法是比较构拟和内部构拟。利用这两种方法互为补充，构拟出的与自然语言最相符的形式便是最恰当的形式。汉语音韵研究中，首先使用此方法的学者是高本汉（Bernhard Karlgren）。20世纪初在瑞典读俄语专业的高本汉掌握了欧洲流行的历史比较语言学的这种构拟方法，首次构拟了汉语古音，对汉语语言学发展做出了划时代的贡献。

5. 研究对象

长期以来，韩国的汉字音研究主要集中于对汉字音整体特征或特定典籍的研究。整体研究最终局限于对形成时期和母体的探讨，而由于资料庞杂和汉字音的多重特点，难以得出明确的答案。特定典籍研究限定了研究范围，比较容易得出明确的答案，相对更加活跃。可是，这些典籍研究的结构较为单一，引起深度争论的余地不多。

因此，笔者试图摆脱近些年国内学界重点开展的典籍研究，转而研究汉字音的性质及相关的争议问题。当然，笔者不认为以前对一手典籍的研究没有价值，而是考虑到研究对象的多变和问题接近方法的多样化，更关注汉字音的根本性问题，着力解决学界历来的争论点。下面是笔者这些年关注的研究主题，在此对笔者的研究成果作一概括介绍。

6. 主要研究内容及成果

6.1 汉字的传入和汉字音定型时期

通过比较韩国汉字音和汉语音，可以判断汉字音形成时期。如果想判断

◆ **韩国汉字音新探**

现代汉字音的定型时期，就要比较汉字音和汉语上古音、中古音、近代音、现代音。但上述方法只是简单介绍而已，实际上为了获得准确的信息需要考虑更多的变数。因为韩国汉字音的传入时期和成型时期不同。若汉字从公元前2世纪传入，那么当然属于上古音时期。但是若比较现代汉字音和中国的古音，会发现比起上古音，现代汉字音更接近中古音。这是因为古代汉字音被中世汉字音所取代。现代汉字音以中世汉字音为基础，而中世汉字音以汉语中古音为基础。

通过韩国汉字音最接近汉语中古音，可推测韩国汉字音大体上借用了唐代汉语音。但是指出更确切的时期并不容易，因为需要更精确的汉语历时音变信息。如果能以100年为单位了解汉语和韩语的变化，那么历史语言学家会轻松推算出准确的时期。可实际却并非如此。汉语中古音最长可涵盖3世纪到10世纪约700年的时间。现在我们生活的数十年间语言都有变化，何况700年了。因此，对于现代汉字音和中古音哪个时期最接近，学界一直有争论。有的学者提出"10世纪说"，有的学者提出"7世纪说"。笔者对此还没有明确的答案。这与两个方面有关。首先，虽然我们对汉语音的时代变化比对韩语音的认识更多，但也很难以100年为单位描述汉语音的变化。而且即便作出了描述，也很难得到很多人的同意。其次，韩国汉字音具有多样性。当然，跟日本汉字音相比，韩国汉字音基本保持一字一音，但笔者认为韩国汉字音也保存着不同时期汉语音的特征。准确判断韩国汉字音的代表层次（stratum/layer）与汉语哪个时期的音系最接近，仍是一个引人注目的课题。①

庆幸的是，证明汉字在上古音时期传入朝鲜半岛也并非不可能。笔者（Eom 1990）的百济汉字音研究就是从这方面入手的。笔者从博士论文（Eom 1991a）起，挖掘百济汉字音里的汉语上古音痕迹。笔者（Eom 1991a；严翼相 2003）发现，中古汉语时期已经塞擦音化的章系和知系在百济汉字音中都为t-

---

① 最近这方面申雅莎（2006）、卢慧静（2014）、钱有用（Qian 2018）进行了比较仔细的研究。申雅莎认为是8—9世纪中晚唐时期的北方音，卢慧静和钱有用认为是初中唐玄应《一切经音义》到晚唐慧琳《一切经音义》之间的后期中古音。

第一章　如何研究韩国汉字音

类塞音，与端系不分。章系、知系与端系不分的现象在中国传统音韵学中称为不分舌上音与舌头音，是汉语上古音的重要特征。基于这一事实，笔者推断百济汉字音是汉语上古音时期传入的。

很早以前就有学者提出，韩语"风"（param）和"江"（karam）可能来自汉语上古音（尚玉河1981，崔玲爱1990）。[①]细究起来，ip（树叶）、nat（白天）、nal（日子）、nə（尔）和na（吾）都是从汉语上古音传来的（第八—九章）。不仅如今通用的汉字词，有些所谓的韩语固有词也隐藏着汉语音的历史。汉语学者为什么研究韩语？现代韩语约70%以上的词，要么从汉语传入，要么是汉字词，所以寻找韩语中的汉语自然是汉语学者的职责。韩国汉字音保留了很多汉语古音，甚至有些固有的韩语单词也保留了汉语音。[②]因此，汉字音的研究价值不亚于汉语古音或方言。汉字从汉语上古音时期传入古代韩国的事实十分重要，不仅是因为与韩国有关，更是因为提供了探明汉字传入时期的关键证据。笔者一直致力于发掘韩语和汉字音中保留的汉语上古音痕迹。这方面本书第三部分（严翼相1994a，1998，2006，2007d；严翼相1997d；Eom 1995，1999a，2001，2007a）会详细讨论。例如，第八章指出，nat、nal（日）不是源自蒙古语naran，而是借自汉语上古音。在第九章（Eom 2007a）中，笔者主张nə（尔）、na（吾）等词也是汉语上古音的痕迹。

因此，以现代韩国汉字音的时期为依据来判断汉字何时传入朝鲜半岛是不合理的。高本汉（Karlgren 1926）就犯了这个错误。他仅凭日本最古老的汉字音吴音保留了浊音声母，比现代韩国汉字音反映的汉语音早，便断定汉字先传至日本，后传入朝鲜半岛。其假说的问题笔者会在第六章（Eom 1990，1995）细谈。

[①] 当然也有不同的见解。远藤光晓（2013b）认为，param是东亚多种语言共有成分par/bar对应的动词"불"（다）（pul）（ta）加上名词性词尾"ㅁ"（m）构成的。karam也是在"河"的上古音*gar加上名词性词尾构成的。但Norman & Mei（1976）认为，"河"的原形*g'al或*g'ar来自阿尔泰语，"江"来自南亚语（Austroasiatic）krong，"江"的蒙古语是γool。

[②] 吴英均（Oh 2005，2007）最近这方面研究成果很多。

6.2 汉字的传入途径

因地理原因，高句丽与中国北部交流频繁，百济则通过海路与中国南方来往。高句丽汉字音可能受到中国北方音的影响，而百济汉字音可能受到中国南方音的影响。新罗和中国的直接接触较晚，可能是通过高句丽接受了中国北方音。

如果想证明韩国汉字音从中国哪个地区传来，可以比较韩国汉字音和中国方音。但前提是中国方音和韩国汉字音形成以来没有变化。可是语言是会发生变化的。第七章、第十章和第十二章说明，汉字音因各种原因发生过变化，也将因各种原因变化下去。如果所有的语言和方言都变化，且发展演变有快有慢，那么通过比较汉字音和中国方音来推断汉字音的传入途径不太可行。也许因为这个原因，汉字音和中国方音的比较研究并不活跃。笔者在博士论文（Eom 1991a）中进行了尝试，并同年口头报告了一篇论文（Eom 1991b），但未正式发表。这篇论文提到，百济汉字音和闽南方言音最接近，但这不意味着百济汉字音来自闽南地区。①因为古代吴方言的痕迹不是遗留在现代吴方言，而是遗留在闽南方言。这个解释是受到了丁邦新（Ting 1988）阐述的古代吴方言和现代闽方言关系的启发。因此，从闽南方言获得的有关汉字音传播途径、分化过程、定型过程的信息很有限。我们只能说韩国汉字音和闽南方言的发展阶段相似。从这一点看，对汉字音和中国方音的横向比较需更加细心。

至于现代汉字音与哪种汉语方言相似，学者们各持己见。大体上，很多人认为现代汉字音和闽方言、粤方言、客家方言等南部地区方言相似。但是，从地理位置和韩中交流史考虑，古代韩国人没有理由抛开中国北方或中原地区而从南部地区接受汉语音。更大的问题是，现代汉字音到底跟中国南方地区哪种方言相似。这说明仅依靠汉字音和中国方言的单纯比较能获得的信息是很有限的。笔者在第十三章引入郑锦全的计量测定方法，得出韩国汉字音最接近中国梅县方言，即客家方言。在第十四章（严翼相 2007a）指出，韩语汉字名词

---

① 本书的汉语固有名词原音标记是根据严翼相（2002a，2002b）修订案。标记法对照表请参考本书附录。

词汇与长沙方言最接近，不过总的来说与官话方言最接近。这样看来，与汉字音和汉字词最相似的中国方言是不同的。对此合理的解释是，语音变化比词汇变化更保守。

如果把纵向研究归为历时研究，那么横向比较就是共时研究。不论用历时还是共时比较，比较两种语言或方言的相似度时有一点需要注意。传统的研究方法是设定汉语主要的音变规则，判断调查对象方言变化发生与否，然后调查相同变化的数量。但是这种共有特征测量方法会因研究者设定的音变规则不同而得出截然不同的结果。因此使用这种方法得出的结论可能欠妥。对此笔者在第十三章（严翼相 2005b）进行了详细阐述，说明了这种方法的问题，并提出了解决方案。

6.3 外部变化

朴炳采（1989）认为，汉字音没有受到汉语变化的影响，仍旧保留着传入韩语音韵体系时接受的音值。也就是说汉字音是韩语保留下来的汉语的化石。李敦柱（1995）也说汉字音和汉语音的变化没有关系，有自己的发展轨迹。①笔者（严翼相 2010；Eom 2015）认为，汉字音不是李敦柱等学者说的不变的化石，而是在持续变化。当然韩国汉字音肯定基于某时某地的汉语音，但这不表示韩国汉字音自形成以来就是不变的化石。汉语音和韩语音都在变化，韩语中的汉字音对这种变化不可能无动于衷。笔者认为，韩国汉字音在中古音时期形成后，随着韩语音和汉语音的变化而同步地发生变化。姜信沆（2003）在这一点上跟笔者基本持相同的看法。

笔者的这种主张在分析多音字的第十章（严翼相 1998；Eom 1999a）中充分体现出来。文中指出，"茶"字根据情况读"다"（ta）或"차"（tsʰa），其中ta是上古音，tsʰa是中古以后的音，不同时期传入的两个音长期共存。"糖"既读中古以前的音"당"（taŋ），又读近代音"탕"（tʰaŋ），反映出

---

① 但他在该书又说，从很早的时期到近代各阶段接受的汉字音保留在现代汉字音体系中。这种表述自相矛盾。

韩国汉字音受到了汉语近代音的影响。这是外部变化。汉字传入韩国后约2200年间都在与汉语音接触。汉语音在数千年里经历了从上古音、中古音、近代音到现代音的变化过程，韩国汉字音不可能不受影响。

6.4 内部变化

汉字音不仅受到外部因素的影响，也受到内部因素的影响。与汉字音有关的内部因素是指制约汉字音音韵结构的韩语。如果说汉语是汉字音的种子，韩语便是接纳并养育它的田地。因为韩语音韵体系接受了外来的汉语音。汉字音当然会受到韩语音韵体系的制约，也会受到韩语变化的影响。这是内部变化。

例如，古代韩语或汉字音中送气音和浊音是否具有音位地位无法通过中国汉字音来判断。鼻音等共鸣音以外的辅音称为阻塞音。就阻塞音而言，汉语音有史以来一直存在送气音。浊音也存在于上古和中古初期。虽然现在仍有争论，但一般认为送气在古代韩语中不区别意义。而有史以来，浊阻塞音从来不是独立音位。如果像笔者主张的一样，古代韩语音韵体系中，送气音和浊音不是独立音位，那么上古汉语的送气浊阻塞音只能对应为不送气清音。这是由于语言内部即韩语音韵体系本身的限制。换言之，古代汉字音的音韵体系只能与古代韩语的辅音、元音体系相适应。对此第二章和第三章进行了讨论。

第十一章也探讨这种内部变化，试图对有争议的韩国汉字音韵尾-l作出解释。韩国汉字音近乎完整地保存着汉语的入声韵尾-p、-t、-k，只是-t变成了-l。韩语允许辅音韵尾有-t，韩国汉字音理应对应为-t。对于对应成-l的现象，李基文（1972，1998）和Martin（1997）认为，这是受到中国唐五代西北方言的影响。[①]笔者注意到，汉字音韵尾-l在中国唐五代西北方言的中古入声韵尾-t转变为-r以前，在古代汉字音中已表现为-l，判定汉字音-l韵尾不是由于汉语音的影响，而是因内部因素产生的变化。不难发现，10世纪唐末五代中国

---

① 李基文（1981）提出韩国汉字音-l可能是从北魏传入，但他提供的证据是鲜卑语词，不是汉语词，因此这种解释很难接受。详见第十一章。

西北方言入声韵尾弱化之前，韩国古代汉字音-t已变成-l。例如，统一新罗时代地名中，经常出现在词尾的"火"字和"伐"字互相通用，"火"若要和"伐"通用，一定是训读"블>불"（pɨl>pul）。这和百济地名词尾"夫里"一样。"伐"在当时韵尾即是-l，所以这是内部变化。

探讨语言内部音变的另外一章是第十二章。笔者基于词汇扩散理论仔细分析了汉字音腭化现象，证明汉字音腭化是内部因素造成，而不是由于汉语音的影响。有些汉字在现代汉语中是t-类音，但在汉字音中是ts-（tɕ-）类音。当然也有相反的情况。例如，"天地"汉语音是[tʰiɛn ti]，而汉字音是"천지"[tsʰən.tɕi]，相反，"桌子"汉字音是"탁자"[tʰak.tsa]，汉语音是[tʂuo tsɿ]，腭化是指t-、k-之类音变成ts-/tʃ-之类音。近代汉字音最明显的变化就是腭化。过去，韩国的国语学家研究腭化只停留在总体观察上，对于哪些音变化哪些没有变化总是语焉不详。

笔者考察了汉字音腭化现象的扩散过程，先分舌头音和舌上音，然后把舌头音分一、四等字，把舌上音分二、三等字，细致观察了几个世纪间的变化。结果发现现代汉字音腭化现象跟汉语腭化的表现完全不同。汉语中古舌头音为t-类，只有舌上音变成塞擦音。但汉字音中，舌头音四等字和舌上音三等字中约96%出现腭化现象。舌上音二等字发生腭化的只有约30%，舌头音一等字不超过1.5%。李敦柱（1995）将汉字舌上音腭化解释为受到了汉语的影响。姜信沆（2003）没有对腭化现象给出明确解释。[①]笔者认为汉语和韩语的腭化有时间差异，汉字音腭化应看作起因于韩语音变的内部变化。

7. 今后的课题

韩国汉字音是既有韩国特色又有中国特色的研究主题。自高本汉构拟汉语古音时将汉字音与汉语方言一起作为研究资料，汉字音的研究价值已初步显现。汉字音为韩语和汉语历史溯源的研究提供了很大帮助。尽管如此，此前的

---

① 姜信沆（2003）提出，18世纪时舌头音仍为塞音，舌上音系变成塞擦音。此言不确。因为舌头音的变化是以四等字为中心，舌上音的变化是以三等字为中心。

◆ 韩国汉字音新探

韩国汉字音研究并不活跃。这是因为该方向的学者不多。除了少数朝鲜族学者之外，中国汉族语言学者韩语实力达到可以从事汉字音研究的非常少。韩国的情况也差不多。从事韩中比较语言学研究需要同时精通韩语史和汉语史，因此研究者不多。研究汉字音的韩语专业学者对汉语历史音韵学的理解相对缺乏，而研究汉字音的汉语专业学者对韩语史的理解不够深。类似的问题，严翼相（2002a，2005a）已指出过。为了使韩国汉字音研究活跃起来，笔者曾提出如下三个今后的课题。

（7）a. 培养精通韩语、汉语历史的优秀研究人员。
　　 b. 发掘汉字音相关资料，探寻新的研究主题和方法。
　　 c. 研究韩语对汉语的影响。

笔者的建议目前大部分仍然有效。（7a）中提出的人员培养问题，很难以个人的努力获得显著成效，这需要众多学者的支持与参与。（7b）中的资料发掘与研究方法开发，也需要刻苦努力和缜密思考。相对而言，（7c）比较容易引起更多人的关注。这一条是对过去韩中比较语言学集中于研究汉语对韩语影响的反思。不论使用者数量多寡，韩语与汉语在漫长的岁月里一直保持自然接触。桥本万太郎（Hashimoto 1977；桥本万太郎 1998）很早就开始关注阿尔泰语对汉语的影响。

笔者（严翼相 2005a）提出，"朴"字反映了韩语对汉语的影响。大部分韩国姓氏，即便没有血统上的联系，在中国都能看到。但朴姓只在韩国使用。"朴"的韩语发音是[pak]，中国的发音是[pʰiɑʊ]或[pʰu]。"朴"作为一般单词使用时，中国大陆和台湾都读后者。但作为姓氏时，中国大陆读前者，台湾读后者。笔者将原因归为语言接触。在中国大陆汉族与朝鲜族存在语言接触，结果就是将朴姓读作与韩国汉字音接近的piao；中国台湾地区不存在大规模的韩国侨民社群，因此将"朴"按照一般名词读作pu。

不少语言学者赞同笔者的解释。有学者曾言，中国台湾在朴正熙总统到来之前，讨论过他的姓应读piao还是读pu。最终，因piao与"嫖"谐音，决定读 pu（黄正德 1999 私下交流；朴德俊 2000 私下交流）。如果是那样，笔者猜想，在他访问的20世纪60年代之前，台湾一部分人读 pu，一部分人读 piao。不管怎样，大部分大陆居民在回答 piao 这个音是否会让人联想到"嫖"字这个问题时都给出了否定的答案，认为台湾居民的这种联想没有道理。台湾具体因何原因将"朴"读 pu，笔者认为有进一步讨论的余地，而大陆将"朴"读 piao 是语言接触最有力的证据。

除此以外，韩语对汉语的影响还有别的表现。比如，随着近年来在韩中国留学生的增多，下列韩国式汉字词正渗透到留学生汉语中。

（8）留学生汉语	本地汉语	留学生汉语	本地汉语
经营学	管理学	大学院	研究生院
案内	指南	写真	照片
特讲	专题演讲	先辈	学长
后辈	学弟/学妹	化妆室	洗手间
观光	旅游	料理	菜
空港	机场	韩食	韩餐

这些词中"写真、观光、料理"等词虽然语义与本地汉语略有不同，但在中国也开始使用。因为这些词大多与日语对应的词意思相同，所以也可以说是受日语的影响。但这些词不是在中日建交后两国交流频繁的20世纪七八十年代出现在汉语中的，而是最近才开始使用的，将其归因为中韩建交后逐步增多的中韩交流的影响更有说服力。严翼相（2006）对这类研究有过尝试，笔者将来会继续关注并发掘更多的例证。

8. 结语：韩国汉字音研究的新意义

过去汉字音研究关注汉字何时从中国何地传入，又于何时固定下来。以往研究不是集中于来源性问题，就是集中于对特定典籍的研究。这样一来，推

◆ **韩国汉字音新探**

究某本书的音韵体系就好像是汉字音研究的全部一样。笔者尝试摆脱这样的研究倾向，转而以汉字音相关的争议焦点为研究对象，拓展了研究范围。笔者不将汉字音看作静止的死语言，而认为它和其他语言一样是活生生的动态的语言体系[①]，进而对不断变化的汉字音进行了历时、共时层面的观察。这种观察的前提条件是韩中语言接触比过去更加活跃。笔者证明古代汉字音中送气音和浊音不是独立音位，构拟了百济汉字音的音韵体系。通过各种例证证明韩国古代汉字音是基于汉语上古音。比如，提出nal（日）不是源自蒙古语naran，而是借自汉语上古音；主张像nə（尔）与na（吾）这样的称谓词也是汉语上古音留下的痕迹；证明汉字音-l韵尾不是源于外部的影响，而是内部因素造成的；指出腭化是内部音变的另一例证。关于汉语哪种方言与韩国汉字音最接近这个问题，以前存在多种学说，笔者运用科学的计量方法确定答案是梅县方言。笔者还探明了与韩国汉字名词词汇最接近的中国方言，就个别方言点来说，与长沙方言词汇最相似，但以大方言的标准来看，与官话方言最接近。

　　如果站在韩语语言学的立场，可能对笔者的汉字音研究存在不同的意见。但是，至少从中国语言学角度来看，这是最合理的结论。对韩国的汉语学者来说，研究韩国汉字音有两个重要的意义。第一，这是韩国的研究主题。这一点与本土外国学研究的终极目标有关。笔者一直主张，当韩国的汉语研究与韩国、韩语、韩国人有一定关系时，这样的研究更有意义。与此相关的内容，笔者在其他论著（严翼相 2002a，2005a）中有所提及，在此不赘。第二，这是能够最大程度发挥韩国汉语学者优势的领域。在韩中两种语言理解的精确度上，相较中国汉语学者或韩国韩语学者，韩国汉语学者有自己的优势。毋庸置疑，集中精力于本人最熟悉或最擅长的领域可以将效益最大化。因此，对韩国的汉语学者来说，研究汉字音才是真正的蓝海。那么从现在开始，去寻找更多的汉字音争议点，扬帆起航！

[①] 反映笔者这种视角的论文有严翼相（2010）和Eom（2015）。

第二部分
百济汉字音的新解释

第二章　韩国古代汉字音有没有送气音声母*

1. 引言：有关送气音的两种学说
2. 高句丽汉字音的声母
3. 百济汉字音的声母
4. 新罗汉字音的声母
5. 结语

1. 引言：有关送气音的两种学说

现代汉语（普通话）中，送气音p^h-、t^h-、k^h-、ts^h-和不送气音p-、t-、k-、ts-构成音位对立。汉语送气不送气的对立从上古音一直延续到现代音。虽然不同学者看法不一，但大体同意上古音是指汉末之前的汉语音。现代韩语也有送

---

* 第二章检验古代汉字音的送气音是否有音位功能。李基文（1998）认为有送气音，本章则持怀疑的态度。第二、三章的主要内容在笔者1990年准备博士毕业论文时已基本成型。因为构拟百济汉字音首先要解决的就是送气声母问题。第二、三章的核心内容曾在第8届国际韩国语言学会（1992）上报告，并以"Aspiration and voicing in Old Sino-Korean obstruents"为题，1994年刊登在 Theoretical Issues in Korean Linguistics 上。文章修改后，发表在《中国语文学论集》第48辑（2008）。收录进本书时又进行了小幅修改。该文中文版曾在东亚人文学会国际学术大会（2007）上宣读。

◆ 韩国汉字音新探

气音。那么古代韩语和古代汉字音中，送气音是否具有辨义功能呢？①

根据对古代韩语一鳞半爪的认识，有些方面学者间已达成共识，有些方面仍有分歧。例如，学者大多认为，古代韩语词首位置没有硬音、浊辅音及ts-类塞擦音，而且同意从t-派生的ts-在近代韩语腭化之前，不是腭音tɕ-，而是齿龈音ts-。但学界对不少问题仍有争议，如古代韩语是不是开音节语言，古代韩语有没有声调以及声调是否有音位地位，韩国汉字音韵尾-l是受中国方言的影响还是韩语内部的变化，等等。特别是送气音有没有辨义功能这个问题，存在两种截然相反的看法。

对于古代韩语有没有送气音，李基文（1998）的态度是肯定的。他举的证据是《三国史记》四十四卷的"居柒夫或云荒宗"和三十四卷的"东莱郡本居柒山郡"。他主张这里的"居柒"是中世韩语"거츨"（kə.tsʰɨl）的原形，显示送气音已形成。他又将"佛体"构拟为"부텨"（pu.tʰiə），"异次""伊处"构拟为"잋"（itsʰ>it）。李基文认为虽然古代韩语送气音系统尚不完整，但舌音和齿音已出现送气音。

可是韩国汉字音声母完全形成送气音的时期也许比预想的要晚。都守熙（1987）的百济语研究中将两三个字构拟为送气音。俞昌均（1983）的构拟中基本没有送气声母。集中考察了古代韩语送气音形成过程的张南基（Chang 1982）认为，7世纪韩语只有齿音形成了送气音，唇音中送气只起语音作用，没有区别性特征（distinctive features）的作用，牙音还没有形成送气音。他认为韩语送气音系统到15世纪才完全形成。15世纪是中世韩语的后期。柳烈（1983）以《鸡林类事》中送气音大量出现为依据，主张送气音最晚8—9世纪出现，至10世纪完全形成，10世纪是前期中世韩语开始的阶段。严翼相（Eom 1991a，1994）认为，古代韩语时期的757年以前，送气音不起辨义作用。

本章将根据古代汉字音的重要资料《三国史记·地理志》中三国地名的音韵对应现象，考察古代汉字音有没有送气音，如果有，是否起辨义作用，

---

① 据李基文（1998），古代韩语指10世纪初（统一新罗末）以前的韩语。俞昌均（1980）将668年新罗统一三国之前的韩国汉字音称为古代汉字音。古代韩语与古代汉字音下限时间不同，请读者留意。

第二章　韩国古代汉字音有没有送气音声母 ◆

进而验证肯定说和否定说的合理性。虽然本章的论据，即三国时代的地名，比 Eom（1994）有所增补，但数量依然有限。这是因为古代韩语、汉字音的资料本身非常匮乏。所以，不应根据列出的论据数量来判断论文的说服力。本章的价值在于探讨如何用现存资料更准确地判断古代汉字音有没有送气音。

2. 高句丽汉字音的声母

《三国史记》三十七卷记录的高句丽地名共165例。此外，统一新罗领土以外的高句丽地名有十多例。其中可供判断高句丽语是否存在送气音地名的证据不多。可提供线索的地名只有78号"仇乙岘"和117号"客连"。78号"仇乙岘"又作"屈迁"，可假设"仇"和"屈"存在音韵对应关系。① 当然也可能"仇乙"和"屈"对应。假如确实存在韵尾，那么此说更合理。但古代汉字音韵尾的对应程度不如声母的对应程度高，因此难下定论。对此我们暂且不谈，这里要考虑的是初声（即声母）的对应。"仇"和"屈"的汉字音都是不送气音声母。现代汉语里chou和qu都是送气音声母。两字的现代音似乎无法提供古代汉字音是否存在送气音的信息。不过，观察两字的古音不是这样。因为汉语中古音之前"仇"是不送气音声母，"屈"是送气音声母。

另外，117号"客连"又作"加兮牙"。现代汉字音中"客"和"加"都是不送气音声母，汉语里前者为送气音，后者为不送气音。这些字的汉语中古音、上古音如下：②

---

① 本书的地名序号是笔者据《三国史记》三十七卷高句丽、百济地名的记录顺序加上去的。下同。

② 汉语中古音、上古音参考采用王力拟音的郭锡良（1986）。为便于论述，"现代韩国汉字音"缩写为SK（Sino-Korean），"高句丽汉字音"缩写为SKGR（Sino-Koguryo），"百济汉字音"缩写为SP（Sino-Paekche），"新罗汉字音"缩写为SS（Sino-Silla），"现代汉语"缩写为MM（Modern Mandarin），"中古音"缩写为MC（Middle Chinese），"上古音"缩写为OC（Old Chinese）。下同。

◆ 韩国汉字音新探

（1）78-1　　　　　　　SK　　　SKGR　　MM　　　MC　　　OC

仇乙岘　　"仇"　　ku　　　k-　　　　tʂʰou　　gǐəu　　*gǐəu

屈迁　　　"屈"　　kul　　 k-　　　　tɕʰy　　 kʰǐwət　*kʰǐwət

117-1

客连　　　"客"　　kɛk　　k-　　　　kʰɣ　　　kʰɐk　　*kʰeɑk

加兮牙　　"加"　　ka　　　k-　　　　tɕia　　 ka　　　*keɑ

高句丽地名这样读是在后期上古音到早期中古音时期。上面的列子显示，高句丽汉字音将当时汉语的送气音和不送气音对应。这说明高句丽语、高句丽汉字音中送气音还不是独立的音位。虽然不是独立音位，却使用送气音声母字，可能说明高句丽语中送气音处于自由变异阶段。事实上，高句丽地名中使用的送气音声母汉字很少。这恐怕是因为高句丽语还没有形成送气音。所以上面介绍的"屈"字和"客"字可能是疏忽导致的误用，也可能是后期用例。

3. 百济汉字音的声母

上述现象百济地名中也能找到。《三国史记》三十七卷收录的147个百济地名中，没有一例显示p:pʰ或t:tʰ对应。百济地名86号"马突"和"马珍"的"突"和"珍"在现代汉语中，一个是送气音，一个是不送气音，而两字古音都是不送气声母。

（2）86-2　　　　　　　SK　　　SP　　　MM　　　MC　　　OC

马突　　　"突"　　tol　　 t-　　　　tʰu　　　duət　　*duət

马珍　　　"珍"　　tɕin　　t-　　　　tʂən　　 ȶǐen　　*tǐen

因此，86号地名不能提供百济汉字音有没有送气音的信息。①

---

① 俞昌均（1983）把"珍"看成"石"的训读，拟作*tol，笔者认为按音读也可拟作*tol。

第二章 韩国古代汉字音有没有送气音声母 ◆

幸好可以找到一个k:kʰ对应的例子,就是145号"古禄只"与"开要"互用。不送气声母"古"字和送气声母"开"字可假定为对应关系。两字的汉语中古音、上古音如下:

(3) 145-1 　　　　　　SK　　SP　　MM　　MC　　OC
　　古禄只　　"古"　　ko　　k-　　ku　　ku　　*kɑ
　　开要　　　"开"　　kɛ　　k-　　kʰai　 kʰɐi　*kʰəi

除此以外,百济地名中找不到送气音和不送气音对应的例子。也就是说,仅145号一例。拿一个例子下结论未免草率,可百济地名中送气音声母字只有"开"字。这可能是有意避免使用送气音声母。如果不是,300多个汉字中怎么会只有一个汉字声母是送气音?这很难解释。如果是有意避免使用送气音声母,那么就可以认为,可能当时百济语已经可以区分送气音和不送气音,只是送气音还未成为独立的音位。

4. 新罗汉字音的声母

比较多的例子可以证明新罗汉字音中送气音还不是独立音位。至少新罗景德王757年将统一新罗的固有地名改为中国式地名之前是这样。下列百济地名和统一新罗的更名显示送气音和不送气音相对应。百济地名82号"伯海"更名为"壁谿"。百济地名106号"半奈夫里"在统一新罗时期更名为"潘南"。百济地名129号"实于山"更名为"铁冶"。①此外,百济57号"上柒"在景德王时期更名为"尚质"。106号、129号的首字,57号、82号的次字,都是送气音和不送气音相对应。这些字的中古音、上古音如下:

---

① 有学者以129号"实"作"铁"的训读,但两字汉语上古音相近,仅声母清浊不同,故笔者视为音读。

◆ 韩国汉字音新探

（4）82-2		SK	SP/SS	MM	MC	OC
伯海	"海"	hɛ	k-	xai	xɐi	*xə
壁谿	"谿"	kje	k-	ɕi	kʰiei	*kʰie
106-1						
半奈夫里	"半"	pan	p-	pan	puɑn	*puan
潘南	"潘"	pan	p-	pʰan	pʰuɑn	*pʰuan
129-1						
实于山	"实"	ɕil	t-	ʂʅ	dzǐet	*dǐet
铁冶	"铁"	tsʰəl	t-	tʰie	tʰiet	*tʰiet
57-2						
上柒	"柒"	tɕʰil	t-	tɕʰi	tsʰǐet	*tsʰǐet
尚质	"质"	tɕil	t-/k-	tʂʅ	tɕǐet	*ȶǐet

　　82号、106号、129号地名中，百济的不送气音在新罗替换为送气音。57号是相反的情况。百济汉字音不太可能把汉语不送气声母读成送气音。"海、半、实"字在统一新罗时期替换成送气音汉字说明，改名初期的8世纪中期，即新罗统一初期，送气音和不送气音不具有辨义功能。57号地名也是如此。我们暂不考虑百济实际是否读送气音，汉语送气声母汉字在统一新罗替换成不送气汉字的事实表明，统一新罗时期送气音不是独立音位。

　　另外，从《三国史记》三十四卷的新罗地名也可得出同样的结论。汉语送气音声母字"品、怖；吐、他、梯；启、康、克、谦、乞、企、起、墟；柒"虽然用于新罗地名，却很难找到这些字读送气音的证据。只是有时送气音汉字之间互用。景德王把新罗地名28号"吉同"更名为"永同"，138号"斯同"更名为"寿同"。这里，"同"字没有变，也许可以理解为新罗汉字音中送气音已成为独立音位。又，新罗地名47号"漆吐"更名为"漆隄"，其中带送气音声母的首字沿用。

第二章 韩国古代汉字音有没有送气音声母

（5）28-2 　　　　　　 SK 　　SS 　　MM 　　MC 　　OC

		SK	SS	MM	MC	OC
吉同	"同"	toŋ	t-	tʰoŋ	doŋ	*doŋ
永同	"同"	toŋ	t-	tʰoŋ	doŋ	*doŋ
138-2						
斯同	"同"	toŋ	t-	tʰoŋ	duŋ	*doŋ
寿同	"同"	toŋ	t-	tʰoŋ	duŋ	*doŋ
47-1						
漆吐	"漆"	tɕʰil	ts-	tɕʰi	tsʰĭet	*tsʰĭet
漆隄	"漆"	tɕʰil	ts-	tɕʰi	tsʰĭet	*tsʰĭet

但47号地名第二个字"吐"与"隄"对应，如果是音读，就是送气音和不送气音相对应。

（6）47-2

		SK	SS	MM	MC	OC
漆吐	"吐"	tʰo	t-	tʰu	tʰu	*tʰɑ
漆隄	"隄"	tse	t-	ti	tiei	*tie

此外，俞昌均（1991）认为，新罗地名8号"近品"、26号"知品川"、95号"道品海"中的"品"即新罗地名常见的词尾"火"。若此说属实，则"火"与"伐"可以视为同一语素，汉语送气声母字"品"在新罗汉字音中可拟作不送气p-声母。

俞昌均对新罗汉字音做过系统研究。俞昌均（1991）的声母体系中无论是早期（旧层代）还是中期（新层代）都没有送气音。这一结论我们接受，只是他给的证据不够准确。例如，俞昌均（1991）将"达己"与"多仁"对应作为送气音tʰ-读作不送气t-的证据，可"达"和"多"的声母都是不送气的。

俞昌均又主张，"脱解尼师今"标注为"吐解尼师今"是"脱"字与"吐"字无区别的证据。但从这一点很难判断是否区别送气音。因为不论汉语还是汉字音，两字都有送气音tʰ-声母。他又认为"脱"字和"吐"字的汉语古音声母是d^h-，这显然是错的。这两字的汉语古音声母是t^h。

（7）　　　SK　　　MM　　　MC　　　OC
　　　脱　　t^hal　　t^huo　　t^huɑt　　*t^huat
　　　吐　　t^ho　　t^hu　　t^hu　　*t^hɑ

他提出的证据中最可信的是下列两个新罗人名。据俞昌均（1991），《三国史记》出现的人名"讫解尼师今"与"云帝夫人"在《三国遗事》中分别作"乞解尼叱今"和"云梯夫人"。很明显"讫解"和"乞解"、"云帝"和"云梯"同名，只是标注不同。

（8）　　　　　　　　SK　　　SS　　　MM　　　MC　　　OC
　　讫解　"讫"　　hɨl　　k-　　tɕʰi　　kĭət　　kĭət
　　乞解　"乞"　　kəl　　k-　　tɕʰi　　kʰĭət　　kʰĭət
　　云帝　"帝"　　tse　　ts-　　ti　　tiei　　tiek
　　云梯　"梯"　　tsʰe　　ts-　　tʰi　　tʰiei　　tʰiei

这里古代汉语不送气声母"讫"替换为送气声母"乞"，古代汉语不送气声母"帝"替换为送气声母"梯"。如果送气与否起辨义作用，这类标注就不可能出现。因此送气音在新罗汉字音中不是独立的音位。

5. 结语

上文以《三国史记·地理志》记载的地名和人名为依据，断定高句丽、百济、新罗及统一新罗时期的汉字音中，送气音仍不是独立音位，送气音不起辨义作用。其实古代韩语也是如此。因为如果韩语处于送气音形成阶段或已形成，那么必定影响到汉字音的表现。据俞昌均的分期，新罗统一前，即到三国时期为止，属于古代汉字音时期。所以可以肯定古代汉字音时期尚未形成送

第二章 韩国古代汉字音有没有送气音声母

气音。李基文将古代韩语的下限设定为统一新罗末。本章认为至少新罗统一（668年）约90年后，也就是757年景德王将统一新罗的地名更改为中国式地名以前，还未形成送气音。而且，没有决定性证据表明8世纪中期以后送气音系统地固定下来。

所以，李基文（1998）认为古代韩语有送气音的学说从两个方面看值得商榷。第一，使用送气音汉字的事实不重要，重要的是算不算独立的音位，是否起辨义作用。不明白这一点，便没有理由否定金善基（1973）、俞昌均（1991）的思路，即根据三国时代地名中使用的浊音声母汉字，推测古代韩语及汉字音存在浊阻塞音。第二，古代韩语在不同时间点，送气音存在与否可能会不同。遗憾的是，李基文没有明确他所说的时期是有上千年历史的古代韩语的哪个阶段。如果送气音处在形成过程中，那么其主张的说服力会因时期早晚而不同。

由此看来，张南基（Chang 1982）和柳烈（1983）的学说更有说服力。张南基认为7世纪齿音才形成送气音，唇音和牙音（软腭音）15世纪才形成送气音。柳烈（1983）认为送气音最晚出现于8—9世纪，到10世纪完全形成，10世纪是前期中世韩语的开始阶段。笔者的研究显示，8世纪中期汉字音还未形成送气音，古代韩语形成送气音最早也是8世纪后半叶以后。10世纪初统一新罗被高丽取代之前，送气音仍以不完整的形态处于初步形成过程当中。只是新罗地名中送气音声母字比高句丽、百济相对更多，对韩语送气音的形成而言，新罗语或许起到了催化剂的作用。

第三章　韩国古代汉字音有没有浊音声母*

> 1. 引言
> 2. 高句丽汉字音的声母
> 3. 百济汉字音的声母
> 4. 新罗汉字音的声母
> 5. 结语

1. 引言

韩语史研究主要关注后期中世韩语之后的阶段，①因为到15世纪中叶训民正音创制之后保存下来的资料才相对多一些。尽管古代韩语资料零星稀少，古代韩语研究是非常重要的。因为与其他时期相比，古代韩语所占的时间最长，而且是厘清韩语语系归属最具决定性的阶段。韩国古代汉字音、古代韩语先

---

* 古代韩语中浊阻塞音是不是音位这个问题充满争议。假设古代韩语音韵体系中没有浊音，那么古代汉语的浊音声母在韩国古代汉字音中不会有辨义功能。以往韩国古代汉字音研究中，承认浊音声母和否认浊音声母的观点长期共存。第三章从中国音韵学角度审视三国时代地名的音韵对应关系，辨析是否存在浊音声母，试图证明韩国古代汉字音中的浊辅音不是音位。第三章的核心内容曾在第4届朝鲜学国际学术讨论会（1992）上宣读。本章最早发表在《语学研究》（1994）上［参考了Eom（1994）部分内容］，收入本书时做了修改。

① 据李基文（1972），韩语分古代（10世纪之前）、前期中世（高丽时代）、后期中世（15—16世纪）、近代（17—19世纪）、现代等阶段。

第三章　韩国古代汉字音有没有浊音声母

前研究的主要资料是《三国史记·地理志》中出现的三国地名。①代表性的研究成果有朴炳采（1968）、都守熙（1977，1987）、俞昌均（1980，1983，1991）等。上述学者构拟韩国古代汉字音声母大多疏忽了首先需考虑的两点，即在韩国古代汉字音声母位置，送气音和浊音是不是音位的问题。

汉语自上古音就有送气音，②并广泛保存在现代各方言中。浊音至中古音时期都还较完整地保存，13世纪以后在浙江省一带的吴方言与双峰一带的湘方言等部分南部方言中留下一些痕迹，在汉语共同语中已经清化（devoicing）。现代韩国汉字音中的送气音与汉语音大体对应，但将汉语中古音的浊音全部清化。韩国汉字音的送气音何时开始产生，又何时浊音清化？还是说韩国汉字音始终就没有浊音？这些都是需要回答的问题。

韩国汉字音有没有送气音，比较容易下结论。多位学者指出，韩国汉字音声母产生送气音是在后期中世以后。比如，张南基（Chang 1982）认为，韩语7世纪只有齿音系列形成了送气音，而唇音中送气只起语音作用，不具辨义功能，软腭音也没有产生送气音。他主张15世纪韩语才形成送气音体系。柳烈（1983）以《鸡林类事》中大量使用送气音为依据，认为送气音的产生最晚始于8—9世纪，至10世纪完全形成。这样看来，可以推测韩国古代汉字音没有送气音。本书第二章及笔者的论文（Eom 1994）明确指出，757年以前没有送气音。

至于浊音的存在与否，不容易下结论。中世韩语存在类似z-或β-的浊辅音，但它们主要出现在元音之间，不出现在词首。有的学者（Baek 1978）将训民正音的各自并书看作浊音，这个观点很难接受。这些各自并书是为了转写古代汉语的浊辅音设计出来的，它们实际是否读浊音存在争议。河野六

---

① 对韩国汉字音进行分期需考虑以下两点：第一，就音韵变化而言，韩国汉字音有较强的保守性，一定程度上不太受到母胎语即汉语音韵变化的影响；第二，韩国汉字音受韩语音韵变化的限制。考虑到这两点，韩国汉字音可分为古代、中世、现代三个时期。据俞昌均（1980），古代汉字音指三国时代的汉字音，中世汉字音指7世纪至16世纪的汉字音，现代汉字音指17世纪初至今的汉字音。

② 汉语史参见Norman（1988）。上古音大体指公元2世纪之前的汉语音，中古音大体指6世纪前后的汉语音。

◆ 韩国汉字音新探

郎（1968）、李基文（1972）、金荣晃（1978）、许雄（1985）、吴贞兰（1988）等多持怀疑态度。Ramsey（1986）主张古代韩语存在b-、d-、g-等浊辅音，但没有找到首音节使用这些浊辅音的例证。与此相反，柳烈（1983）、金秀清（1989）、张世经（1990）等认为三国时代韩语不存在清浊对立。Whitman（1985）主张韩语史上首音节从未由清浊承担辨义功能。

韩国古代汉字音有没有浊音声母，一直聚讼纷纭。朴炳采（1968）、都守熙（1987）、安炳浩（An 1991）、水野俊平（2009）等认为没有浊音，而金善基（1973）、俞昌均（1980，1983，1991）、李丞宰（2013）等认为有浊音。朴炳采不关心声母清浊与否，他构拟的三国汉字音将汉语的浊音清化。都守熙也没有刻意提这一点，他对此似乎不太关心，他的百济语构拟也大体上将浊音清化。问题是他有时将汉语的清音拟作浊音。比如，都守熙（1987）将"伐"拟为*pəl，"平"拟为*bəl，但这两个字汉语都是並母字，汉语上古音与中古音全部带浊音b-声母。另一个问题是清浊音构拟缺乏一贯性。特别是都守熙（1987）构拟的软腭擦音，经常出现这个问题，如将清音"汉"拟为浊音*ɣan，在不同情况下将浊音"含"分别拟为*kam、*ham或*ɣam。

俞昌均（1980，1983，1991）构拟的高句丽汉字音与百济汉字音有浊音声母，但在提出合理证据方面有所疏忽，也缺乏一贯性。例如，俞昌均（1983）将汉语的清音"比"拟为浊音bər。①事实上，百济汉字音有浊音声母是金善基（1973）最早提出来的。金善基的证据简要总结如下：百济地名使用了汉语中古的浊音字，而且这些字在汉语吴方言、日本吴音、蒙古语及满语中至今还读浊音。②但这种浮于表面的观察得到的结论不足为据。因为虽然现代韩国汉字音继续使用汉语中古音时期的浊音字，汉语吴方言、双峰方言以及日本吴音至今仍读浊音，但现代韩国汉字音读的是清音。在李丞宰（2013）中也发现了这样的错误。古代韩、中、日与百济相关的标记中被判定为表音的汉字有707个，带汉语中古浊音声母的汉字有167个，占23.6%。他以此为证据，主

---

① Eom（1991a）详细讨论了这类错误。
② 日本汉字读音依传入时期与途径可以分成几类，其中最古老的是吴音，之后有汉音、唐音、宋音等，现在主要使用的是汉音与吴音。

第三章 韩国古代汉字音有没有浊音声母

张这些汉字在百济也读浊音声母。如果浊辅音在百济语中具有音位功能，他的主张可以成立。但如果不是，则百济固有名词标记使用汉语浊音字的事实，并不能说明百济也将这些字读浊音。倘若不能从听感上明确区分清浊的差异，那么只能混用p和b、t和d、k和g、s和z。现代韩语使用bus或butter这类外来词，就可以说韩语中这些浊辅音是音位吗？即便是英语带浊音的单词，作为外来词借入韩语后，也都读清音。

本章拟从汉语音韵学的观点出发，考察韩国古代汉字音即三国时代汉字音声母中，浊音是否确立了音位地位。文中引用的资料，以韩国现存最早的史书《三国史记》三十七卷出现的165个高句丽地名、147个百济地名以及统一新罗景德王时期对部分地名修改后的中国式改新地名为主。这些地名之所以具有语言学价值，是因为三国时代的部分地名有两个或两个以上的标记时，会将这些不同的标记全部列出来。虽然有些是一个表音，一个表义，但基本上是将相同的音用不同方法标记出来，这时便可以从中找出音韵对应规则。对此更具体的讨论，参见本书第四章第2节。在此需提前说明的是，本章引用的新罗资料不代表新罗全部地名，高句丽地名也多少有些遗漏。金秀清（1989）认为三国这些地名呈现的音韵差异只是方言之别，并非不同系属语言之差异。对此本章不作探讨。这里将三国分开讨论，只是为了讨论的方便，对资料作了区分。

2. 高句丽汉字音的声母

据《三国史记》三十七卷，高句丽78号地名"仇乙岘"也作"屈迁"。可以假定"仇"字与"屈"字音韵对应。10号"道西"又作"都盆"。可以假定"道"与"都"对应。此外，24号"买召忽"与"弥邹忽"、38号"述尔忽"与"首泥忽"混用，也可以假定"召"与"邹"、"述"与"首"对应。78号地名中"仇"与"屈"对应，38号地名中"述"与"首"对应，让笔者怀疑高句丽汉字音是否存在辅音韵尾。这些字的汉语中古音与上古音如下：

（1）78-1		SK	SKGR	MM	MC	OC
仇乙岘	"仇"	ku	k-	tʂʰou	gĭəu	*gĭəu
屈迁	"屈"	kul	k-	tɕʰy	kʰĭwət	*kʰĭwət
10-1						
道西	"道"	to	t-	tau	dɑu	*dəu
都盆	"都"	to	t-	tu	tu	*tɑ
24-2						
买召忽	"召"	so	t	tʂau	ʑĭɛu	*dĭau
弥邹忽	"邹"	tsʰu	t	tsou	tʃĭəu	*tʃĭo
38-1						
述尔忽	"述"	sul	s/t(?)	ʂu	dzĭuet	*dĭwət
首泥忽	"首"	su	s/t(?)	ʂou	ɕĭəu	*ɕĭəu

如上所示，这些组汉字中一个声母是浊音，一个声母是清音，但发音大致相似。这暗示高句丽汉字音不存在清浊之分。虽然资料有限，但上面的例子说明，为高句丽语、高句丽汉字音构拟浊音值得商榷。

3. 百济汉字音的声母

百济地名中也可以发现类似的现象。百济地名44号"屈旨"又作"屈直"，86号"马突"与"马珍"互用。此外，103号"果支"与"果兮"、144号"葛草"与"何老"互用。这些字的汉语中古音、上古音如下：

（2）44-2		SK	SP	MM	MC	OC
屈旨	"旨"	tɕi	t-	tʂʅ	tɕi	*tĭei
屈直	"直"	tɕik	t-	tʂʅ	dĭək	*dĭək
86-2						
马突	"突"	tol	t-	tʰu	duət	*duət

第三章 韩国古代汉字音有没有浊音声母 ◆

马珍	"珍"	tɕin	t-	tʂən	tɕĭen	*tĭən
103-2						
果支	"支"	tɕi	t-	tʂʅ	tɕĭe	*tĭe
果兮	"兮"	hje	k-	ɕi	ɣiei	*ɣie
144-1						
葛草	"葛"	kal	k-	kə	kɑt	*kat
何老	"何"	ha	k-	xə	ɣɑ	*ɣa

44号、86号和103号地名首字相同,自然第二个字发音相同或相似的可能性很大。44号地名中"旨"与"直"对应,说明百济汉字音的辅音韵尾不发达。86号地名中"突"与"珍"对应,表明"珍"未经历腭化。如果只看现代音,103号地名中"支"与"兮"的对应可能被认为牵强附会。俞昌均(1983)认为汉语上古音*x-和*ɣ-声母在韩国古代汉字音中大概表现为g-,但笔者(Eom 1991a)拟为清音k-。103号中*ɣ-(兮)与ʈ-(支)相互对应。这里需注意,"支"的上古音不是舌尖音t-,而是后舌音化的舌面音。俞昌均(1983)索性将"支"拟为kər。①如果考虑到董同龢构拟的上古音,俞昌均的拟音并不是完全没有道理。董同龢(1944/1975)一开始将"支"拟为*ƙĭeg,后来(董同龢1979)将ƙ-改为c-。不管董同龢用哪种符号,他都认为"支"的声母发音部位比硬腭音靠后,非常接近软腭音。这样一来,"支"与"兮"的音韵对应关系就可以成立。前者声母是清音,后者声母是浊音。至于144号,很难确认存在对应关系。依俞昌均(1983),"草"是"老"的训读还是音读不太清楚。但如果考虑到汉语上古音*ɣ-在古代汉字音中读k-,那么"葛"与"何"构成音韵对应也是有可能的。上古音"葛"带清音声母,"何"带浊音声母。

如上所述,汉字互用不考虑声母的清浊,可见百济汉字音中不存在清浊音的区分。换言之,百济汉字音中浊音不具有辨义功能。至于这些浊音汉字与

---

① 桥本万太郎与俞昌均(Hashimoto & Yu 1973)将乡歌中的"支"字拟为*gi(参考第七章第6.1节)。

清音汉字之间的关系是自由变异（free variation），还是全部清化，又抑或是从初期的自由变异变成后来的全部清化，以目前的资料很难判断。不过在构拟百济语或百济汉字音时，是否将浊音看作音位这个问题需要重新认识，这是毋庸置疑的。

4. 新罗汉字音的声母

统一新罗初期也可以发现和上面类似的现象。百济地名40号与129号中的浊辅音在统一新罗改名时改成了清辅音。百济地名40号"省大兮"在新罗景德王时改为"苏泰"。百济地名129号"实于山"改为"铁冶"。这两个地名分别对应，前者的"大"与"泰"、后者的"实"与"铁"构成浊音与清音的对应。这些字的中古音、上古音如下：

（3） 40-2

		SK	SS	MM	MC	OC
省大兮	"大"	tɛ	t-	ta	dɑi/dɑ	*dat
苏泰	"泰"	tʰɛ	t-	tʰai	tʰɑi	*tʰat
129-1						
实于山	"实"	ɕil	t-	ʂʅ	dzĭet	*dĭet
铁冶	"铁"	tsʰəl	t-	tʰie	tʰiet	*tʰiet

如上所示，40号与129号同时构成送气与不送气的对应。这只能表明此时送气音没有完全形成，并不妨碍判断浊音存在与否。笔者在前文对张南基（Chang 1982）提出的"7世纪韩语齿音系统已形成送气音"这个主张提出了不同见解，所依靠的语言学证据就是上面的地名。即，新罗地名是在757年改成汉字式名称，直到8世纪后期舌音都没有完全形成送气音。韩国汉字音送气音的形成是从舌音和齿音开始。就129号中的"实"与"铁"来说，按韩国汉字音或现代汉语，甚至依中古音来读，都不存在音韵对应关系。以往研究忽略了如果以上古音来读它们之间只有清浊的差异的问题，它们的对应关系是很明

确的。这些是证明汉语上古音时期汉字已传入朝鲜半岛的珍贵资料。此前研究只重视现代韩国汉字音是以汉语中古音为基础的问题，以为汉字的传入与韩国汉字音的形成也是在中古音时期。这些例证可以唤起对这种观念的反思。

此外，百济地名一部分清音字在统一新罗时代改为浊音字。百济地名41号"知六"、60号"勿居"分别改为"地育"和"清渠"。41号的首字与60号的次字就是这种情况。

(4) 41-1

知六	"知"	tɕi	t-	tʂʅ	tĭe	*tĭe
地育	"地"	tɕi	t-	ti	di	*dĭa

60-2

勿居	"居"	kə	k-	tɕy	kĭo	*kĭɑ
清渠	"渠"	kə	k-	tɕʰy	gĭo	*gĭɑ

通过上面列举的例子可知，直至统一新罗初期都没有明确区分清浊。金完镇（1967）提出新罗语中/z/可能是音位，可是目前为止列出的三国地名都不能证明这一点。不过，本章只引用了新罗部分地名，笔者将来会搜集更完整的资料，争取得出更确定的结论。

5. 结语

韩国古代汉字音有没有浊音声母这个问题，在下结论之前需要考虑两点：一是韩语与阿尔泰语之间的关系，二是韩语与日语的关系。据金完镇（1967）与Miller（1967）所述，古代阿尔泰语和古代日语有浊辅音。Martin（1966）构拟的原始韩日语（Proto-Korean-Japanese）中也将浊辅音包含在内。按李基文（Lee 1963）所言，假设高句丽语与古代日语相似，那么古代韩语之一的高句丽语很可能有浊辅音。因为日语辅音体系中浊音是作为音位存在的。而且，按《日本书纪》所记，王仁等百济学者将汉字带入日本，那么日本古代汉字音自然不可能不受百济汉字音的影响。日本汉字音体系中的吴音至今尚保存汉语上古音、中古音的浊音音值，百济汉字音会不会也有浊音声母？从这几点推断，韩国古代汉字音声母中浊音作为音位存在的可能性是相当大的。

可是即便可能性再大，如果无确切证据，也只是猜测。由本章考察的三国时代的地名资料可知，韩国古代汉字音中浊音声母根本不具备辨义功能，即韩国古代汉字音声母清浊之间并无差异。金善基（1973）、俞昌均（1980，1983，1991）、李丞宰（2013）等认为韩国古代汉字音存在浊音，都守熙（1987）的构拟无原则地混用清音与浊音。从中国音韵学角度看，这些都有重新斟酌的必要。

第四章　从中国音韵学角度看百济汉字音声母体系[*]

> 1. 引言
>   1.1 研究意义和目的
>   1.2 前人研究的成果和问题
> 2. 百济汉字音的构拟方法和资料
> 3. 上古硬腭塞音、擦音
>   3.1 上古*ȶ-声母
>   3.2 上古*ȶʰ-和*ȡ-声母
>   3.3 上古*ȵ-声母
>   3.4 上古*ɕ-和*ʑ-声母
> 4. 上古齿龈塞音和边音
>   4.1 上古齿龈塞音Ⅰ（中古舌上音）
>   4.2 上古齿龈塞音Ⅱ（中古舌头音）
> 5. 上古唇音
>   5.1 上古唇音Ⅰ（中古双唇音）

---

[*] 笔者最初对百济汉字音感兴趣，是因为想从语言学角度确认韩国史书记载的王仁向日本传播汉字的真伪。倘若百济人向古代日本传入了大陆的汉字和佛经，那么百济语应对古代日语产生了不小的影响，对这个话题的深入讨论留到第六章。本章是从中国历史音韵学角度构拟百济汉字音的声母体系。笔者构拟的百济汉字音与都守熙、俞昌均的百济语和百济汉字音音韵体系区别较大。本章得到百济文化开发研究院学术研究经费资助，是在笔者发表于《百济论丛》（2003）的文章基础上修改而成。文章的原稿是笔者学位论文Eom（1991a）第3、4章的一部分。

5.2 上古唇音Ⅱ（中古唇齿音）

6. 上古喉塞音和软腭擦音

　6.1 上古*ʔ-声母

　6.2 上古零声母

　6.3 上古*ɣ(j)-(>中古j->Ø)声母

　6.4 上古*x-和*ɣ-声母

7. 上古软腭塞音

　7.1 上古*k-声母

　7.2 上古*kʰ-声母

　7.3 上古*g-声母

　7.4 上古*ŋ-声母

8. 上古齿龈塞擦音、擦音

　8.1 上古*ts-声母

　8.2 上古*tsʰ-和*dz-声母

　8.3 上古*s-和*z-声母

9. 上古后齿龈塞擦音、擦音

　9.1 上古*tʃ-、*tʃʰ-、*dʒ-声母

　9.2 上古*ʃ-和*ʒ-声母

10. 结语

1. 引言

1.1 研究意义和目的

　　瑞典的高本汉在20世纪初用西方历史比较语言学的方法构拟了汉语中古音和上古音。夸张一点说，20世纪初中国音韵学的主要工作是在修订高本汉的拟音。这也说明高本汉对中国音韵学研究起到了举足轻重的作用。高本汉在20

第四章　从中国音韵学角度看百济汉字音声母体系

世纪上半世纪研究活跃，1926年出版了考察中国文献传统演变的著作。在书中他对古代东亚汉字的传播路径提出了假设。高本汉（Karlgren 1926）推测，中国东部沿海和日本西南部九州岛沿海直接接触的时间比中日通过朝鲜半岛间接接触的时间更早。高本汉这种推测的根据是日本汉字音比韩国汉字音反映了更早时期的汉语音。现代韩国汉字音和日本汉音反映的基本都是汉语中古音。但问题是，日本存在比汉音反映更早时期汉语音的读音系统。中古汉语的浊音声母在韩国汉字音和日本汉音中，如现代汉语一样，都是清音。但日本另一个汉字读音体系，即吴音，却仍然保存着汉语中古音时期的浊音声母。高本汉正是据此推测中日之间汉字音的传播比中韩早。一个汉字的日本读音中，仅音读就可以多达四个。[①]高本汉认为，汉音是通过古代朝鲜半岛传到日本，吴音是汉音以前从中国吴地区（如今江苏省南部和浙江省）直接传到日本。韩国汉字音和日本汉音都将汉语中古音的浊音声母清音化，唯独吴音保留浊音声母。这让韩语知识有限的高本汉产生了上述观点。

但是，高本汉的假说与古代东亚交流史不符。因为古代日本和中国的文化交流是通过朝鲜半岛进行的，例如日本史书《日本书纪》正式记载了汉字是百济王仁传入日本的。那么，韩国的汉字音为什么比日本反映更晚时期的汉语音呢？这是因为现在的韩国汉字音没有保留很多古代韩国汉字音的痕迹。这跟李基文（1998）的主张，即现代韩语来源于统一新罗时期的韩语有关。[②]新罗统一三国后，高句丽语和百济语保留下来的痕迹较少。再者，统一新罗以后，汉字音按照一字一音的原则不断地更新。因此，最古老的古代汉字音的痕迹在现代汉字音形成过程中逐渐消失。相反，日本汉字音在保留以前汉字音的同时接受新的汉语音，古老的读音得以保留。正是因为这种差异，高本汉才犯了上面的错误。高本汉假说的问题等到第六章再细谈。

百济汉字音音韵体系研究对于研究古代汉字音的原形以及了解东亚汉字

---

① 日本汉字可以一字多音，最古老的读音体系是吴音，之后是汉音。此外还有唐音、宋音。

② 金荣晃（1978）、柳烈（1990，1992）等认为，现代韩语以继承高句丽语的高丽语为基础。

传播路径是必不可少的,这是百济汉字音研究重要的理由,也是本研究的价值所在。以往对百济语和百济汉字音的研究都是从韩语学角度展开的,而本研究不同,是从中国音韵学角度构拟百济汉字音音韵体系。本章将以音韵对应严整的声母体系为中心展开讨论。韵母和声调较复杂,将放到第五章去讲。

1.2 前人研究的成果和问题

关于百济语的前人研究大体可分为两种,一种是百济语的归类,另一种是对百济汉字音的研究。我们很难判断三国的语言是不同的语言还是不同的方言。韩国学者认为是不同的语言,而朝鲜学者认为只不过是方言的差异。笔者暂且认为它们是类似中国方言的差异。百济语研究方面,都守熙(1977,1987,2000)的贡献可以说最大。他一生都在研究百济语,是最早的研究者,也是研究成果最多的学者。百济汉字音研究的代表人物是俞昌均(1983,1991)。他平生专注于汉字音研究,最具代表性的研究成果是三国时代汉字音研究。这些学者试图基于十分有限的资料构拟出古代韩语,这一点值得高度评价。如今,我们之所以能得知古代韩语大体的面貌,跟这些先前研究密不可分。

但是,这些学者的构拟也存在一些问题,那就是构拟原则缺乏一致性、解释过于随意。基于相同的语料,都守熙构拟了百济语,俞昌均构拟了百济汉字音。都守熙构拟百济语是从韩语角度进行的,俞昌均构拟百济汉字音是根据韩语古音和汉语古音。他们的研究方法是否合理,有必要仔细检视,问题是至今没有人质疑。笔者研究百济汉字音的学位论文(Eom 1991a)也不例外。这是由于古代语言研究资料和方法论的限制。本书也只能从《三国史记·地理志》的百济地名出发,对百济汉字音展开讨论。

以往研究的另一个问题是都守熙和俞昌均的研究都偏重韩语学的观点。俞昌均虽然考虑了汉语上古音,但构拟个别汉字时却经常根据韩语古音和周边语言进行构拟。表面上看,汉字音当然会受到韩语音韵制约,这种方法很合理,但百济语的音系是根据百济地名使用的汉字古音推测出来的,汉语音韵学的观点理应放在首位。从汉语音韵学角度来看,他们的研究很多时候缺乏一贯

第四章 从中国音韵学角度看百济汉字音声母体系

性。他们把汉语的清音构拟成百济的浊音,把汉语的不送气音构拟成百济的送气音。例如,俞昌均(1983)把清音声母"比"字构拟为bər。更严重的问题是,为同声母字在百济语中构拟了不同的声母。都守熙(1987)将"伐"拟作pəl,将"平"拟作bəl,但它们在汉语上古音和中古音都是浊音声母*b-,属于并母字。①当然个别汉字的读音另当别论,可是这样一来就缺少了一贯性。

因此,笔者(Eom 1991a)试图从汉语音韵发展史角度,构拟百济汉字音系统。本章的目的在于,从汉语音韵学角度重新看百济地名,探讨、修订百济汉字音的声母体系。站在韩语学的立场上,本章的研究结果可能会有牵强的部分,但笔者希望本研究可提供一种新的解释,从而对韩语学者有所启发。因此,笔者把以前韩语学者解释为训读的"珍、熊、新"等字解释为音读。

2. 百济汉字音的构拟方法和资料

《三国史记》被认为是韩国现存最古老的史书,但成书于1145年。跟百济存在的时期相比,相差数百年,甚至一千一两百年。如何用12世纪中期编纂的资料上记载的地名构拟百济汉字音呢?对于这个问题,有关古代汉字音的很多文章已详细探讨(严翼相 1994a)。用一句话来概括,金富轼在记录三国初期地名时,把同一地名的多种标记都记录下来,所以可以用同名异记之间的音韵对应构拟汉字音。例如,86号地名"马突"又记为"马珍",说明当时"突"字和"珍"字相对应。

(1) 86-2　　　　　　SK　　　SP　　　MM　　MC　　OC
　　马突　　"突"　　tol　　　t-　　　tʰu　　　duət　　*duət
　　马珍　　"珍"　　tɕin　　t-　　　tʂən　　 tǐen　　*tǐən

这两个字的现代韩国汉字音完全不同,现代汉语音也是如此。中古音时

---

① 这类错误在Eom(1991a)和严翼相(1994b)中有更仔细的分析。

期"突"的声母是-d，但"珍"的声母已腭化为ʨ，或卷舌音化为t-，两字读音不同。因此，过去国语学者认为"珍"的义和"突"的音对应。如果把"珍"理解成"珍贵的石头"，这种观点似乎有理。但"石头"一般指最普通的岩石，而非宝石。仔细观察两字的汉语上古音，就会发现两字的音读是对应的。两字的上古音都有齿龈塞音声母，可以相互对应。这里清浊与否并不重要，因为清浊没有辨义功能。介音和韵尾的差异也可忽略。百济地名韵母的对应程度没有声母高。

下面是本章作为论据的《三国史记》三十七卷的地名。笔者在此列出的地名是参考、整理自俞昌均（1983）和金富轼（1983）等。最左边出现的地名是百济时期的地名，"="符号后是《三国史记》"一云"标记的异名，">"符号后边列举的地名是757年新罗改新地名，">>"后的地名是1145年《三国史记》编写时高丽初期的地名。

（2）百济地名

1 熊川＝熊津＞熊州＞＞公州

2 热也山＞尼山

3 伐音支＞清音

4 臂城＝子谷＝西原

5 大木岳＞大麓

6 其买＞甘买

7 仇知＞金池

8 加林＞嘉林

9 马山

10 大山＞翰山

11 舌林＞西林

12 寺浦＞蓝浦

13 比众＞庇仁

14 马尸山

第四章 从中国音韵学角度看百济汉字音声母体系

15 牛见

16 今勿＞今武

17 构

18 伐音只

19 余村＞余邑

20 沙平＞新平

21 所夫里＝泗沘

22 珍恶山

23 悦己＝豆陵尹＝豆串＝尹＞悦城＞＞定山

24 任存

25 古良夫里

26 乌山＞孤山

27 黄等也山＞黄山

28 真岘＝贞岘

29 珍洞＞珍同

30 雨述＞比豊

31 奴斯只

32 所比浦

33 结己＞洁城

34 新村

35 沙尸良＞新良

36 一牟山

37 豆仍只

38 未谷＞昧谷

39 基

40 省大兮＞苏泰

41 知六＞地育

42 汤井

43 牙述

44 屈旨=屈直

45 完山=比斯伐=比自火

46 豆伊＝往武

47 仇智山＝金沟

48 高山

49 古龙=南原

50 大尸山＞大山

51 井村＞井邑

52 宾屈＞斌城

53 也西伊＞野西

54 古沙夫里＞古阜

55 皆火＞戒发

56 欣良买＞嘉安

57 上柒＞尚质

58 进乃＝进仍乙＞进礼

59 豆尸伊＝富尸伊

60 勿居＞清渠

61 赤川

62 德近＞德殷

63 加知奈＝加乙乃

64 只良肖

65 只伐只

66 屎山＝拼文＞临陂

67 甘勿阿＞咸悦

68 马西良

69 夫夫里

70 碧骨

第四章 从中国音韵学角度看百济汉字音声母体系

71 豆乃山

72 首冬山

73 乃利阿 > 利城

74 武斤

75 道实

76 磧坪

77 埃坪

78 金马渚

79 所力只

80 阔也山 > 野山

81 于召渚 > 纤洲

82 伯海 = 伯伊 > 壁谿

83 难珍阿

84 雨坪

85 任实

86 马突 = 马珍

87 居斯勿

88 武珍 = 奴只

89 未冬夫里

90 伏龙 = 杯龙

91 屈支

92 分嵯 = 夫沙 > 分岭

93 助助礼 > 忠烈

94 冬老

95 豆肹

96 比史

97 伏忽 > 宝城

98 马斯良

99 季川

100 乌次

101 古马弥知

102 秋子兮 > 秋城 >> 潭阳

103 果支＝果兮

104 栗支

105 月奈

106 半奈夫里 > 潘南

107 阿老谷 > 野老

108 古弥 > 昆湄

109 古尸伊

110 丘斯珍兮

111 所非兮 > 森溪

112 武尸伊 > 武灵

113 上老

114 毛良夫里

115 松弥知 > 茂松

116 欿平＝武平

117 猿村

118 马老

119 突山

120 欲乃 > 欲城 >> 谷城

121 遁支 > 富有

122 仇次礼 > 求礼

123 豆夫只 > 同福

124 尒陵夫里＝仁夫里 > 竹树夫里

125 波夫里 > 富里 > 福城

126 仍利阿＝海滨

第四章 从中国音韵学角度看百济汉字音声母体系

127 发罗

128 豆肹＞会津

129 实于山＞铁冶

130 水川＞水入伊

131 道武＞阳武

132 古西伊＞固安

133 冬音＞耽津

134 塞琴＝捉滨

135 黄述

136 勿阿兮＞务安

137 屈乃

138 多只＞多岐

139 道际＝阴海＞海际＞＞大峯

140 因珍岛＞珍岛

141 徒山＝猿山

142 买仇里

143 阿次山

144 葛草＝何老＝谷野

145 古禄只＝开要＞盐海

146 居知山＝安陵

147 奈己

3. 上古硬腭塞音、擦音

上古汉语的舌上音读硬腭塞音、擦音，[①]也叫照系三等，包括*ȶ-（照/

---

① 本书把"舌尖音、舌尖面音、舌面音、舌根音"等根据主动器官命名的传统术语改成根据被动器官命名的术语，即"齿龈音、后齿龈音、硬腭音、软腭音"。ɕ和ʑ语音学上应该叫齿龈硬腭音，本书简称硬腭音。这样使用术语的科学理据可参考严翼相（2007b）。

章）、*tʰ-（穿/昌）、*ɖ-（床/船）、*ɲ-（日）、*ɕ-（审/书）、*ʑ-（禅）等声母。① 李方桂（1971）和 Baxter（1992）把这类声母并入舌头音。但王力（1985）将照、穿、床母构拟成硬腭塞音，认为最晚5—6世纪前期中古音（MC）时期变成硬腭塞擦音。② 所以上古塞音的变化对判断百济汉字音时期有重要作用。下列百济地名使用了带这些声母的汉字。

（3）*ʈ-（照/章）：3-3 支，18-3 只，28-1 真，44-2 旨，78-3 渚

*tʰ-（穿/昌）：无相应汉字

*ɖ-（床/船）：30-2 述，75-2 实

*ɲ-（日）：2-1 热，24-1 任，37-2 仍，124-1 尒

*ɕ-（审/书）：14-2 尸，18-2 首

*ʑ-（禅）：57-1 上

3.1 上古 *ʈ- 声母

百济地名使用的照系汉字中，最重要的是"真"和"贞"。28号地名"真岘"又记作"贞岘"。次字相同，可以推断首字"真"和"贞"对应。

（4）　　　　OC③　　　EMC　　　SP

真　　*ȶǐen　　tɕǐen　　t-

贞　　*ȶǐeŋ　　ȶǐɛŋ　　t-

---

① 【译者注】因印刷上的限制，原著把不送气清硬腭（舌面）塞音、送气清硬腭塞音、浊硬腭塞音、硬腭鼻音写成 ȶ-、ȶʰ-、ȡ-、ɲ-，译稿统一改为 ʈ-、tʰ-、ɖ-、ɲ-。

② Eom（1991a）把上古音分为前期上古（EOC）和后期上古（LOC）。前期是东汉末公元220年之前，后期是以东晋末420年为下限。3—5世纪是上古音和中古音的过渡期。Ting（1975）把该时期看作 Archaic Chinese 和 Middle Chinese 的中间时期，命名为 Old Chinese。但是，最近更多的学者把这个时期看作中古音初期，而不是上古音后期。因此，本书把 Eom（1991a）设定的后期上古音（LOC）归入前期中古音（EMC）。

③ 上古音参考采用王力拟音的郭锡良（1986）。由于讨论的是声母，如无必要，省去郭锡良（1986）添加在元音上的上标符号（superscripts）。

第四章 从中国音韵学角度看百济汉字音声母体系 ◆

比较两字的中古音可知"真"声母是塞擦音,而"贞"声母是塞音。这两个字过去也被解释为训读字。但它们上古音声母相同,韵母也相似。因此,两字作为音读通用的时期不是前期中古音时期,而是上古音时期。这表明汉字传入百济至少是汉末以前。对此笔者(严翼相 1994a;Eom 2001)有仔细的讨论。

类似情况也见于44号地名。据金富轼(1983),"屈旨"又作"屈直"。首字相同,次字的音也应相同或相似。"旨"和"直"的现代汉语音都是[tʂʅ],只有声调不同。那么它们的古音呢?

(5)　　　OC　　　EMC　　　SP
　　旨　　*ȶǐei　　tɕie　　　t-
　　直　　*dǐək　　ɖǐək　　　t-

(5)中的"旨"和"直"表面上看不出声母或韵母有对应关系。首先,比较一下声母,中古音"旨"声母是塞擦音,"直"声母是塞音,上古音两字声母都是塞音。可能上古音时期它们互相通用。问题是两字声母清浊不同。"旨"的声母是清音,"直"的声母是浊音。虽然据朴镇浩(2008 私下交流),"屈"的韵尾-l后边的清声母可以浊化,但我们不能确定"屈"的韵尾在百济汉字音中是不是-l。即便是,如果浊音能别义,那这里两字也不必非得是对应关系。因此,44号地名告诉我们百济汉字音浊音和清音可以自由变异,浊音可读成清音。当然清音也可以读成浊音,不过根据韩语发展史,前者可能性更大。另一个问题是"旨"(*ȶ-)和"直"(*d-)的对应关系。前者是硬腭音,后者是齿龈音。两者可通用,说明硬腭音和齿龈音之间没有区别。现在剩下的问题是开音节和闭音节之间的对应。在百济地名中,没有辅音韵尾的开音节和以辅音韵尾结尾的闭音节之间相互对应的现象并不罕见。暂且可以这样解释,百济汉字音的辅音韵尾还没有完全形成。因此,韵尾的有无对于判断对应关系没有影响。

中古照三系即上古章系在上古音不仅跟t-对应,还与k-对应。考虑到

◆ 韩国汉字音新探

这一点，董同龢（1979）把属于这一类的汉字构拟为声母ɕ-。ɕ-的硬腭音是齿龈音t-和软腭音k-中间的音。董同龢的拟音在百济汉字音中也能找到支持的例证。例如，103号地名"果支"和"果兮"通用，这里"支"和"兮"相对应。比较一下它们的古音：

（6）　　　　OC　　　EMC　　　SP
　　支　　*ȶĭe　　tɕĭe　　t-
　　兮　　*ɣie　　ɣiei　　k-

如果"兮"和"支"在语音方面对应，声母是擦音x-的可能性很小，是塞音k-的可能性更大。古代x-和k-混用的现象是很常见的。例如，首尔中心的汉江写成"汉江"，但这与中国汉朝的"汉"（*xan>xɑn）没有关系，只是表示"큰"（kʰin）（大江）的意思。这样来看t-是和k-对应。①因此，上古*ȶ-在百济汉字音中拟作t-或k-。下文要讨论的上古*ɣ-在百济汉字音中也将拟作k-。

3.2 上古*ȶʰ-和*ȡ-声母

百济地名找不到上古*ȶʰ-声母字。如果有，也只能和上古*ȶ-一样构拟。如上文所述，当时送气音还不具备辨义功能。

假如上古*ȡ-声母在百济汉字音中读作清音，那么就跟上古*ȶ-没有区别。这从129号地名"实于山"和"铁冶"可以看出，这里"实"和"铁"对应。

（7）　　　　OC　　　　EMC　　　SP
　　实　　*ȡĭet　　dzĭet　　t-
　　铁　　*tʰiet　　tʰiet　　t-

---

① 蒙古语的"칸"（kʰan），如成吉思汗的"汗"，表示"大"的意思，也许和韩语的"큰"（kʰin）有关。这一点最早是朴万奎教授告诉笔者的。北汉山的"汉"也表示"大"。据朴镇浩（2008 私下交流），古代韩语借字标记中"兮"和"支"都读"히"（hi），"兮"可以拟作*hi，但将"支"拟作*hi缺少证据。

第四章 从中国音韵学角度看百济汉字音声母体系 ◆

（7）中两字对应的时期为上古音时期。因为早期中古音时期"实"的声母已变成塞擦音。百济汉字音不仅不分清浊，而且没有送气不送气之分，因此可将上古*ɖ-的声母拟作百济汉字音t-。

3.3 上古*ɲ-声母

上古腭鼻音声母*ɲ-后期中古音时期变成r-类音。2号和58号地名有带这个声母的汉字。

（8）2 热也山=尼山
    58 进乃=进仍乙＞进礼

（8）中"热"和"尼"对应，"乃"和"仍"对应。它们的古音如下：

（9）　　　　OC　　　　EMC　　　SP

热　　　*ɲĭat　　　ɲʑĭɛt　　　n-

尼　　　*niei　　　ni　　　　n-

乃　　　*nə　　　　nɒi　　　　n-

仍　　　*ɲĭəŋ　　　ɲʑĭəŋ　　　n-

（9）中上古*n-与上古*ɲ-声母汉字互相对应。因此，上古*ɲ-声母可拟作百济汉字音n-。

3.4 上古*ɕ-和*ʑ-声母

百济地名使用的上古*ɕ-声母汉字是14号地名中的"尸"和72号地名中的"首"。这些汉字虽然在很多地名中出现，但因为没有可比较的地名，所以不易构拟。俞昌均（1980）将词首处构拟为ɕ-，词中处构拟为r-。笔者很难接受一个词在不同情况下发音不同。本书推测它的发音跟中世汉字音一样是

s-。这种推测可以支持9.2节上古*ʃ-和上古*s-相互对应的分析。

上古*z̦-声母的汉字出现在57号地名"上柒>尚质"。"上"在新罗改新地名中改为"尚"。它们的古音如下：

（10）　　　OC　　　EMC　　SP
　　　上　　*z̦ĭaŋ　　z̦ĭaŋ　　s-/ts-(?)
　　　尚　　*z̦ĭaŋ　　z̦ĭaŋ　　s-/ts-(?)

仅凭（10）很难判断上古*z̦-声母在百济汉字音中的表现。因为两字声母相同。由于资料有限，我们只能按逻辑推测。延续上文将上古汉语腭音对应为非腭音、浊音对应为清音的思路，可以构拟z̦>z>s。笔者（Eom 1991a）考虑到韩国人倾向于将z-感知为ts-，而不是s-，将上古*z̦-拟作百济汉字音ts-。例如，Zion和Zephaniah记作"시온"[ɕi.on]和"스바냐"[sɨ.pa.nja]，这是约一百几十年前的《圣经》翻译，而现在z-一般都记作"ㅈ"[ts]。

（11）　Zaire　　　　자이레[tsa.i.re]
　　　　Zambia　　　잠비아[tsam.pi.a]
　　　　New Zealand　뉴질랜드[nju.tɕil.ɾen.tɨ]
　　　　zero　　　　제로[tse.ro]
　　　　Zeus　　　　제우스[tse.u.sɨ]
　　　　zone　　　　존[tson]
　　　　zoom　　　　줌[tsum]

因此，笔者推测百济时期把上古*z̦-感知为ts-，而不是s-。这种推测并非不可能，但必须有一个前提，那就是百济语中ts-已确立音位地位。但百济汉字音形成时有没有ts-，我们还不能确认。因此，暂且把上古*z̦-构拟为百济汉字音s-。本章第9节将判断百济汉字音有没有形成ts-音，届时再对这个问题下最终的结论。

4. 上古齿龈塞音和边音

这里要讨论的声母是属于上古舌头音的齿龈塞音*t-（端）、*tʰ-（透）、*d-（定）和齿龈鼻音*n-（泥）以及边音*l-（来）。上古齿龈塞音的二、三等字，前期中古音经历了卷舌音化或腭化，后期中古音变作塞擦音。高本汉（Karlgren 1954）、李方桂（1971）、Pulleyblank（1984）、Baxter（1992）拟作卷舌塞音，董同龢（1979）、王力（1985）拟作硬腭塞音。最近赞同李方桂学说的人比较多，但由于本文以王力的拟音为依据，所以接受腭化的分析。一、四等字的齿龈塞音保留至今，因此百济音上古齿龈塞音二、三等字的构拟对于确认百济汉字音的形成时期起重要作用。上古齿龈音到中古时期出现了分化，腭化的二、三等字称为知系字，仍保留齿龈音的一、四等字称为端系字。

4.1 上古齿龈塞音 I（中古舌上音）

下面是百济地名中使用的上古端系变成中古知系（二、三等）的汉字，分属于中古知、彻、澄母。

（12）*t- > ṭ-（端 > 知）：7-2、41-1、63-2、101-4、115-3、146-2 知，22-1、29-1、83-2、86-2'、140-2 珍，47-2 智
　　　*tʰ- > ṭʰ-（透 > 彻）：无相应汉字
　　　*d- > ḍ-（定 > 澄）：81-2 召

22、29、83、86、140号地名出现的"珍"字最重要。《三国史记》记载，86号地名"马突"又作"马珍"，可以推测"珍"和"突"对应。

（13）　　　OC　　　EMC　　　SP
　　突　　*duət　　duət　　t-
　　珍　　*tĭən　　ṭĭen　　t-

◆ 韩国汉字音新探

"珍"的声母中古音时期发生了腭化或卷舌音化,"珍"和"突"通用的时期可能是两者都是齿龈塞音的上古音时期。"珍"在后期中古音时期变成塞擦音,两字声母的差异越来越大。至于"突"字汉语是否读浊音声母并不重要。86号地名是推断百济汉字音的形成时期是上古音时期,或最晚是前期中古音以前的重要材料(严翼相 1994a;Eom 2001)。支持笔者观点的另一个例子是7、41、63、101、115、146号地名出现的"知"字。7号地名"仇知"在757年改为"金池"。与此同时41号"知六"改为"地育"。比较这两个地名,可发现"知"与"池、地"对应。

(14)　　　OC　　　EMC　　　SP
知　　*tĭe　　　ţĭe　　　t-
池　　*dĭa　　　ḍĭe　　　t-
地　　*dĭa　　　di　　　t-

因为当时不分清浊,所以这三个字互相对应的时期是上古音时期。这也说明,8世纪以前"知"和"池"在汉语中还没有发生腭化。这样的话,主张86号例子对应的时期一定是上古音时期可能有些偏颇。因此,上古端系字在判断百济汉字音形成时期方面有一定的局限性。

百济地名中没有出现带中古 t^h- 声母的汉字。即使出现了也是读成 t-。因为送气音还不是音位。上古 $*t^h$- 声母汉字也没有在百济地名中出现,这是不是说明当时避免使用送气音声母呢?如果真是这样,至少一部分知识阶层应会区分送气音与不送气音。这个问题要有足够的例证才能最终作出判断。

中古带 ḍ- 声母的汉字是81号地名中的"召"字。"于召渚"在757年改为"纡洲",可见"于"与"纡"对应。问题是"召"或"渚"怎么与"洲"对应。只看声母,"渚"和"洲"接近,但比较韵母会发现"召"和"洲"更接近。先看它们的古音:

第四章　从中国音韵学角度看百济汉字音声母体系 ◆

（15）　　OC　　　EMC　　SP

召　*dǐau　　dǐɛu　　t-

渚　*tʰǐa　　tɕio　　t-

洲　*tǐəu　　tɕǐəu　　t-

俞昌均（1983）认为"召、洲"对应，并把"召"的前期音拟作də，后期音拟作dzu。如果"召、洲"对应，那么"渚"该怎么认识？对此笔者目前没有明确的答案。我们可以认为"召"与"洲"的对应时期是上古。因为中古前期时，一个是塞音，一个是塞擦音，区别太大。"召"塞擦音化是在中古后期。如果把这个时期大体看作宋代，则俞昌均构拟的后期音dzu直到宋代以后才可能存在。俞昌均的构拟还有一个问题，如果百济汉字音没有浊音，那么他的də或dzu要改成tə或tsu。总之，上古齿龈塞音中，中古变成硬腭塞音的二、三等*t-、*tʰ-、*d-声母在百济汉字音中都读t-。

4.2 上古齿龈塞音Ⅱ（中古舌头音）

端组一、四等从上古音时期到现在除了浊音清化以外音值没有变化。数千年来汉字的发音完全不变比变似乎更难。这类字的发音记起来简单，但我们不能从中推断汉字音形成时期，因为其语言学价值相对不高。下面是百济地名中使用的上古和中古端系一、四等汉字。

（16）*t-(端): 27-2 等, 62-1 德, 72-2、133-1 冬, 138-1 多

*tʰ-(透): 无相应汉字

*d-(定): 5-1 大, 23-1' 豆, 29-2 洞, 75-1 道, 86-2 突, 121-1 遁

*n-(泥): 31-1 奴, 58-2 乃, 63-3 奈, 83-1 难

*l- (来): 8-2 林, 21-3 里, 25-2、35-3 良, 41-2 六, 49-2 龙, 73-2 利, 79-2 力, 93-3 礼, 94-1 冬, 104-1 栗, 124-2 陵, 127-2 罗, 145-2 禄

133号地名"冬音"在757年新罗景德王时改为"耽津"。"冬音"与"耽津"很可能是训读关系，但不能排除音读的可能。

（17）　　　OC　　　EMC　　　SP
　冬　　*tuəm　　tuoŋ　　t-
　耽　　*təm　　　tɒm　　　t-

两字的声母在上古和中古时期相同，所以将上古*t-构拟为百济汉字音t-没有什么问题。遗憾的是没有更多可供比较的材料。

百济地名中没有带送气音*tʰ-（透）声母的汉字，这是在预料之中。如果出现了*tʰ-声母，应该也是对应为不送气t-。

定母在百济汉字音的音值，可以通过上文86号地名"马突"和"马珍"对应判断出来。（18）是引自（13）。

（18）　　　OC　　　EMC　　　SP
　突　　*duət　　duət　　t-
　珍　　*tǐən　　ṭǐen　　t-

（18）很好地证明了上古*d-声母在百济汉字音中对应为清音。

上古*n-（泥）声母在百济汉字音跟硬腭（舌面）音ɲ-相互对应。58号地名"进乃"又记作"进仍乙"。首字相同，很容易判断出次字对应。但尚不清楚为何一个音节与两个音节对应，可能是由于韵母发音不完整。无论如何，可以判断"乃"和"仍"声母对应。

（19）　　　OC　　　EMC　　　SP
　乃　　*nə　　　nɒi　　　n-
　仍　　*ɲĭəŋ　　ɲziəŋ　　n-

第四章 从中国音韵学角度看百济汉字音声母体系 ◆

只凭（19）很难判断上古*n-在百济汉字音中读n-还是硬腭（舌面）音 ɲ-，因为都有可能。但前文（9）中把腭鼻音构拟成非腭鼻音，为保持一致，上古 *n-在百济汉字音中拟作n-。

上古*l-（来）声母字虽然在百济地名中经常出现，但只有35号和93号地名比较有价值。35号地名"沙尸良"在757年新罗改新地名中改为"新良"。这里上古*l-声母汉字"良"沿用不变。93号地名"助助礼"在757年改为"忠烈"。"礼"和"烈"在上古时期声母都是*l-。

（20）　　　OC　　　EMC　　　SP
礼　　　*liei　　　liei　　　l-
烈　　　*lĭat　　　lĭɛt　　　l-

上古音*l-声母不仅在中古音，直到近代音和现代音都读l-，百济汉字音也不太可能读成其他音，估计也读l-。

5. 上古唇音

上古唇音包括*p-（帮）、*pʰ-（滂）、*b-（並）、*m-（明）。中古后期唇音分为双唇音和唇齿音。合口三等字变成唇齿音，其他情况保持双唇音。变成唇齿音的声母f-、fʰ-、v-、ɱ-按传统音韵学分别叫非母、敷母、奉母、微母。这类声母是判断汉语方言形成时期的重要依据，但对韩国汉字音来说却没有意义。韩语学者认为韩国汉字音从未形成唇齿音声母。当然这种主张是否准确还需要进一步验证。总之，即便唇齿音传入古代韩国，根据目前韩语学者的意见，也只能对应为双唇音之类的音。百济地名中，唇音声母汉字如下：

（21）*p-(帮): 13-1 比, 70-1 碧, 82-1 伯, 106-1 半, 125-1 波
　　　*f-(非): 21-2 夫, 92-1 分, 111-2 非, 127-1 发
　　　*pʰ-(滂): 12-2 浦

*b-(並): 20-2 平, 76-2 坪

*v-(奉): 3-1 伐, 90-1、97-1 伏

*m-(明): 5-2 木, 6-2 买, 14-1 马, 36-2 牟, 101-3、108-2 弥, 114-1 毛

*ɱ-(微): 16-2 勿, 38-1 未, 74-1 武

5.1 上古唇音 I（中古双唇音）

根据上古汉语送气音构拟为百济不送气音的原则，*p^h-和p-没有差别。因为送气音声母都看作不送气声母。关键是上古*p-声母在百济汉字音中是怎么表现的。我们可以从下面两个汉字中找到线索。82号地名"伯海"又记作"伯伊"。"伯"是上古*p-声母，但两个都是"伯"，很难判断读哪个音。不过，"伯海"在新罗改新地名中改为"壁谿"，可以比较"伯"和"壁"。106号地名"半奈夫里"在757年改为"潘南"。虽然新旧名不是同一时期使用的标记，但这是将原来的地名改成汉字式地名，可以推断"半"和"潘"之间存在音韵对应。下面比较这四个字的古音：

（22）	OC	MC	SP
伯	*peak	pɒk	p-
壁	*piek	piek	p-
半	*puan	puɑn	p-
潘	*p^huan	p^huan	p-

如果不考虑（22）中的送气音，可推断出上古*p-声母在百济汉字音中同*p^h-和*b-一样读p-。俞昌均（1983）把地名13、32、96中的"比"拟为bər。问题是"比"（*piei>pi）的上古和中古声母不是浊音，而是清音。俞昌均（1983）把21号地名"所夫里"（=泗沘）的"夫"拟作bə，"沘"拟作bər。"夫"的上古音是*pǐwɑ，"沘"的上古音是*pǐei。[①]汉语清声母p-在百济汉字

---

① 这些汉字的古音请参考（24）。

第四章　从中国音韵学角度看百济汉字音声母体系

音中读b-的可能性很小。俞昌均早期的这种分析一直延续到他后来对三国时代汉字音的综合研究（俞昌均1991）。俞昌均为这些字构拟的百济汉字音是值得商榷的。

上古唇鼻音*m-声母在百济音中对应为m-。108号地名"古弥"（＞昆湄）的"弥"在统一新罗时期变成"湄"。

（23）　　OC　　　MC　　SP
　　弥　　*mĭei　　mĭe　　m-
　　湄　　*mĭei　　mi　　 m-

虽然这两个字不是在百济初期地名中混用，但上古*m-声母在百济汉字音中读成其他音的可能性很小。因为上古音*m-除了部分变为微母以外，一直到现代汉语都是读m-。因此，上古*m-声母可以构拟成百济汉字音m-。

5.2 上古唇音Ⅱ（中古唇齿音）

百济660年灭亡，当时唇齿音在汉语中尚未形成。如上所述，到了中古后期，唇齿音才在合口三等字中形成。唇齿音在现代韩国汉字音和中世韩国汉字音中都没有出现。百济汉字音也可能把唇齿音发成双唇音，在21号地名可以看到这种情况。21号地名"所夫里"又记作"泗沘"。这里"夫"和"沘"相对应。

（24）　　OC　　　EMC　　LMC
　　夫　　*pĭwɑ　　pĭu　　f-
　　沘　　*pĭei　　pi　　 p-

类似的情况也见于97号地名。97号地名"伏忽"在757年改为"宝城"。这里"伏"和"宝"是音读关系，"忽"和"城"是训读关系。比较"伏"和"宝"的古音：

（25）　　　OC　　　　EMC　　　LMC
伏　　*bĭwək　　bĭuk　　v-
宝　　*pəu　　　pau　　　p-

（25）说明"伏"在8世纪新罗改名时也不是唇齿音。百济地名中也有中古f-声母汉字代替其他f-声母汉字的情况。例如，92号地名"分嵯=夫沙"中"分"和"夫"对应。它们在中古后期都变成了f-声母。但这不能表明唇齿音在百济汉字音中有音位功能。8世纪中期新罗统一后原地名都改成了汉字式地名，这时汉语还没有出现唇齿音。因此，中古后期的唇齿鼻音ɱ-在百济汉字音中要构拟成m-。例如，38号地名"未谷"在新罗改为"昧谷"，恰好佐证了这个观点。"未"的声母在汉语中古后期变成唇齿音，即便如此，新罗改名时依然改为m-声母的"昧"。

（26）　　　OC　　　　EMC　　　LMC　　SP
未　　*mĭwət　　mĭwəi　　ɱ-　　m-
昧　　*muət　　　muɒi　　　m-　　m-

由此可见，"未"的声母不仅在百济汉字音中读双唇音，而且在新罗汉字音中也读双唇音。

6. 上古喉塞音和软腭擦音

本节主要讨论上古喉音，包括喉塞音*ʔ-（影）、零声母*∅-（喻四）、浊软腭擦音*ɣ(j)-（喻三）、清软腭擦音*x-（晓）、浊软腭擦音*ɣ-（匣）。这些声母对于推定百济汉字音形成时期发挥了重要作用。具体论证可参考Eom（1995）。百济地名中出现的这一组汉字如下所示：

第四章 从中国音韵学角度看百济汉字音声母体系 ◆

（27）*ʔ-(影): 3-2 音, 22-2 恶, 26-1 乌, 36-1 一, 46-2 伊, 58-3' 乙, 62-2 殷, 67-3 阿, 80-1 阏, 129-2 于, 140-1 因, 145-2' 要, 146-1' 安

*Ø-(喻四, 以): 2-2、53-1、80-2 也, 19-1 余, 23-1 悦, 120-1 欲

*ɣ(j)-(喻三, 云): 1-1 熊, 30-1 雨, 81-1 于

*x-(晓): 56-1 欣, 82-2 海, 95-2 肣, 97-2 忽

*ɣ-(匣): 40-3、103-2' 兮, 128-1' 会, 144-1' 何

6.1 上古*ʔ-声母

王力（1985）和郭锡良（1986）把上古影母构拟成零声母。但董同龢（1979）构拟成喉塞音*ʔ-。为方便讨论，这里暂且采用董同龢的构拟。如果看129号地名，似乎王力的学说更有道理。129号"实于山"新罗时期改为"铁冶"。这里喉塞音"于"与零声母"冶"对应。

（28）　　　OC　　　EMC　　　SP
　　　于　　*ʔĭɑ　　　ʔĭo　　　Ø-
　　　冶　　*ĭɑ　　　ĭa　　　Ø-

只看（28），"于"的声母好像不是喉塞音，而是更接近零声母。类似的例子有67号地名"甘勿阿（>咸悦）"和80号地名"阏也山（>野山）"。67号地名中"阿、悦"对应，80号地名中"阏、野"对应。"阿"和"阏"的声母是喉塞音，"悦"和"野"的声母是零声母。这表明这些字的声母在百济音中读零声母。

但对有些地名来说，董同龢的构拟似乎更契合百济汉字音的表现。董同龢认为这组声母的有些字跟软腭声母字为谐声关系。这种现象在百济汉字音中很常见。145号地名"古禄只"和"开要"通用，146号"居知山"又记作"安陵"。这里145号"只"和"要"对应，146号"居"和"安"对应。它们的古音如下：

（29）　　　　OC　　　　EMC　　　SP

要　　*ʔĭau　　ʔĭɛu　　k-

只　　*tĭe　　　tɕĭe　　 k-

安　　*ʔan　　 ʔan　　 k-

居　　*kĭɑ　　 kĭo　　　k-

3.1节将上古ṭ-声母构拟为百济汉字音t-或k-。这里"只"声母的拟音应是k-而不是t-。因为这样才能与"要"谐声。据（29）可以推断出，上古影母在百济汉字音中读k-。与此类似的例子是26号和62号地名。26号"乌山"在统一新罗时改为"孤山"，62号地名"德近"改为"德殷"。"乌"和"孤"对应，"近"和"殷"对应。

（30）　　　　OC　　　　EMC　　　SP

乌　　*ʔɑ　　　ʔu　　　k-

孤　　*kɑ　　　ku　　　k-

近　　*gĭən　　 gĭən　　k-

殷　　*ʔĭən　　 ʔĭən　　k-

（30）表明，上古影母不仅在百济汉字音中，而且可能到8世纪新罗时期也读软腭音k-。

6.2 上古零声母

不同学者对零声母及浊软腭擦音三等的构拟有所不同。王力（1985）把喻母四等拟作ʎ，喻母三等拟作ɣ，音值和匣母相同。据王力，喻母三等在上古音之后变成了/j-/。董同龢（1979）把中古零声母（喻母四等）来源看作是上古*d-、*g-、*z-。董同龢（1979）认为，喻母三等和中古前期的匣母相同。两个声母互补分布，喻母只在三等出现，匣母在一、二、四等出现。

上古汉语零声母在百济汉字音中读Ø-或t-。53号"也西伊（>野西）"和

第四章 从中国音韵学角度看百济汉字音声母体系 ◆

80号"阏也山（>野山）"的"也"以及19号"余村（>余邑）"的"余"都是零声母字。观察这些新旧地名可知，这些字在百济汉字音中读零声母。

（31）　　OC　　　EMC　　SP
也　　*ʎia　　　jia　　　Ø-
野　　*ʎɑ　　　jia　　　Ø-
阏　　*ʔat　　　ʔɑt　　　Ø-
余　　*ʎɑ　　　jio　　　Ø-

23号"悦己（=豆陵尹=豆串=尹）"中，"悦"和"豆"对应。"悦"中古是零声母，"豆"中古声母是*d-。浊音d-在百济汉字音中为t-，所以零声母也与t-对应。①

（32）　　OC　　　EMC　　SP
悦　　*ʎĭwat　　jĭwɐt　　t-(?)
豆　　*do　　　dəu　　　t-

上面这种零声母与t-对应的地名是很罕见的。虽然罕见，但（32）比较的是百济的异名，（31）比较的是百济地名和757年统一新罗改新地名，（32）材料更重要，因此也只能承认零声母与t-对应。目前来说，最稳妥的做法是将上古零声母在百济汉字音中构拟为Ø-或t-。

6.3 上古*ɣ(j)-(>中古j->Ø)声母

云母上古时期是浊软腭擦音声母*ɣ(j)-，中古后期以后完全元音化，变成零声母。6.4节讨论的匣母，上古时期是*ɣ-声母，中古后期变成ɦ-，近代汉语

---

① 120号地名"欲城"在《三国史记》编撰时改名"谷城"。表面上看，零声母"欲"字与k-声母"谷"字对应，但在高丽初期的12世纪，汉字音读零声母已定型，因此不能假定"欲"和"谷"音韵对应。

变成清音x-。云母和匣母在百济汉字音中如何对应，值得仔细观察。

1号地名"熊川"在高丽初改名"公州"。国语学者根据《龙飞御天歌》中"熊津"的"熊"记作"고마"[ko.ma]，认为koma是"熊"的训读。但假定"熊"和"公"音韵对应也是说得通的。由这两个字的古音可知，"熊"可能到高丽初期都一直读k-类声母。

（33） OC　　　　EMC　　　SP
熊　　*ɣĭwən　　ɣĭuŋ　　　k-
公　　*koŋ　　　kuŋ　　　 k-

"熊"读k-声母的另一个根据是韩语"곰"[kom]在日语中是kuma。"熊"的上古音，高本汉拟作*gjum，李方桂拟作*gwjam。因为百济将浊音g-读成清音k-，所以以上拟音都与韩语kom近似。据王力的构拟，"熊"的韵尾是*-ŋ，和kom的韵尾-m不同。但这样刚好与"公"的韵尾对应。因此笔者认为"熊"和"公"是音韵对应。①都守熙（1987）也把"熊"构拟为k-声母。综上，可以把上古*ɣ(j)-声母构拟成百济汉字音k-。

6.4 上古*x-和*ɣ-声母

传统音韵学所谓的晓母，即清软腭擦音*x-，在百济汉字音中读k-。56号地名和82号地名提供了证据。56号"欣良买"后改为"嘉安"，82号"伯海"又作"伯伊"，后又改为"壁谿"。试比较"欣"和"嘉"、"海"和"谿"的对应。

（34） OC　　　　EMC　　　SP
欣　　*xiən　　　xĭən　　　k-
嘉　　*kea　　　ka　　　　k-

---

① 请参考本书第六章6.4节。

第四章　从中国音韵学角度看百济汉字音声母体系

| 海 | *xə | xɒi | k- |
| 豁 | *kʰie | kʰiei | k- |

在百济汉字音中送气音kʰ-读k-，所以上古*x-也与上古*ɣ-一样，可构拟成百济汉字音k-。上古*ɣ-在百济汉字音中读k-的现象可以支持李新魁（1963）提出的观点，即上古音时期软腭擦音和软腭塞音合而不分。

传统所谓的匣母，即浊软腭擦音*ɣ-声母，在百济汉字音中读k-。103号地名"果支=果兮"中，"支"和"兮"对应。这在上文（6）中提过。144号地名"葛草=何老=谷野"中，"葛、何、谷"也可能是对应关系。总结如下：

（35）	OC	EMC	SP
支	*ȶie	tɕie	t-
兮	*ɣie	ɣiei	k-
葛	*kat	kɑt	k-
何	*ɣa	ɣɑ	k-
谷	*kok	kuk	k-

笔者在前文把上古*ȶ-声母构拟为百济汉字音的t-或k-。（35）表明上古*ɣ-声母读k-，因此将上古*ɣ-构拟为百济汉字音k-。

7. 上古软腭塞音

上古牙音包括软腭音*k-（见）、*kʰ-（溪）、*g-（群）、*ŋ-（疑）。这些声母到中古时期没有大的变化。从上述百济汉字音的特点来看，前三个声母应该对应为k-。下面是百济地名中使用的带这些声母的汉字。

（36）*k-(见): 6-1'甘, 8-1、63-1加, 16-1今, 23-2 己, 25-1古, 33-1结, 55-1皆, 60-2、87-1、146-1居, 70-2骨, 74-2斤, 78-1金, 99-1季

*kʰ-(溪): 44-1 屈, 110-1 丘, 116-1 歆, 145-1' 开

*g-(群): 6-1 其, 7-1 仇, 62-2 近, 122-1' 求, 134-2 琴

*ŋ-(疑): 5-3 岳

7.1 上古*k-声母

软腭塞音声母在百济地名中比唇音出现频度高。这类汉字有8号"加林"和63号"加知奈"的"加"、33号"结己"的"结",以及60号"勿居"、87号"居斯勿"、146号"居知山"的"居"。

（37）8 加林　　　>　　嘉林

　　　63 加知奈　=　　加乙乃

　　　33 结己　　　>　　洁城

　　　60 勿居　　　>　　清渠

　　　87 居斯勿

　　　146 居知山　=　　安陵

我们假设上面的"加"和"嘉"、"结"和"洁"、"居"和"渠"、"居"和"安"互相对应。

（38）　　　OC　　　EMC　　SP

　　　加　　*kea　　ka　　k-

　　　嘉　　*kea　　ka　　k-

　　　结　　*kiet　　kiet　　k-

　　　洁　　*kiat　　kiet　　k-

　　　居　　*kĭɑ　　kĭo　　k-

　　　渠　　*gĭɑ　　gĭo　　k-

　　　安　　*ʔan　　ʔɑn　　k-

第四章 从中国音韵学角度看百济汉字音声母体系

（38）中的汉字声母都是k-：k-对应。"渠"的浊音*g-声母，如上文所述，没有辨义功能，所以和k-是一样的。"安"的喉塞音声母*ʔ-在第6节构拟成k-。因此上古*k-可以构拟为百济汉字音k-。

7.2 上古*kʰ-声母

地名中出现送气软腭塞音汉字是十分罕见的。由前面的讨论可知，上古送气音*kʰ-在百济汉字音中应读k-。145号地名可以证明这一点。据《三国史记》，145号地名"古禄只"又作"开要"。可以推测，三音节对应双音节时，其中一个音节对应前一个音节的韵尾或后一个音节的声母。不论是哪种情况，可以假定"古"和"开"对应。前文（29）已确认，"古禄只"和"开要"的尾字，即"只"和"要"构成k-：k-对应。从"只"和"要"的现代汉语音，无法看出对应关系，但看它们的古音，对应则是很有可能的。（29）的部分例子重新引用如下：

（39）	OC	EMC	MM	SP	SK
要	*ʔiau	ʔiɛu	jao	k-	jo
只	*tǐe	tɕie	tʂʅ	k-	tɕi

上文把"要"的上古*ʔ-声母构拟成k-，把百济汉字音章母拟作t-或k-。这里两字对应，只有把"只"的声母拟作k-，"要"和"只"声母才一致。这样一来，"古"和"开"也可能构成音韵对应。下面比较"古"和"开"的古音。

（40）	OC	EMC	SP
古	*kɑ	ku	k-
开	*kʰəi	kʰɒi	k-

（40）表明，不送气k-和送气kʰ-对应。这说明要么"古"声母读送气音，要么"开"声母读不送气音。考虑到韩语送气音的形成比较晚，第二种解释更合理。"开"的声母从上古时期起就是送气音，有趣的是，在现代韩国汉字音中却定型为不送气音。据南广祐（1995），除《东国正韵》外，所有中世汉字音资料都将"开"的声母标为不送气。"开"的声母在汉语中一直都是送气的，在韩国汉字音中却是不送气的。这可能是由于它的读音在韩语软腭送气音形成之前已经定型。总之，可以将上古*k^h-构拟为百济汉字音k-。

7.3 上古*g-声母

百济地名中没有k-和g-对应的例子。122号地名"仇次礼"的新罗改新地名为"求礼"，"仇"和"求"表现出g-和g-的对应。但这只是巧合而已。其他声母浊音和清音对应是很普遍的，没有证据显示新罗汉字音中浊音有音位地位。62号地名"德近"提供了判断的依据。新罗景德王时期把"德近"改为"德殷"，在（30）中我们已比较"近"和"殷"的声母。（41）重新引用了（30）的部分内容。

(41)　　　　OC　　　　EMC　　　SP
　　近　　*gǐən　　　gǐən　　　k-
　　殷　　*ʔǐən　　　ʔǐən　　　k-

上文将上古*ʔ-声母构拟为k-，所以可以确认上古*g-声母和k-声母之间有对应关系。问题是"殷"字是出现在新罗地名中，在统一新罗时期上古*ʔ-是否读k-声母还需确认。不过，综合考虑其他声母的情况，把上古*g-声母构拟为百济汉字音k-是比较合理的。

7.4 上古*ŋ-声母

构拟上古软腭鼻音声母*ŋ-的百济汉字音比较困难。因为百济地名只使用了一个上古*ŋ-声母汉字，即5号地名"大木岳"的"岳"字。"大木岳"在

第四章　从中国音韵学角度看百济汉字音声母体系 ◆

757年新罗改名时改为"大麓"。这里需要比较"木岳"和"麓"。说明两个字如何和一个字对应不太容易。俞昌均（1983）认为，"木"和"麓"有对应关系，"岳"只是附加成分。俞昌均没有办法明确解释*l-声母的"麓"和*m-声母的"木"如何对应。Eom（1991a）假设"岳"和"麓"对应，但这样没办法解释"木"。这几个字的古音如下：

（42）　　　OC　　　EMC　　　SP
　　木　　*mok　　　muk　　　m-
　　岳　　*ŋeok　　　ŋɔk　　　n-
　　麓　　*lok　　　　luk　　　n-(?)

只看韵母，"木"和"麓"完全一致，都是屋部通摄一等合口。可以设定mok和lok对应，但为什么附加"岳"字很难解释。两个字和一个字对应时，大概两个字的发音组合跟那一个字对应。所以可能"木岳"的组合m(e)ok和lok对应。但m(e)ok跟"木"的发音没有多大区别，为什么加上"岳"？而且，百济汉字音m-、l-已经确立了音位地位，需要解释为什么"木"和"麓"声母能互相对应。因此，有必要将"木"视为附加成分，看看"岳"和"麓"有没有可能是对应关系。

很难判断"木"和"岳"哪一个字的声母更接近"麓"的声母。据姜信沆（1980），12世纪中世汉字音将汉语中古音ŋ-声母对应为n-。这样的话，属于古代汉字音的百济汉字音将汉语上古音ŋ-读成n-的可能性也是很大的。而且从音韵学角度来说，n-和l-对应比m-和l-对应更有可能。在现代汉字音中，声母l-在词首读n-或Ø-，如：①

（43）来日　　　leil　　　→　　　nεil
　　　滥用　　　lamjoŋ　　→　　　namjoŋ

---

① 【译者注】ㄹ字母在声母和韵尾位置音值略有不同，此处为方便说明，统一转写为[l]。

拉致	laptɕʰi	→	naptɕʰi
鹿茸	lokjoŋ	→	nokjoŋ
雷声	løsəŋ	→	nøsəŋ
理发	lipal	→	ipal
料理	ljoli	→	joli

"麓"虽然出现在第二个音节，但也有可能读nok。那样的话"岳"和"麓"的声母都读n-。即便"麓"的声母是l-，与n-对应也比跟m-对应更自然一些。因为l-和n-在许多语言中是通用的。例如，韩语的"라면"（拉面）[la.mjən]读"나면"[na.mjən]，"라디오"（收音机）[la.ti.o]读"나디오"[na.ti.o]。中国南方很多方言也不分n-、l-。例如，长江下游南京一带的江淮方言不分"脑子"和"老子"，两个词都读laozi；南京有一家高级酒店叫Nanjing Grand Hotel，这家酒店的中文名叫"南京古南都饭店"，"古南都"表明以前是南方都城，暗含了南京的历史，这个翻译的巧妙之处在于它也是Grand的音译，"古南都"的汉语发音是gunandu，用南京方言来说就是gulandu，这种语音现象也见于南昌方言。另外，汉口、成都、湘方言把l-发为n-。例如，普通话读[lie]的汉字"列"，汉口、成都、长沙读[nie]，双峰读[niɛ]。考虑到这些现象，暂定把上古*ŋ-声母构拟为百济汉字音n-。

8. 上古齿龈塞擦音、擦音

本节考察的是上古齿龈塞擦音*ts-（精）、*tsʰ-（清）、*dz-（从）以及齿龈擦音*s-（心）、*z-（邪）声母。这些声母称为齿头音，到中古时期都没有大的变化。直到中古后期，浊音声母才发生了清化。但百济汉字音在这之前已经形成，所以与这种变化无关。[1]下面是百济地名中使用的精系汉字。

---

[1] Eom（1991a）说这种变化是百济汉字音形成前发生的，是将later写成了earlier，纯粹是笔误。

第四章 从中国音韵学角度看百济汉字音声母体系

（44）*ts-(精): 51-1 井, 58-1 进, 102-2 子, 139-2 际

*tsʰ-(清): 57-2 柒, 100-2 次

*dz-(从): 24-2 存, 92-2 嵯

*s-(心): 31-2 斯, 53-2 西, 64-3 肖, 134-1 塞

*z-(邪): 12-1 寺

8.1 上古*ts-声母

清齿龈塞擦音*ts-（精）声母汉字出现在四处百济地名中，但不能为构拟提供可靠的证据。下面是相关地名。

（45）	百济	统一新罗（757）	高丽初期（1145）
51	井村	井邑	井邑
58	进乃=进仍乙	进礼	进礼
102	秋子兮	秋城	潭阳
139	道际=阴海	海际	大峯

51号地名"井村"的"井"跟"井邑"的"井"对应，58号"进乃"的"进"跟"进仍乙"的"进"对应。这些都是同一个汉字，不能用来比较。应该从102号"秋子兮"和139号的"道际=阴海"找答案。但102号中"子"的比较对象不太清楚。或许可以假设和"城"对应，那么该怎么理解"兮"？不管是"子兮"对应"城"，还是"子"单独对应"城"，"子"的声母需要对应"城"的声母。"子"和"城"有可能是音读对应，也可能是训读对应。先看音韵对应关系。

（46）		OC	EMC	SP
	子	*tsĭə	tsĭə	s-/ts-(?)
	兮	*γie	γiei	k-/t-(?)
	城	*zĭeŋ	zĭeŋ	s-/ts-(?)

"子"和"城"韵尾不一致，但古代汉字音韵尾发达得比较晚，所以这不是问题。"城"的声母*ʑ-音可能经过清音化和非腭化读s-，也可能读成听感上更接近z-的ts-。①不管是哪种情况，两字的声母都能对应。另外，"城"的训读是"재"[tsɛ]，和"子"的读音接近，所以也可能"子（亽）"的音读和"城"的训读对应。②

这里对这个声母的构拟先不下定论。看一下139号地名"道际=阴海（>海际）"。"道"和"阴"、"际"和"海"应该构成对应关系，但粗略一看很难说它们互相对应。这些字的古音如下：

（47）		OC	EMC	SP
道	*dəu	dɑu	t-
阴	*ʔĭəm	ʔiem	k-
际	*tsĭat	tsĭei	t-(?)
海	*xə	xɒi	k-

汉语的精母从上古到现代一直为ts-类的塞擦音。精母字"际"很可能在百济汉字音中读ts-类音，而与它对应的音是k-。ts-在汉语方言中读作t-或s-是很常见的。"际"的声母可能在百济汉字音中对应为t-。如果是t-，那就是说t-和k-在百济音是自由变异关系。虽然参考"支"等上古*t-声母字的表现，t-和k-之间可以自由变异，但现在下结论为时尚早。精母在百济汉字音中读什么，需要再看一下其他声母如何对应才能下结论。

8.2 上古*tsʰ-和*dz-声母

57号地名"上柒"在757年改为"尚质"。可以假定这里"柒"和"质"对应。

---

① 请参考前文对（11）的分析。
② 当然，百济语是否使用"재"（tsɛ）音还需确认。

第四章　从中国音韵学角度看百济汉字音声母体系 ◆

（48）　　　　　OC　　　　EMC　　　SP
　　柒　　　　*tsʰĭet　　 tsʰĭet　　　t-(?)
　　质　　　　*ţĭet　　　 tɕĭet　　　 t-/k-

笔者（Eom 1991a）曾认为，这两个字对应的时期是中古音时期，可能是"柒"的上古音与"质"的中古音近似。据这种主张，"柒"的百济音声母不是塞音，而是塞擦音。不过，这种主张是根据新罗改新地名得出的，只是逻辑上的推测。如果把"柒"的声母看作塞擦音，考虑到上文将"质"字声母上古*ţ-看作百济汉字音t-或k-，我们要假定ts-可以和t-对应。如果百济汉字音还没有形成塞擦音ts-，那么塞擦音ts-和塞音t-的对应是有可能的，因为ts-有可能读成t-。

先不对上古*tsʰ-下结论，看一下浊音dz-声母。24号地名"任存"在新罗景德王时期没有改名，无从比较。《三国史记》92号地名"分嵯"又记作"夫沙"，在统一新罗时期改为"分岭"。俞昌均（1983）认为"分岭"的"岭"指"山岭"，"岭"是对原地名"嵯"的训读。他的主张不是没有道理，但考察"分嵯"和"夫沙"的关系，比考察百济地名和统一新罗改新地名的关系，更有价值。笔者假定"分嵯"和"夫沙"音韵对应。

（49）　　　　　OC　　　　EMC　　　SP
　　嵯　　　　*dzɑ　　　 dzɑ　　　　ts-/s-(?)
　　沙　　　　*ʃa　　　　ʃa　　　　 s-

这两个字的古音有什么音韵对应关系，需要仔细观察。dz-如果清化就是ts-，ʃ跟s-近似。（49）似乎反映了ts-和s-对应，但其实是s-和s-对应。类似的情况也见于8.3节134号地名"塞琴=捉滨"。综上，上古齿龈塞擦音声母*ts-、*tsʰ-、*dz-在百济汉字音中主要对应为t-、s-。之所以对应不太稳定，可能是由于百济汉字音中ts-还不是独立音位。

8.3 上古*s-和*z-声母

上古*s-在百济汉字音中读什么？据《高丽史》，31号地名"奴斯只"又作"奴叱只"。① 据《三国史记》，134号地名"塞琴"又作"捉滨"。可以推断"斯"和"叱"对应、"塞"和"捉"对应。②

（50）　　　　OC　　　　　EMC　　　　SP
斯　　*sĭe　　　　sĭe　　　　s-
叱　　*tʰĭet　　　tɕʰĭet　　　s-(/t-)
塞　　*sək　　　　sək　　　　s-
捉　　*tʃeok　　　tʃɔk　　　　s-(/ts-)

（50）表明，s-和t-、s-和ts-对应。s-声母在百济汉字音中读t-或ts-，比"叱"和"捉"的声母读s-的可能性低。据朴镇浩（2008 私下交流），"叱"在古代韩国借字标记中读s-，自然可与"斯"对应。而且，"捉"的ts-可以变为t-或s-。ts-和s-对应在中国漳浦等南方方言中可以找到。下例参考严棉（1994）。

（51）	从	庄	初	崇	章	昌	船	禅
厦门	ts/tsʰ	ts	tsʰ	ts/tsʰ/s	ts	tsʰ	ts/tsʰ/s	tsʰ/s
漳浦	ts/s	ts	s	ts/s	ts	s	ts/s	s
吴音	z	s	s	z	s	s	z	z
汉音	s	s	s	s	s	s	s	s

闽方言的漳浦方言以及日本吴音、汉音中，可以看到塞擦音的擦音化现象。此外，韩国的中餐馆把榨菜"자차이"（tsa.tsʰa.i）的tsʰa读成sa，也是同

---

① 《高丽史》的材料是参考俞昌均（1983）。
② 当然，134号地名"塞"和"捉"如果存在对应关系，"琴"和"滨"之间也应有某种形式的对应。"琴"和"滨"是什么关系，尚不得而知。

第四章 从中国音韵学角度看百济汉字音声母体系 ◆

样的道理（严翼相 1997c，2002a）。53号地名"也西伊（>野西）"和64号地名"只良肖"使用了相关声母汉字，但对构拟帮助不大。暂且把上古*s-构拟为百济汉字音s-。结合下文9.2节上古*ʃ-声母和上古*s-声母对应的现象来看，这种构拟是合理的。（55）中的21号地名"所夫里"又作"泗沘"。"所"带上古*ʃ-声母，"泗"带上古*s-声母，两字音韵对应，上古*ʃ-声母可构拟成百济汉字音*s-。既然如此，上古*s-对应为百济汉字音s-自然是合理的。

出现上古*z-（邪）声母汉字的地名是12号"寺浦"。"寺浦"新罗改名为"蓝浦"。虽然不能确定"寺"和"蓝"的关系，但至少不可能是音韵对应。这样的话，没有材料可以用来构拟上古*z-声母的百济汉字音。如果一定要推测，那就只能构拟为清音s-或塞擦音化的ts-。由于材料的限制，对此的最终判断留到第10节。

9. 上古后齿龈塞擦音、擦音

上古正齿音包括后齿龈塞擦音和擦音*tʃ-（庄）、*tʃʰ-（初）、*dʒ-（崇）、*ʃ-（山）、*ʒ-（俟）。据王力（1985），上古后齿龈塞擦音声母在中古后期变为硬腭音，元代变为卷舌音。董同龢（1979）认为，上古时期后齿龈塞擦音和齿龈塞擦音是同一类，其中二等到中古时期变成后齿龈塞擦音，其他等保留为齿龈音。董同龢的学说和黄侃的学说本质上是相同的。本书主要是采用王力的构拟，将依王力的学说分类讨论。百济地名中出现的上古后齿龈塞擦音、擦音声母汉字很少，整理如下：

（52）*tʃ-(庄): 134-1' 捉

*tʃʰ-(初): 无相应汉字

*dʒ-(崇): 93-1 助

*ʃ-(山): 20-1 沙，21-1 所，40-1 省，96-2 史

*ʒ-(俟): 无相应汉字

9.1 上古 *tʃ-、*tʃʰ-、*dʒ- 声母

上古 *tʃ- 声母字只有134号地名中的"捉"。"捉滨"是"塞琴"的异名，在8.3节已讨论过。我们将上古 *s- 构拟为百济汉字音 s-，而 s- 可以与 ts- 对应。下面引自（50）的部分内容。

（53）　　　　　OC　　　　　EMC　　　　SP
　　塞　　　　*sək　　　　　sək　　　　s-
　　捉　　　　*tʃeok　　　　tʃɔk　　　　s-(/ts-)

如果（53）中"捉"的声母是 s- 是最理想的。这不是完全没有可能。如3.4节所言，关键是判断古代韩语何时形成 ts-。不同学者对辅音 ts- 形成时间的看法有所不同。都守熙和俞昌均主张 ts- 在百济语中是音位，但柳烈（1990）认为，古代朝鲜的 ts- 音只出现在元音 i 前，在其他元音前变成 t-、k- 或 s-，三国时期渐渐可以和其他音结合，8世纪前后才确立独立音位地位。如果柳烈的学说正确，那么百济汉字音形成时 ts- 还不是音位。正因为这个理由，ts- 类的塞擦音会和 t-、s-、ts- 等多个音位对应。因此，"塞"和"捉"同音的时期很可能是百济汉字音 ts- 辅音完全形成以前，当时"捉"字的声母还读 s-。

百济地名没有看到带送气音 *tʃʰ- 声母的汉字。如果有 *tʃʰ- 声母字，估计在百济汉字音中也会和不送气音 *tʃ- 的对应结果相同。

浊音声母 *dʒ- 怎么读？93号地名"助助礼"在757年改作"忠烈"。"礼"和"烈"声母相同，可以假设"助"和"忠"音韵对应。①下面比较"助"和"忠"的古音。

（54）　　　　　OC　　　　　EMC　　　　LMC　　　　SP
　　助　　　　*dʒia　　　　dʒio　　　　tɕio　　　　t-
　　忠　　　　*tĭwəm　　　tiuŋ　　　　tɕiuŋ　　　t-

---

① 不清楚"助"字为何叠用，不过"助"和"忠"声母对应是有可能的。

第四章　从中国音韵学角度看百济汉字音声母体系　◆

表面上看，两字对应的时期是中古后期。但这样分析有两个问题。首先，两字的韵母差别很大。其次，"助助礼"改名为"忠烈"是在757年，更接近中古前期，而不是中古后期。"忠"的声母如果是t-，那么"助"如果要和"忠"声母对应，应当是t-类，而不是ts-类音。因此，两字的百济音声母可拟作t-。（54）是显示上古塞擦音在百济汉字音中可能是塞音的重要例证。

9.2 上古*ʃ-和*ʒ-声母

百济地名使用的上古*ʃ-（山）声母字中，研究价值最高的是21号地名中的"所"字。21号"所夫里"又作"泗沘"。"所"和"泗"的古音如下：

（55）　　　OC　　　　EMC　　　SP
　　所　　*ʃĭwa　　　ʃĭu　　　s-
　　泗　　*sĭet　　　si　　　　s-

根据*ʃ-和*s-音互相对应，笔者将上古*ʃ-构拟成百济汉字音s-。支持笔者构拟的间接例证是20号地名"沙平（>新平）"和40号地名"省大兮（>苏泰）"。757年20号地名中的"沙"改成"新"，40号地名中的"省"改成"苏"。有学者认为，20号"沙"和"新"的对应不是基于音读，而是训读"新"来表示韩语的"새"（sɛ）（俞昌均1983）。但两字中为什么只有一字改为训读呢？下面看它们之间是否会是音韵对应。

（56）　　　OC　　　　EMC　　　SP
　　沙　　*ʃea　　　ʃa　　　　s-
　　新　　*sĭen　　　sĭen　　　s-
　　省　　*ʃeŋ　　　ʃŋ　　　　s-
　　苏　　*sɑ　　　　su　　　　s-

虽然（56）比较的是百济地名和新罗改新地名，但可以为上古*ʃ-声母在百济的读音提供线索。由此看来，俞昌均（1983）把96号地名中上古*ʃ-声母汉字的"史"构拟为lə是不合理的。

百济地名没有出现上古*ʒ-（俟）声母汉字。如果有，也会跟上古*ʃ-声母一样，在百济汉字音中成为s-。

10. 结语

下面对上文讨论的百济汉字音声母体系做一整理。{ }表示该声母汉字在百济汉字地名中没有例证或者是考虑到其他类似声母推测的读音。( )表示估计是百济时期正在形成的音。

（57）

		OC		SP
	舌上音	*ʈ-	（照/章）:	t-/k-
		*ʈʰ-	（穿/昌）:	{t-}
		*ɖ-	（床/船）:	t-
		*ɳ-	（日）:	n-
		*ɕ-	（审/书）:	s-
		*ʑ-	（禅）:	s-(ts-)
	舌头音	*t-	（端）:	t-
		*tʰ-	（透）:	{t-}
		*d-	（定）:	t-
		*n-	（泥）:	n-
		*l-	（来）:	l-
	唇音	*p-	（帮）/*f- (非):	p-
		*pʰ-	（滂）/*fʰ- (敷):	p-

第四章　从中国音韵学角度看百济汉字音声母体系 ◆

	*b-	(並)/*v- (奉):	p-
	*m-	(明)/*m̥- (微):	m-
喉音	*ʔ-	(影):	Ø-/k-
	*Ø-	(喻四, 以):	Ø-/t-
	*ɣ(j)-	(喻三, 云):	k-
	*x-	(晓):	k-
	*ɣ-	(匣):	k-
牙音	*k-	(见):	k-
	*kʰ-	(溪):	k-
	*g-	(群):	k-
	*ŋ-	(疑):	n-
齿头音	*ts-	(精):	t-/s-
	*tsʰ-	(清):	t-/s-
	*dz-	(从):	t-/s-
	*s-	(心):	s-
	*z-	(邪):	s-
正齿音	*tʃ-	(庄):	s-
	*tʃʰ-	(初):	{s-}
	*dʒ-	(崇):	t-
	*ʃ-	(山):	s-
	*ʒ-	(俟):	{s-}

综上所述，百济汉字音声母体系如下：

(58) p-　　　t-　　　k-
　　　　　　s-
　　 m-　　n-　　　Ø-
　　　　　　l-

本书的研究结果和笔者（Eom 1991a）的早期研究相比，最大的不同是对ts-音位地位的看法。Eom（1991a）承认ts-有音位地位，但本书注意到汉语塞擦音和百济汉字音t-、s-及ts-对应比较复杂，认为百济汉字音ts-还在形成之中。因此，浊擦音类的汉语上古音*z-、*ʑ-、*ʓ-等声母，Eom（1991）构拟为ts-，本书构拟为s-。

本研究发现，百济汉字音具有以下特点。

(59) a. 上古章系塞音和上古端系塞音不分。
　　　b. 中古知系和中古端系不分。
　　　c. 唇音不分双唇音和轻唇音。
　　　d. 浊阻塞音清化。
　　　e. 送气音变成不送气音。极少使用送气音声母汉字。
　　　f. 上古硬腭音或翘舌音声母读平音。
　　　g. p-、t-、k-、s-、m-、n-、l-、Ø-音有音位地位。

笔者的这种分析跟以往百济汉字音研究相比有所不同。俞昌均（1991）提出了以下的声母体系。

(60) p-　　　ts-　　　t-　　　k-
　　 b-　　　　　　　d-　　　g-
　　　　　　s-　　　(r-)l-
　　 m-　　　　　　　n-

第四章　从中国音韵学角度看百济汉字音声母体系 ◆

俞昌均（1983）早期的研究除了上面列举的音位以外，还包括dz-、ɕ-（=ś）。他认为，浊塞音只在百济初期使用。但假定浊音在初期百济汉字音具有音位功能的结论令人怀疑。都守熙（1987）构拟的百济语除了（58）中罗列的音位以外，还包括t^h-、ts^h-、z-、h-等。①考虑到古代韩语的浊音、送气音的发展过程，认为百济语已形成t^h-、ts^h-等送气音和z-浊音，是缺乏说服力的。近期李丞宰（2013）主张百济汉字音存在浊音声母，这个观点需要商榷。虽然百济的文献使用了很多汉语浊音声母字，但这不能说明这些字在百济汉字音中读浊音声母。例如，"平泽"的"平"字在汉语上古音、中古音中是浊音声母*b-，但现代韩语都是读清音声母。不能因为这些汉字出现在几百年后今天的韩国地名中，便说当时是读浊音。

本研究是从中国音韵学角度观察百济地名的音韵现象，站在韩语发展史的立场看，有些主张可能欠妥或过于主观。笔者努力追求韩汉音韵比较的一贯性，尝试进行客观的分析。如果某些解释有主观性的一面，可能是笔者强调创新和语言学的直觉造成的。对百济汉字音韵母、声调的构拟留到第五章再谈。

---

① 都守熙的c-和r-与笔者的ts-和l-可以看作相同的拟音。

第五章　百济汉字音韵母与声调之疑问[*]

> 1. 引言
> 2. 元音
> 3. 辅音韵尾
>   3.1 塞音韵尾
>   3.2 鼻音韵尾
> 4. 声调
> 5. 结语

1. 引言

从形态学角度看，韩语同日语的最大差别或许是，韩语是闭音节语言，日语是开音节语言。当然韩语也可以出现元音、辅音组合的（C）V结构，日语也会出现带鼻音韵尾（coda）的（C）Vn音节，但日语的辅音韵尾仅此一例。

---

[*] 构拟百济汉字音的韵母比构拟声母难度大。因为韵母的音韵对应关系不如声母清晰。第五章指出了百济汉字音元音、辅音韵尾、声调体系构拟工作存在的问题。就目前来说，构拟元音系统相当困难。另外，本章认为百济汉字音没有声调。笔者早期对辅音韵尾的存在持部分承认的态度（Eom 1991a），但在《中国言语研究》第25辑（严翼相 2007c）中的观点是尚未形成辅音韵尾。本章进一步明确了严翼相（2007c）的观点，认为百济汉字音的辅音韵尾不是独立音位，末期部分辅音韵尾以自由变异的形式存在。理由详见本章结论。

第五章　百济汉字音韵母与声调之疑问

相反，韩语除-m、-n、-ŋ等鼻音韵尾外，-p、-t、-k等塞音和边音-l也可以出现在韵尾位置。韩国汉字音只使用-m、-n、-ŋ、-p、-l、-k作为韵尾，相对简单。有趣的是，很早以前古代韩语辅音韵尾尚不发达，可能和现代日语一样是开音节。更有趣的是，古代日语可能相反，和现代韩语一样有闭音节。虽然笔者没有古代日语闭音节性质的详细资料，但据李基文（1998），有迹象显示，古代日语*kar、*kal、*kag等音节后来变成了ka。他认为日语表示"边/侧"的kata和鄂温克语、蒙古语表示"半"的kalta、qaltas存在联系。kalta、qaltas和kata的对应如何能证明古代日语的闭音节性质尚不清楚，但他的观察颇为有趣。

以往研究认为古代韩语至少有一部分辅音用作辅音韵尾。李基文（1998）没有明确考察古代韩语辅音韵尾，但他推测-s、-ts、-l、-r等辅音不发生所谓的"内破化"，而是按固有音值发音。都守熙一生致力于百济汉字音研究，他提出的百济语体系包括-p、-t、-k、-m、-n、-ŋ以及-l、-r、-s（都守熙1987）。俞昌均（1983）构拟的百济汉字音也包括-m、-n、-l、-r。综合以上三人的意见，虽然无法确定古代韩语有哪些辅音韵尾，但至少有辅音韵尾这一点毋庸置疑。

但安炳浩（1984）的见解完全不同，他认为三国时代韩语韵尾不具有辨义作用。柳烈（1990）也持相同见解，他认为古朝鲜时期所有辅音都是外破音（+released），必须与元音结合才能构成音节。因此辅音不能成为音节韵尾，发出内破音（-released）。柳烈认为到古朝鲜末期也未出现辅音韵尾，这种现象一直持续到6—7世纪。

如此看来，古代韩语到底何处为真、何处为假可谓无从知晓。如果说古代韩语都是开音节，恐怕也是在非常早的时期。古代韩语和古代日语这一点似乎相似，但考虑到上文介绍的李基文的观点，可知也未必如此。毕竟经过悠久的岁月，不管什么语言都会变化。尽管本章的目的是探求解决这些争论的方法，如本章标题所示，本章不一定能给出某种解决方案，但会提出问题，并尝试进行分析。

古代韩语韵母的问题不只限于辅音韵尾，对元音的看法也不一致。李基文（1998）认为，古代韩语是包括i、ü、u、ŏ、ɔ、ä、a的七元音体系。柳烈（1990）细化了李基文划分的古代韩语，主张古朝鲜时期有ㅏ（a）、ㅓ（ŏ）、ㅗ（o）、ㅜ（u）、ㅣ（i）五元音体系，而三国及统一新罗末期前的阶段增加了ㅡ（ü）和丶（ä），成为七元音体系。他们对三国及统一新罗时期元音的见解可以看成是一致的。但都守熙（1987）的百济语和俞昌均（1983）的百济汉字音给出了完全不同的元音体系。都守熙认为百济语一共有十个元音，俞昌均认为百济汉字音只有五个元音。下一节会介绍这些学者的主张。笔者对韩语史认识有限，很难断言谁的学说更妥当。但如果古代韩语是七元音体系，百济语如何会有十个元音？即便百济语确有十个元音，百济汉字音为什么只使用当时基本元音中的五个元音？这种不一致是否表明构拟古代韩语元音是不可能的，进而让人怀疑，目前为止提出的关于古代韩语元音体系的学说可能都不成熟。本章将根据笔者对百济汉字音（Eom 1991a）的构拟，重新检验、探讨百济汉字音韵母和声调构拟的准确性。希望本章的验证能为评估有关古代韩语的各种学说提供参考。

2. 元音

通过《三国史记》三十七卷收录的百济地名，可以发现声母某种程度的规则对应，但韵母的对应却毫无规则，达到无法得出任何结论的程度。这种情况虽然会让人怀疑声母构拟的可靠性，但声母确实有很多相对来说令人惊讶的准确对应的例子。如上文所言，古代韩语元音体系的观点各不相同，其原因可能是现在使用的资料和研究方法的局限。这是本质性的问题，在这个问题上如果没有根本改变，我们对古代韩语的理解只能像现在一样，停留在各种无法验证的假说的水平。即便现状如此，本章还是希望探讨什么结论是最合理的。

百济语研究领域的开拓者和最高权威者是都守熙（1977，1987）。他一生专注于一个研究课题，治学精神令人敬佩。他对百济语的构拟从首创的角度看意义重大。但感觉比起他在百济语构拟本身所获的成果，他在百济地名资料的分类工作中取得的成绩更大一些。他构拟的百济语从汉语语言学的角度来看

第五章　百济汉字音韵母与声调之疑问 ◆

有些地方不统一，过于注重构拟每个汉字的发音，却有点儿疏于描写百济语的全貌。都守熙（1987）的研究没有综合呈现百济语的辅音、元音体系。下面是笔者在都守熙零散的构拟基础上整理的百济语的元音体系。

（1）i y　　ɨ　　u
　　　　　　ə　　o
　　　　　　ɐ　　ʌ
　　　　　　a/a:

另外，李基文（1998：86）提出了古代韩语的七元音体系，如下所示：

（2）i　　ü　　u
　　　　ö　　ɔ
　　　　ä　　a

此处有元音变音标记的 ü、ö、ä 表示比 u、ɔ、a 靠前。可以将其音值理解为[ɨ、ə、ɛ]。

（3）i　　ɨ　　u
　　　　ə　　ɔ
　　　　ɛ　　a

李基文所谓的古代韩语是指统一新罗末期（10世纪初）之前的韩语，因此可以认为包括古代百济语。都守熙的十元音体系和李基文的七元音体系有几处不同。首先，前一体系有两个后中元音/o/和/ʌ/，李基文的体系只有一个松音（lax sound）/ɔ/。/o/和/ʌ/除了后中高元音和后中低元音的差别以外，还有圆唇和不圆唇的差别。如果假设两者之一和李基文的/ɔ/对应，则需要解释另一个存在的理由，但都守熙对此未作解释。中元音/ɛ/和低元音/ɐ/的差别不像这个问题这么严重。因为两者互补分布（complementary distribution），在构拟一个前中低元音这一点上是相同的。问题在于圆唇前高元音/y/，这是在柳烈或俞昌均的论著里没有证实的特殊元音。另一个问题是构拟时要区分低元音/a/的长短音。为了保证都守熙构拟的说服力，需要证明元音长短具有实际的音位价值。但证明这一点比较困难。特别是都守熙构拟时实际上很少使用a:和ɐ，这一点有时会让人怀疑是否包括这两个音。因为他只是将1号地名"熊川"拟作*komanɐri，58号地名"进乃"拟作*na:rnay。因而都守熙的元音体系有必要全面地重新检讨。

另一方面，俞昌均（1983：329）暂定的百济汉字音五元音体系如下：

（4） i   ǒ   u
       a   ə

但后来俞昌均（1991：370）全面研究三国时代汉字音时，将百济汉字音的元音体系修订为如下所示的六元音体系：

（5） i   ǒ   u
       a   ə   o

俞昌均在同一页指出，百济六元音体系和古代日语的元音体系十分相似，但Miller（1964, 1967）构拟的古代日语是包含 i、ï、u、e、ě、ǒ、o、a的八元音体系。古代日语 ï 和 ě 消失变成六元音体系是平安时代（794—857），即8世纪末叶以后的事。虽然不太清楚俞昌均心里想的古代日语的元音体系具体是指什么，但将8世纪以后的日语和7世纪中叶已灭亡的百济的语言进行比较，至少会出现时间不符的问题。俞昌均构拟的另一个问题是过分依赖ə和ǒ，例如将101号"古马弥知"拟作kər mər mǒr tǒr, 122号"仇次礼"拟作kər tsər lǒ，可这些汉字的汉语上古音各自有不同的元音。

六元音体系和之前的五元音体系相比多了o。由于需要明确解释ə～o、

ə~ð、ð~u的关系，他退而求其次，提出早期百济音也可能是下面的四元音体系。

（6） i　　u
　　　 a　　ə

这和李基文的七元音体系有显著的差别。只看这一点便可以知道，目前古代汉字音元音体系各学说的根据是多么的薄弱，提出有说服力的构拟是多么的困难。而且，确定介音的存在与否，即是否有复合元音更加困难。这与探究音节结构的工作也密切相关。笔者（Eom 1991a）以前在构拟百济汉字音时放弃了构拟元音，这一立场现在也没有改变。百济汉字音的元音构拟留到以后时间充裕时再考虑。

3. 辅音韵尾

构拟百济汉字音辅音韵尾比构拟核元音相对容易。因为可以看到某种程度的对应关系。都守熙（1987）构拟的词尾辅音包括-m、-n、-ŋ、-p、-t、-k以及-l、-r、-s。

（7）都守熙的百济语韵尾：
　　　-p、-t、-k、-m、-n、-ŋ、-l、-r、-s

这样构拟的问题是缺乏一贯性。这也是他的百济语构拟的根本问题之一。汉语上古音-t韵尾一般构拟为-r，如"实"sir和"屈"kur。但有时也拟作-l，如97-2号"忽"hol。这个问题最集中的体现是34-2号地名和117-2号地名里使用的"村"字。他在220页将"村"训读为 mazʌr，在236页又训读为 mʌzʌlh，却没有做任何说明。

俞昌均（1983）构拟的韵尾只有-m、-n、-l、-r。

（8）俞昌均的百济汉字音韵尾：
-m、-n、-l、-r

其韵尾体系的特点是不包括-p、-t、-k之类的塞音韵尾。在他看来，百济汉字音里根本不存在-p韵尾。上古-t韵尾主要拟作-l，但一部分也拟作-r。他认为上古-k韵尾具有元音化的性质。他1983年的构拟里鼻音韵尾中除去了-ŋ。1991年认为-ŋ和-r或Ø交替。部分学者将原先构拟为浊塞音韵尾的上古阴声韵韵尾拟作-r（<-d）、Ø（<-g）、-u（<-g^w）。鉴于以上情况，本章试图探索构拟百济汉字音辅音韵尾的最佳方案。

3.1 塞音韵尾

俞昌均观察到百济地名没有一个带双唇塞音-p韵尾的汉字。虽然可能只是巧合，但不免让人怀疑，是不是有意回避。[①]很有可能百济语还没有形成-p。这样看来，都守熙（1987）将2号地名"热也山"的"热"看作训读，构拟为təp，有重新考虑的必要。

韩国汉字音里汉语上古、中古的齿龈塞音由-t变成-l是非常规则的变化。从语音学的角度看，t-在声母或韵尾位置上变成r或l并不难，因为两者发音部位相同。问题是韩国汉字音何时开始的如此变化。对此有两种学说。李基文（1972，1998）、Martin（1997）等看成是唐末五代汉语西北方音的影响。李基文着眼于罗常培（1933）提到的中古韵尾-t于10世纪时在该地区弱化成-r的事实，认为韩国汉字音的-l是受此影响。Martin基于更广范围的语言圈里t-和r-的语音交替现象，认为是外部变化。而俞昌均（1983）、姜信沆（1990，2003）等认为这是很早之前韩语内部的变化。

笔者赞同后一种主张。最具决定性的理由是，10世纪以前汉语-t在韩国汉字音里对应为-l的例子并不少见。三国时代作为地名的语尾经常使用的"忽（高句丽）""伐（新罗）""火（新罗）""夫里（百济）"等汉字韩语学

---

① 百济地名里没有发现一例p^h-和p-、t^h-和t-对应的情况，可能与此有关。

第五章　百济汉字音韵母与声调之疑问

者都构拟成带-l韵尾。高句丽主要使用的"忽"和韩语"고을"（ko.ɨl 村庄）这个词的缩略语"골"（kol）存在联系，"伐"和表示平原的"벌"（pəl）存在联系。新罗主要使用的"火"（불 pul）如果不看作音读，而看作训读，也可以发现和"伐"（pəl）发音一致。这表明在新罗统一三国的7世纪以前，汉语的-t韵尾在古代韩语里已变成-l。将Eom（1991a）提到的百济汉字音里汉语上古音-t的对应关系稍加修改如下。

（9）-t : -t　　33-1　　结己＞洁城
　　　　　　　44-1　　屈旨＝屈直
　　　　　　　57-1　　上柒＞尚质
　　　　　　　104-1　　栗支＞栗原+
　　　　　　　129-1　　实于山＞铁冶
　　-t : -n　　36-1　　一牟山＞燕山+
　　　　　　　86-2　　马突＞马珍
　　-t : -ŋ　　30-2　　雨述＞比豊
　　-t : -Ø　　2-1　　热也山＞尼山
　　　　　　　11-1　　舌林＞西林
　　　　　　　16-2　　今勿＞今武
　　　　　　　18-1　　伐首只＞夫只++
　　　　　　　23-1　　悦己＝豆陵尹
　　　　　　　70-2　　碧骨＞金堤*
　　　　　　　80-1　　阕也山＞野山+
　　　　　　　136-1　　勿阿兮＞务安
　　　　　　　144-1　　葛草＝何老（＝谷野）

上面的>表示的是757年统一新罗景德王以后改的地名，=表示的是百济时代的同地异名，>后面的+表示的是李丙焘译注的《三国史记·地理志》没有提到，但俞昌均（1983）百济地名资料里收录的统一新罗改新地名。++表示的是俞昌均（1983）引用的《高丽史》中出现的地名。

（9）中汉语的-t在百济汉字音中准确对应为-t的例子只有44-1"屈"字。剩下的-t:-t间的对应都是出现在百济地名和统一新罗地名之间。由此来看，虽然可以认为到统一新罗时期-t韵尾已经形成，但下这种结论需更谨慎，因为更多的例子是百济地名里使用的汉语-t在统一新罗地名里变成-t以外的其他音。汉语音-t也会对应为-n和-ŋ这类鼻音，甚至韵尾脱落后和开音节对应。-t:-Ø对应的例子中只有23号和144号是出现在百济地名中，剩下的是百济地名和新罗改新地名的关系。这证明-t不仅在百济，甚至在8世纪以后的统一新罗时期还没有完全形成。李丞宰（2013）主张因为日本吴音保留古汉语入声韵尾-t，所以百济汉字音也应有-t韵尾。这个观点缺乏证据支持。

俞昌均（1983）认为软腭塞音-k韵尾在百济汉字音里脱落。他注意到以-k结尾的音节常和以k-开始的音节结合，认为百济地名5号"大木岳"、62号"德近"、70号"碧骨"、79号"所力只"、82号"伯海"="伯伊"、97号"伏忽"、134号"塞琴"、145号"古禄只"="开要"等-k+k-组合中韵尾-k脱落。

（10）5 大木岳 > 大麓
　　　62 德近 > 德殷
　　　70 碧骨 > 金堤+
　　　79 所力只 > 沃野+
　　　82 伯海 = 伯伊
　　　97 伏忽 > 宝城
　　　134 塞琴 = 捉滨
　　　145 古禄只 = 开要

俞昌均觉察到韵尾-k后面以声母k-开始的地名尤其多，凸显了其语言学方面敏锐的洞察力。实际上82号地名能很好地支持其观点。

第五章 百济汉字音韵母与声调之疑问

（11）82 伯海=伯伊 *pək+kəi = pə.kəi = pək.əi（俞昌均 1983）

这里"海"和"伊"两字在汉语上古音里分别带x-和ʔ-声母，百济音里两者均可拟作k-。因此"伯海"不是拟为pək.kəi，而是拟作pə.kəi，结果和"伯伊"（pək.əi）同音。

但笔者在Eom（1991a）里对俞昌均的见解提出了两个疑问。一个疑问是，也有不属于上面-k+k-类型的情况。例如，134号地名"塞琴"又记作"捉滨"。

（12）134 塞琴 = 捉滨 *sək+kəm = sə.kəm（俞昌均 1983）

"塞琴"也属于-k+k-类。根据其理论，应该成为sək+kəm=sə.kəm，实际上俞昌均的构拟也是如此。问题是无法说明"塞琴"和异记"捉滨"之间的对应关系。"捉"不和ts-对应，而是和s-对应，从语音学的角度看是完全有可能的。因为ts-多和t-或s-对应。但"捉滨"属于-k+p-类型，因此从逻辑上无法说明"琴"和"滨"的对应关系。

另外，22号、41号、90号、120号地名也不符合-k+k-的情况。

（13）22 珍恶山 > 石山+
　　 41 知六 > 地育
　　 90 伏龙 = 杯龙
　　 120 欲乃 > 欲城 >> 谷城

这些反例大约占百济地名使用的-k韵尾汉字的38%，绝不可忽略不计。笔者的另一个疑问来自41号地名。百济地名"知六"在统一新罗时期改成"地育"。"六"和"育"都是以软腭塞音-k结尾的汉字，表现出-k和-k在词尾互相对应。这样一来，需要假定-k在词中和词尾发音不同。假定一个音会根据环境脱落或者保留，出现显著的发音差别，这种构拟尽管不是完全不可能，但不符合一般的事实。因此笔者对俞昌均的分析持怀疑的态度。

相反82号和134号百济地名明确表现了-k和-k的对应，而且5号、22号、41号、62号、70号、79号、120号地名里百济-k和统一新罗-k准确对应。笔者希望更加重视这类-k:-k的对应现象。-k脱落之后和开音节对应的只有90号、97号、145号。笔者认为-k在百济汉字音中虽处在形成过程当中，但在757年新罗景德王时期已基本是独立音位。

3.2 鼻音韵尾

带唇鼻音韵尾-m的汉字在百济的3号、8号、11号、16号、24号、67号、78号、85号地名里能找到例证。

（14）3 伐音支 > 清音

　　　8 加林 > 嘉林

　　　11 舌林 > 西林

　　　16 今勿 > 今武

　　　24 任存 > 任存 > 今州++

　　　67 甘勿阿 > 咸悦

　　　78 金马渚 > 金马 > 本马韩国++

　　　85 任实 > 任实

百济地名中没有发现-m韵尾和其他-m韵尾汉字对应的情况。（14）反映了百济地名的-m韵尾在统一新罗时期替换后的地名中仍带-m韵尾。这说明假如百济地名存在-m韵尾，那么其音值在8世纪统一新罗时期依旧如此。

但133号和134号地名里-m和-n对应：

（15）133 冬音 > 耽津

　　　134 塞琴 = 捉滨

第五章　百济汉字音韵母与声调之疑问 ◆

综上，没有任何决定性证据证明百济汉字音里-m韵尾已形成。只是可以说到统一新罗时期-m韵尾基本确立了音位地位。因此，笔者在博士学位论文（Eom 1991a）里断言百济汉字音里-m韵尾已形成，现在看来有点儿草率，认为百济语-m韵尾还未形成应该更妥当。

笔者（Eom 1991a）认为齿鼻音-n在百济语中也已形成。下面先分析24号、58号、62号、83号、106号、140号地名。

（16）24 任存 > 任存 > 今州++
　　　58 进乃 = 进仍乙 > 进礼
　　　62 德近 > 德殷
　　　83 难珍阿 > 镇安+
　　　106 半奈夫里 > 潘南
　　　140 因珍岛 > 珍岛

其中只有58号是百济地名间的不同标记，剩下的反映了百济和统一新罗地名间的关系。58号"进"字和同一个"进"字准确对应，但不能仅凭此例就认为百济音里-n韵尾已确立音位地位。

再来，36号、86号地名里-n和-t对应。36号的"牟"字声母m-与"燕"字的韵尾-n有可能对应，这里暂且将"牟"字看作附加成分。

（17）36-1 一牟山 > 燕山+
　　　86-2 马突 = 马珍

另外，92号、132号、136号里-n和-Ø对应。

（18）92-1 分嵯=夫沙>分岭
　　　132-2/3 古西伊 > 固安
　　　136-2/3 勿阿兮 > 务安

◆ 韩国汉字音新探

综上，8世纪中叶统一新罗语言里比较明显地表现出-n已形成。不过，认为-n在百济汉字音里还处在形成过程当中会比较稳妥。

最后，关于软腭鼻音-ŋ存在争议。俞昌均（1983）认为，上古软腭鼻音韵尾-ŋ在百济汉字音里脱落，或一部分变成-r或-n。40号、58号、77号、126号地名是支持"-ŋ脱落说"的-ŋ和-Ø对应的例子。

（19）40-1 省大兮＞苏泰
　　　58-2 进乃＝进仍乙＞进礼
　　　77-2 椴坪＞九皋
　　　126-1 仍利阿＝海滨

但与此相比，更多的地名里-ŋ和-ŋ对应，如1号、20号、25号、27号、29号、76号、90号、116号地名。

（20）1-1 熊川＞熊津＞＞公州
　　　20-2 沙平＞新平
　　　25-2 古良夫里＞青正
　　　27-1 黄等也山＞黄山
　　　29-2 珍洞＞珍同
　　　76-2 碛坪＞碛城
　　　90-2 伏龙＝杯龙
　　　116-2 欿平＝武平

其中90号"伏龙"和"杯龙"、116号"欿平"和"武平"是百济地名的异记，剩下的是百济和统一新罗地名的组合。笔者在Eom（1991a）里重视百济和新罗间对应的例子，认为百济汉字音里-ŋ韵尾已形成，但这是不准确的。即便（20）可以解释为8世纪中叶统一新罗时期-ŋ大体形成，这也不意味着百济时期-ŋ已形成。因此认为百济汉字音里-ŋ还没有确立音位地位更加妥当。

4. 声调

由于年代久远和文献资料的限制，与汉语中古音相比，汉语上古音研究充满争议。其中上古音的声调体系尤其如此。暂且不讨论汉语上古音的声调像中古以后一样，是音高的高低有别，还是只是形态上的差别，上古时期有声调的事实本身似乎是无法否认的。

那么古代韩语有声调吗？中世韩语里留下的声调的痕迹到底实际上曾发挥声调的作用，还是只是创制韩文（谚文）的统治者为普及规范音在标记方面做的努力，目前仍是疑问。现在庆尚道和江原道的部分地区中世韩语声调的痕迹以音高高低的形式保留，这一事实实际上为曾经存在声调的说法增加了筹码。那么韩语的声调何时开始存在？据说魏晋时期的中国人在大量翻译梵语佛经时意识到自己的语言里存在声调的事实，那么古代韩国人何时认识到自己的语言是声调语言呢？韩语学界对于这些问题，还不能给出比较清楚的回答。

崔羲秀（1986）认为公元前朝鲜半岛引进汉字的当时也引入了声调。其根据是三国时代韩国人已熟练创作汉文律诗，如果不知声调很难合乎诗律。他认为"相、观、铺"这类汉字在汉语上古时代是平声，但中古变成了去声。朝鲜的声调标记也表现为平声和去声，其中平声正是上古时代声调的残留。他的观察颇为有趣，但古代韩语是否有声调仍是疑问。因为即便没有声调，极少数通晓汉语的知识分子会作律诗也不是没有可能。现代韩语没有声调，但文人或多或少也可以作点汉诗。

笔者提出的此问题本身虽然也有价值，但遗憾的是，笔者调查的百济地名不能提供声调方面某种决定性的信息。不过，比较明显的事实是百济语不是声调语言的可能性非常大。因为呈现音韵对应关系的汉字在汉语里的声调可以完全不同。某一地名用汉字标记的时候只考虑声韵的类似，完全不顾声调的一致与否，这一事实强烈暗示百济语没有声调。

找到支持笔者主张的例证并不难。下面是其中的一部分。T1、T3、T4分别表示平声、去声、入声。

（21）T1～T1： 28-1 真岘 = 贞岘

92-1 分嵯 = 夫沙 > 分岭

T1～T3： 58-2 进乃 = 进仍乙 > 进礼

82-2 伯海 = 伯伊 > 壁谿

145-1 古禄只=开要>盐海

T1～T4： 86-2 马突=马珍

144-1 葛草=何老=谷野

据Ramsey（1986），音高、音长、音强在古代韩语中不具辨义功能。综上，比较稳妥的观点是百济汉字音没有声调。

5. 结语

百济汉字音基本都是开音节，-p、-t、-k、-m、-n、-ŋ中任何一个都没有确立音位地位。只是8世纪以后统一新罗时期这些辅音韵尾逐步确立了音位地位，在这个过程中鼻音韵尾比塞音韵尾更早形成。鼻音韵尾-m、-n、-ŋ是在757年统一新罗时期基本形成。塞音韵尾-p、-t、-k中-k似乎比其他韵尾更早形成。-k的形成时期和-m及-n、-ŋ的形成时期相近。其他辅音似乎比这些音更晚形成。

都守熙（1977，1987）、俞昌均（1983，1991）、Eom（1991a）、李基文（1998）等认为百济时期的语言里鼻音韵尾已形成，李丞宰（2013）甚至认为入声韵尾已形成。这些看法有必要从更保守的立场出发重新考虑。姜信沆（1990，2003）认为古韩语已经有鼻音韵尾而将塞音韵尾读为开音节。他的折中看法也值得商榷。从这个角度来看，有必要认真听取安炳浩（1984）和柳烈（1990）的意见，即古代韩语直到6—7世纪都是开音节语言。

本研究显示，古代韩语辅音韵尾的发达是8世纪中叶以后，到统一新罗时期才开始呈现出比较明显的形态，百济时代后期处在初步形成过程之中。辅音韵尾在形成期间处在自由变异的阶段。所谓自由变异是指某个音在音韵体系里

第五章　百济汉字音韵母与声调之疑问

不具有音位地位。只有至少承认古代汉字音后期韵尾处在自由变异的阶段，才能主张像"붓（put 笔）、낟（nat 日）"这类留在韩语固有词里的-t韵尾是汉语上古音-t韵尾的痕迹。另外，"날（nal 日）"的-l韵尾和三国地名里用作词尾的"골（kol 忽）、벌（pəl 伐）、불（pul 火）"的-l韵尾也才能得到解释。①

笔者和崔羲秀（1986）的主张不同，认为百济汉字音没有声调。至于介音和元音体系，笔者目前的观点是，因现存资料有限，难以判断。因此，将百济汉字音的音节结构看成（C）V比较稳妥。

---

① "nal、il同源说"参见本书第八章。对"골（忽）、벌（伐）、불（火）"的讨论参见第十一章。

第三部分
韩语与汉语上古音的接触

第六章　高本汉有关韩日汉字音假说的问题[*]

> 1. 高本汉的假说
> 2. 其他假说
> 3. 高本汉假说的问题
> 4. 新假说
> 5. 语言学证据：第一次尝试
> 6. 新证据：第二次尝试
>   6.1 上古章系塞擦音化
>   6.2 中古知系塞擦音化
>   6.3 中古浊阻塞音清化
>   6.4 中古匣母三等元音化
>   6.5 中古日母非鼻音化
> 7. 结论

---

[*] 第六章从古代东亚文明交流史的角度，批判了高本汉提出的汉字先传入日本后传入韩国的假说，提出日本最古老的汉字音体系吴音是从中国东南部经百济传播到日本。本章的第6节列举了支持该主张的韩、日汉字音方面的语言学证据。笔者的这项研究始于博士论文构思阶段，初步研究成果在第2届东北亚语言学会议（1990）上宣读，同年以小论文在 *Language Research* 上发表。之后Eom（1991a，1995）将有关分析进一步具体化。本章是在Eom（1991a，1995）基础上为符合本书体例重新编写而成，先行发表在《中国文学》第54辑（严翼相2008c）。

1. 高本汉的假说

汉字是古代东亚通用的文字，除中国以外，长期被韩国、日本、越南等周边国家使用。中国语言学界把这些周边国家的汉字音统称"域外译音"。最近在中国将"域外译音"分别简称为"韩汉音、日汉音、越汉音"，即"韩国汉字音、日本汉字音、越南汉字音"。但对汉字的研究不能局限在语音，如果包括韩国汉字资料的词汇和语法，如远藤光晓、严翼相编（2008）所言，将发展成"韩汉语"或"韩汉语言"。"韩汉音"这一术语韩国也有学者使用，如姜信沆（2003）。"域外译音"英语为Sinoxenic dialects，据说是历史音韵学家Samuel Martin首创。Sinoxenic dialects可以进一步分为Sino-Korean、Sino-Japanese、Sino-Vietnamese。

域外汉字音在中国语言学界受到重视，是因为受到瑞典著名语言学家高本汉的影响。高本汉利用19世纪风靡西方的历史语言学的古音构拟方法，首次构拟了汉语中古音、汉语上古音。高本汉为构拟汉语中古音，不仅使用中国韵书、韵图等典籍资料，而且亲自调查了汉语方言。高本汉认为韩国汉字音、日本汉字音和汉语方言具有同样重要的价值，利用词典查阅了韩、日汉字音信息。

首先认识到韩、日汉字音价值的高本汉（Karlgren 1926）认为，古代东亚地区汉字的传播时期和路线是：

（1）a. 韩国汉字音的形成期可追溯到公元600年左右。
　　　b. 日本吴音体系是公元5—6世纪从中国东南和东部地区传入日本。
　　　c. 日本汉音体系是公元7—8世纪从中国北部地区传入日本。

高本汉（Karlgren 1940）在后续论文中将日本吴音的时期推后了一个世纪，改成6—7世纪。虽然如此，他认为日本吴音比韩国汉字音早形成的看法始终没有变。因此，高本汉对韩、日汉字音形成时期的观点可概括如下：

第六章　高本汉有关韩日汉字音假说的问题

（2）a. 日本吴音　　6—7世纪
　　　b. 韩国汉字音　7世纪
　　　c. 日本汉音　　7—8世纪

虽然说我们认识到韩、日汉字音在构拟古音方面的价值可能是高本汉的功劳，但他有关古代东亚汉字传播路线的解释有重新讨论的余地。对于韩国汉字音的形成期，学者之间意见有分歧。只看现代韩、日汉字音的体系，高本汉对韩、日汉字音形成顺序的观点是恰当的。但是他对传播路线的认识有些问题。高本汉（Karlgren 1926）认为，中国东部地区和日本九州的直接接触早于两地通过韩国的接触。他的说法暗示日本吴音是从中国东部直接传入日本九州，汉音是移民到日本列岛西南海岸出云地区的古代韩国人传入的。这种看法是只根据现代韩日汉字音音韵体系得出的结论，显示了高本汉对古代东亚地区的文明交流史认识不足。本章将指出高本汉关于古代东亚汉字传播路线假说的问题，提出新的假说，并从语言学角度寻找可以佐证的方法。

2. 其他假说

提出韩国汉字音形成期假说的其他早期学者有马伯乐（Maspero 1920）和有坂秀世（1936，1957）。马伯乐认为韩国汉字音的母胎是5世纪的吴方言，有坂秀世认为是10世纪的开封音。

（3）马伯乐（Maspero 1920）：5世纪中国吴方言
　　　有坂秀世（1936，1957）：10世纪中国开封音

现代吴方言和属于官话方言的开封方言差别大到一方无法听懂另一方说话。吴方言最明显的特点是保留了汉语中古音的浊音声母。另一个特点是中古入声韵尾-p、-t、-k变成喉塞音-ʔ。我们很难在韩国汉字音里找到吴方言的这种代表性特点。从古代东亚交流史来看，现代韩国汉字音从吴方言地区直接传

来的可能性很小。百济汉字音倒很有可能从吴方言地区传来。众所周知，现代韩国汉字音和百济汉字音没有太大的关联，所以马伯乐的观点恐怕不妥。

与之相比，有坂秀世主张汉语中原音是韩国汉字音来源的观点比马伯乐的说法更有说服力，但没有决定性的证据证明韩国汉字音是来自开封音，所谓中原包括中国北方广袤的地区。李京哲（2003）对有坂秀世的观点进行了缜密的分析，认为开封音的影响微不足道。朴炳采（1971b）全面考察了浩繁的资料，主张韩国汉字音与《切韵》音系最相似。虽然《切韵》是反映中古音体系的资料，但学界对于《切韵》音系的性质一直有争议。过去一般认为《切韵》最有可能反映了长安或开封等中原地区的语音，即北方音，但最近更有说服力的主张是，《切韵》反映的是地域上兼顾南北、时间上统括古今的一种假想共同语性质的混合音系。考虑到这一点，寻找韩国汉字音地域来源确实不容易。

如果将证明母胎音的工作暂放一边，那么剩下的就是时期问题。从中韩交流史的角度看，有坂秀世的10世纪说给人感觉太晚。10世纪相当于中国唐末五代时期，是韩国的新罗末、高丽初。这个时期属于汉语中古音阶段。虽然学者观点不一，但通常认为此时已是中古音末期。朴炳采（1971b）仔细考证了有坂秀世的论据，认为有坂秀世的结论是根据不完整的资料通过演绎的方法得出的。李基文（1998）考察现代韩语的形成过程时，十分重视7世纪新罗统一时期。他也认为，韩国汉字音的母胎是新罗统一时期（8—9世纪）的唐代长安音。总之，有坂秀世的10世纪说很难令人信服。

3. 高本汉假说的问题

高本汉提出的韩国汉字音是公元600年中国北方音的假说比20世纪上半叶的其他学说更引人关注。不过，从古代东亚交流史的观点来看，有一点很难接受，即高本汉认为，古代日本和中国之间的直接接触比经过朝鲜半岛的间接接触更早。他认为，日本的吴音是中国东南部方言直接传到日本西南部九州岛，而汉音是通过移民到日本本州西南海岸的古代韩国人传入的。

从历史角度看，高本汉的观点有几个严重的错误。第一，日本和中国大

第六章　高本汉有关韩日汉字音假说的问题

陆之间的直接交流不可能比经过朝鲜半岛的间接交流更早。一般来说，直接交流的历史开始后便没有必要通过其他民族进行间接交流。虽然日本在1789年发现了公元57年汉朝皇帝赏赐日本使臣的印章，但很难确认日本使臣是通过什么路线到达中国的。历史学界公认的是，古代日本和汉朝的交流是通过朝鲜半岛北部的汉四郡。汉四郡直到313年才完全覆灭。而九州岛离朝鲜半岛东南海岸的距离远远近于离中国东南海岸的距离。从朝鲜半岛到九州跨过大韩海峡不到190千米。可以判断，通过朝鲜半岛的交流比中日之间的直接交流更早。实际上，《三国志·魏志》明确记载了约公元1—4世纪中日通过汉四郡进行政治文化交流，并记录了准确的路线（Reischauer & Fairbank 1958）。

公元5—6世纪左右不断有人从百济移民到日本大和，将汉字、儒教、佛教、制陶工艺等大陆文化传播到日本。这段交流史可在对日、韩态度相对中立的美国代表性东亚历史学家赖肖尔和费正清（Reischauer & Fairbank 1958）的书中得到确认。美国东亚史学者Schirokauer（1978）明确指出，中日之间的直接交流到7世纪末都很有限。

有关汉字传入日本的可靠记录可以在日本史书《古事记》（712）和《日本书纪》（720）中找到。据《日本书纪》，百济的王仁将《论语》十卷和《千字文》一卷带入日本，①在应神天皇16年成为太傅。王仁得到了"书首"即"文字博士"的称号。西方的东亚学者怎么解释这条记录呢？高本汉（Karlgren 1926）认为，这个事件标志着汉字正式传入日本。其实这件事本质上意义不仅仅是汉字的正式传入，将《日本书纪》译成英语的Aston（1956）认为，王仁渡日标志着从古至今一直对日本式思考和文明产生重大影响的中国式思考训练的开端。韩国学者也持同样的观点，例如，李丙焘（1971）评价道，王仁渡日是通过中国古典实现中国文明的渡日。

倘若上述解释恰当，则日本最古老的汉字音体系——吴音当与韩国汉字音有关。如果古代韩国人使用汉字比古代日本人早，那么韩国汉字音理应反映更早时期的汉语音。但事实却相反。那么韩国汉字音为什么反映了比日本吴音更晚时期的汉语音呢？

---

① 这里说的《千字文》和今天流传的梁朝周兴嗣所编的《千字文》不是同一本书。

4. 新假说

上面这个问题答案的关键在于百济汉字音。如果百济承担了向古代日本传播汉字和中国文化的角色，那么日本汉字音必然跟百济汉字音有关。笔者认为，日本的吴音是通过百济传来的汉字音，汉音是通过中日直接交流传入日本的后期音。考虑到中国和朝鲜半岛高句丽、百济、新罗三国的关系，这种假说很有说服力。高句丽位于朝鲜半岛北部，处在同中国交流最便利的地理位置，不难推测高句丽接受的是中国北方的汉字音。百济与中国在陆地交流方面受到高句丽的阻隔，自然选择与中国东南部通过海路交流。可以断定百济接受的是中国东南部的汉字音。新罗在三国中在接受中国文化方面处在最孤立的位置。笔者认为，对于日本吴音和中国东南方音而言，百济汉字音可能起到了桥梁的作用。

这里有一个现象值得我们关注，吴音主要存留于佛教用语。据现存的历史记载，公元538年佛教通过百济传入古代日本（Reischauer & Fairbank 1958）。可以推断，当时日本会用跟百济音相同或相似的发音去读佛经。而这种传统一直保留至今。那么为什么在现代韩国汉字音中很难找到中国东南部方言或日本吴音的特点呢？而且，如本章第3节所述，为什么现代韩国汉字音主要反映的是比日本汉字音更晚时期的汉语音呢？

上述问题其实跟现代韩语的底层语言有密切的关系。李基文（1998）认为，现代韩语以新罗语为基础。这种说法的前提是三国的语言各不相同，而随着新罗统一三国，新罗语成为通用语。从统一新罗到高丽和朝鲜时代一直维持中央集权制，所以现代韩语的基础可以上溯到统一新罗时期。李基文的这种观点从《国语史概说》初版一直延续到现在。

即便不参考柳烈（1990）以高丽语为现代韩语源头的观点，李基文的观点也令人怀疑。新罗统一后政治势力影响到朝鲜半岛大部分地区，但政治、经济、文化中心一直是庆州。高丽建国后将首都迁到开城，朝鲜时期将首都迁到汉城，即今天的首尔。从开城到首尔的转移从语言方面看没有多大的变化，但从庆州到开城的转移意味着从东南方言区迁到中部方言区。即便承认语言有保

第六章 高本汉有关韩日汉字音假说的问题

守性,考虑到通信和交通不便,也可以推测过去东南方言和中部方言的差异比现代差异更大。假如以庆州为中心的新罗语是现代韩语的基础,则无法从逻辑上解释今天首尔话和庆州话的差异。所以认为统一新罗时期中部方言是现代韩语的基础比较准确。新罗的中部方言区跟柳烈主张的高丽中心方言区地理位置基本一致。考虑到这一点,李基文有必要给出更明晰的解释。

但明显的事实是,如李基文(1998)所言,7世纪新罗统一后,高句丽、百济、伽倻等其他地区的方言被新罗语同化。统一新罗以后,朝鲜半岛一直维持着强有力的中央集权。可以推断现代汉字音也是从新罗,特别是统一新罗时期的汉字音传承而来(李基文 1998)。新罗在统一过程中,与唐朝联合作战,最终公元668年统一了国家。这比隋朝灭亡、唐朝建立的618年晚半个世纪。当时是汉语中古音时期,因此,现代韩国汉字音主要反映汉语中古音。综上所述,高本汉关于汉字传播的假说显然有商榷的必要。现在的问题是,以上基于历史事实提出的假说能否从语言学角度加以验证。

5. 语言学证据:第一次尝试

从语言学角度证明百济汉字音与日本吴音相近看似简单,其实不容易。首先,需要正确认识百济语,还要理解百济语音韵体系中可能存在的百济汉字音体系。而且要了解的是古代日本吴音体系,而不是现代吴音体系。由于资料缺乏等客观限制,连提出一个想法都很难。笔者(Eom 1990)较早尝试在前人研究基础上,将百济汉字音与日本汉字音做初步的比较。当时笔者选定的音韵变化条件如下所列,共有四条:

(4) a. 浊阻塞音清化现象   C [+voiced] > C [-voiced] / # ____
    b. 唇、齿鼻音塞音化现象   {m-, n-} > {b-, d-} / # ____
    c. 软腭鼻音塞音化现象   ŋ- > g- / # ____
    d. 齿龈塞音塞擦音化现象   {t-, d-} > {ts-, dz-} / # ____

◆ **韩国汉字音新探**

下面是和笔者当时提出的变化相符的例证。下文中，OC是Old Chinese的缩写，指上古音，MC是Middle Chinese的缩写，指中古音。OC和MC是根据采用王力拟音的郭锡良（1986）。日本吴音记为GO，汉音记为KO，因为日语中吴音和汉音分别读Go-on和Kan-on。日本汉字音是参考藤堂明保外（1988）。SP是指Sino-Paekche，即百济汉字音，SK是指Sino-Korean，即韩国现代汉字音。（5）—（8）中的SP是根据俞昌均（1983）的拟音。

(5)		OC	MC	MM	GO	KO	SP	SK
	a. 平	*bĭeŋ	bĭeŋ	pʰiŋ	bjo	hei	bər	pʰjəŋ
	b. 豆	*do	dəu	tou	zu	to	də	tu
	c. 存	*dzuən	dzuən	tsʰun	zon	son	dzən	tson
	d. 舌	*dʑĭat	dʑĭɛt	ʂɤ	zetsu	setsu	dzər	səl
	e. 助	*dʒĭɑ	dʒĭo	tʂu	zjo	so	dzər	tso
	f. 仇	*gĭəu	gĭəu	tʂʰou	gu	kju	kə	ku

(6)		OC	MC	MM	GO	KO	SP	SK
	a. 马	*mɑ	ma	ma	me	ba	mər	ma
	b. 奴	*nɑ	nu	nu	nu	do	nar/nər	no

(7)		OC	MC	MM	GO	KO	SP	SK
	义	*ŋĭa	ŋĭe	i	gi	gi	əi	ii

(8)		OC	MC	MM	GO	KO	SP	SK
	a. 知	*tĭe	ṭĭe	tʂʅ	tsi	tsi	tə	tɕi
	b. 直	*dĭək	ḍĭək	tʂʅ	dʑiki	tsjoku	tər	tɕik

（5）—（8）分别为（4a）—（4d）的例证。基于这种初步的观察，笔

第六章 高本汉有关韩日汉字音假说的问题

（Eom 1990）得出下面的结论。

（9）　　　　　GO　　KO　　SP　　SK
　　规则（4a）　 －　　＋　　－/＋　＋
　　规则（4b）　 －　　＋　　－　　＋
　　规则（4c）　 ＋　　＋　　－　　－
　　规则（4d）　 －/＋　＋　　－　　＋

据上述，笔者在Eom（1990）里认为百济汉字音跟日本汉音有（4a）一个共同点，与吴音有（4a）（4b）（4d）三个共同点。百济汉字音同日本汉音相比，跟日本吴音更相似。

但笔者的结论是依赖前人研究得出的，事实上犯了严重的错误。笔者在Eom（1990）里将规则（4a）看作有选择地发生在百济汉字音里，标记为-/+。这是因为从俞昌均（1983）引用的（5f）"仇"字的百济汉字音不是浊音声母，而是清音声母k-。但这从一贯性的角度看会发现问题。假如承认百济汉字音有浊音声母，那么汉语上古和中古时期的浊音声母汉字（5a）—（f）中，没有理由只有（5f）"仇"拟成清音。更根本的问题是百济汉字音中浊音是否具有音位地位。百济汉字音存在浊音音位的说法已在笔者的后续论文（Eom 1994）里被证伪。构拟百济汉字音的关键资料——《三国史记·地理志》的百济地名显示，浊音声母汉字跟清音声母汉字对应。据此笔者认为，百济音中浊音没有辨义功能。因而，（9）中规则（4a）在百济汉字音里的-/+应改为+。另一个问题是，Eom（1990）将规则（4d）看作在日本吴音中有选择地发生变化，处理为-/+，这是单纯的笔误，应把吴音和汉音都视为发生变化。将（9）中的这些错误修改后，可得到（10）。

（10）　　　　　GO　　KO　　SP　　SK
　　规则（4a）　 －　　＋　　＋　　＋
　　规则（4b）　 －　　＋　　－　　－

规则（4c）	+	+	−	
规则（4d）	+	+	−	+

虽然（10）比（9）的观察更准确，但经过笔者的一番修改，证据却变少了。百济汉字音和日本吴音只在（4b）一点上相同，与汉音只在（4a）上一致。很难说百济汉字音同吴音和汉音中哪一个更接近。现代韩国汉字音跟日本吴音和汉音各有两条规则相同。因此，要想证明百济汉字音是日本吴音的媒介，需要更仔细地观察相关语言，寻找新的分析思路。

6. 新证据：第二次尝试

笔者为了证明第4节提出的新假说，曾在Eom（1995）中尝试提供新的语言学证据。第5节引用的笔者1990年的论文里，除了音韵规则（4a），其他几条规则都只是局部性的变化。Eom（1995）尝试以汉语音韵史根本性的变化为基准，测定韩、日、越汉字音的形成时期。在这篇文章里，笔者提出了以下四条规则：

（11）a. 上古章系塞擦音化
　　　b. 中古知系塞擦音化
　　　c. 中古喻母零声母化
　　　d. 中古日母非鼻音化

（11c）中古喻母零声母化规则是描述匣母三等变化的规则，这里改为匣母三等元音化规则。（4）的规则中（4a）浊阻塞音清化是整个汉语音韵体系中普遍存在的、成体系出现的重要变化。将（4a）添加到（11），得到（12），期待接下来比较百济地名读音和日本汉字音时可以获得更准确的结果。

第六章 高本汉有关韩日汉字音假说的问题

(12) a. 上古章系塞擦音化规则

b. 中古知系塞擦音化规则

c. 中古浊阻塞音清化规则

d. 中古匣母三等元音化规则

e. 中古日母非鼻音化规则

6.1 上古章系塞擦音化

上古章系，李方桂（1971）看作和端系一样，是齿龈塞音t-类的音，王力（1985）拟作硬腭塞音。据王力（1985），章系在5—6世纪时变成硬腭塞擦音（tɕ-）。这是上古声母中较早发生的变化。章系在韩、日汉字音里的变化例示如下：

(13)

	OC	MC	MM	GO	KO	SK
a. 支	*tǐe	tɕǐe	tʂɿ	ɕi	ɕi	tɕi
b. 只	*tǐe	tɕǐe	tʂɿ	ɕi	ɕi	tɕi
c. 真	*tǐen	tɕǐen	tʂən	ɕin	ɕin	tɕin
d. 旨	*tǐei	tɕi	tʂɿ	ɕi	ɕi	tɕi
e. 渚	*tǐɑ	tɕǐo	tʂu	ɕjo	ɕjo	tsə

章系现代韩国汉字音是塞擦音，与5—6世纪以后的汉语音一致。日本汉字音也不例外。虽然对应为擦音s-，但比起t-直接变成s-，更可能是汉语的t-先变成ts-，然后ts-变成s-。如严棉（Sung 1986, 1992; Yan 2006）的观察，ts-大多变成t-或s-。

问题是如何确定这些汉字在百济时期的读音。《三国史记》里出现的地名可以给我们提示。《三国史记》的地名在构拟古代汉字音时起决定性作用，因为部分地名有两种标记。在借用汉字作为书写文字的三国时期，用汉字记录固有韩语地名读音可以有多种选择。据《三国史记·地理志》，以下地名有不同的标记：

（14）28 真岘=贞岘
　　　44 屈旨=屈直

如果某一地名既可记为"真岘"，又可记作"贞岘"，则可以推测这两个地名的发音相同或相似。这里第二个汉字相同，可推断第一个汉字的发音相同或相似，即章系"真"字和端系"贞"字不分。"屈旨"和"屈直"也是如此。首字相同，可假定次字"旨"和"直"对应。本章（15）之后的百济汉字音是笔者（Eom 1991a；严翼相 2003）自己构拟的。

（15）　　　　　OC　　　MC　　　MM　　　SP　　　SK
　　a. 真　　*tĭen　　tɕĭen　　tsən　　t-　　tɕin
　　b. 贞　　*tĭeŋ　　ţĭɛŋ　　tsən　　t-　　tsəŋ
　　c. 旨　　*tĭei　　tɕi　　　tʂɿ　　 t-　　tɕi
　　d. 直　　*dĭək　　dĭɐk　　tʂɿ　　 t-　　tɕik

"真"和"贞"、"旨"和"直"对应最整齐的时期是上古音时期，都是塞音。因此，"真"和"旨"的声母在百济汉字音中不是ts-类的塞擦音，而是t-类的塞音。这表明（12a）规则在百济汉字音中还没有出现，意味着百济汉字音比日本吴音和汉音反映了更早的汉语音。

6.2 中古知系塞擦音化

中古知系是上古端系分化出来的。也就是说上古时代是塞音t-类音，到中古时期变成腭音ţ-或卷舌音ʈ-，到中古后期又变成塞擦音类。有趣的是，日本汉字音里，无论吴音还是汉音，都为塞音d-或t-。[①]因知系的这种存古性（antiquity），日本汉字音，特别是吴音，常和汉语闽方言一起，被视为反映

---

① 日语ta、ti、tu、te、to变成ta、tɕi、tsu、te、to是在17世纪中叶江户时代以后（沼本克明 2008）。

第六章 高本汉有关韩日汉字音假说的问题 ◆

了汉语中古以前的音。

（16）

		OC	MC	MM	GO	KO	SK
a.	知	*tĭe	ţie	tʂɹ	ti	ti	tɕi
b.	珍	*tĭən	ţiĕn	tʂən	tin	tin	tɕin
c.	智	*tĭe	ţie	tʂɹ	ti	ti	tɕi
d.	召	*dĭau	ʑiɛu	tsau	djo:	tjo:	tso

如果只看知系，可能会认为现代日本汉字音比现代韩国汉字音反映更古老的汉语音。但从古代汉字音可以看到，知系在韩国也读塞音。百济异记地名中包括知系字的地名是86号"马突"和"马珍"。

（17）86 马突=马珍

同一个地名用两种标记说明"突"和"珍"意思或发音对应。如果比较"突"和"珍"的现代音，两者在发音上不可能有对应关系。但看上古音，两字的发音完全可能对应。

（18）

		OC	MC	MM	SP	SK
a.	突	*duət	duət	tʰu	t-	tol
b.	珍	*tĭən	ţiĕn	tʂən	t-	tɕin

两字对应可能性最高的时期是两字发音最接近的时期。中古时期"突"的声母是d-，"珍"的声母是腭音ţ-或卷舌音ṭ-。但它们在上古音时期只有清浊之别。因此，可以断定两字在上古时期发音最接近。当然，除声母的清浊以外，韵尾也不相同。但笔者在其他研究（Eom 1994）中已阐明，前文也提到，韩语有史以来清浊从未具有辨义功能，因此一个声母是浊音d-，一个声母是清音t-，不是问题。而且，虽然韵尾差异明显，但发音部位相同，可以互相

117

对应。况且古代汉字音韵母之间的对应比声母之间的对应宽松，这种差异可以忽略不计。总之，百济汉字音知系"珍"和端系"突"对应的事实说明知系的分化还没开始。可以断定，（12b）的规则在百济汉字音和日本汉字音一样还没有发生。

6.3 中古浊阻塞音清化

汉语上古音的浊阻塞音清化现象是中古后期之后发生的。日本吴音仍保留浊音，但汉音全部为清音。这明显反映了吴音和汉音形成时期的差异。现代韩国汉字音也全部是清音。正由于这一点，高本汉才误以为汉字音传入日本早于传入韩国。

（19）		OC	MC	MM	GO	KO	SK
	a. 直	*dĭək	dĭək	tʂʅ	dʑiki	tsjoku	tɕik
	b. 突	*duət	duət	tʰu	dotsi	totsu	tol

那么古代韩国汉字音是否保留了汉语浊音？如上文所述，金善基（1973）和俞昌均（1983，1991）承认百济汉字音存在浊阻塞音。但笔者发现下列百济地名中浊音声母字和清音声母字对应，认为百济汉字音的浊阻塞音没有辨义功能。相关分析详见Eom（1991a），此处只简单举两个例证。

（20）44 屈旨 = 屈直
　　　86 马突 = 马珍

这些地名首字相同，可推测次字读音相同或类似。在44号地名中，"旨"是清音声母，"直"是浊音声母。在86号地名中，"突"是浊音声母，"珍"是清音声母。同一个地名写成AB或AC，B和C汉字清浊不同，这说明浊音与否没有别义的作用。

第六章 高本汉有关韩日汉字音假说的问题

(21)

	OC	MC	MM	SP	SK
a. 旨	*tɪei	tɕi	tʂʅ	t-	tɕi
b. 直	*dĭək	ȡĭək	tʂʅ	t-	tɕik
c. 突	*duət	duət	tʰu	t-	tol
d. 珍	*tĭən	tĭen	tʂən	t-	tɕin

比较一下这些汉字的汉语古音。(21a)和(21b)、(21c)和(21d)发音最相似的时期是上古音时期。上古音最主要的区别是清浊不同，而中古音不仅清浊不同，连发音方法都有明显差异。

在浊音方面，韩国汉字音从古至今，比起日本吴音，和日本汉音更相似。因为汉语的浊阻塞音在汉音中全部清化。如果百济汉字音像古汉语或日本吴音带浊阻塞音，将对揭示百济汉字音和日本吴音之间的关联起到决定性作用。但如(21)所示，包括百济汉字音在内的古代韩国汉字音里，浊音不具有音位地位。因此，百济汉字音和日本吴音之间语言学相似点要从其他音韵特征中寻找。

6.4 中古匣母三等元音化

中古时期喻母三等直到《切韵》时期，都属于匣母（拟作浊软腭擦音 ɣ-）。但到了韵图时代，匣母三等归入喻母，只有一、二、四等留在匣母。因此，可以根据匣母三等是读 ɣ-或类似的音，还是失去辅音成分元音化，来判断某个方言的形成时期。下面两字原本是匣母三等字，后来变成喻母字。它们在韩语、汉语、日语里的读音如下：

(22)

	OC	MC	MM	GO	KO	SK
a. 雨	*ɣĭwɑ	ɣĭu	y	u	u	u
b. 于	*ɣĭwɑ	ɣĭu	y	u	u	u

◆ 韩国汉字音新探

（22）里的中古音是匣母三等变成零声母后和喻母四等合流的中古后期音。值得注意的是，不只是日本汉字音，连韩国汉字音也完全失去辅音成分，变成了零声母。

从这种角度看，百济汉字音首先值得关注的地名是1号"熊川"。"熊川"的"熊"原是匣母三等字，后来变成喻母字。统一新罗景德王757年"熊川"改称"熊津"，在《三国史记》编写当时（1145年）又改作"公州"。

（23）1 熊川 > 熊津 >> 公州

韩语学者常把"熊"的训读kom解释为与"公"对应。《日本书纪》（720年）里"熊川"标记为kuma nari，"训读说"似乎有理。但这种解释很难说明[kom]和[koŋ]之间存在的辅音韵尾的差异。① 上古时期"熊"字属于蒸部，"公"字属于东部，都有-ŋ韵尾。因此，笔者推断匣母的"熊"在这里很可能是音读，而不是训读。由12世纪"熊"字变成"公"字可知，"熊"的声母很长一段时间都读软腭塞音k-。

（24） | | OC | MC | MM | GO | KO | SP | SK |
|---|---|---|---|---|---|---|---|
| a. 熊 | ɣĭwəŋ | ɣĭuŋ | ɕiuŋ | u | jou | k- | ɯŋ |
| b. 公 | koŋ | kuŋ | kuŋ | ku | kou | k- | koŋ |

不管"熊川"的"熊"在百济地名中是音读还是训读，"熊"的声母读软腭塞音k-的事实十分重要。因为这说明匣母三等在百济汉字音中还没有零声母化。"熊"的上古音高本汉拟作*gjum，李方桂拟作*gʷjam，郑张尚芳拟作*gʷlɯm，都构拟了韵尾-m，和韩语的kom十分接近。

《三国史记》百济地名中出现的另外两个匣母三等字是下列地名中的"雨"和"于"。

---

① 其他解释参见本书第四章和第六章第3节。

第六章　高本汉有关韩日汉字音假说的问题

（25）30 雨述 > 比豊
　　　81 于召渚 > 纡洲

30号地名"雨述"变成"比豊"是从训读+音读变成音读+训读。因此，实际需要考察的地名是81号。这里"于"和"纡"对应。

（26）　　　　OC　　　MC　　MM　　GO　　KO　　SP　　SK
　　a. 于　　*ɣĭwɑ　　ɣĭu　　y　　　u　　　u　　　k-　　u
　　b. 纡　　*ʔĭwɑ　　ʔĭu　　y　　　u　　　u　　　k-　　u

"于"是匣母三等字，但"纡"的声母是影母，汉语中古音常构拟为喉塞音ʔ-。① 有趣的是，百济汉字音里影母也推定读k-，依据是26号百济地名"乌山"。

（27）26 乌山 > 孤山

"乌山"757年统一新罗改名"孤山"。"孤"是带k-声母的见母字。"乌"改"孤"的事实表明，直到8世纪中叶，百济汉字音中"乌"的声母还是k-。"乌"和"孤"的古音如下：

（28）　　　　OC　　MC　　MM　　SP　　SK
　　a. 乌　　*ʔɑ　　ʔu　　u　　　k-　　o
　　b. 孤　　*kɑ　　ku　　ku　　k-　　ko

因此，百济汉字音匣母三等与影母和见母一样读软腭塞音k-，而不是零声母。这表明百济汉字音比日本吴音和汉音保存了更早时期的汉语音。

---

① 王力把影母的上古音拟作零声母，这里采用董同龢（1979）和林焘、耿振生（2004）等更普遍的说法，拟作喉塞音。

6.5 中古日母非鼻音化

虽然不同学者构拟的日母略有不同，但大部分学者认为日母在上古时期有鼻音成分，中古以后鼻音成分逐渐消失，变成塞擦音。因此，若日母汉字带鼻音声母，则说明有上古音的痕迹。若鼻音成分消失，正在或已经变成擦音、塞擦音，则说明反映了中古以后的音。例如，日本吴音保留了鼻音成分，但汉音却变成了擦音。

（29）　　　　OC　　　MC　　　MM　　GO　　KO　　SK
　　　a. 日　*nǐet　　nʑǐet　　ȵ　　　nitsi　zitsu　il
　　　b. 儿　*nǐe　　nʑǐe　　　ɚ　　　nin　　zin　　a
　　　c. 耳　*ni　　　nʑi　　　ɚ　　　ni　　　zi　　　i
　　　d. 二　*nǐei　　nʑi　　　ɚ　　　ni　　　zi　　　i

只看日母，日本吴音反映了最古老的汉语音，其后是汉音。现代韩国汉字音声母的辅音成分已完全消失，完成了元音化，比汉音更进了一步。

但百济汉字音里，日母应该是读鼻音的。百济地名中出现日母字的例子有：

（30）2 热也山 > 尼山
　　　58 进乃 = 进仍乙

2号地名的"热"和"尼"声母对应，58号地名的"乃"和"仍"声母对应。如果地名中n-和n-对应，那么可以推断百济汉字音日母读n-。

（31）　　　　OC　　　MC　　　MM　　SP　　SK
　　　a. 热　*nǐat　　nʑǐet　　ɚ　　　n-　　jəl
　　　b. 尼　*niei　　ni　　　　ni　　　n-　　ni

第六章　高本汉有关韩日汉字音假说的问题

c. 乃　　*nə　　nɒi　　nai　　n-　　nɛ
d. 仍　　*nɹəŋ　　ȵeizɿ　　ȵet　　n-　　iŋ

（31a）和（31b）、（31c）和（31d）互相对应的时期明显是上古音时期。因为到中古音时期，（31a）和（31d）的声母已变成带擦音成分的鼻音。因此，（30）的地名是反映百济汉字音和日本吴音存在联系的重要材料。

7. 结语

关于古代东亚汉字的传播路线，高本汉假定日本吴音是直接传自中国，汉音是通过朝鲜半岛传入。这是基于现代韩国汉字音比日本吴音更接近日本汉音。但是，本章从古代东亚交流史的角度出发，否定了高本汉的这种假说，主张日本吴音从百济传入，汉音从中国直接传入。为了从语言学角度证明这一新假说，本章积极寻找百济汉字音和日本汉字音的相似点，最终选择了五条音韵变化规则，如下所示：

a. 上古章系塞擦音化规则 t̪- > tɕ- / #____ G3

b. 中古知系塞擦音化规则 t- > ṱ- > tɕ- / #____ G2, G3

c. 中古浊塞音清化规则 C [+voiced] > C [-voiced] / #____

d. 中古匣母三等元音化规则 ɣ- > Ø - / #____ G3

e. 中古日母非鼻音化规则 ȵ- > ȵz- > z- > Ø - / #____

下面综合考察这些规则表示的音变在韩国汉字音和日本汉字音里的表现。

（32）	GO	KO	SP	SK
规则（a）	+	+	−	+
规则（b）	−	−	−	+

◆ 韩国汉字音新探

规则（c）	−	+	+	+
规则（d）	+	+	−	+
规则（e）	−	+	−	+

根据上表计算出韩日汉字音相同表现的数量如下：

(33)

	GO	KO	SP	SK
GO	.[①]	3	2	2
KO	3	.	2	4
SP	2	2	.	1
SK	2	4	1	.

观察上表可以发现，现代韩国汉字音和日本汉音最相似，百济汉字音比起现代韩国汉字音，更近似日本汉字音。可是无法判断与日本吴音和汉音中哪一个更接近。在判断两种语言之间的相似度时一定要考虑到，两种语言共有特征+的数量比共无特征−的数量更重要。因此，如果只考虑两种语言体系中共同具有的特征+的数量，可得到（34）。

(34)

	GO	KO	SP	SK
GO	.	2	0	2
KO	2	.	1	4
SP	0	1	.	1
SK	2	4	1	.

只看+的共有次数，会发现现代韩国汉字音和日本汉音的关系最紧密。但百济汉字音，比起吴音，更接近汉音。这是意料之外的结果。那么笔者到底能否证明百济汉字音和日本吴音相似呢？

---

① 【译者注】"."表示没有。下同。

第六章　高本汉有关韩日汉字音假说的问题 ◆

答案是可以的。因为本章采用的两种语言或方言之间的相似度测定方法存在方法论上的问题。选择的音韵条件不同，得出的结论也会不同。也就是说，通过添加或替换音韵规则可以得出不同的结论。由于有史以来浊阻塞音在韩语里不具有音位地位，所以规则c增大了百济汉字音和日本吴音的差异。如果删除这条规则，根据a、b、d、e四条规则计算同质数量，结果如下：

(35)	GO	KO	SP	SK
GO	.	3	2	2
KO	3	.	1	3
SP	2	1	.	0
SK	2	3	0	.

根据（35），百济汉字音更接近吴音，现代汉字音更接近汉音。（35）与本章预想的结果相符。这里不是鼓励刻意操纵数据。这一点笔者（Eom 2004a，2005b）曾详细阐述，在此不赘。

总之，如果不看两种语言相同表现的数量，只看音韵变化的数量，就会发现百济汉字音和日本吴音的关系。出现的变化越少，离汉语古代音的原型——上古音越接近；变化越多，则离之越远。

(36)	GO	KO	SP	SK
	2	4	1	5

数字越小，表示在汉语上古音基础上发生的变化越少，按照韩、日汉字音变化由少到多的顺序，是百济汉字音>日本吴音>日本汉音>现代韩国汉字音。这一结果跟使用第十三章第7节介绍的计量方法得出的韩、日汉字音和汉语方言之间的相互理解度结果是一致的。郑锦全开发的程序显示，和汉语方言的相互理解度由高到低是：韩国汉字音>日本汉音>日本吴音。这表明，韩国汉字音的变化比日本汉字音多。总之，可以发现百济汉字音和日本吴音与汉语

上古音更接近，日本汉音和现代韩国汉字音与中古音更接近。

因此，本章提出的新假说，即百济汉字音是日本吴音的古层，从语言学角度看是成立的。笔者认为，吴音作为日本最早的汉字读音体系，很早就从百济传入日本，汉音是7世纪以后从唐朝直接传入日本。虽然李京哲（2003，2006）研究吴音和汉音的方法和本章不同，但关于吴音和汉音传播路径，提出了跟笔者相同的主张。只是对形成时期的看法略有不同。因此，高本汉关于韩国汉字音的假说确实有修改的必要。

只是有一个疑问，汉语上古的浊阻塞音在百济汉字音中不具有辨义功能，为什么在日本吴音里是音位呢？这个问题不容易回答。去古代日本传播汉字的王仁和其他百济人估计会说当时的标准汉语，或者至少精通标准汉语音。而百济汉字音的浊音可能处在自由变异阶段。对此目前无法准确知晓。在判断两种语言的相似度时不能只考虑一个方面，所以本章的结论仍是有效的。可惜的是，如果将韩国古代汉字音与日本古代汉字音进行比较，得出的结论会比和日本现代汉字音比较更有说服力。可是因时间关系，这一工作只能留待今后。基于同样的原因，本章将中世韩国汉字音排除在比较对象之外。

第七章　韩国古代汉字音为汉语上古音说*

1. 汉字音的时期问题
   1.1 现代汉字音的形成时期
   1.2 汉字的传入时期
2. 研究目的、材料和方法
3. 汉语音的变化
   3.1 汉代音和汉语语音史
   3.2 章系的变化
   3.3 端系的变化
4. 古代汉字音中的上古章系声母
   4.1 高句丽汉字音
   4.2 百济汉字音

---

* 韩国一般用"犬"字表示"狗"。虽然韩国有"白狗"的说法，但相比之下"犬"字更常用，如"宠物犬""警犬""盲人犬"等。一个有趣的事实是，汉朝以前中国也用"犬"字。但是在原始苗瑶语*klu的影响下开始用"狗"（Norman 1988）。如果汉朝以后汉字开始传入古代韩国，那么比起"犬"，用"狗"会更自然。这说明"犬"字是在汉朝以前传入古代韩国。到公元2世纪末（汉末）的汉语叫上古汉语。第七章的写作目的是从高句丽、百济、新罗的地名中寻找汉语上古音的痕迹，证明公元前2世纪，也就是上古音时期，汉字传入古代韩国。本章曾在第25届国际汉藏语言学会（1992）、第5届哈佛韩国语言学研讨会（The Fifth Harvard Symposium on Korean Linguistics）（1993）、延世大学中文系20周年纪念学术报告会（1994）上报告，经修改和补充后，发表在中国语文学研究会的前身——延世中语中文学会创办的《文镜》第6期（1994）上。有关内容笔者1997年受日本汉语史研究会邀请在东京青山学院大学报告过，并刊登在中国的《语言研究》总第32期（1997）和美国的 Journal of Chinese Linguistics 第29卷（2001）。

> 4.3 新罗汉字音
>
> 5. 古代汉字音中的上古端系声母
>
>   5.1 高句丽汉字音
>
>   5.2 百济汉字音
>
>   5.3 新罗汉字音
>
> 6. 其他旁证资料
>
>   6.1 乡歌保留的上古音痕迹
>
>   6.2 精系字的中世汉字音
>
>   6.3 固有词化的汉字词
>
>   6.4 汉字的俗音
>
> 7. 结语

1. 汉字音的时期问题

古朝鲜使用汉字最晚可以追溯到公元前1世纪，但现在公认的看法是，现代韩国汉字音反映的是汉语中古音。本章重新审视韩国古代汉字音依据的汉语音，并对汉字的传入时期提出新的看法。

1.1 现代汉字音的形成时期

与韩国汉字音时期相关的研究有很多。最早Maspero（1920）主张5世纪吴方言是韩国汉字音的母胎。百济汉字音可能是来自今天江苏南部和浙江一带使用的吴方言。但是，现代吴方言的特点，如保留浊音声母、入声韵尾喉塞音化和唇鼻音韵尾的消失（北京大学中国语言文学系语言学教研室编 1989），在韩国汉字音中是不存在的。由此看来，Maspero的主张难以接受。有坂秀世（1936）主张，韩国汉字音是来自10世纪宋代开封音。金荣晃（1978）认为，虽然汉字音的规范是在高丽初的10世纪中叶以后确立的，但新罗和唐政治、文

第七章　韩国古代汉字音为汉语上古音说

化交流非常活跃，10世纪显得太晚。

高本汉（Karlgren 1926）主张韩国汉字音源于600年左右的中国北方音。高本汉将韩、日汉字音有效运用于汉语中古音构拟，他的观点和上面的两种看法相比更加客观。但由于不是基于针对韩国汉字音的综合研究，说法仍欠说服力。河野六郎（1964—1965）对韩国汉字音做过专门研究，提出其母胎是体现在慧琳《一切经音义》（783—807）中的唐长安音。朴炳采（1971b）针对韩国汉字音的时期和母胎进行了具体的研究，结论是韩国汉字音的母胎是6—7世纪隋、唐中原音。李海雨（Lee 1994a，1994b）着眼于韩国汉字音的若干音韵特点，提出韩国汉字音源自7—8世纪长安音体现出的后期中古音。他的看法和高本汉、朴炳采主张源自前期中古音不同，和河野六郎的观点比较接近，值得学界注意。但是，他提出的三个证据，除元音体系简化现象外，中古日母字和入声韵尾-t的问题多少还有争论的余地。Pulleyblank（1984）将日母前期中古音拟为*ɲ-，后期中古音拟为*r-。[①]这个声母在中世韩语用△标记过，学界公认音值大概为 z-。但Vovin（1993）提出训民正音△的音值是ɲ-，而且举了很多证据。例如，《训民正音例解》中△和ㆁ、ㄴ、ㅁ、ㅇ、ㄹ一起归为不清不浊。中国音韵学将鼻音称为次浊，所以是ɲ-的可能性更大。如果读音是z-，应该归为全浊。

中古入声韵尾-t在韩国汉字音中对应为-l，是韩国汉字音最明显的特征。李基文（1972）认为韩国汉字音-l韵尾是由于入声韵尾弱化的汉语方言音的影响，他的主张是基于罗常培（1933）。据罗常培（1933），唐五代西北方言中入声韵尾-p、-t、-k在8世纪变成-b、-d、-g，9世纪变成-b、-r、-g，最后完全消失。照李基文的学说，韩国汉字音的来源是9世纪以后的汉语西北方言，那么9世纪以前的汉字音应该全部实现为-t，可事实并非如此。金完镇（1970）指出，韩语的"절"（tsəl）（佛寺）音变自"邸"（뎔 tiəl）。据董同龢（1944/1975），"邸"的上古音是*tied。可见，上古时期的

[①]　Pulleyblank（1984）将5—6世纪的汉语音称作前期中古音，将7—8世纪的汉语音称作后期中古音。

韵尾-d在古代汉字音中已用-l来表示。①俞昌均（1983）认为百济汉字音中，声母l-前的韵尾-t会替换为-l。笔者（Eom 1991a）研究百济汉字音时发现，汉语的-t和百济汉字音-t、-n对应，和开音节对应，频率相近，认为处在韵尾弱化阶段。柳烈（1990）主张，到7世纪末韩语所有的音节都是开音节，进入8—9世纪才形成-m、-l、-n韵尾，之后形成-k、-p、-ŋ韵尾，剩下的-t、-ts、-s、-x在10世纪以后才形成。②7世纪末之前汉语韵尾-t的对应只能是不规则的。8—9世纪韩语-t韵尾还未形成，所以对应为发音部位一样的-l。由于对此还没有明确的结论，韵尾-l不足以作为判断韩国汉字音形成时期的证据。这个问题第十一章会详述。

现代韩国汉字音的形成时期和母胎音问题，要以对汉字音发展准确的理解为基础，需要对汉字音和汉语语音进行全面彻底的比较分析。本章不去验证哪个学说更正确。综合这些学说，暂且主张韩国汉字音的形成时期和母胎为8世纪左右的中国北方音。③

1.2 汉字的传入时期

上面的结论也许会引发国际中国语言学界对韩国汉字音的误解。笔者（Eom 1990，1995）在第六章指出，高本汉（Karlgren 1926，1940）主张日本最古老的汉字音体系吴音在6—7世纪左右由中国的东南地区直接传播到日本，而之后形成的汉音和韩国汉字音类似，推测中国北方音在7—8世纪左右经韩国传入日本。高本汉的这种主张会让人以为汉字先传入日本。但是，从古代东亚地区的文化交流看，高本汉的主张很难被接受，这一点上一章已详细说明。当然，从历史或者从文化人类学的角度来看，中日间通过海运进行直接交流的可

---

① 中古时期开音节"邸"在上古是否带浊音韵尾，对此有争议。据周法高（1973），"邸"的上古音为*ter。但王力拟为开音节*tiei（郭锡良 1986）。照此拟音，开音节"邸"不可能对应成"절"（tsəl）。朴镇浩（2008 私下交流）认为，"刹"变成"뎔"（tiəl）的可能性也极小，因为"刹"的汉语古音为*tʃʰeat>tʃʰat。

② 虽然也有学者，如崔允甲（年度不详），承认古代汉字音存在韵尾，但给出的理由是语言怎么可能所有音节都是开音节或闭音节这种笼统的说法，欠缺说服力。

③ 参见第一章。

第七章　韩国古代汉字音为汉语上古音说

能性也是存在的。①但《日本书记》记载的4世纪后期王仁渡日意味着什么？6世纪前期百济传播佛教又有何意义？②佛经的传授和读经法可以分开吗？如果考虑到韩国在早期中日文化交流中的角色，可知高本汉的主张与一般的历史认识不符。

Pulleyblank（1984）把汉语中古音分为前期和后期，前期中古音构拟是依据《切韵》、闽方言（白读）、日本吴音，后期中古音构拟是依据等韵图、其他汉语方言和域外方言（日本汉音及韩国、越南汉字音）。Pulleyblank认为初唐7—8世纪是后期中古音时期。这虽然同Baxter（1992）主张的晚唐以后为后期中古音的观点相比，给人感觉过早，但Pulleyblank对材料进行区分是有道理的。问题是对于不研究韩语或韩国汉字音的海外中国语言学者而言，通常会把韩国汉字音的形成时期和汉字的传入时期看成同一时期。考虑到域外方言在中国音韵史上的分量，这是需要注意的问题。比较现代韩国汉字音和日本汉字音会发现，虽然韩国汉字音似乎比浊音声母保存完好的日本吴音反映了更晚的汉语音，但这不能说明韩国使用汉字比日本晚。特别是浊音在日语里有音位功能，浊音存在与否对于判断吴音和汉音的先后顺序起到决定性的作用，但浊音有史以来在韩语词首从未具有音位功能（Whitman 1985）。即使早在日本吴音之前汉字已传入韩国，韩语也只能将汉语的浊音读成清音。

现代韩国汉字音比日本吴音反映的汉语音晚，根本原因是韩国维持一字一音体系，而日本是不同时期传入的几种字音共存。③特别是，新罗统一全国后，韩国古代汉字音的多种特点合流，中世汉字音形成以后一直延续单一字音体系。④所以韩国汉字音的历史从古代进入中世以后经历了几乎中断的过程，

---

① 例如，最近在日本发现了公元57年中国皇帝给日本使臣的印章，暗示中日间可能有直接交流。

② 历史学者推测王仁渡日可能发生在346—405年之间，佛教传入日本是在538—552年之间。

③ 日本汉字音体系按形成顺序依次为吴音、汉音、唐音、宋音。今天常用的是吴音和汉音。汉音传入日本后，日本一直积极推进使用汉音，打算废除吴音，但佛寺和普通民众至今依然使用吴音。

④ 韩国汉字音的分期据俞昌均（1980）为古代（？—668）、中世（668—1592）、现代（1592—至今）。668年新罗统一，1592年发生了壬辰倭乱。

◆ **韩国汉字音新探**

这从韩语的历史可以找出理由。据李基文（1972）的学说，现代韩语以统一新罗语为基础，随着新罗统一全国，新罗话吸收了高句丽话和百济话的痕迹。① 可以推测，即便三国或古朝鲜已开始使用汉字，高丽和百济的汉字音会随着668年新罗统一慢慢消失，而6—7世纪汉语音出现了急剧的变化，新罗接受的是新的汉语音。因此，现代韩国汉字音比日本吴音反映的汉语音晚。② 要想证明汉字什么时候传入古代韩国，研究古代汉字音体系显得非常重要，而过去韩国汉字音研究主要偏重对近代音的研究。

假如仔细观察古代韩国汉字音体系，可以找到比日本吴音更早的汉语音的痕迹。这意味着汉字在汉语上古音时期传入朝鲜半岛。上古音是据我们现在的知识可以构拟的最早时期的汉语音，时间大概是后汉末期（公元后2世纪）之前。汉代音是属于上古音还是以隋唐音为基础的中古音，下文再论。总之，到现在为止，公认的说法是汉字最晚公元前1世纪左右通过汉四郡传入朝鲜半岛。朴炳采（1971b）认为，汉字传入朝鲜半岛后一直使用至今。从汉武帝设置的汉四郡的历史性质看，多数古朝鲜人可能已熟练掌握古汉语。另外，柳烈（1990）主张公元前2—3世纪古朝鲜的统治阶层已使用汉字，并且在中国东北地区出土的古朝鲜的陶器上发现了汉字。柳烈的证据现在没有办法确认，要接受他的主张还有些困难。韩、中两国大规模的政治、文化交流可以追溯到比汉四郡更早的卫满朝鲜。燕人卫满是公元前194—前180年在古朝鲜领土建立了卫满朝鲜。箕子朝鲜一直被视为传说，而卫满朝鲜已被国内外学界作为历史事实接受。③ 这样看来，韩、中两国间的大规模语言接触最晚也应该是公元前2世纪初。

---

① 金秀清（1989）认为三国的语言只是方言的区别，本质上属于同一种语言。这里暂不讨论三国时期语言具体有什么区别。为了避免争论，这里按照金秀清的主张，把高句丽语、百济语、新罗语称为高句丽话、百济话、新罗话。

② 韩、日汉字音的时期参见本书第六章。

③ Fairbank et al.（1989）认为，箕子作为传说中的人物，意味着中国对古朝鲜产生了影响，但把卫满看作是史实。李基白（1990）认为，箕子是统治者的称号，与中国史书里的箕子纯属巧合。卫满在中国秦汉之际带着一千多汉人逃亡到古朝鲜，准王起初让他担任守卫边疆之职，卫满在力量雄厚后，驱逐准王，自立为王。因此卫满朝鲜是与古朝鲜土著势力结合的联盟政权。

第七章　韩国古代汉字音为汉语上古音说

2. 研究目的、材料和方法

本章的主要目标是揭示韩国汉字音体系比日本吴音反映更早时期的汉语音，汉字是在汉语上古音时期传入朝鲜半岛。

本章使用的材料是《三国史记》三十七卷里高句丽、百济地名和新罗景德王以后的改新地名。虽然Miller（1989）对这个材料的价值相当悲观，但由于其他语料极其有限，研究古代韩语或汉字音的国内外学者几乎都会使用这个材料。当然《三国史记》的地名也许不是从古朝鲜传承下来的，但地名的保守性比较强，①不会轻易改变，所以本研究也将有选择性地使用。

有一个疑问是，《三国史记》出版于1145年，如何能用来研究三国时代的汉字音？《三国史记》收集了三国初期的地名、新罗统一以后的地名以及金富轼执笔时的高丽初地名。如果挑选初期地名加以研究是可以了解三国时代汉字音的。初期地名对于音韵学研究有特别的价值，是因为有一部分地名有异名。如"熊川州—云熊津"所示，以"X—云Y"的形式记录了异名。这种情况可以考察X和Y的音韵对应关系。排除音和训对应的关系，只把音和音对应作为材料。

现在的问题是，如果可以判断三国地名表现的音韵体系反映的是公元前1世纪的汉语音还是本章主张的公元前2世纪的汉语音，就可以辨别上文这两种观点的合理性。但以目前汉语历史语言学的知识，想要辨别公元前2—公元前1世纪的音韵差异是很难的，因为这个时期汉语史没有经历大的音韵变化。不过，汉代音是属于上古音还是中古音，用韩国汉字音的材料是可以判断的。

---

① 地名的保守性是指无论政治状况或行政区域如何变化，都会沿用以前的地名。例如，韩国白杨路街道旁都是银杏树，但今天还是叫白杨路。据都守熙（1987），地名"开城"和"金浦"从757年使用至今，其中"金浦"在三国时代的地名是"黔浦"。又如，美国州名Dakota、Tennessee、Iowa、Oklahoma、Kansas、Michigan、Kentucky、Illinois、Texas、Idaho等都是当地土著印第安人的地名。

3. 汉语音的变化

3.1 汉代音和汉语语音史

汉语音大体上可分为上古、中古、近代、现代四个时期。上古音构拟主要是根据周代《诗经》的韵语和殷商以后的谐声字。中古音构拟主要是根据陆法言《切韵》等韵书、张麟之《韵镜》类韵图和现代方言。近代音又叫早期官话，一般是指周德清《中原音韵》反映的元代音。20世纪以后的汉语音归入现代音。那么对判断韩国汉字传入时期起着决定性作用的汉代音属于哪一阶段呢？

有人认为汉代音属于早期中古音，张琨（Chang 1975）认为《切韵》展现的语言源自汉代方言。Coblin（1983）暂定东汉（公元1—2世纪）是上古音和中古音的过渡时期。如果把西汉、东汉看作一个时期，依他们的见解，古代汉字音反映的是早期中古音。如果有上古音的痕迹，便应当认为西汉以前汉字已传入朝鲜半岛。这恐怕与历史事实不符，会让问题变得复杂。

另外，也有人主张汉代音属于上古音。李方桂（1971）、王力（1985）认为到汉代为止声母几乎没有变化，何大安（1987）考虑到汉代汉语音节结构和之前相同，把汉代音归入上古音。丁邦新（Ting 1975）通过分析魏晋时代的诗韵，主张上古音和中古音的分期点在魏晋朝，大约在220—420年之间。这样韩国古代汉字音有上古音痕迹的可能性更大，时间上也与历史事实相符。相反，如果只有中古音的痕迹，应把汉字看作是魏晋以后，即公元3世纪以后传入朝鲜半岛的，但这样一来，和上面讨论的历史事实会不一致。所以韩国古代汉字音有没有中国上古音的痕迹，不仅与判断汉字的传入时期有关，还和中国音韵学史的分期问题有密切联系。这两个观点哪一个更妥当，将在结语部分再来讨论。

现在的问题是，汉语上古音向中古音转变过程中的音韵变化在韩国古代汉字音中是如何反映的。下面考察声母如何对应。因为对韵母的以往研究表现出很大的随意性，至今还停留在起步阶段。

3.2 章系的变化

在汉语上古音向中古音转变的过程中，最早出现变化的声母就是舌面塞音的上古章系声母。章系又叫照三系。照三系在中古音阶段是舌面塞擦音、擦音，拟作 tɕ-、tɕʰ-、ɕ-，董同龢（1979）认为这些音是从上古舌上音ṭ-或舌面音c-分化出去的。王力（1985）主张最晚是南北朝时期的5—6世纪从上古舌上音分化出去的。高本汉（Karlgren 1954）和王力的主张一样，也认为是从舌上音分化出去的。根据他们的主张，可以得出（1）。

（1）规则 1：上古 *ṭ-, *c- > 中古 章,昌,船,书,禅/____ 三等

[照三,穿,床,审,禅]

*ṭ-, *ṭʰ-, *ḍ- > tɕ-, tɕʰ-, dʑ- /____ G3

而李方桂（1971）和Baxter（1992）推测中古照三系在上古时期和舌头音，即端系（t-, tʰ-, d-）声母相同。李方桂认为这些声母经过t->ṭj->tɕ-变成了塞擦音。Baxter也认为发生了*t->tsy-/____j（G3）的变化。他们的分析只是标记方法有差异，本质上是一致的。问题是章系在上古时期是不是独立声母，对此，学界有两种相反的见解。这两种见解中哪一种和古代汉字音的音韵现象契合，这个问题将在结论部分再议。为了方便讨论，本章汉语上古音、中古音参考采用王力拟音的郭锡良（1986），酌情参考其他学者的拟音。

3.3 端系的变化

从上古到中古声母的另一变化发生在端系，即舌尖音。这出现在中古时期二、三等字。端系一、四等没有变化，二、三等分化为知系，经历了腭化。也有学者认为，不是腭化，而是发生了翘舌音化。这个变化可概括为规则（2）。

（2）规则2：上古 端,透,定 > 中古 $\begin{cases} 知,彻,澄 / \_\_\_\_ 二、三等 \\ 端,透,定 / \_\_\_\_ 一、四等 \end{cases}$

$$*t\text{-}, *t^h\text{-}, *d\text{-} > \begin{cases} ṭ\text{-}, ṭ^h\text{-}, ḍ\text{-}（ṭ\text{-}, ṭ^h\text{-}, ḍ\text{-}）/ \_\_\_\_ G2、G3 \\ t\text{-}, t^h\text{-}, d\text{-} / \_\_\_\_ G1、G4 \end{cases}$$

王力（1957/1988）早期认为6世纪左右发生了上述音变，后来王力（1985）认为音变的时间是8世纪中期。董同龢（1979）和王力（1985）认为端系分化出的知系的音值是舌面塞音ṭ-、ṭʰ-、ḍ-，而高本汉（Karlgren 1954）、李方桂（1971）、Pulleyblank（1984）、Baxter（1992）等认为是翘舌音ṭ-、ṭʰ-、ḍ-。对本章而言，这两种构拟中哪一种更妥当不太重要，关键是出现了这种变化。现在至关重要的是观察这种变化在韩国汉字音中是如何表现的。

4. 古代汉字音中的上古章系声母

4.1 高句丽汉字音

照三系字，即章系字，对于判断韩国古代汉字音的时期起举足轻重的作用。因为5—6世纪汉语已变为舌面塞擦音。章系在上古时期是塞音。因为塞音和塞擦音差异明显，古代汉字如何实现对于判断汉字音的形成时期将提供重要线索。遗憾的是，《三国史记》三十七卷高句丽的地名中没有章系字。当然《三国史记》的其他章节或关联典籍可能有章系字。① 下面首先通过其他塞擦音声母的用例来推测章系高句丽汉字音的音值。上古时期的塞擦音是精系和照二（庄系）。精系在上古和中古一样是舌尖塞擦音，即齿头音（ts-、tsʰ-、dz-）。王力（1985）将庄系构拟为舌叶塞擦音（tʃ-、tʃʰ-、dʒ-）。然而，高

---

① 《三国史记》三十七卷收录了165个高句丽地名和31个统一新罗领土之外的原高句丽地名。据俞昌均（1980），《三国史记》其他卷收录了277个高句丽地名。这些地名中章系字的读音留待以后研究。

第七章　韩国古代汉字音为汉语上古音说

本汉（Karlgren 1954）构拟为翘舌音。Baxter（1992）认为，ts-在上古介音-r-前面时变为中古的翘舌音。李方桂（1971）和董同龢（1979）认为，庄系在上古时期和精系声母相同。① 不管怎样，观察精系或庄系汉字的高句丽读音，可以了解高句丽汉字音塞擦音的概况。下面158号地名暗示高句丽汉字音的崇母（dʒ-）和从母（dz-）通用。这似乎可以解释为高句丽音ts-类的塞擦音已经形成。②

（3）158 助揽＝才揽（庆尚北道青松郡真宝面）

	SK	SKGR	MM	MC	OC	
助	tso	ts-	tʂu	dʒĭo	*dʒĭa	崇三去
才	tsɛ	ts-	tsʰai	dzɐi	*dzə	从一平

但俞昌均（1980）将"助"和"才"构拟为dər。下列地名证明上面的假设是错的，高句丽话声母体系里可能没有塞擦音，因为塞音声母和塞擦音声母对应。24号地名"买召忽"和"弥邹忽"中"买"和"弥"是明母字，③ 如5.1节的67号地名所示，可以视作"水"字的训读。因而可以假定"召"和"邹"对应。146号"道临县"又作"助乙浦"。俞昌均（1980）将"道"和"助"构拟为dər，将"临"和"乙"构拟为lən和əl。他认为，"道临"和"助乙"都表示"梁"的训读，即dəl。他的解释具有新意，但dər+lən和dər+əl合并为同一个形式dəl，这种分析逻辑上过于跳跃。看作l-和Ø-音韵对应更合理。这里"临"和"乙"的对应与前面41号"知六"和"地育"中"六"和"育"的对

---

① 上述观点可总结为：
*ts-、*tsʰ-、*dz- > 精（ts-）、清（tsʰ-）、从（dz-）/＿一、三、四等
　　　　　　　　庄（tʃ-/tʂ-）、初（tʃʰ-/tʂʰ-）、崇（dʒ-/dʐ-）/＿二等（照二）

② 本章英语缩写的含义跟其他章节相同，分别是：韩国汉字音SK（Sino-Korean）、高句丽汉字音SKGR（Sino-Koguryo）、百济汉字音SP（Sino-Paekche）、新罗汉字音SS（Sino-Silla）、现代汉语MM（Modern Mandarin）、中古汉语MC（Middle Chinese）、上古汉语OC（Old Chinese）。

③ "买"（明二上）的上古音、中古音是*me、mɐi，"弥"（明三平）的上古音、中古音是*miei、mie。

应情况相似。"临"是来母字，"乙"是影母字。声母l-出现在现代汉字音词首时失去辅音零声母化，在古代汉字音中可能也如此。当然在用例中都是在第二个音节上，但由于这种倾向，出现误用也是有可能的。但这只是个人推测，以后还要进一步研究。这里根据俞昌均的见解，暂且认为两个地名相互对应。

（4）24 买召忽＝弥邹忽（仁川市）
　　146 道临县＝助乙浦（通川郡林川面）

	SK	SKGR	MM	MC	OC	
召	so	t-	tṣau	ɖĭɛu	*ɖĭau	定>澄三去
邹	tsʰu	t-	tsou	tʃĭeu	*tʃĭo	庄三平
道	to	t-	tau	dɑu	*dəu	定一上
助	tso	t-	tṣu	dʒĭo	*dʒĭɑ	崇三去

从上面的例子可以发现两点不同：第一，声母清浊的差异，不过，声母清浊如上文所言不会构成大的问题；第二，塞音和塞擦音的差异，即通过d-类塞音和tʃ-、dʒ-等塞擦音通用的事实可以看出，高句丽汉字音中ts-类塞擦音可能还未形成。高句丽地名中看不到章系字，估计与此有关。以下研究支持这种观点。俞昌均（1980）构拟的高句丽汉字音声母有ts-，但汉语音ts-在高句丽汉字音中通常实现为t-或s-。金完镇（1968）指出三个高句丽地名有-i元音前面腭化的痕迹。柳烈（1990）认为，古朝鲜将汉语音ts-对应为t-或k-，三国时代在元音-i前发ts-，其他情况发t-或s-。柳烈（1990）认为，8世纪前后ts-才确立音位地位。参考柳烈的观点，我们可将24号和146号地名看作前期地名，158号看作后期地名。可以推测章系汉字的高句丽读音也是如此。高句丽汉字音ts-类塞擦音在完全形成前一直是读t-类塞音。

4.2 百济汉字音

笔者（Eom 1991a）曾提出，虽然汉语塞擦音和百济汉字音的擦音（s-）

第七章　韩国古代汉字音为汉语上古音说

或塞音（t-）存在对应现象，但更多的情况是和塞擦音对应，推定塞擦音大体已经形成。①这跟俞昌均（1991）的观点基本一致。不过，也可找到章系汉字在百济和塞音声母对应的现象。如百济地名28号"真岘"又作"贞岘"，后字相同，可以确定"真"和"贞"对应。另外44号地名"屈旨"和"屈直"首字相同，"旨"和"直"也可能有对应关系。

（5）28 真岘＝贞岘（大田市）
　　44 屈旨＝屈直（牙山郡新昌面）

	SK	SP	MM	MC	OC	
真	tɕin	t-	tʂən	tɕĭĕn	*tĭen	章三平
贞	tsəŋ	t-	tʂən	tĭɐŋ	*tĭeŋ	端>知三平
旨	tɕi	t-	tʂʅ	tɕi	*tĭei	章三上
直	tɕik	t-	tʂʅ	dĭək	*dĭək	定>澄三入

"真"和"贞"现代汉语发音完全一致，但中古音却截然不同。"真"是塞擦音声母，"贞"是塞音声母。前面提到，三国时代是韵尾形成时期，-n和-ŋ韵尾的差异并不重要。问题是上古音，这两个字的上古音都有塞音声母。一个是舌面塞音，一个是舌尖塞音，但这个差异不像塞音和塞擦音的差异那么明显。因此，这两个字通用的时期当然应看作上古音时期。这个结论对照前文讨论的端系，似乎是矛盾的，但按照李方桂、Baxter的学说，上古音章系和端系看作同一声母。由于没有腭化的差异，所以只有读成上古音，才能解释两字的通用。"旨"和"直"也是如此。若百济汉字音两者通用，那么发音应当相似，这个时期当然是上古音时期。

---

① 如果将比重更多放在例外对应，更准确的观点似乎是认为塞擦音正在形成中。因此，严翼相（2003）修订百济汉字音的构拟时主张塞擦音还没有完全形成（参见本书第四章）。

4.3 新罗汉字音

景德王在统一新罗757年把原百济的地名129号"实于山"改为"铁冶"。俞昌均(1983)把"实于山"和"铁冶"构拟为tərə,认为是"原"的"训读"tər的异体。"于"是影母三等平声字,上古音是*ia,中古音是io。"冶"是喻母三等平声字,上古音是*ʎia,中古音是jia。如4.1节和5.3节中提到的一样,新罗地名41号"知六"和"地育"反映了来母(-l-)和喻母(-ʎ-)对应,高句丽地名146号"道临"和"助乙"反映了来母和影母通用。那么也可认为来、喻、影母通用,而129号地名"实于山"和"铁冶"再次证明了这一点。这里影母和喻母通用,上面三个声母都是零声母的可能性最大。当然,还需要进一步的补充材料,但前后对应这一点毋庸置疑。

(6) 129 实于山 > 铁冶 (罗州南坪面)

	SK	SP	MM	MC	OC	
实	ɕil	t-	ʂ̺	dʑĭet	*dĭet	船三入
铁	tsʰəl	t-	tʰie	tʰiet	*tʰiet	透四入

上述地名"实"和"铁"看作音韵对应似乎有些不妥。因为它们在汉语现代音和中古音完全不同。因而,崔玲爱(1994 延世大学讨论)认为,"实"视为韩语表示"铁"的"쇠"(sø)的音译比较恰当。但是,"实"韵尾脱落、声母失去塞擦音性质变成擦音的时期应晚于中古后期。[①]这与"实于山"改名"铁冶"的时期有出入。据王力(1985),浊塞擦音变成擦音是晚唐五代。若这时从母归邪母,床神二母归禅母,那757年改名时用"实"音译"铁"的可能性极小。而如果忽视浊音性,"实"和"铁"在上古音时期通用的可能性是很大的。因为在上古音时期都会对应为t-。至于说5—6世纪左右汉

---

① Pulleyblank(1991)认为,"实"前期中古音是ʑit,后期中古音是ʂɦit,近代音是ʂi。韩国人听感上觉得[z]更接近[ts],而不是[s],"实"跟sø发音最接近的时期应是近代音时期。

第七章 韩国古代汉字音为汉语上古音说

语已塞擦音化的声母，8世纪中叶新罗仍读塞音，这应该是保留了以前读音的缘故。总之，上面三国地名章系字的声母，没有受到汉语音变的影响，仍然读塞音。这有力地证明古代汉字音是汉语上古音时期传入的。

5. 古代汉字音中的上古端系声母

5.1 高句丽汉字音

高句丽地名中"谷"字的读音对于构拟高句丽汉字音端系起了重要作用。出现"谷"字的地名如下，地名号码是笔者按照《三国史记》三十七卷中的出现次序，为讨论方便加上去的。

（7）66 大谷 = 多知（黄海道平山郡）
　　 67 水谷 = 买旦（黄海道新溪郡新溪面）
　　 68 十谷 = 德顿（黄海道谷城郡谷山面）
　　 71 五谷 = 于次吞（黄海道瑞兴郡）

	SK	SKGR	MM	MC	OC	
谷	kok	k-	ku	kuk	*kŏk	见一
知	tɕi	t-	tʂʅ	tǐe	*tǐe	端>知三
旦	tan	t-	tan	tɑn	*tan	端>端一
顿	ton	t-	tun	tuən	*tuən	端>端一
吞	tʰan	t-	tʰun	tʰən	*tʰən	透一

由66号地名"大谷"和"多知"，可以看出"大"和"多"对应。① "大"是定母字，上古音是*dai，中古音是*ta。"多"是端母字，上古音是*ta，中古音是ta。它们中古发音一致，音韵对应是中古音时期。但是，仔细考察韩国

---

① 俞昌均（1980）认为"大"和"多"是"高"的训读，推定为 ɣan。

古代汉字音，也可假定它们的上古音对应，因为端母和定母的差异是清浊之分，但韩国汉字音无视清浊之别。笔者（严翼相 1994b；Eom 1994）做了仔细考证，韩国汉字音中除了鼻音以外，汉语浊音不起音位作用，可以无视声母清、浊差异。根据"大"和"多"对应，也可确定"谷"和"知"对应。前者的声母是*k-，后者是*t-，在古代汉字音中，塞音k-和t-通用。但问题是两字韵母存在明显差异。

然而，如果看其他有"谷"字的地名，可知"知"是"谷"的音读。67号"水谷"和"买旦"，68号"十谷"和"德顿"，还有71号"五谷"和"于次吞"中，"谷"和"旦、顿、吞"通用，可知这些字和"知"音韵对应。67号"买"（məl）是"水"的训读，68号"德"（tək）是"十"的音读，71号"于次"（ucər）是"五"的训读。①以上地名中，前者一一对应，可以确认后者对应。所以，从上面的例子可推测出，"谷"字的高句丽读音跟"知、旦、顿、吞"等读音相似或相同。值得注意的是，"知"和其他三个字通用。"知"的中古声母是腭音或翘舌音化的t-，高句丽人也许会认为此音和一般的齿龈音 t-有所不同。即便如此，"知"和其他端系字通用实际上意味着高句丽时期对两者不加区分。端、知系声母发音相同的时期是上古音时期，这证明高句丽汉字音是基于上古音。

5.2 百济汉字音

百济地名也有上古端系字与中古知系三等字交替的现象。据《三国史记》，86号地名"马突"也作"马珍"。这里首字相同，可以假设第二个字"突"和"珍"对应。

---

① 这里"买、德、于次"的拟音是根据俞昌均（1980），引用时省去了ə的上标符号。李基文（Lee 1963）考虑到高句丽的数词和古代日语的数词tow（t）和itsu等相似，主张高句丽语和古代日语存在系统性关联。金秀清（1989）认为李基文的看法是民族分裂的视角，批判他赞同日本学者之说，但语言研究当从语言问题本身出发，不应掺杂其他因素。

第七章 韩国古代汉字音为汉语上古音说

（8）#86 马突 = 马珍（黄海道瑞兴郡）

	SK	SP	MM	MC	OC	
突	tol	t-	tʰu	duət	*duət	定一入
珍	tɕin	t-	tṣən	tĭĕn	*tĭĕn	端>知三平

上面两字的现代汉语读音完全不同。"突"是塞音声母，"珍"是塞擦音声母。然而，两字不论是中古时期还是上古时期声母都是塞音，只有清浊的差异，这暗示百济汉字音和高句丽汉字音一样，声母不分清浊。可见，古代汉字音中浊音具有音位功能的可能性极小。因此，金善基（1973）和俞昌均（1980，1983，1991）等学者同意存在浊音，都守熙（1987）构拟的百济音包括浊音声母等分析是值得怀疑的。如果无视声母的清浊差异，这两个声母读音完全相同的时期是上古音时期。

另一方面，王魁伟（1994 私下交流）认为，高句丽地名66号、67号、68号、71号使用的"谷"字的音读中，早期使用"知"，晚期使用"旦、顿、吞"。同样，在百济地名86号中，"马珍"是早期的地名，"马突"可能是较晚的地名。即，在"知、珍"舌上音化之前和端系字通用，而音韵变化出现以后才用端系字来替换。这是王魁伟比较新颖的想法。这种可能性值得考虑，然而，知系字的分化时期如果按王力的学说是8世纪中叶，这里出现的地名都是在757年前通用，知系不可读舌上音。也就是说，这些地名是汉语知系还没有变成舌上音前的地名，而且又没有关于通用时期的记录或其他证据，因此看作相同时期使用的地名比较合理。

5.3 新罗汉字音

新罗在668年统一全国以后，对国家制度进行了改革。高句丽、百济原地名中不是完全没有汉字地名，但景德王在757年把全国地名一律改成中国式地名。比如，百济的7号"仇知"用"金池"，41号"知六"用"地育"进行了

替换。7号地名中"仇"和"金"的对应不好理解。俞昌均（1983）把"仇"拟作kər，把"仇知"拟作kuri，把"金"拟作kəm，推测"仇知"是"金"的训读或者是"굳"（kut）（坚固）的音读。这种观点没有给出明确的结论，本就不妥，而且留下了如何解释改新地名中"池"的问题。笔者认为，"仇"和"金"、"知"和"池"是音韵对应关系。

（9）#7 仇知＝金池（燕岐郡全义面）
　　 #41 知六＝地育（西山郡池谷面）

	SK	SS	MM	MC	OC	
知	tɕi	t-	tʂɿ	tĭe	*tĭe	端＞知三平
池	tɕi	t-	tʂʰɿ	dĭe	*dĭa	定＞澄三平
地	tɕi	t-	ti	di	*dĭa	定＞定三去

7号地名"仇知"和"金池"中，"仇"是群母三等平声字，上古、中古拟音为giəu。"金"是见母三等平声字，上古拟音为*kiəm，中古拟音为kiem。虽然两字上古声母清浊有差异，但由于前文提出的理由，如果忽略清浊差异，声母和主要元音都是一样的。唯一的差异是韵尾，这不是大问题。在古代汉字音中韵尾不一致是常见的现象，正因为如此不少人怀疑古代韩语没有韵尾。这一点支持本章开头提到的古代韩语到7世纪末是开音节语言的学说。"知"和"池"音韵对应是可能的，它们的声母在中古音和上古音除清浊差异以外是一致的。如果只看这两个字，上古介音一致，主要元音不同，而中古介音和主要元音都一致。它们读音相同的时期更可能是中古时期。

然而，如果考虑41号"知六"和"地育"的情况，看作上古时期更合适。因为上古时期"知"和"地"的声母完全一致。①问题是"六"和"育"

---

① 俞昌均（1983）认为41号地名中的"知"前期是tə，后期变成ti，和"地"（ti）有对应关系。"地"是定母三等去声字，上古读*dia，中古读di。如果按他的观点，两字对应的时期应是中古时期。

第七章　韩国古代汉字音为汉语上古音说 ◆

如何对应。两字在现代汉字音中词首完全一致，然而，"六"字为来母三等入声字，拟作*liəuk>liuk，"育"字是喻母三等入声字，拟作*ʎiəuk>jiuk。来母和喻母对应的可能性还需找更多的例子来证明。这或许与韩语词首限制出现r-音有关。俞昌均（1983）把"六"构拟为lək，把"知六"看作是tələk，即tələ和k的结合。他认为这与高句丽初期地名"北谷"有关，即看作是"北"的训读和"谷"的音的组合。然而，他遗漏了对"育"的分析，没有说明"谷"和"育"的对应关系。"六、育、谷"都有入声韵尾-k，也许和-k音有关。总之，"知"和"地"的对应是确定的，证明新罗"知"不是读塞擦音、硬腭音或翘舌塞音。可见757年新罗汉字音"知"字保留了汉语上古音的音值。

这里可以提出一个问题。据Pulleyblank（1984）的分析，这个时期属于后期中古音。那么，到了后期中古音，知系还没有分化吗？这样的假说违反了前期中古音36字母中一般包含知系的做法。王力（1985）认为，直到隋代知系都没有分化，到8世纪中叶才分化。Pulleyblank（1984）认为，前期中古音时期，北方音分化出翘舌音，南方音还未分化。到了后期中古音，无论南方、北方都已完成分化。他主张的后期是7—8世纪，因此新罗汉字音材料和这个主张多少有些不符。

在上面的三国地名中，端系都读塞音，没有汉语中古音出现的腭化和翘舌音化的痕迹。①当然像李海雨（Lee 1994a, 1994b）指出的一样，当时三国人或许不能正确区分舌面塞音和舌尖塞音。若考虑到当时三国人不分汉语的送气不送气和清浊，他的分析有一定的道理。然而知系和端系的差异也许不是单纯的腭化。如果依高本汉、李方桂、Pulleyblank、Baxter等的构拟，这两个声母是翘舌音和非翘舌音的差异。所以听感上的差异应该更显著。但在三国的语言中，翘舌音不是音位，是否和非翘舌塞音听成同一个音，这仍是疑问。

---

① 笔者早期对此的观点概括如下：757年是中古音时期，当时汉语已从端系分化出知系。考虑到新罗和唐朝之间活跃的政治文化交流，统一新罗汉字音采用的是汉语中古音。但汉字音却表现出知端不分，这可能是由于新罗668年统一以后仍按高句丽、百济原来的名称来读。考虑到现代韩国汉字音仍保留汉语中古入声韵尾，这种情况完全可能发生。本稿对这一观点作了修正。

6. 其他旁证资料

为了证明韩国古代汉字音是基于汉语上古音，除了上面讨论的三国地名以外，还有几个重要的证明材料：乡歌、中世汉字音、固有词化的汉字词、汉字的俗音和现代汉字音等。它们都是有价值的独立的研究主题，本节将简单引用相关研究，进一步支持前面根据古代汉字音资料得出的结论。

6.1 乡歌保留的上古音痕迹

众所周知，乡歌大概是在8—10世纪之间即统一新罗和高丽初期创作的。桥本万太郎和俞昌均（Hashimoto & Yu 1973）认为，现存25首中之所以有一部分解读还存在争议，是因为现有的乡歌研究只依赖中古音知识。因而，为了解决这种争论必须考察上古音。例如，乡歌中汉字"尸"（书二平，ɕiei>ɕi）常被解释为表示所有格的-s或-l。然而桥本万太郎和俞昌均反驳道，一个汉字怎么会在不同的情况下既能这样读又能那样读，认为这个汉字在上古时期应该是复辅音声母，即"尸"的声母为*sl-，在乡歌中变为-l，在三国地名中变为-l或-s。他们的解释似乎参考了梅祖麟、罗杰瑞（1971）的分析。梅祖麟、罗杰瑞认为，一部分中古来母字在如建阳、建瓯、邵武、永安等闽方言地区声母为s-，在其他闽方言中声母为l-，这是因为上古音是*cl-复辅音。①总之，桥本万太郎和俞昌均指出，上古复辅音的痕迹在乡歌中有所体现。这比停留在主观臆断的解释更有理论依据。

乡歌对确定汉字音时期起关键作用的是"支"字。以往研究认为"支"基本上是表示所有格语尾{-s}的-ts或派生语尾ti。但桥本万太郎和俞昌均主张，把"支"看作表示副词格意义的{-hi}，解读为gi，因为"只"解读为ki，"知"解读为ti，要有所区别。②笔者对乡歌解读不熟悉，他们的主张正确与否，判断起来有些困难。但从中国音韵学的角度看可以指出一个问题，"支"

---

① 例如，"篮"在建阳、建瓯、邵武、永安分别读[saŋ]、[saŋ]、[san]、[sõ]。
② 俞昌均（1983）把百济汉字音的"支"字拟作*kər（参见第三章第3节）。

和"只"都是上古章母字,为什么"支"读浊音gi,"只"读清音ki?要知道当时韩语和韩国汉字音中声母的清浊是没有辨义功能的。不过,他们的观点对本研究有重要启示,章系字在乡歌中用作g-、k-等塞音,而且"知"解读为塞音ti,这些都证明它们的声母没有腭化、翘舌音化或塞擦音化。因此,可以说这些字的乡歌读音是根据汉语上古音。

6.2 精系字的中世汉字音

金完镇(1970)介绍早期韩汉语言接触现象时指出,"积、迹、跡"等精系字在一部分中世汉字音材料中标记为tjə、tjək,这十分奇怪。精系从上古到近代一直读齿头音(ts-),自然在汉字音中也应该用ts-类的塞擦音来表示。但是,这些字的读音在《月印释谱》和《训蒙字会》中却记作t-声母。这一点确实有些蹊跷。金完镇认为这反映了汉字音体系以前的某种情况,但没有具体说明。

对此可以有两种解释:一种可能是中世学者矫枉过正的结果,忽视了"积、迹、跡"字的汉语读音,将非腭化的音作为标准;另一种可能是这些读音保留了古代汉字音的痕迹,即在古代韩语ts-完全形成之前用t-来表示,并一直保留到中世韩语。当然,这本身和汉语上古音没有直接的关联。但是,据柳烈(1990),三国时代在元音i-之前ts-已经形成。上面所说的"积、迹、跡"都是三等字,符合这个条件,是可以用ts-来对应的。尽管如此,用t-来对应可能说明它们的读音在三国以前已经形成。这个时期自然是汉语上古音时期。因此可以从不规则的中世汉字音中找到汉字传入时期的线索。

6.3 固有词化的汉字词

有些所谓的韩语固有词保留了汉语古音的原貌。例如,看上去"붓"(put)是固有词,"필"(pil)是汉字词,其实put反映的是比pil更早的汉语音。"笔"的上古音是*piət,中古音是piet,韵尾-t在汉字音中对应为-l。桥本万太郎(Hashimoto 1977)指出,除"笔"以外,"鼠"字也是类似的

情况。"쥐"（tswi）反映了汉语古音，"서"（sə）反映的是后期音。据王力的拟音，"鼠"的上古音和中古音分别是*ɕia和ɕio。周法高（1973）拟作*tʰjaɤ和śio。周法高的上古音跟tswi相似。一个有趣的现象是tswi和中国现代方言相当近似。"鼠"在苏州、温州、梅县、厦门、潮州、福州分别读[tsʰi]、[tsʰei]、[tsʰu]、[tsʰu]、[tsʰi]、[tsʰy]。此外，还有"日"字。"日"的上古音是*ȵiet，如果失去声母的腭化成分，将韵尾替换为-l，则为niel，和nal差异不大。

金完镇（1970）还举了"墨、寺、熊"等这类例证。另外，在中国，尚玉河（1981）、郑仁甲（1983）等主张"바람"（pa.ram）来自"风"的上古音，认为中世韩语pərəm反映的是"风"的上古音*pliəm。当然，这是根据一部分历史语言学家的拟音。王力不承认上古复辅音声母，将"风"字拟为*piwəm。崔玲爱（1990）在这方面进行了更具体的研究。这类词越多，越需要更确切的考证。特别是吴世畯（2005）、潘悟云（2006，2013）等认为，韩汉类似的对应语反映了两种语言间有同源关系。要验证这样的假说是很困难的。总之，有的学者不承认存在复辅音声母，可以把此类情况排除在外。即便如此，保留一部分上古音痕迹的固有词化的汉字词确凿地证明，汉字在朝鲜半岛从上古时期开始使用。①

6.4 汉字的俗音

不论是中世汉字音还是现代汉字音都有俗音。在韵书中根据反切标准确定的发音叫正音，和正音不同的读音叫俗音。例如，"丑"的正音是"추"（tsʰu），俗音是"축"（tsʰuk）。这可能是由于错误的类推出现的传承读法，但实际上也有可能是因汉字音的传入时期和定型时期不同造成的。tsʰu和tsʰuk中，正音是汉语入声韵尾消失以后的音，俗音反映了入声韵尾消失前的音。只要稍有一点汉语历史语言学知识就能很快发现这一点。俞昌均（Yu

---

① 远藤光晓（2013b）认为，pa.ram跟东亚多地"风"这个词的共同成分par/bar对应的"불다"（pul.ta）有关，是pul.ta的名词形式。

1970）的俗音研究中有一个部分很有趣，即正音的声母是tsʰ-，俗音的声母是tʰ-。下面只引用两个字为例。"吒"字正音是"차"（tsʰa），俗音是"타"（tʰa）。"戳"字正音是"착"（tsʰak），俗音是"탁"（tʰak）。如果对它们的发音进行比较，会发现没有腭化的俗音反映更古老的汉语音。关于俗音的性质，俞昌均（Yu 1970）认为是和正音一样，在不同时期传入的汉字音，除极少数以外，基本都可以用中古音进行解释。笔者认为那些极少数传入时期不同的汉字非常重要。因为相信其中有上古音的痕迹。汉字的俗音研究一直是学界忽视的领域，期待以后这方面有更深入的研究。①

7. 结语

上文考察了《三国史记》地名里出现的端系字和章系字的音韵对应关系，推定了韩国古代汉字音的时期，发现古代汉字音保存了汉语上古音的痕迹，证明汉字在汉语上古音时期已传入朝鲜半岛。本章第2节提到，公元前2世纪汉字通过卫满朝鲜传入朝鲜半岛。为了证明这种历史视角的可靠性，我们举出了汉代以前的语言痕迹，从语言学角度进行了论证。进而反驳了汉字的传入时间一定是公元前1世纪即汉四郡设立时期的观点，否定了因为现代汉字音保留了中古音的痕迹而以为汉字是中古时期最早传入的看法。

同时，为了把握古代汉字音具体的特征，本章指出，古代汉字音声母没有清浊、送气不送气的区别。它们到757年还不是独立音位。可以确认的是，古代汉字音声母中ts-和韵母的辅音韵尾都还没有完全形成。

对古代汉语分期时，汉代音应归入上古音。如果汉代音更接近于中古音，那么推定为汉代初期传入的韩国古代汉字音不会存在上古音的痕迹。另

---

① 此外，研究现代汉字音是否存在汉语上古音的痕迹也很重要。例如，"茶"有两读：tsʰa和ta。ta反映更早时期的汉语音。"茶"上古是定母，读*dea，中古变为澄母，读舌上音ɖa。汉语现代方言基本读塞擦音或擦音，唯独闽方言读ta或te。"昌"母字"车"读tsʰa和kə，kə比tsʰa更古老。"车"的上古是*tʰia，中古音是tɕʰia。当然软腭音k-和齿龈音t-的发音部位有区别，但鉴于两者都是塞音，可断定比起中古音，其更接近上古音。汉语现代方言中，除双峰方言tʰo以外，基本是塞擦音。详细内容参见第十章。

外，虽然这与韩语辅音的发展过程有一定的关系，但可以确认，上古知端不分，757年在统一新罗知系还未从端系分化出去，可见知系的分化是在那以后出现的。由此看来，王力"端知分化8世纪中叶说"比较有说服力。除此之外，也可以确认章系和端系对应，这说明，和高本汉（Karlgren 1954）、董同龢（1979）和王力（1985）的见解相比，李方桂（1971）和Baxter（1992）提出的"章端不分说"与韩国古代汉字音更契合。文章最后给出了乡歌、中世汉字音、固有词化的汉字词、俗音等散见的汉语上古音的痕迹，充实了相关证据。[①]

[①] 本章主要讨论声母的特点。申祐先（2015）全面分析了韩国汉字音，发现除声母以外，韩国汉字音的韵母也保留了上古音的特点。她举的例子包括歌部和鱼部有i韵尾、部分鱼部和侯部合流、部分入声字和阴声字对应等。

第八章　nal、il同源说的新解释*

1. 什么是"nal、il同源说"
2. "nal、il同源说"的问题
3. 新假设
4. 东亚语言中i和a的对应
   4.1 汉藏语同源词
   4.2 上古质部的现代汉字音分派
   4.3 《诗经》
   4.4 现代汉语方言
5. 东亚语言中e和a的对应
   5.1 汉藏语同源词
   5.2 现代汉语方言
6. 结语
7. 余论

---

* 第八章主张"日"的训读"날"（nal）不是韩语固有词，而是来自汉语。笔者1994年论文（本书第七章第6.3节）首次提出nal反映的是汉语上古音，il反映的是中古以后的音，之后多次报告了这个观点。本研究主要内容曾在韩国音韵论学会联合学术会议（2006）和第2届日韩中国语言学国际学术研讨会（2007）上宣读。本章最初发表于《中语中文学》第41辑（严翼相2007d）和远藤光晓、严翼相编（2008）。在此特别感谢崔玲爱教授对本章初稿提出的宝贵意见。

◆ 韩国汉字音新探

1. 什么是 "nal、il同源说"

一般认为汉字"日"的训读nal是韩语固有词，音il来自汉语音。李基文（1998）和徐廷范（2003）认为，韩语nal跟蒙古语naran或nara（太阳）有同源关系。严翼相（1994a）发现现代韩国汉字音保留了少量汉语上古音痕迹，如"茶"（ta）和"金"（kɨm），并向学界提出nal不是"日"的训读，而可能是汉语上古音的痕迹。此学说着眼于"日"字的汉语上古音*nĭet与韩语nal声母相同，韵尾对应，因此我们把它叫作"nal、il同源说"。① 也就是说，nal、il都来自汉语古音。

（1）nal、il同源说：OC *nĭet（> MC nʑĭet）> NK② nal / SK il

严翼相的这种主张在讨论汉字音-l来源的论文（严翼相2001）中更为具体。在文中严翼相认为，不只是nal，连韩语的"낮"（nat 白天）也是来自"日"字的上古音。因为"日"字声母的鼻音成分汉语中古音时期已开始消失。

（2）   OC   MC   MM   SK   NK
      日   nĭet   nʑĭet   ȵ   il   nat, nal

文中推测，保留汉语-t韵尾为阻塞音的nats>nat是比nal更早的形式。③ 同时这也是汉语上古音时期的-t韵尾在韩国汉字音中已变为-l的证据。此后严翼相又在英文论文（Eom 2002）和著作（严翼相2002a, 2005a）中不断谈及此问

---

① "nal、il同源说"是笔者的叫法。汉语上古音、中古音韵尾-t在韩国汉字音中系统地变为-l。

② 【译者注】NK，即Native Korean，指韩语固有词。

③ 古代韩语韵尾外破（+released），但韵尾-ts还是和韵尾-t相近。不过，如果依柳烈等学者的主张，古代韩语韵尾-l比-ts先形成，那么nal可能是比nats更早的形式。参见本章结语部分和第11章第5节。

第八章 nal、il 同源说的新解释

题，但并未在单篇论文中专门讨论。原因是一直在摸索如何简洁明了地说明*nǐet和nal之间的元音差异。

在单篇论文中专门讨论这个学说，最早不是汉语或韩语学者完成的，而是出自研究句法的英语学者张荣俊之手。他在2005年5月的学会论文和同年9月出版的著作张荣俊（2005b）第1章第2节主张，汉字"日"对应的韩语固有词nal来源于汉语上古音*njet。张荣俊在书的序言中提到，2004年夏天他在美国蒙大拿州旅行时，突然想到nal和il韵尾相同，便开始研究两者之间的关联。他从高本汉构拟的"日"字的上古音推测，"日"字的汉字音il和训读nal都来自汉语音。对有丰富好奇心和敏锐直觉的英语学者来说，nal、il同源是一个很有吸引力的假说。从汉语历史语言学的角度看，nal、il同源的观点有相当的说服力。

2. "nal、il同源说"的问题

但是，这个学说面临的问题是如何解释汉语上古音*njet和韩国汉字音nal之间元音的差异。张荣俊（2005b）对此提出了两种可能的解释：

（3）a. "日"的越南音nɒt和韩国音nal反映的是汉代以前的汉语音，汉代时汉语音变成了njet。
　　b. 汉代汉语音与之前相同，但越南和韩国借用时改变了元音。

张荣俊（2005b）在两种解释中选择了第一种。即，上古以前汉语的a元音，几乎在同一时期传入韩国和越南，之后汉语的元音发生了变化，但韩国与越南一直到现在还保留当时的a元音。张荣俊为了解释的方便，将"日"的上古汉语音拟作nat。他的这种分析从汉语历史音韵学角度看有几点需要考虑。

第一，（3a）的假说与张荣俊（2005b）所说的公元前112年汉武帝时期汉

◆ 韩国汉字音新探

字首次传入越南相矛盾，①无法解释为什么只有"日"字的读音在汉代之前传到越南。

第二，这与他的观点即汉字传入越南的时间早于传入韩国或日本的时间也产生矛盾，无法解释为什么只有"日"字的发音是同时传入韩国和越南。

第三，他的解释与上古音的性质不符。汉语上古音是用现存资料可以构拟出的最早的汉语音。上古音覆盖的时期很广，东汉末即公元2世纪末之前都是上古音。因此，张荣俊所说的上古音范围不符合汉语历史语言学的一般认识。当然可以构拟远古音（Proto-Chinese），但这也只是假设的汉语祖语而已。通过比较汉语和同一语系的藏语、缅语可以构拟原始汉藏语（Proto Sino-Tibetan），但原始汉藏语已超出了汉语的资料范围。

第四，即使承认原始汉藏语，"日"在原始汉藏语中的元音也是i，而不是a。原始汉藏语研究专家龚煌城（2002）将"日"的原始汉藏语拟作*njit~*njid，认为李方桂构拟的"日"的上古音*njit就是来源于原始汉藏语*njit~*njid。

上述四个问题概括如下：

(4) a. 张荣俊（2005b）认为汉代公元前112年汉字最初传入越南，但又主张"日"字的读音是汉代以前传入。这自相矛盾。

b. 张荣俊（2005b）认为越南引进汉字比韩国、日本早，但又主张"日"字的读音几乎是同一时期传入越南、韩国。这自相矛盾。

c. 汉语上古音是指最早时期的汉语音，张荣俊（2005b）设定的上古音范围与上古音性质不符。

d. 原始汉藏语"日"的拟音为*njit~*njid，元音仍为i类的高元音，而不是a类的低元音。

因此张荣俊（2005b）一开始提出的以下推论就难以接受。

---

① 公元前112年是汉武帝在位时期，张荣俊误写为文帝。文帝在位期间是公元前180年到公元前157年。这个错误是钱有用博士向笔者指出的。

第八章　nal、il 同源说的新解释

（5）OC *nɒt, *niet > SV nɒt, SK nɒt, SJ niti①

张荣俊接下来说明了汉语上古、中古时期韵尾-t在韩国汉字音变成-l。汉字音韵尾-l不是借自汉语方言，而是韩语内部的变化。这一点张荣俊（2000）、Eom（2001）、Eom（2002）及本书第十一章有详细解释，在此略过。总之，无法否认的是，MC-t在韩国汉字音里系统地变为SK-l。因此张荣俊（2005b：38）稍微修改了自己的推论，如下所示：

（6）OC *nɒt, *niti > SV nɒt, SK nɒl, SJ nitsi

虽然将SK nɒt改为nɒl，但前文指出的问题在张荣俊的最终公式（6）中仍然存在，而且增加了新的错误。这次是汉语音用niti代替niet。这其实应视为日本汉字音的初期音，即niti腭化后变为nitsi。

我们不能为了解释的方便，随意构拟特定汉字的汉语上古音。如果无视当时有相同声母、韵腹、韵尾的汉字的共同变化，只是解释为特定汉字有几个异音，是缺少说服力的。最关键的是，张荣俊（2005b）解释不了上古汉语的*i元音和韩语、越南汉字音a类元音是如何对应的。他的英语论文（Jang 2008）也有同样的问题。而且，没有提及严翼相在这方面的先行研究（严翼相 1994a，2001，2002a，2005a；Eom 2002）。

郑仁甲（1983）很早就提到韩语nal、nat跟"日"字的汉语古音有关。他认为，nat是"日"的汉语上古音*njet经nati>natsi>nats演变而来，nal是na的后期形态，是*njet辅音韵尾脱落后音变而成。如果要进一步增强说服力，郑仁甲似乎有必要解释汉语上古音为什么韵尾脱落，以及na（nal）和nat具体是什么

---

① 高本汉对汉语中古音和上古音采用的是音值构拟，而后来的历史音韵学者采用的是音位构拟。张荣俊书中使用的[ ]符号不妥，本章删去[ ]符号，添加了表示拟音的星号。韩语[nɒt]应作[nɒl]，因为之前一直用nal举例说明。另外，日本汉字音nit是不可能存在的音节结构，日语的音节结构是CV，SJ不可能有nit。

关系。①

本章将阐明汉语上古音"日"的元音i或e和韩语nat、nal的a元音如何对应，探寻可以解释元音差异的对应关系，证明nat和nal都来自汉语。

3. 新假设

从原始汉藏语到汉语上古音，"日"的元音不是*je就是*ji，这与韩语nat和nal里的低元音a相距甚远。那么韩国和越南为什么元音是a？笔者认为张荣俊没有选择的第二种解释（3b）更有说服力。首先看"日"的上古音。"日"属于质部或脂部，是臻摄开口三等入声字。

（7）Karlgren (1954)　　　　*nǐĕt
　　　李方桂（1971）　　　　*njit
　　　周法高（1973）　　　　*niet
　　　董同龢（1944/1975）　　*nǐet
　　　王力（1985）　　　　　*nǐet
　　　Baxter (1992)　　　　　*njit
　　　郑张尚芳（2003）　　　*njig
　　　Baxter & Sagart (2014)　*nyit

由上可知，各家拟音基本上元音都是je或ji。若忽略连接声母和韵腹的介音j，"日"的上古韵腹大致可以构拟为e或i。

首先，周法高、董同龢、王力等学者接受高本汉（Karlgren 1954）将主要元音拟为e的观点。根据对汉字音变化作详细区分的王力的《汉语语音史》，"日"字读音的变化概括如下：

---

① 笔者在日本学术大会后修改论文时，从水野俊平教授处收到了郑仁甲的文章。虽然郑仁甲提出问题比笔者早，但具体分析和笔者完全不同。

第八章 nal、il 同源说的新解释

(8) 先秦（?—公元前206）　　　　ȵjet
　　汉代（公元前206—公元220）　　ȵet
　　魏晋南北朝（220—581）　　　　ȵet
　　隋中唐（581—836）　　　　　　ȵit
　　晚唐五代（836—960）　　　　　rit
　　宋代（960—1279）　　　　　　 rit
　　元代（1279—1368）　　　　　　ri
　　明清（1368—1911）　　　　　　ɻ̩
　　现代（1911—）　　　　　　　　ɻ̩

从上面的音变看，nat、nal很可能是魏晋南北朝以前的音。单看声母，鼻音一直保留到中唐时期，也就是一直到9世纪都有关，但隋初的6世纪末元音已变为i。

另外，李方桂（1971）的构拟值得注意。他认为"日"字主要元音是*i，与高本汉不同，而且他构拟的中古音也与王力不同。

(9) 李方桂"日"的拟音 *njit > ȵzjĕt

李方桂构拟的上古ji元音到中古变为jĕ。李方桂没有像王力那样详细构拟不同朝代的音变过程。但是考虑到龚煌城的原始汉藏音*njit~*njid，原始音到上古音元音一直没有变化的李方桂的构拟似乎更合理。[①]Baxter（1992）、郑张尚芳（2003）、Baxter & Sagart（2014）等的构拟也更加接近李方桂的拟音。

"日"的上古元音究竟是什么，不是可以在此轻易决定的事情。因为需要更加综合的视角，考虑诸家的上古音体系。一般认为，在中国国内王力、郑

[①] 当然龚煌城的原始汉藏语是以李方桂的上古音体系为基础构拟的。另外，李方桂的上古音使用 i、u、ə、a 四元音体系，没有元音e的位置。如果根据王力的上古音体系，"日"字的原始汉藏语构拟可能包括元音e。

张尚芳的学说更有影响力。在中国以外，特别是欧美地区，更多的人接受李方桂、Baxter & Sagart的学说。有鉴于此，下文首先以李方桂的上古音为准展开论述。

李方桂的元音ji中介音-j-起到将辅音腭化的作用，因此如果忽视j，元音就只剩下i。若不考虑硬腭音ɲ-和齿龈音n-的差异，那么只剩下解释汉语的i元音怎么会在韩语中变成a元音。笔者将提供几个古代东亚语言中元音i和a对应的例证，证明其实这种对应并不少见。

4. 东亚语言中i和a的对应

笔者在这里列出古代东亚语言中汉语音i实现为a的几个例子。李方桂的上古音是包含i、u、ə、a的四元音体系，同时还包括复元音iə、ia、ua。

4.1 汉藏语同源词

全广镇（1996：273）列出了汉藏语同源词中汉语i元音和藏语a元音对应的例子。汉藏语同源词是汉语和藏语同一语源的单词。下面引用的是全广镇给出的例子中的几个常用字：

（10）	OC		藏语
铁	*tʰit	↔	lcags
阶	*krid	↔	kas
锡	*sik	↔	ltshags
隔	*krik	↔	bkag
定	*ding	↔	mdangs
清	*tsʰing	↔	tshangs
净	*dzjing	↔	gtsang
径	*king	↔	kyang
幸	*gring	↔	gyang

4.2 上古质部的现代汉字音分派

"日"字的韵母属上古韵部中的质部（王力 1985）入声，不单列质部时属脂部（董同龢 1944/1975）。这只是分类上的差异，不论"日"字属哪个韵部，同韵部汉字韵腹相同。过去属质部的汉字今天在韩国汉字音里有多种元音。下面是王力（1985）构拟的质部部分先秦及汉代音。质部从先秦到汉代读音没有变化。

（11）① 开二　　et　　黠八瑟屆
　　　开三　　iet　　疾实室七日栗抑弃利四驷肆
　　　合三　　iuet　 恤季
　　　开四　　iet　　节即结棣
　　　合四　　iuet　 血穴惠穗

如果将上面的体系转换成没有e元音的李方桂的上古音系统，需要做几项调整：将e改为i，二等字加上介音r，将介音i改为j。与软腭音声母结合的中古合口字是来自上古圆唇软腭声母，所以括号里加上w。

（12）开二　　et → rit
　　　开三　　iet → jit
　　　合三　　iuet → (w)jit
　　　开四　　iet → jit
　　　合四　　iuet → (w)jit

上面这些汉字的上古音主要元音相同，只有介音有所不同，基本上发音相似。但现代韩国汉字音中这些字的发音五花八门，无法想象两千年前这些字有相似的元音。

---

① 有介音u的音节叫合口，数字表示汉字的等，根据元音的性质分成一等到四等。

（13）i： 黠疾实室七日弃利
　　　a： 八四驷肆
　　　e： 棣
　　　je： 届季结血穴惠
　　　ɨ： 瑟即
　　　ə/ʌ： 抑节
　　　u： 穗
　　　ju： 栗恤

除"日"以外，汉语上古的*i（t）音在韩国汉字音中为a，还有以下例证。①

（14）　　　　　　　八　　四　　驷　　肆
　　汉语普通话　　a　　ɿ　　ɿ　　ɿ
　　韩国汉字音　　a　　a　　a　　a

另外，上古质部和铎部有通假关系。"通假"是"通用、借代"的意思，指用读音相同或相近的字代替本字。如果上古"实-硕、瑟-索、疾-籍"是通假关系，那么它们的元音比较接近。②

4.3《诗经》

《诗经》是中国最早的文学作品集，是公元前11世纪到公元前6世纪的诗歌总集。这个时期大概是西周初到春秋中期，从语言学上看是汉语上古音时期。《诗经》的韵虽然不严谨，但当时已经开始押韵，对构拟上古音的韵（韵

---

① 据金武林（2009 私下通信）和朴镇浩（2008 私下交流），"四、驷、肆"的古代汉字音是 [sa]，中世汉字音是[sɐ]。这也是i>a的例子。
② 此处参考的是《通假字汇释》，是金俊秀（音译）2013年通过电子邮件告诉笔者的。

第八章　nal、il 同源说的新解释

腹+韵尾）起到了重要作用。构拟上古音的学者假定《诗经》押韵字韵母相同，进而推定出韵脚字的主要元音和韵尾。

下面是《诗经·邶风·燕燕》。国风采集收录了当时15个诸侯国的民歌，邶风是15个地方民谣之一。下面引用的是《燕燕》的第三节。

（15）燕燕于飞
　　　下上其音
　　　之子于归
　　　远送于南
　　　瞻望弗及
　　　实劳我心

其中第二联"音"和第四联"南"、第六联"心"押韵。问题是第四联的"南"。依现代音，"音"和"心"的元音都是i，但"南"的元音是a。也就是说这些字不能押韵。过去的学者使用了很多办法试图解释"南"。最普遍的解释为"南方"，也有人解释为"南门"或"野外"。甚至20世纪初中国著名作家闻一多等人认为"南"字与"林"字发音相似，过去可能通用（袁愈荌、唐莫尧 1991）。其实最早提出这类主张的并不是闻一多。林涛、耿振生（2004）指出，早在《毛诗音》中，"南"字下注"乃林反"，这样便可以与"音、心"押韵。这种让两种不同的韵押韵的方法称为协韵或叶音。这种方法没有考虑到《诗经》时代汉语诗还没有定型，押韵比较自由，且忽视了汉字读音的历时变化，因而备受诟病。

其实陆德明在《经典释文》中指出，古人押韵并不严格，用韵较宽，不必换字。笔者也认为没有必要一定要将"南"字改为"林"字解释，古代汉语或许存在a和i元音互相通用的情况。

4.4 现代汉语方言

上面那首诗的韵脚字"音、南、心"在一部分粤方言里发音相似。广州话分别是jem、nam、ʃem。

事实上，中国上古时期的*i元音在周边语言中变为a的情况，在汉语方言中也可以找到。下列汉字与"日"字一样，臻摄质韵三等，理当元音相同，却在汉语一些中南部方言中变成了a元音。

（16）	日	实	失	质
北京	ɻ̩	ʂ̩	ʂ̩	tʂ̩
温州	zai(L)	zai	sai	tsai
		ȵiai(C)		
广州	jɐt	ʃɐt	ʃɐt	tʃɐt
阳江	jɐt	ʃɐt	ʃɐt	tʃɐt
厦门	lit	sit(L)	sit	tsit
		tsat(C)		

温州属吴方言，广州和阳江属粤方言，厦门属闽方言。括号中的L和C是文读（literary readings）和白读（colloquial readings）的英文缩写。这些主要方言区的a类元音归根结底都是从上古i元音来的。一般来说，方言音反映了古代某个时期的汉语共同语发音，（16）虽不完整，但部分体现了i类元音在汉语方言中变为a类元音的现象，是非常珍贵的资料。

根据以上四种资料，笔者推测古代汉语音i在古代韩国可能变成了a。

5. 东亚语言中e和a的对应

在这里想添加几个e和a对应的例子。王力的上古音体系包括e，但除去了李方桂包括在内的i。王力的元音体系为e、ə、a、u、o、ɔ。元音i只有在ei、 ə、ai等复元音中使用。高本汉以后的大部分中国学者承认存在元音e。下面是汉语上古元音*e在周边语言中与a对应的例子。

5.1 汉藏语同源词

在全广镇（1996）的汉藏语同源词研究中，没有汉语上古音e和藏语a对应的例子。原因是汉藏语同源词研究主要是根据李方桂的上古音体系，可李方桂的元音系统不包括元音e。但是可以发现汉语a和藏语e对应的例子。（17）引自全广镇（1996：270）。

（17）　　　　上古汉语　　　　　藏语
　　裔　　　*rad　　　↔　　ldebs
　　叶　　　*rap　　　↔　　ldeb
　　惭　　　*dzam　　↔　　dzem
　　铃　　　*gjam　　↔　　khyem
　　烙　　　*glak　　↔　　sreg
　　塘　　　*dang　　↔　　ltng

5.2 现代汉语方言

现代汉语普通话中e音除感叹词"诶、欸"外一般不单独出现。普通话的ei在大部分方言中发ei音，但在温州发ai音。

（18）　　培　陪　赔　沛　配　佩　梅　枚　媒　煤　每　妹　悲　北
北京　pʰei pʰei pʰei pʰei pʰei pʰei mei mei mei mei mei mei pei pei
温州　bai bai bai pʰai pʰai bai mai mai mai mai mai mai pai pai

普通话ie在大部分方言中发ie音，但在部分方言中发ia音。下面是部分例子。

（19）普通话 ie → 方言 ia

	跌	贴	帖	铁	接	斜
北京	tie	tʰie	tʰie	tʰie	tɕie	ɕie
合肥	tiɐʔ	tʰiɐʔ	tʰiɐʔ	tʰiɐʔ	tɕiɐʔ	ɕi
双峰	tʰe(L)	tʰe	tʰe	tʰe	tse	dʑio
	tʰia(C)	tʰia	tʰia	tʰia	tsai	
梅县	tiɛt	t(ʰ)iap	t(ʰ)iap	tʰiɛt	tsiap	sia(L)
厦门	tiet	tʰiap	tʰiap	tʰiɛt(L)	tsiap(L)	sia(L)/tsʰia(C)
				tʰiʔ(C)	tsiʔ(C)	tsʰia
福州	tiek	tʰaiʔ	tʰaiʔ	tʰieʔ	tsieʔ	sia

上述两类例子表明，汉语存在e与a对应的现象。

6. 结语

张荣俊对"日"字的看法可概括如下：

（20）
$$\text{OC *nɒt/nat} > \begin{cases} \begin{cases} \text{SK nit > nil > il} \\ \text{SK nat > nal} \end{cases} \\ \text{SV nɒt} \end{cases}$$

他将*nat设定为高本汉、王力构拟的"日"字上古音*niet以前的音，并说此音传入了韩国和越南。这样的设定是跨越*niet和nal元音之间差异的奇想，可是站在汉语历史音韵学角度看太过牵强。将上古音分为前后两个阶段，无法说明元音的变化，且无论何时何地都没有一个学者将"日"字的上古音主元音构拟为低元音a。

笔者提出了下面两个假设。如果参考李方桂、郑张尚芳、Baxter等构拟的上古音，下面的解释比较合理。他们将"日"字的上古音拟为*njit或类似形式。

第八章　nal、il 同源说的新解释

(21)　OC *njit > $\begin{cases} \text{SK} \begin{cases} \text{nal (날)} \\ \text{nats > nat (낮)} \end{cases} \\ \text{SV nɒt} \\ \text{SJ niti > nitsi} \end{cases}$

OC *njit > MC nʑjĕt > SK zil > il (일)

"日"字等汉字传入韩、日、越三国的时期为上古音晚期，基本是同一时期。日本汉字音没有元音的变化，而韩国汉字音和越南汉字音在传入过程中发生了元音的变化。元音i和a看似差异很大，但考虑到古代汉语和周边语言之间i和a的对应现象，这也是可能的。

如果参考高本汉、王力、周法高等的拟音，解释会有所不同。他们把"日"字的上古音拟为*nʑjet或类似形式。

(22)　OC *nʑjet > $\begin{cases} \text{SK} \begin{cases} \text{nal (날)} \\ \text{nats > nat (낮)} \end{cases} \\ \text{SV nɒt} \end{cases}$

OC *nʑjet > MC nʑit/rit $\begin{cases} \text{SK nil > zil > il (일)} \\ \text{SJ niti > nitsi} \end{cases}$

元音e和a的发音位置接近，又有e、a通用的例子，可以考虑韩国汉字音和越南汉字音"日"字的读音来自汉语上古音。单看日本汉字音的声母，无法判断是上古音时期还是中古音时期。但考虑到元音一致的时期，定为来自早期中古音更合理。上面列出的两个中古音nʑit/rit，前者为隋唐初的音，后者为晚唐音。据李方桂的构拟，"日"的日本音也来自汉语上古音。据王力的构拟，"日"的日本汉字音来自早期中古音。"日"的日本汉字音nitsi源于汉语上古音还是中古音，关键是看根据谁的构拟。这又与谁的构拟更合理直接相关。但这不是看一两个汉字的用例就可以判断的，需要从综合性的视角来判断，这里暂且不论。

总之，综合笔者对"nal、il同源说"的主张如下：韩语的nat、nal、il都来自汉语古音。nal来自汉语上古音，il来自汉语中古音。这是根据声母的变化来判断的。当然如果是根据王力的构拟，直到中古音早期"日"仍然保留鼻音声母，那么主张是上古音的痕迹就有一点儿问题。但考虑到李方桂等很多学者认为早期中古音时期鼻音成分已弱化为浊擦音，主张nat、nal是上古音的痕迹也是合理的。il不是由于头音法则从nil变成il，而是汉语鼻音成分脱落后弱化成擦音。

问题是不管选择谁的构拟，韩语nat、nal与汉语上古音元音都不一致。这一点如何解释？这是"nal、il同源说"必须回答的最大问题，也是本章的核心内容。本章根据汉语和周边语言之间以及中国国内i和a、e和a对应的例子，证明汉语上古元音i和e有可能在韩国部分汉字读音中变成a。

另一个问题是nat。笔者一直认为nat比nal更好地保存了上古音。但在修改第十一章时，笔者接受了柳烈的观点，认为古代韩语的韵尾-l是6—8世纪形成的，而-ts或-t在10世纪以后才形成。nat的声母反映了汉语上古音，但韵尾-ts是否如此需要再议。[①]不过，主张nal是汉语上古音痕迹仍然是合理的。

7. 余论

从汉语上古元音之间出现的所谓通变条例看，很难设定上古汉语体系中i和a对应。通变是指不仅读作所属的韵部，还可读作类似韵部的现象。这时两字的声母需要相同或相似。例如"敦"属文部，但有时也读作微部（都回切）、幽部（都聊切）、元部（度官切），"翟"本属药部（徒历切），但也读作铎部（场伯切）。根据这类通变现象，郑张尚芳（2003）提出了自己的一套上古音体系。他的主张值得注意。他提出了包括高元音i、ɯ、u和低元音e、a、o的六元音体系。

[①] 对此更深入的讨论参见第十一章第5节和第6节。

第八章　nal、il 同源说的新解释

(23) i ↔ ɯ ↔ u
     ↕   ↕   ↕
     e ↔ a ↔ o

这类通变关系发生在韵腹相同的汉字之间并不特别，可是郑张尚芳主张，如果是发生在韵腹相似的汉字之间，必须是如下面列出的相近元音之间。

(24) i↔e   e↔a   a↔o   o↔u   u↔ɯ   ɯ↔i
     i↔ɯ   e↔i   a↔ɯ   o↔a   u↔o   ɯ↔a
                   a↔e   ɯ↔u

假如郑张尚芳的主张是对的，那么没有i只有e的王力的上古音体系也可以假设e和a对应。因为它们是相近的元音。但问题是，郑张尚芳构拟的"日"的上古音*njig的元音不是e，而是i。那么郑张尚芳体系中i和a对应是不可能的。李方桂的i、u、ə、a四元音体系中也无法假设i和a的对应。因为低元音a更接近中元音ə。所以郑张尚芳指出的通变现象，排除了i、e元音在汉语上古音体系中读为a元音的可能性。

这就要求我们要为4.3节介绍的《诗经》中"音、南、心"押韵的现象找出新的解释。另外汉语现代部分方言中i~a对应现象的依据最早也要从中古以后寻找。这也说明，将"日"的汉语上古音构拟为*nat来方便解释韩国汉字音和越南汉字音，是脱离了上古音构拟体系的奇想而已。

可见，寻找汉语i或e和韩语a的对应，比起汉语内部，更应该从外部入手。如果能够找到上古汉语和邻近语言接触时这些元音之间互相对应的现象，那么"nal、il同源说"就有了确凿的证据。至于郑张尚芳有关通变的主张有多么绝对，以及为什么"日"字出现了这种不规则的元音变化，现在笔者还无法给出明确的回答。

第九章　nə、na汉语上古音说*

1. 引言
2. 上古汉语的鼻音声母和韩国汉字音
3. nə与汉语上古音
4. 日母汉字的韩语训读
5. na与汉语上古音
6. 疑母汉字的韩语训读
7. "nə、na汉语上古音说"的三个问题
8. 结语
9. 余论

---

*　韩语"너"（nə）和"나"（na）一般认为不是汉字词，而是韩语固有词。韩语学者认为韩语na跟满语表"人"义的nyalma有关。nə、na对应的汉字"尔、吾"汉语上古音都带鼻音，而且元音也和韩语相似。本章指出nə、na可能借自汉语上古音，给出了支持这一假说的若干例证。笔者在第15届国际中国语言学学会年会上首次宣读了本章的部分内容，之后在汉阳-俄勒冈语言学研讨会和国际汉语声韵学研讨会上对文章进行了修改和补充。在此过程中，得到了李垠贞同学、朴镇浩和佩德森（Pederson）先生的帮助，在此表示谢意。本章先行发表在《中国语文学论集》第49辑（严翼相 2008d）。本研究得到汉阳大学2007—2008年校内研究费资助。

第九章　nə、na 汉语上古音说

1. 引言

韩语第二人称代词nə和第一人称代词na一般视为韩语固有词。现代汉语相应的单词是"你"和"我"。古汉语常用的第一、第二人称代词有很多。第一人称代词有"我、吾",第二人称代词有"尔、汝"等。除了"汝"以外,这些字在现代汉语里的发音都是以元音开始的。这种没有声母而直接由元音开始的音节汉语叫零声母音节。虽然零声母的意思是没有声母,但从结构主义的角度看,也可以看成存在一个没有音值的声母。

(1)　　SK　　MM　　MC　　OC
尔　　i　　ɚ　　nʑĭe　　*nǐei
汝　　jə　　nʅ　　nʑĭo　　*nǐa
我　　a　　uo　　ŋa　　*ŋa
吾　　o　　u　　ŋu　　*ŋa

一个有趣的现象是这些字的上古音都有鼻音声母n-或ŋ-,和韩语nə和na非常相似,本研究正是着眼于此。汉语属于汉藏语系。虽然有学者认为韩语属于阿尔泰语系,但由于和其他阿尔泰语之间同源词的数量太少,也有学者主张尚不清楚属于哪个语系。韩语和汉语没有亲属关系是明显的事实,所以韩语和汉语如果拥有相同的词汇,无法看成发生学上的同源关系,而应看成相邻语言间的借用。① 因此,被视为韩语固有词的nə和na如果是借自汉语上古音,则可证明古代韩语和古代汉语之间的语言接触从上古汉语时期就已开始。这会对考察古代东亚语言接触的时期和路径有所帮助,而这也是本章学术意义之所在。

笔者对这项研究产生兴趣是始于"日"的训读nal来自上古汉语这个想法。笔者在考察和"日"同声母汉字的韩语音义时,发现古汉语第二人称代词"尔"也是日母字。而关注"我"字的声母实际上始于对nun(眼)的考察。

---

① 如第七章所言,吴世畯(2005)和潘悟云(2006,2013)的韩汉同源说虽富有新意,但欠缺说服力。

◆ 韩国汉字音新探

"眼"在上古和中古时期为疑母字,声母为舌根鼻音ŋ-。

（2）	NK	SK	MM	MC	OC
日	nal/nat	il	ȵʑ	nʑĭet	*nĭet
眼	nun	an	iɛn	ŋæn	*ŋeən

"眼"的上古音是*ŋeən,和韩语nun韵尾完全一致。笔者考察了更多疑母字的韩语音义,发现了"我"和"吾"这两个字,于2007年在美国和中国台湾的国际会议上提出韩语的nə和na都是上古汉语借词这一主张。

之后笔者想起郑仁甲(1983)在笔者之前指出了上面的事实。郑仁甲的论文里还包括nal（日）。他列出了从汉语或汉语音借来的50多个韩语固有词,但对证据只是简单提及,有时甚至根本不谈。笔者有关"nal、il同源说"及"nə、na汉语上古音说"的研究和郑仁甲没有关系,是独立进行的。

本章试图给出nə和na是汉语上古音借用的证据,分析这一主张的问题,并指出如何解决这些问题。本研究的目的在于发掘现代韩语里存在的汉语上古音痕迹,给出一系列语言学证据,以证明古代韩国人和中国人之间的语言接触从汉语上古音时期就已正式开始。

2. 上古汉语的鼻音声母和韩国汉字音

汉语上古音泥（*n-）、日（*nʑ-）、疑（*ŋ-）等声母都有鼻音成分。上古时期泥母带舌尖鼻音*n-,疑母带舌根鼻音*ŋ-,这一点学界没有异议。但有的学者认为有日母,而有的学者予以否认。王力（1985）认为日母在上古音时期已变成舌面鼻音,具有独立的声母地位,但李方桂（1971）不承认日母是独立的声母,认为日母还没有从泥母独立出来。

在这里笔者虽然出于方便上的考虑,选择了王力的构拟,但事实上日母字在上古时期是和泥母字一样带舌尖鼻音声母还是带舌面鼻音声母,对本研究不会产生大的影响。重要的事实是这些字都有鼻音声母。日母在中古音时期鼻

第九章　nə、na 汉语上古音说

音成分开始弱化，到近代音时期完全变成擦音。王力的观点是日母在中古音时期鼻音成分已脱落，但高本汉认为鼻音成分仍未完全消失，把它构拟为nʑ-。虽然疑母在现代汉语里读成零声母，但在上古和中古时期都带鼻音声母。疑母到近代音时期，才失去鼻音成分。泥母从上古到现在一直带舌尖鼻音成分。如果从是否带鼻音成分的角度归纳这三种声母在汉语里的变化过程，结果如下所示：

（3）　　　MM　　OM　　MC　　OC
　　　泥　　+　　　+　　　+　　　+
　　　日　　-　　　-　　　-(/+)　+
　　　疑　　-　　　-　　　+　　　+

现代韩国汉字音泥母字仍带舌尖鼻音声母，但日母和疑母的鼻音成分已完全消失，变成了零声母。现代韩国汉字音几乎无一例外地经历了这样的变化过程。

（4）泥母：那 na　　纳 nap　　女 njə　　南 nam
　　　日母：热 jəl　　让 jaŋ　　软 jən　　然 jən
　　　疑母：逆 jək　　五 o　　　语 ə　　　鱼 ə

虽然如此，一部分日母字和疑母字不是以音的形式，而是以训的形式保存了上古汉语里的鼻音成分，代表性的例子就是表示nə和na的"汝"和"我"。这里"汝"是日母字，"我"是疑母字，这些字的现代韩国汉字音变成了jə和a，没有了鼻音成分，但表义的训仍保存着鼻音成分。

3. nə与汉语上古音

古汉语表示第二人称的代词有"尔、汝、而、若"等，都属于日母字。

这些字的汉语上古音、中古音、现代韩国汉字音和在韩语固有词里的发音如下所示：

（5）	OC	MC	SK	NK
a. 尔	*nĭei	nʑĭe	i	nə
b. 汝	*nĭa	nʑĭo	i	nə
c. 而	*nĭə	nʑĭə	i	nə
d. 若	*nĭak	nʑĭak	jak	nə

（5a）—（5d）"尔、汝、而、若"四字在汉语上古音里都带舌面鼻音。这些字都带介音ĭ，如果不去考虑比主要元音相对次要的介音，只看主要元音，（5a）（5c）比（5b）（5d）更接近韩语固有词nə，因为（5b）（5d）带低元音a，而（5a）（5c）带中元音。并且（5c）"而"比（5a）"尔"更接近 nə。这样说并不是指（5b）（5d）没有可能是nə的原型。因为低元音a也是ə邻近的音，所以有可能和ə对应。①这一点和一般历史语言学的理论相符，和第八章第7节提到的通变现象也相符。因此我们认为，现代韩语nə保存了古汉语第二人称代词"而、尔"等字的汉语上古音。

4. 日母汉字的韩语训读

问题是如何排除这些字的发音是偶然巧合而相同的可能性。为了回答这个问题，笔者在李垠贞的帮助下，考察了《汉字古音手册》和《汉语方音字汇》（第二版）收录的日母字的训读，发现下列汉字在韩语里的训读仍保留鼻音成分。

---

① "尔"等古代汉语第二人称代词和韩语固有词nə有关是在读《汉语方音字汇》（第二版）时突然意识到的。后来才知道郑仁甲（1983）和李海雨（1996）也提到了这一点。

第九章　nə、na 汉语上古音说

（6）　　　　OC　　　MC　　　SK　　　NK
　　a. 日　　*n̠iet　　n̠ziet　　il　　　nat/nal
　　b. 人　　*n̠ien　　n̠zien　　in　　　saram(njən, nom, nim)
　　c. 刃　　*n̠ien　　n̠zien　　in　　　(kʰal) nal

事实上"尔"的上古音和nə存在某种关系的想法是在研究"nal、il同源说"期间产生的。（6a）中的"日"字，笔者在第八章仔细讨论过，考虑到有的读者可能没有读前一章，这里做简要介绍。"日"字的训读是"해"（hɛ）。虽然好像和日语"日"字的训读hi有关，但考虑到古代日语没有h声母的事实，还需要更深入的考证。问题是和"日"字有关的其他韩语单词，例如，表示"白天"的nat和表示"日子"的nal等词看上去和"日"字的古代音有关。

李基文（1998）和徐廷范（2003）等主张（6a）的 nal（日）来自蒙古语 nara。①按他们的解释，nal可以看成来自阿尔泰共同祖语。但是用蒙古语词nara无法解释韩语固有词nat。由（6a）可知韩语固有词nat是来自"日"的上古音，因为声母和"日"字的汉语上古音一致，且韵尾相似。韩语固有词nal是nat后期的变体，因为在韩国汉字音里汉语上古音的韵尾-t在特定时期都变成了-l。②

严翼相（1994a）已指出，nal来自"日"的上古音。其后严翼相（2001，2002a，2002b，2005）一直主张nat也是从相同的语源分化而来的。李海雨（1996）也持相同主张。张荣俊（2005b）没有引用严翼相、李海雨的论文，提出了相同的观点。张荣俊为了解决韩语和汉语之间存在的元音差异问题，主张nat和nal都来自汉语上古音*nat。这个说法有一定的问题。一般认为"日"在上古音里的元音大概是i或e，张荣俊的观点说服力较弱。不管怎么说，nat和nal是"日"上古音的痕迹这一点增加了nə源自"而"这类古汉语第二人称代

---

① 李基文（1998）指出，蒙古语表示太阳的naran是nal的原型，naran是nara的早期形式。
② 严翼相（2001）反驳了Martin（1997）的主张，认为现代韩国汉字音的韵尾-l是内部变化的结果。

词上古音的可能性。

（6b）"人"字的训读是"사람"（saram）。saram和"人"的汉语上古音看上去基本无关。但韩语固有词中和"人"有关的"년"（njən）、"놈"（nom）、"님"（nim）等词可能和"人"字的上古音有关。njən、nom是卑称后缀，nim是尊称后缀。但刘昌惇（1964）和徐廷范（2003）都指出nom在中世韩语中并非贬称。这三个词中，njən看上去和"人"字的关系最近，不仅声母，连韵尾都完全一样。nom和nim虽然与"人"的汉语上古音韵尾不同，但这不是大问题。因为韵尾-m和-n在古代韩国汉字音和现代汉语方言当中常可以混用。以下是从《汉语方音字汇》（第二版）中找到的例子，这些字本来应读成-n韵尾，在一些方言中却读成-m韵尾。①

（7）蝉　tʂʰan (北京)　　sam (南昌)　　ʃim (广州)　　siəm (潮州)
　　 慎　ʂən (北京)　　　səm (梅县)　　sim (潮州)
　　 刃　ʐən (北京)　　　lim (厦门)　　zim (潮州)
　　 韧　ʐən (北京)　　　lim (厦门, 文读)　zim (潮州, 文读)
　　 欣　ɕin (北京)　　　him (厦门)

另外，李海雨（1996）认为nom的语源是日母字"戎"的上古音。但可以指出两个问题：第一，"戎"是指称中国西边的少数民族，表示中国东边古代韩国人的可能性非常小；第二，虽然从语言学上看不是完全没有可能，但还需要解释-m和-ŋ之间的差异。-m和-ŋ的差异比-m和-n的差异要明显得多。

（6c）表"刃"义的韩语固有词和汉语上古音带相同的齿龈鼻音。但由于韵尾有-l，所以同（6a）（6b）相比，和汉语上古音的关系看上去要小一些。不过，由于汉语上古音和古代韩国汉字音韵尾的对应程度远低于声母的对应程度，因此（6c）也可能和（6ab）一样存在对应关系。韩语固有词中表"镰刀"义的"낫"（nat）和汉语"镰刀"也可能存在某种联系。因为"낫"

---

① 据说韩语"시금치"[ɕi kɨm tɕʰi]（菠菜）来自汉语"赤根菜"。这个词也是-n韵尾变成-m韵尾的例子。

（nat）是nal的早期形态。徐廷范（2003）主张日语nata、kanata（刀）和irana（镰）、阿伊努语nodak（刀）、蒙古语itolaho（杀、切）和韩语nal是同源词。这些词中除了nata有可能是从单音节变来的以外，其他都是多音节词，相对而言韩语固有词和汉语上古音更相似。

总之，笔者发现部分日母字以训的形式保留了鼻音声母，认为nə保存了古汉语第二人称代词"而、尔、汝"等的上古音痕迹。

5. na与汉语上古音

"吾"和"我"分别在古汉语和现代汉语中作第一人称代词，相应的韩语固有词、汉语上古音和中古音都带鼻音声母。

（8）		OC	MC	SK	NK
a. 吾	*ŋa	ŋu	o	na
b. 我	*ŋa	ŋɑ	a	na

（8a）里韩语固有词和汉语上古音的主要元音相同，都是a，而韩国汉字音的主要元音o和汉语中古音的主要元音u比较接近。

（9）a (ŋa OC) > a (na NK)
　　u (ŋu MC) > o (o SK)

可见韩语第一人称代词na和古汉语"吾、我"的上古音有关。问题是能否找到支持这一主张的其他例证。下面考察韩语的训读里仍保留鼻音成分的上古疑母字。

6. 疑母汉字的韩语训读

下列汉字不仅在汉语中古音而且在上古音都带舌根鼻音声母,[①] "眼、牙、颜"对应的韩语固有词、汉语上古音和中古音如下所示:

(10)　　　　OC　　　MC　　SK　　NK
　　a. 眼　　*ŋeən　　ŋæn　　an　　nun
　　b. 牙　　*ŋea　　　ŋa　　 a　　 (n)i
　　c. 颜　　*ŋean　　ŋan　　an　　nat

和(10a)"眼"对应的韩语固有词是nun。nun的声母和韵尾都是鼻音。这一鼻音成分在"眼"的汉语上古音和中古音中都可以找到。nun的中世韩语(以下略称MK)形式和现代韩语一致(刘昌惇1964)。汉语和韩语声母的发音部位差异如前文所言,可以忽略。因为,第一,韩语历史上从来没有过舌根鼻音声母。第二,大部分汉语方言里很容易找到ŋ和n交替的例子。严棉(Yan 2006)提到,下列汉字的汉语上古音带舌根鼻音声母(引用时略有改动)。

(11)　　XA　　WZ　　SF　　DC　　XH　　GX　　CT
　严　　n　　 ȵ　　 ȵ　　 ȵ　　 n　　 n　　 n
　五　　Ø　　 ŋ　　 Ø　　 ŋ　　 ŋ　　 ŋ　　 ŋ

(11)中XA、WZ、SF、DC、XH、GX、CT分别代表西安、温州、双峰、都昌、西河、赣县、长汀。西安代表西北官话,温州代表吴方言,双峰代表老湘方言,都昌代表赣方言,其他三个地方都是客家方言地区。可见,从西北地区到东南地区中国全境都存在ŋ～ȵ～n的交替现象。

"眼"的汉语上古音和中古音声母、韵尾都一样,接下来的问题是判定

[①] 疑母读软腭鼻音声母的痕迹保留在与"鱼"字组合的韩语汉字词首音节末尾。例如,鲤鱼、鲥鱼、鲍鱼韩语叫"잉어"(iŋ.ə)、"붕어"(puŋ.ə)、"뱅어"(pɛŋ.ə)。

第九章　nə、na 汉语上古音说

哪个时期的读音和表示"眼"的韩语固有词发音最接近。韩语固有词的后高元音同主要元音为ə的上古音更接近，而韩国汉字音的低元音和中古音的前低元音更接近。

（12）ə（ŋeən OC）　>　u（nun NK）
　　　æ（ŋæn MC）　>　a（an SK）

因此，和"眼"对应的韩语固有词nun是来自汉语上古音。徐廷范（2003）主张nun的原型是nut。他将这个词和表示"眼睛"的蒙古语词nido、nud看成同源词。但刘昌惇（1964）没有中世汉字音nut的例证。李男德（1986）有关韩语语源学的研究中，表示"眼"的中世韩语词是nun。无法确定徐廷范所说的nut出自何处。

（10b）里的"牙"字很有意思。在韩语固有词里表示"牙"的标准词不是"니"（ni），而是"이"（i）。但在（13）列出的单词里，i发成ni。

（13）a. 어금니　ə.kɨm.ni　　　　槽牙
　　　b. 금니　kɨm.ni　　　　　　金牙
　　　c. 송곳니　soŋ.kot.ni (soŋ.kon.ni)　尖牙
　　　d. 앞니　ap.ni (am.ni)　　　门牙
　　　e. 윗니　wit.ni (win.ni)　　上牙
　　　f. 아랫니　a.rɛt.ni (a.rɛn.ni)　下牙

我们不能认为是前一个音节韵尾m的同化作用导致插入了n。（13c）—（13f）里n是插入在塞音t或p和i之间。可见，不管前一个音节的辅音韵尾是什么，全都插入了n。在下列韩语单词里，如果不插入n而发成i，或根据连音原则将前一个音节的韵尾发成后一个音节的声母都是错误的。

177

◆ 韩国汉字音新探

（14）a. *어금이　　*ə.kɨm.i　　*어그미　　*ə.kɨ.mi
　　　b. *금이　　　*kɨm.i　　　*그미　　　*kɨ.mi
　　　c. *송곳이　　*soŋ.kot.i　 *송고시　　*soŋ.ko.ɕi
　　　d. *앞이　　　*ap.i　　　　*아피　　　*a.pʰi
　　　e. *윗이　　　*wit.i　　　 *위시　　　*wi.ɕi
　　　f. *아랫이　　*a.rɛt.i　　 *아래시　　*a.rɛ.ɕi

上面几例倒数第二音节的韵尾-t或-p同化成-n或-m，并不是由于后一个音节以i开始，而是由于声母是n-。因为拥有相同环境的下列句子里并不会插入n。

（15）a. 소금이（so.kɨm.i）짜다（盐很咸）。
　　　b. 순금은（sun.kɨm.ɨn）비싸다（纯金很贵）。
　　　c. 송곳이（soŋ.kot.i）뾰족하다（锥子很尖）。
　　　d. 앞에서（ap.e.sə）보았다（在前面看过了）。
　　　e. 웃어른을（ut.ə.rɨn.ɨl）잘 모시다（好好伺候尊长）。
　　　f. 손아래（랫）（son.a.rɛ（rɛt））양반이 오다（辈分低的两班①来了）。

那么（13）里为什么插入n？笔者认为这和"牙"字的汉语上古音有关。李男德（1986）指出，"牙"在中世韩语里是ni。此外，韩语固有词i的元音和"牙"的汉语上古音类似，韩国汉字音a和"牙"的中古音元音相同，这支持了笔者的主张。

（16）ea (*ŋea OC) > i (ni NK)
　　　 a (ŋa MC) > a (a SK)

---

① 【译者注】"两班"指古代朝鲜的贵族阶级。上朝时，君王坐北向南，以君王为中心，文官排列在东边，武官排列在西边，即"文武两班"。

表示（10c）"颜"义的韩语固有词是"얼굴"（əlkul）和"낯"（nat）。韩语固有词nat与汉语上古音*ŋean、中古音ŋan的声母和主要元音之间可以找到对应关系。韵尾的差异在这里不太重要。汉语上古音和古代韩国汉字音韵尾的对应很不明朗，这里却出现了少见的发音部位相同的情况。因此，可以假定nat和"颜"相对应。

综上，和"眼、牙、颜"等对应的韩语固有词保存了这些汉字上古音的鼻音声母。这一事实支持笔者提出的韩语第一人称代词na保存了汉语上古音痕迹的主张。

7. "nə、na汉语上古音说"的三个问题

针对"nə、na汉语上古音说"，对韩语语源或语言接触感兴趣的学者可能会提出以下三个疑问：

（17）a. 真的不是来自阿尔泰语，而是来自汉语吗？
　　　b. 核心词汇也会借用吗？
　　　c. 会不会是世界语言的普遍现象？

李在淑（1989）解释说，nə是来自nop（高），而na是来自nat（低）。[①] 这种分析很有趣。nə和na这样的词在原始社会，只要两人以上一起生活就会出现。在远古时期的社会群体里，同自己相比，更加尊重对方的社会规范是否已经形成还是疑问。因为从人的本能来说，会认为同"你"相比，"我"自身更重要。因此，姜宪圭（2003）评价李在淑这种主张是外行不专业的解释。韩语专家的语源研究里，不易找到nə和na的语源。李男德（1985，1986）以及金武林（2012）根本没讨论。徐廷范（2003）没提到nə，只讨论了na。徐廷范将韩语的na看成和满语的nyalma是同源词。他认为满语nyal的古代形式nal和ma

---

① 参考自姜宪圭（2003）。原著的书名是《韩日两国语言同系论》。

◆ 韩国汉字音新探

是表示"人"的意思,而韩语的na经历了 nat>nal>na的变化。可是满语的nal同韩语na的早期形式相比,更接近于中间形态nal。那么nat从何而来?据刘昌惇(1964),na在朝鲜初期也是记成na的形式。虽然无法知晓nat和nal是在哪个时期使用,但是如果徐廷范认为na是从nat而来,应该不是给出和中间形态nal一致的词,而应给出和nat一致的词。因此徐廷范的满语起源说仍需商榷。

韩语学界可以指出的第二个问题是,"爸爸、妈妈"或"一、二、三"这样基本的单词也会从外语借用吗?一般来说,容易借用的单词当然是表示新的事物、动物或者表达新的概念。"你、我"这样最基本的代词从其他国家的语言借用的可能性不大。但并不是说基本词汇就完全不可能借用,例如,亲属词汇里,"아빠(ap.pa 爸爸)、엄마(əm.ma 妈妈)、누나(nu.na 姐姐)、언니(ən.ni 姐姐)、아우(a.u 弟弟)"是韩语固有词,但是"형(hjəŋ 兄)"和"동생(toŋ.sɛŋ 同生)"就是汉字词。从nu.na(弟弟对姐姐的称呼)和ən.ni(妹妹对姐姐的称呼)这两个词来推理,不难想象韩语固有词里曾经有过表示哥哥的词,但那个固有词的痕迹已完全消失,只剩下汉字词。有鉴于此,nə和na可以看作汉语词在非常早的时期替代了韩语固有词。这样解释并非完全不可能。

迪克逊(Dixon 1997)从理论上支持笔者的这种想法。[①]语言间的借用在任何语言中都会产生,而且理论上任何词都有可能借用。迪克逊(Dixon 1997)指出,核心词汇作为最普通的词语,虽然比非核心词汇的借用出现得少,但相反的情况也不罕见。一般来说名词比动词更容易借用,因此拥有相同动词的两种语言比拥有相同名词的两种语言存在亲属关系的可能性更大。但是迪克逊强调,动词借用比名词借用更频繁的语言也是存在的,俄语就是这样的例子。他的结论是词汇的借用有多种多样的途径,不管是什么词都可能借用,经过悠久的岁月,可以扩散到相当广阔的地域。例如,英语第三人称复数代词they是借自斯堪的纳维亚语(张丽丽 2015 私下交流)。因此nə和na不可能借自汉语的主张是不能成立的。

---

① 有关迪克逊(Dixon)的资料是朴镇浩教授提供的,谨此致谢。

第九章　nə、na 汉语上古音说

佩德森（Pederson 2007）指出，以nə和na这类语音来表示第二、第一人称有可能是世界很多语言的普遍现象。①如果观察罗杰瑞（Norman 1988）提到的一部分藏缅语族的语言，会发现有必要考察到底是不是一种普遍现象。

（18）　　　　书面藏语　书面缅语　　博多语（Bodo）　德朗语（Trung）
　　　你　　nga　　　　ŋa　　　　　aŋ　　　　　　　ŋa
　　　我　　*　　　　　naŋ　　　　nəŋ　　　　　　na

这就和"爸爸、妈妈"这类词类似，表示父亲的词以 b-开头，表示母亲的词以 m- 开头。

（19）英语　　　　father/papa　　　mother/mama/mom
　　　韩语　　　　a.pə.tɕi/a.ppa　　ə.mə.ni/əm.ma
　　　汉语　　　　futɕʰin/papa　　　mutɕʰin/mama

由于唇音是儿童较早可以发出的声音，所以表示"爸爸"和"妈妈"的词使用唇音p-/f-和m-。因时间和资料所限，这个问题留待以后讨论。

8. 结语

本章考察了可能来自汉语上古音的韩语固有词。研究的对象仅限于日母、疑母汉字的单音节训读。例如，没有考察吴英均（Oh 2007）指出的"本"和pulhwi之间的对应。因为音节数不同，对应的程度比较低。笔者将本章给出的例子重新概括如下：

---

① 佩德森教授在汉阳-俄勒冈语言学研讨会上提出了这个问题。

◆ 韩国汉字音新探

（20）	OC	MC	SK	MK	NK
日	*n̪ĭet	ȵźĭet	il	nats	nat
日	*n̪ĭet	ȵźĭet	il	nal	nal
人	*n̪ĭen	ȵźĭen	in	niən/nom/nim	saram(njən/nim)
刃	*n̪ĭen	ȵźĭen	in	nɐl	nal
尔	*n̪ĭei	ȵźĭe	i	nə	nə
汝	*n̪ĭa	ȵźĭo	i	nə	nə
而	*n̪ĭə	ȵźĭə	i	nə	nə
若	*n̪ĭak	ȵźĭak	jak	nə	nə
眼	*ŋeən	ŋæn	an	nun(nut)	nun
牙	*ŋea	ŋa	a	ni	(n)i
颜	*ŋean	ŋan	an	nɐtsʰ	nat
吾	*ŋa	ŋu	o	na	na
我	*ŋa	ŋa	a	na	na

  本研究重新考察了一些明显是在上古韩语形成时期借自汉语上古音的韩语固有词。严翼相（1994a）、Eom（1999a）曾主张"茶"和"金"的韩国汉字音 ta和 kɨm 是汉语上古音的反映。本研究的例子支持严翼相（1994a）、Eom（1999a）的主张，即在属于汉语上古音时期的公元前2世纪时古代韩国已使用汉字。

  本研究说明，过去韩语语源学界试图通过蒙古语和其他阿尔泰语寻找韩语同源词的思路，就部分词汇而言是需要重新考虑的。通过本研究还可以知道 nal、nun、na、nə 等最基本的韩语词不是来自阿尔泰祖语，而可能是单纯借自上古汉语。所谓的韩语固有词，而非韩国汉字音，保留了上古汉语的痕迹，这确实令人惊讶。

9. 余论

韩语第一人称代词谦称"저"（tsə）和第三人称代词"그"（kɨ）可能来自汉语"自"和"其"。李基文（1998）认为，tsə来自"自"。"自"和"其"的汉语古音为：

（21）	OC	MC	SK	NK
自	*dzĭet	dzi	tsa	tsə
其	*gĭə	gĭə	ki	kɨ

"自"是上古质部字，有辅音韵尾-t。可见韩语tsə借用的时间是汉语中古音以后。"其"的上古音和中古音一样，很难判断借用时期。但考虑到韩语第三人称代词kɨ在中世韩语时还是冠词"긔"（kɨi），且现代韩语不常用第三人称代词，可以推断借用的时期不会很早。总之，现代韩语的代词，不管是第几人称，大概都借自古汉语，这是值得注意的。

第四部分
韩国汉字音相关争议

第十章　从中国音韵学角度分析多音字*

> 1. 引言
>   1.1 研究对象与目的
>   1.2 研究方法与动向
> 2. 上古音的痕迹
>   2.1 澄母汉字的非腭化
>   2.2 见母侵韵字的i元音化
> 3. 入声韵尾的意义
>   3.1 中古音的痕迹
>   3.2 近代音的痕迹
> 4. 阻塞音的送气音化

---

* 以往韩国汉字音研究的主要关注点是现代汉字音与汉语中古音系（6—8世纪前后）相似。当然对汉字音反映的具体时期仍有争议。现有学说常让人以为汉字是中古音时期传入韩国并保存至今的。本研究将从汉语历史音韵学的视角分析汉字音中的多音字。笔者在本章找出多音字中残留的汉语上古音（2世纪以前）、中古音、近代音（14世纪前后）及现代音（20世纪以后）的痕迹，提出汉字上古音时期传入古代韩国之后，韩语与汉语一直保持着语言接触。本研究的结果有助于区分汉字的传入时期与现代汉字音的形成时期。

本研究受1996年韩国学术振兴财团的自由征集课题（#01A0011）研究费资助。论文的初期构想经第4届国际中国语言学学会年会（1995）和中国语文学研究会（1995）两次会议逐渐成熟。第4届国际中国语言学学会年会的论文收录进Cheng et al.（1996），曾被王士元（1997）、Lien（1997）引用。本章修订版发表于 Journal of Chinese Linguistics（1999）第27卷。现版本是在《中国语文学论集》第10辑（1998）所刊载版本的基础上修订而成，与 Journal of Chinese Linguistics 的英文版差异较大，望读者留意。

    4.1 早期中古音以前读音的痕迹

    4.2 晚期中古音以前读音的痕迹

    4.3 近代音的痕迹

5. 现代音的痕迹

    5.1 深圳

    5.2 榨菜

    5.3 香港

    5.4 哈尔滨

    5.5 乌龙茶

    5.6 其他

6. 结语

1. 引言

1.1 研究对象与目的

本章从中国音韵学的角度研究多音字,例字如下:

(1) 茶 ta/tsʰa   金 kɨm/kim   糖 taŋ/ tʰaŋ   便 pjən / pʰjən

    复 pu/pok   乐 jo/rak/ak   度 to/ tʰak   率 jul/sol   龟 ku/kwi/kjun

汉语中有两个或两个以上读音的汉字叫破音字、多音字或异读字。王铁纯(1988)将随读音变化意义或词性发生变化的汉字(如"乐"字)称为"多音字",把读音不同但意义没有变化的汉字(如"法")称为"异读字"。本研究不作如此区分,将拥有两种或两种以上读音的汉字统称"多音汉字",简称"多音字"。多音字大体可分为三类:第一,韩语与汉语都是多音字,相互存在对应关系;第二,汉语是多音字,韩语是单音字;第三,汉语是单音字,

第十章　从中国音韵学角度分析多音字

韩语是多音字。韩中两国的多音字，有些存在对应关系，有些不存在对应关系。韩国汉字音与汉语音的相互关系有如下类型。下表中+表示多音字，-表示单音字。

（2）多音字

	1	2	3	4	5	6	7	8
MC	+	+	+	+	-	-	-	-
MM	+	+	-	-	+	+	-	-
SK	+	-	+	-	+	-	+	-

上表中，2、4、6、8类在韩国汉字音中不是多音字，本研究将其从研究对象中排除。虽然1类反映了汉语发音的差异，对判断汉字音的形成或变化时期没有大的帮助，但如果上古音为单音字，则会为判断汉字音的形成时期提供线索。本章主要研究1、3、5、7类汉字。韩国多音字的数量不多，常用多音字70余字。

本章将展示韩国多音字所呈现的汉语上古音的痕迹，寻找有关汉字传入时期的明确证据。通过发掘韩国汉字音中遗留的汉语中古音、近代音、现代音的痕迹，证明汉字自传入韩国以来不断受到汉语的影响，部分汉字在上千年的岁月中读音发生过变化。本章的研究目的在于通过研究多音字，对韩中语言接触提出新的观点。

1.2 研究方法与动向

怎样由多音字分析出汉字音的传入和定型时期呢？关于多音字的形成原因，王铁纯（1988）总结为俗音、方言的混杂、古今音的并存、误读等。张清常（1993）则提出一字多音的因素有假借、文白异读、方言的影响、古今音变、死字复活给予新音义、不常用的复杂汉字用简化字代替、不明原因等。其中，方言的混杂、古今音的并存、文白异读、古今音变等本质上是相通的。因各方言反映了不同时期的语音，所以两种方言混杂在一起，可以认为其反映了

◆ **韩国汉字音新探**

不同时期的母胎音。当然，两种方言也可能反映相同时期的发音。汉语方言可以看作呈现了汉语的历史变迁过程。存在文白异读的方言也是如此。严棉（Sung 1973）分析了闽南话的文白两读现象，证明闽方言中的白读即口语音是早期中古音以前的发音，文读即读书音是晚期中古音以后的发音。① 因此白读与文读之间的差异反映了古音与今音的并存。张渭毅（1999）将《集韵》收录的53,525字中11,000余多音字的来源归结为如下7条：

（3）a. 经典中的先儒之音
　　　b. 中唐以后韵书、字书中的名家音切
　　　c. 先秦古音
　　　d. 编撰当时的方音、俗音、时音
　　　e. 地名、姓名、器物名、个人的习惯读音、拟声词等特殊发音
　　　f. 同义换读（训读、同义字相互交替或义借）
　　　g. 误读

其中，有4条也与汉语音的历史变迁有关。因此形成多音字的决定性原因可以说是不同时期发音的保存。本研究将韩国汉字中的多音字分别和汉语上古音、早期中古音、晚期中古音、近代音、现代音进行比较，从比较语言学的角度出发判断韩国多音字与哪个时期的汉语音最相似；将其结果再按时期、类型分类，进而推定韩中两国汉字读音的接触时期。

对于多音字中国学者一直都有研究。最近不仅发表了相关研究论文，还出版了多种多音字字典。但对多音字从历史音韵学角度进行考察的论文并不多。在韩国，多音字没有得到语言学者的过多关注。能见到的只是将多音字进行分类，如许璧（1979）、李相度（1986）、元钟实（1993）。这也许是因为韩国汉字音传统上一直固守一字一音的原则，且多音字不多。在韩国，与其说

---

① 此处中古音早期、晚期的划分依据Pulleyblank（1984）。他以《切韵》音系即5—6世纪汉语音代表早期中古音，以韵图音即7—8世纪长安音代表晚期中古音。至于闽方言口语音的存古性，Baxter（1995）和李海雨（1998）等多位学者都有论述。

第十章 从中国音韵学角度分析多音字

多音字是语言学的研究对象,不如说一直被认为是学生的学习对象。

2. 上古音的痕迹

2.1 澄母汉字的非腭化

"茶"大部分情况读tsʰa,但在"茶房、茶果"等词中读ta。"茶礼"或"茶馆"中虽然也可读ta,但最近读tsʰa的人更多。(4)是"茶"的汉字音用例。①

(4) 茶房　tapaŋ　　茶　　(ta) ~ tsʰa　　　红茶　hoŋtsʰa
　　 茶道　tato　　 茶礼　(tarje) ~ tsʰarje　绿茶　noktsʰa
　　 茶果会 takwahø　茶罐　takwan ~ tsʰakwan　茶盏　tsʰattsan
　　 茶器　taki　　 茶馆　takwan ~ tsʰakwan　茶값(费) tsʰakap
　　 茶具　taku　　 茶잎(叶) tsʰaip

(4)中"茶"不是读ta就是读tsʰa。有趣的是,虽然数量不多,但在一部分单词中既读ta也读tsʰa。最近几乎很少听到,但仍有九十岁以上的部分老年人将一杯"茶"(tsʰa)说成一杯"茶"(ta)。"茶礼"这类词,虽然在词典里既有"다례"(tarje),也有"차례"(tsʰarje),但是最近一般叫"차례"(tsʰarje)。茶馆在中国是可以边享用茶果(糕点)边听京剧的地方。韩国年轻人称茶馆为"다관"(takwan)或"차관"(tsʰakwan)。郑锡元(1992)在书中181页中写作takwan,在183页中写作tsʰakwan。哪一个才是正确的读音?意为茶壶的"茶罐",在韩语词典中既作"다관"(takwan),也作"차관"(tsʰakwan)。虽然"茶器"读"다기"(taki),但"茶盏"

---

① 为了表示汉字的固有读音,用国际音标标记汉字词时忽略元音间浊化现象。例如,"茶房"的实际发音是tabaŋ,但根据音位标记为tapaŋ。

◆ 韩国汉字音新探

却读"찻잔"（tsʰattsan）①。什么情况该读ta，什么情况该读tsʰa？粗略一看，好像"茶"在首音节出现时读ta，不在首音节或在首音节与韩语固有词组合时读tsʰa。但"茶盏"是例外，说明这不是绝对的。总的来看，上面提到的三类读法找不出语言学的理据。

除了闽方言，汉语方言一般将"茶"的声母读成塞擦音。据《汉语方音字汇》（第二版），主要方言点"茶"字的读音如下：

（5）北京　太原　苏州　温州　双峰　南昌　梅县　广州　厦门　　福州
　　　　tʂʰa　 tsʰa　 zo　 dzo　 dzo　 tsʰa　 tsʰa　 tʃʰa　 ta文 te白　ta

"茶"是中古澄母字，声母是舌面塞音*ɖ-（董同龢 1944/1975；王力 1985）或卷舌塞音*ɖ（李方桂 1971；Pulleyblank 1984；Baxter 1992）。澄母的音变过程如（6）所示。本书中EMC（Early Middle Chinese）、LMC（Late Middle Chinese）、OM（Old Mandarin）分别表示早期中古音、晚期中古音、近代音。

（6）王力：*deɑ (OC) > ɖa (MC)
　　　Pulleyblank：*draɨ (EMC) > trɦia: (LMC) > tʂʰa (OM)

比较（5）和（6），可以发现"茶"的汉语现代方音大部分与近代音相似。只有闽方言与众不同。厦门话的白读te接近上古音，文读ta接近中古音。闽方言浊音清化，所以d->t-。闽方言没有翘舌音，因此d-和ɖ-只是听感不同。

根据同样的理由，可以说韩国汉字音中"茶房"的"茶"接近中古以前的发音。中古时期澄母已腭化，乃至翘舌音化，因此笔者提出"茶"读

---

① 【译者注】"茶"和"盏"构成合成词"茶盏"时首音节会插入-t韵尾，语音形式为[tsʰat.tsan]。

第十章　从中国音韵学角度分析多音字

ta反映的是上古音。[①]古代知系汉字读塞音，这是佐证本书第七章及严翼相（1994a，1997d）中提出的"韩国古代汉字汉语上古音说"的重要材料。有人认为，单凭中国闽方言知系汉字的非塞擦音化现象，不能说闽方言是从汉语上古音分化出来的。比如，Baxter（1995）指出母胎语中的区分在分化语中常被忽略。比较韩中语言时，这样的判断需要更加谨慎。因为汉语有些音位在韩语中不是音位，所以不能有效对应。需要确认是不是因为古代韩语没有ts-类塞擦音导致知系只能读塞音t-。如果是这样，韩语塞音读音也可能与汉语上古音之间不存在决定性的关联。笔者在第四章结论部分提出，百济汉字音声母体系中，塞擦音还在形成过程中。俞昌均（1991）认为，高句丽、新罗旧层次中没有看到塞擦音ts-声母，但百济、新罗中间层次开始出现塞擦音ts-声母。根据柳烈（1990）的古代韩语研究，古朝鲜时期ts-音是在形成过程中，但已出现在i元音前，6—7世纪音位化之后在朝鲜半岛全域广泛使用。[②]这样一来，可以认为汉语知系出现塞擦音迹象的中古以后，即古代韩语的中后期已形成塞擦音。即便如此，知系在韩语中仍然对应为塞音，这只能被看作是汉语读作塞音时期的发音。因此，可以说汉字音"知端不分"是汉语上古音的痕迹。[③]陈洁雯（Marjorie Chan 1995 私下交流）提出疑问，如何断定"茶"字的读音不是汉语方言的影响而是上古音的痕迹。当然，汉语闽方言存在这样的趋势，所以也可以看成闽方言的影响。但这种情况的可能性极低。因为韩国汉字音主流层次形成时期朝鲜半岛与闽方言地区基本没有来往。

　　因为韩国汉字音澄母其他汉字基本经历了塞擦音化，所以"茶房"的ta是

[①] 梅祖麟在第4届国际中国语言学学会年会上指出，中国的饮茶文化传入古代韩国不可能是上古音时期。中国人饮茶始于汉代（郑锡元 1992；李宾汉 1994）。据说茶传入韩国是在统一新罗时代。书志学者李在辉（音译）指出，新罗兴德王（公元9世纪）时遣唐使大廉将茶籽带回新罗（《朝鲜日报》1996年5月24日）。公元9世纪已是中古音时期。ta这个音可能是从汉语南方音直接传入，或者暗示"茶"的古字——意为苦叶的"荼"字在茶传入以前已在朝鲜半岛使用。王士元在学会现场支持笔者的观点。"茶"的古字为"荼"是1995年笔者在中国社会科学院同郑张尚芳交谈中得知的。

[②] 李基文（1972，1998）认为古代韩语已形成ts-。其实三国时代初期也很难说ts-承担音位功能。

[③] 百济汉字音中也可以发现类似现象（Eom 1991a）。

数千年传承下来的语言化石。此类的例子有"宅"(tɛk或tʰɛk)、"泽"(tʰɛk)、"卓"(tʰak)、"啄"(tʰak)、"浊"(tʰak)、"撞"(taŋ)、"幢"(taŋ)、"掉"(to)、"绽"(tʰan)等。这些字与"茶"一样,都是知系二等字。正如严翼相(1997b)、Eom(1999b)提到的一样,"知"(tɕi)、"张"(tsaŋ)、"珍"(tɕin)、"彻"(tsʰəl)、"楮"(tsə)、"澄"(tɕiŋ)、"场(tsaŋ)"、"池"(tɕi)等知系三等字,以及"嘲"(tso)、"虿"(tsʰe)、"罩"(tso)、"站"(tsam)、"箚"(tsʰa)、"夯"(tsʰa)、"赚"(tsam)等约30%的知系二等字的声母变成了塞擦音,读塞音声母是相当特别的(参见第十二章)。"茶"和"宅"等一部分知系二等字的古音保存至今,实在难得。现代汉字音中,"茶"与"宅"没有变作tsʰa和tsʰɛk,仍读作ta和tʰɛk。这表明澄母的变化没有完全结束。"茶"渐渐地从ta变为tsʰa,"宅"还没有变化。这种变化也许需要更长的时间,但总有一天,"茶"与"宅"会变成tsʰa和tsʰɛk。至少可以看到,"茶"的音变正在快速进行。

2.2 见母侵韵字的ɨ元音化

"金"在汉语中不是多音字,但韩国汉字音有两个读音:"금"(kɨm)和"김"(kim),是多音字。那么,读kɨm还是读kim有什么音韵学条件?一般来说,在普通名词中读kɨm,作为姓氏时读kim。问题是(7)中的地名有的读kɨm,有的读kim。

(7)金海 kimhɛ   金泉 kimtsʰən   金浦 kimpʰo①   金堤 kimtse   金化 kimhwa
金村 kɨmtsʰon   金谷 kɨmkok   金往 kɨmwaŋ   金日 kɨmil   渼金 mikɨm

---

① 部分庆尚道方言将"金浦"(kimpʰo)叫kɨmpʰo。据《三国史记·地理志》记载,金浦757年之前的地名是黔浦。金浦应该是757年之前叫kɨmpʰo,之后由于发音变为kimpʰo而标记为"金浦"。这说明757年"金"的汉字音不是kim,而是kɨm。假如汉字音是kim,就没有必要将"黔"换成"金"。几年前,金浦的住宅楼盘销售广告中出现了这样的广告词:"金(kim)浦将变为金(kɨm)浦"。这真是历史的巧合。

第十章　从中国音韵学角度分析多音字

判断这些地名的读音是否有原则可循？我们考察了音韵、意义、形态等语言学各方面，依然无法找出决定这两种读音的关键因素。只是相对而言，越是小城市或鲜为人知的偏僻乡村，就越可能读kɨm。"金"是见母侵韵深摄三等字。《广韵》中"金"的反切是居吟切。"居"（kə）的声母与"吟"（im）的韵母结合在一起，即kɨm。汉字音中kɨm是比kim更早的形式。"金"的古音如下：

（8）王力：*kĭəm (OC) > kĭĕm (MC) > kiəm (OM)
　　　Pulleyblank: kim (EMC) > kim (LMC) > kim (OM)

王力构拟的上古音与中古音最主要的差别是央元音ə变为前舌中元音ĕ。王力的上古音体系中，符号"˘"表示短元音。ə变为ĕ是中元音的前化（mid-vowel fronting）现象。汉字音kɨm与kim都是高元音，差异也正是元音的前化，如下所示：

（9）i ← ɨ
　　　ĕ ← ə

因此，可以认为与kim相比，kɨm保存了更早的汉语音。据Pulleyblank的拟音，kim是中古以后的发音，可以推断kɨm是中古以前的发音。Baxter（1992）实际上将"金"的中古音拟为kim，将上古音拟为*k(r)jɨm。郑张尚芳（2003）构拟的上古音是*krɯm。Baxter与郑张尚芳的上古拟音*k(r)jɨm和*k(r)ɯm支持了韩国汉字音kɨm与汉语上古音更接近的观点。因为它们的主元音都是ɨ。在这里，我们需注意到，kim这个读音主要用于姓氏，作为表示"金"或"铁"的本义使用时读kɨm。古代韩国的冶金文化比姓氏文化更早发达。这与kɨm可能比kim更早是一致的。是不是从金海金氏的始祖金首露王时期开始读kim，这仍是疑问。本加耶建国大体可以看作汉语上古音与中古音的交替期，因此可能刚开始叫kɨm，之后读kim，并固定下来。①

此外，侵韵不读i元音而读ɨ元音的汉字有"今、襟、禁、禽、琴、饮"等。这些字和"侵、林、深、谌、椹、针、沉、鈂、忱"等其他侵韵字读i元音不同，是例外。②包括"金"在内的这些例外字，要么声母是软腭音k-，要么是零声母，表明侵韵的变化目前还没有完成。带软腭音声母的侵韵字目前是否全部带ɨ元音，需进一步考察。

3. 入声韵尾的意义

中古以后韵母最明显的变化是入声的消失。众所周知，在以元代《中原音韵》为代表的近代音时期，入声派入平声、上声和去声。但韩国汉字音目前仍保留中古入声韵尾-p、-t、-k的痕迹。只不过，-t变为-l。汉字音系统性地保留了入声韵尾，这是反映汉语中古音最有力的证据。然而，仔细分析韩国汉字音会发现部分入声字与开音节也存在对应关系，这十分有趣。下面是相关例字。

（10）契 kɨl, kje　　杀 sal, swɛ　　切 tsəl, tsʰe
　　　复 pok, pu　　北 puk, pɛ　　塞 sɛk, sɛ
　　　数 sak, su　　食 ɕik, sa　　识 ɕik, tɕi
　　　恶 ak, o　　　易 jək, i　　　暴 pʰok, pʰo
　　　画 høk, hwa　帅 sol, su

---

① 另外，有必要考察古代韩语有没有ɨ元音。都守熙（1987）构拟的百济语有ɨ元音。俞昌均（1991）也推定高句丽、百济、新罗汉字音都有ɨ元音。李基文（1998）构拟的古代韩语也包括了u的前舌元音ü（参见本书第五章第2节）。所以笔者提出的"金"从kɨm变kim的主张是合理的。不过，柳烈（1990）认为在三国末期的7—8世纪前后才形成元音ə、ɨ及辅音韵尾。如果按照柳烈的学说，笔者的观点需要重新考虑。但到目前为止，没有决定性证据证明柳烈的学说更可靠。

② "参、森、岑、篸"等也是侵韵字，现代汉字音读a元音。

第十章　从中国音韵学角度分析多音字

又，例字按韵尾分类的一些例子：

（11）a. -p ~ -Ø：

| 十字 | ɕiptsa | 十方世界 | ɕipaŋ sekje |
| 手帖 | sutsʰəp | 帖纸 | tsʰetɕi |

b. -l ~ -Ø：

不幸	pulhɛŋ	不同	putoŋ
八月	pʰalwəl	初八日	tsʰopʰail
沸水	pulsu	沸腾	pitiŋ
帅先	solsən	将帅	tsaŋsu
杀菌	salkjun	杀到	swɛto
解说	hɛsəl	游说	juse
亲切	tɕʰintsəl	一切	iltsʰe

c. -k ~ -Ø：

复归	pokkwi	复活	puhwal
南北	nampuk	败北	pʰɛpɛ
速读	soktok	句读法	kutupəp
知识	tɕiɕik	标识	pʰjotɕi
塞音	sekɨm	塞翁	sɛoŋ
丑时	tsʰukɕi	公孙丑	koŋsontsʰu
贸易	mujək	容易	joɲi

闭音节怎么会和开音节语音交替？这是受汉语的影响还是汉字音的自身变化？如果是受汉语的影响，就是外部变化；如果是自身变化，就是内部变化。这些汉字中，若中古时期存在闭音节和开音节两种反切，且这些差异反映在韩国汉字音中，则可以将其看作中古音的痕迹。汉语中古音时期，"复"和"易"都是有开音节和闭音节读音的多音字，因此它们的汉字音反映的是中古音，即受到了外部的影响。

◆ 韩国汉字音新探

有趣的是"北"和"帖"。它们在中古时期只有闭音节读音。所以它们的首要读音puk、ts^{h}əp反映的是中古音，而次要读音pɛ、ts^{h}e等开音节反映的是汉语韵尾脱落后的近代音。这种情况也属于外部变化。

对于汉语入声韵尾学界有争议，但大体认为从上古时期开始存在，近代音时期与平声、上声和去声合流。Pulleyblank（1978）认为，11世纪起-t、-k已开始脱落，进入13世纪包括-p在内全部脱落。其中，若声母是共鸣音，就变为去声；若声母是浊阻塞音，就变为阳平。可概括如下（胡裕树 1992：97）：

（12）入声 > { 去声 / C ____　[C=+共鸣音]（50%）
　　　　　　 { 阳平 / C ____　[C=+浊阻塞音]（33%）

当然，这些入声字的开音节读音是韩语辅音韵尾形成之前的汉字音也不是完全没有可能。如果是自身变化，那么可以将其看作反映了汉字音辅音韵尾形成之前不规则地固定下来的发音。韩语和韩国汉字音何时以何等顺序形成辅音韵尾目前尚不清楚。下面是各家对古代韩语和古代汉字音辅音韵尾形成时期的看法。

（13）都守熙（1987）：百济语　　　　　开音节为主
　　　柳烈（1990）：7世纪以前韩语　　　全部是开音节
　　　　　　　　　　8—9世纪韩语　　　-m, -l, -n; -k, -p, -ŋ
　　　　　　　　　　10—12世纪韩语　　-t, -ts, -s, -h
　　　俞昌均（1991）：高句丽汉字音　　-r
　　　　　　　　　　　百济汉字音　　　*-d>-r, *-t>-l, -m, -n
　　　　　　　　　　　新罗汉字音　　　-r, -m, -n
　　　Eom（1991a）：百济汉字音　　　 *-t>-t, -n, -Ø

第十章　从中国音韵学角度分析多音字

综合各位学者的观点，在现在的辅音韵尾体系完全形成之前，有可能汉语音的辅音韵尾以自由变异的形式反映在汉字音上。①但从诸家意见存在分歧来看，很难得出明确的结论。总之，汉字音中入声韵尾和开音节对应的现象有两种可能，一是韩语辅音韵尾形成之前的痕迹，二是汉语近代音入声韵尾脱落后的痕迹。下面首先来看保存了中古反切差异的多音字。

3.1 中古音的痕迹

3.1.1 帅

汉字音中"帅"作为表示"将帅"义的名词使用时，读开音节"쉬"（su），作为表示"率领/统率"义的动词使用时，读闭音节"솔"（sol）。前者在汉语中古时期是去声字，所类切，后者是入声字，所律切。中古音"帅"不同的读音代表了不同的意义，韩国汉字音与之一致。下面是"帅"字的读音变化，据李珍华、周长楫编撰（1993：76，191）。本章中，FQ（fanqie）表示《广韵》的反切，T（tone）表示声调，Ⅰ、Ⅱ、Ⅲ、Ⅳ分别表示平声、上声、去声、入声。

（14）	OC	MC	OM	MM	SK	FQ/T
帅	*ʃĭwəi	ʃwi	ʂuai	ʂuai	su	所类/Ⅲ
	*ʃĭwət	ʃĭwĕt	(ʂuai)	ʂuai	sol	所律/Ⅳ

汉字音"帅"读su根据的是汉语中古以前的去声读音，读sol根据的是入声读音。

3.1.2 说

"说明、演说"中的"说"读"설"（səl），而在"游说"这类词中读"세"（se），表示"高兴、愉悦"时读"열"（jəl）。据李珍华、周长楫编撰（1993：146，259，260），上古时期"说"只有两个读音，中古时期产生

---

① 参见本书第五章第5节。

了第三个读音。

（15）	OC	MC	OM	MM	SK	FQ/T
说	*ɕǐwat	ɕǐwɛi	ʂui	ʂuei	se	舒芮/Ⅲ
	*ɕǐwat	ɕǐwet	ʂiuɛ	ʂuo	səl	失爇/Ⅳ
	*ʌǐwat	jiwet	iuɛ	ye	jəl	弋雪/Ⅳ

在上古时期"说"只有两个读音，从近代音时期起汉语音都是开音节，所以这个字的韩国读音是汉语中古音时期定型的。

3.1.3 切

汉字音中"切"表示"切断"义时读"절"（tsəl），表示"一切"义时读"체"（tsʰe），这种分别始于汉语中古时期。据李珍华、周长楫编撰（1993：141，254），"切"的汉语音如下：

（16）	OC	MC	OM	MM	SK	FQ/T
切	.	tsʰiei	.	.	tsʰe	七计/Ⅲ
	*tsʰiet	tsʰiet	tsʰiɛ	tɕʰie	tsəl	千结/Ⅳ

"切"的开音节读法李珍华、周长楫编撰（1993）只提供了中古音，没有提供上古音、近代音和现代音。闭音节读法上古、中古时期有闭音节韵尾，近代音变为开音节。总之，中古时期"切"读去声和入声，可以判断汉字音"절"（tsəl）和"체"（tsʰe）之分依据的是中古音。①

3.1.4 复

如"回复"和"复活"所示，"复"的汉字音有"복"（pok）和"부"

---

① 不过"切"的正确读音不是"절"（tsəl），而应是带送气音声母的"절"（tsʰəl）。汉语读去声时是"七计切"，读入声时是"千结切"。两个读音的声母都是送气音。如果只看韵尾，可以推定其为中古时期的读音，但从声母是不送气音这一点来看，也可能是中古以前的读音。因为可能是韩国汉字音形成送气音之前定型的读音。相关内容会在4.1.4节详述。

第十章　从中国音韵学角度分析多音字

（pu）两个读音。因为现代汉语"复"是单音字，所以容易以为pok和pu的分别源于汉语中古音和近代音。但是，中古"复"是多音字，属于引言中划分的第三类多音字。pok与中古的房六切一致，pu与扶富切一致。"复"的汉字音准确对应于汉语中古的两个读音。这一点从"复"的汉语音变化过程可以得到确认（李珍华、周长楫编撰1993：22，420）。

（17）	OC	MC	OM	MM	SK	FQ/T
复	*bĭuk	bĭuk	fu	fu	pok	房六/Ⅳ
	*bĭu	bĭəu	.	fu	pu	扶富/Ⅲ

3.1.5 易

"易"在"容易"和"贸易"中分别读"이"（i）和"역"（jək）。与"复"一样，现代汉语"易"也不是多音字，而中古音时期是多音字。近代音时期两个读音都为开音节。因此，比较合理的分析是将韩国汉字音的区别看作依据的是中古音。汉字音两个读音意义不同，与汉语音完全一致。下面汉语音引自李珍华、周长楫编撰（1993：70，386）。

（18）	OC	MC	OM	MM	SK	FQ/T
易	*ʎĭe	jĭe	i	i	i	以鼓/Ⅲ
	*ʎĭek	jĭɛk	i	i	jək	羊益/Ⅳ

3.1.6 识

"识"在"知识"一词中读"식"（ɕik），在"标识"一词中读"지"（tɕi）。"识"自上古时期至中古时期一直有去声和入声两读，进入近代音时期入声韵尾才脱落，入声随之变为上声，现代汉语又变成阳平。据李珍华、周长楫编撰（1993：78，399），"识"的音变如下：

（19）	OC	MC	OM	MM	SK	FQ/T
识	*ɬĭə	tɕĭə	tʂï	tʂʅ	tɕi	职吏/Ⅲ
	*ɕĭək	ɕĭək	ʂi	ʂʅ	ɕik	赏职/Ⅳ

上古汉语"识"有两个读音，一个是开音节，另一个是闭音节。从这一点来看，可能会怀疑sik和tɕi反映的是上古音。如果只看开音节、闭音节可能如此，但"识"是章母字，上古声母是舌面音ɬ-或翘舌音t-。即便是在记录规范汉字音的《东国正韵》中，"识"的读音也不是ti，而是tɕi（南广祐1995）。所以，最合理的看法是汉字音"识"的表现反映的是中古音。

3.1.7 塞

"要塞"的"塞"读"새"（sɛ），"闭塞"的"塞"读"색"（sɛk）。前者是开音节，后者是闭音节。"塞"自上古音起存在去声和入声两读。据李珍华、周长楫编撰（1993：159，402），"塞"的汉语音如下：

（20）	OC	MC	OM	MM	SK	FQ/T
塞	*sə	sɐi	sai	sai	sɛ	先代/Ⅲ
	*sək	sək	sï	sɤ	sɛk	苏则/Ⅳ

虽然不是完全没有可能是上古音，但没有明确的证据。稳妥一点儿，可以说是根据中古音或中古之前的音。

3.2 近代音的痕迹

表示睡觉时垫在身体下面的"요"（jo）和表示"琯"（玉管）的"옥저"（oktsə）明显保留了汉语近代音的痕迹。据李基文（1972），jo和tsə分别来自"褥"（jok）和"笛"（tsək）。这些词在韩语中辅音韵尾失落，反映了入声韵尾消失的汉语近代音。下列多音字证明入声韵尾消失的读音根据的是近代音。这些字证明近代音的变化对汉字音产生了影响，是相当重要的

第十章　从中国音韵学角度分析多音字

例子。

3.2.1 北

"南北"和"败北"中的"北"分别读"북"（puk）和"배"（pɛ）。虽然现代汉语中"北"读běi或bò（文读），但汉字音中意义的分别和这不同。因为汉语bò只是表"北方"义的běi的文读音，"败北"读bàiběi。据Pulleyblank（1991：31，42），近代音之前也没有这样的差异，即"北"字是最近才变为多音字的。

（21）　　　EMC　　LMC　　OM　　MM
　　北　　　pək　　　puə̆k　　puj　　pei
　　　　　　pək　　　puə̆k　　puj　　po

又据李珍华、周长楫编撰（1993：401），"北"的汉语音如下：

（22）　　　OC　　MC　　OM　　MM　　SK　　FQ/T
　　北　　　*pək　　pək　　pui　　pei　　puk/pɛ　　博墨/IV

中古以前"北"是单音字，汉字音"배"（pɛ）只能与闭音节变为开音节的近代音有关。因此，"败北"中的pɛ是近代音的影响。由此可知，汉语因意义区分读音的情况在汉字音中的很多情况下是不适用的。"北"在甲骨文中是两个人背靠背站着的样子，是"背"的本字，所以"北"pɛ也可能与此有关。①"北"后来引申为表示方位的"北"，人们便又造了"背"字来表示原来"北"的含义。李珍华、周长楫编撰（1993）和周法高（1973）认为从上古时期起"背"就是去声字。但郭锡良（1986）和Baxter（1992）认为"背"上古是入声字。

---

① 笔者产生这个想法是受到了梁世旭（1998私下交流）提问的启发。

（23）		背	北
李珍华、周长楫编撰（1993）		buə > buɒi > pui > pei	
周法高（1973）		pwəɤ > puəi	pwək > pwək
			bwəɤ > buəi
董同龢（1944/1975）		pwəg	pwək
			bʰwəg
Karlgren（1954）		pwəg > puai̯	pək > pək
			bʰwəg > bʰuai̯
郭锡良（1986）		puək > puɒi	
Baxter（1992）		ɦpɨks > bwoj	pɨk（s）> pwoj
李方桂（1971）		pəgwh（背信）> bwəi	pək > pək
			pəgh（背部）> bwəi
Schuessler（1987）		bək（背信）> bwəi	pək > pək
			bəkh（背部）> bwəi

按郭锡良和Baxter的观点，上古时期"背"是入声字，那么问题会比较简单。因为pɛ不可能是"北"形成时的读音。当然，由于中古时期变为开音节，也可以主张puk和pɛ的对比反映的是中古时期"北"和"背"的汉语音。但这个推测不太合理。因为中古时期"北"已是单音字，"北"和"背"反映的可能是上古早期或上古以前的情况。如果"背"是去声字，那么问题会有点儿复杂。因为也可以认为"北"的pɛ音是根据"背"字的上古音。若将"北"用作"背"意义的时期看作甲骨文时期，则当时的发音保留至今的可能性非常小。因为朝鲜半岛接受汉字的上限是公元前2世纪左右，当时"北"和"背"的意义已与今天相同。总的来看，与其说"北"的pɛ音是"背"的上古音，不如说是"北"的近代音更合适。

3.2.2 帖

"帖"在汉字音中的首要发音是"첩"（tsʰəp），如"手帖"（sutsʰəp）。

第十章　从中国音韵学角度分析多音字

在过去官衙表示雇佣夷隶的辞令状或收据之意的"帖纸"一词中,"帖"读"체"(tsʰe)。据南广祐(1995),《东国正韵》(1448)以后主要标记为"텹"(tʰjəp),而《字典释要》(1909)出现了"첩"(tɕʰjəp)和"체"(tsʰe),但《新字典》(1915)再次记为tʰjəp和tʰje。20世纪初还没有腭化,这令人怀疑。也许这反映了字典读音的保守性。据李珍华、周长楫编撰(1993:466)和Pulleyblank(1991:308)的汉语古音资料,"帖"在现代汉语中是多音字,但在近代以前是单音字。

(24)
		OC	MC	OM	MM	SK	FQ/T
李珍华、周长楫		*tʰiap	tʰiep	tʰiɛ	tʰie	tsʰəp/tsʰe	他协/IV
Pulleyblank		EMC	LMC	OM	MM		
		tʰɛp	tʰiap	tʰjɛ	tʰiē/tʰiě/tʰiè		

"帖"上古、中古是闭音节,近代变为开音节,所以tsʰəp源于中古以前的发音,tsʰe则是受到近代音的影响。

4. 阻塞音的送气音化

阻塞音是指如塞音、擦音和塞擦音一样,在发音过程中受到某种阻碍而产生的音。汉语阻塞音中,送气音和不送气音自古以来一直担当辨义功能,且上古的送气音直至今日仍是送气音。

(25)[①]
	OC	MC	MM		OC	MC	MM
鼻	*bīĕt	bi	pi	皮	*bĭa	bīe	pʰi
多	*ta	tɑ	tuo	托	*tʰăk	tʰɑk	tʰuo
怪	*keə	kwei	kuai	快	*kʰoāt	kʰwæi	kʰuai

[①] 资料(25)和(26)中的上古音、中古音参照郭锡良(1986),近代音参照Pulleyblank(1991)。

◆ 韩国汉字音新探

近代以后，中古的部分不送气音变为送气音（杨耐思 1981）。中古平声不送气浊阻塞音清化的同时变成了送气音。比如，"怕"和"琶"在现代汉语中分别读p^ha^4和p^ha^2，都带送气声母。但前者从一开始便是送气音，后者直至中古时期仍是不送气音。

（26）　　　OC　　　　MC　　　OM　　　MM　　　T
　　怕　　*p^heāk　　p^ha　　p^ha　　p^ha　　III
　　琶　　*beɑ　　　　ba　　　p^ha　　p^ha　　I
　　罢　　*beai　　　bai　　　pa　　　　pa　　　　II

在近代音时期，过去带浊阻塞音声母的平声字"琶"在清化的同时变成了送气音。可概括为如下规则：

（27）　浊阻塞音 > $\begin{cases} 清送气音/\_\_\_平声 \\ 清不送气音/\_\_\_其他 \end{cases}$

因此，韩国多音字中，平声字不送气声母和送气声母对应时，有可能是因近代音的影响而形成了送气音。比如，"糖、婆、皮"的现代汉语音全部是送气音，而中古之前仍是不送气音。它们的韩国汉字音分别是 t^haŋ、p^ha、p^hi，这也许反映的是这些字的汉语音从不送气浊音声母变为送气清音的近代音。这显示中古以后汉字音和汉语一直接触且受到了汉语音变的影响。

另一方面，也可能是韩语形成送气、不送气音的音位对立之前，古代汉字音时期的自由变异形态原原本本不规则地保留下来。和笔者（Eom 1994）提出的一样，古代韩语清浊和送气不具备辨义功能。当然，李基文（1972）认为韩语形成送气音不是受到了汉语音的影响，这是重视齿音系统存在送气音的结果。但仔细观察汉语送气音与汉字音的对应关系可知，脱离汉语送气音的影响很难形成汉字音的送气音。张南基（Chang 1982）认为，7世纪由齿音开始形成送气音，之后逐渐扩散，直至14—15世纪唇音和软腭音才完全形成送

第十章　从中国音韵学角度分析多音字

气音。但张南基没有给出这些送气音音位形成的确切时期。柳烈（1983）主张，最迟8—9世纪韩语已形成送气音，10世纪完全形成。在之后的著作中柳烈（1990）提出，7—8世纪送气音开始部分形成，在反映10—12世纪韩语的《鸡林类事》中已形成稳固的体系。

综合以上主张，可以推定汉字音中的送气齿音大约产生于7—8世纪。当时是汉语中古音时期。可以推断汉字音多音字中兼有送气、不送气音汉字的送气音声母形成于这个时期。所以，"切"字和"刺"字的声母在汉语中一直是送气音，而韩语读 tsəl、tsa等不送气音，也可能是韩国汉字音声母中送气音形成之前的读音。因为这些汉字不是平声字而是仄声字。有关送气音完全形成的时期，张南基和柳烈的观点分歧很大。14—15世纪已进入近代音时期，而10世纪是晚期中古音时期。虽然无法确切知道唇音中的送气音何时作为音位稳定下来，但是应该晚于齿音而早于软腭音。从这一点来看，大约可以推断产生于晚期中古音时期。下面基于汉字音送气音的形成时期这一因素，来分析读不送气和送气声母的多音字。其中，没有一例是k-和k^h-对应，这是因为k^h-是最后形成的，k^h声母的汉字只有"쾌"（$k^h we$）一例。

（28）a. t- ~ t^h-:

糖尿	taŋnjo	雪糖	səlt^{h}aŋ	无加糖	mukataŋ	砂糖	sat^{h}aŋ
洞民	toŋmin	洞察	t^{h}oŋtsʰal	象征	saŋtɕiŋ	徵音	tɕ^{h}iɨm
明洞	mjəŋtoŋ	洞烛	t^{h}oŋtsʰok	贵宅	kwitɛk	家宅	kat^{h}ɛk
宅内	tɛknɛ	宅地	t^{h}ɛktɕi	制度	tseto	忖度	ts^{h}ont^{h}ak
度量	torjaŋ	度支部	t^{h}aktɕipu				

b. ts- ~ ts^h-:

断切	tantsəl	一切	ilts^{h}e	茶果	takwa	冷茶	nɛŋts^{h}a
然则	jəntsɨk	规则	kjutɕ^{h}ik	刺客	tsakɛk	刺杀	ts^{h}əksal

c. p- ~ p^h-:

鹿皮	nokpi	毛皮	mop^{h}i	婆罗	para	老婆	nop^{h}a

◆ 韩国汉字音新探

布施 poɕi　布告 pʰoko　便所 pjənso　便利 pʰjənri
幅巾 pokkən　大幅 tɛpʰok

将上面的例字按照平声和仄声来分类，如（29）所示。

（29）a．平声字：糖、茶、征、皮、婆、便
　　　b．仄声字：洞、宅、度、切、刺、徵、则、布、便、幅

如果一个汉字是平声字，中古时期又带浊音声母，现在变为送气音，则要考察受到近代音影响的可能性。如果一个仄声字的汉语音是不送气音，但汉字音是送气音，则可以推断其是韩语送气音音位化之前的发音。当然，母胎语没有的音韵特征在派生语中产生的可能性比较小。但送气音音位化的过程中可能会以部分自由变异的形式存在。首先看存在这种可能性的汉字。

下面是这些字的音变情况，参考李珍华、周长楫编撰（1993）。其中，最后两字反映的是晚期中古音之前的音，其余反映的都是早期中古音之前的音。

（30）		OC	MC	OM	MM	SK	T/G
洞		*dɔŋ	duŋ	tuŋ	tuŋ	toŋ/tʰoŋ	Ⅲ/1
宅		*deak	ɖɐk	tʂai	tʂai	tɛk/tʰɛk	Ⅳ/2
度		*da	du	tu	tu	to	Ⅲ/1
		*dak	dɑk	tɔ/tɑu	tuo	tʰak	Ⅳ/1
切		*tsʰiĕt	tsʰiet	tɕʰiɛ	tɕʰie	tsəl	Ⅳ/4
		*tsʰiei	tsʰiei	tsʰi	tɕʰi	tsʰe	Ⅲ/4
刺		*tsʰĭe	tsʰĭe	tsʰɿ	tsʰɿ	tsa	Ⅲ/3
		*tsʰĭek	tsʰĭɛk	.	tɕʰi	tsʰək	Ⅳ/3
征		*tĭəŋ	tĭəŋ	tʂiəŋ	tʂəŋ	tɕiŋ	Ⅰ/3
		*tĭə	tĭə	tʂï	tʂɿ	tɕʰi	Ⅲ/3

则	*tsək	tsək	tsai	tsɤ	tsɨk/tɕʰik	Ⅳ/1
布	*pua	pu	pu	pu	po/pʰo	Ⅲ/1
幅	*pĭwək	pĭuk	fu	fu	pok/pʰok	Ⅳ/3

4.1 早期中古音以前读音的痕迹

汉语中，"徵"（征）字和"便"字既读平声，又读仄声。此外，汉语的"度"和"刺"也是多音字。"徵"和"度"的两个读音都是不送气音，"刺"的两个发音都是送气音。这与韩国汉字音中送气音和不送气音相对应的情况不同。可以推测这些汉字音的送气音声母也许在韩国汉字音的送气音完全音位化之前就已出现。

4.1.1 洞

"洞"是定母二等去声字，只有一个读音。下面是"洞"的音变过程，其汉语音引自李珍华、周长楫编撰（1993：15）。

（31）	OC	MC	OM	MM	SK
洞	*dɔŋ	duŋ	tuŋ	tuŋ	toŋ/tʰoŋ

自上古以来"洞"一直带不送气音声母。但汉字音中，"明洞"中的"洞"表示"邑城"，读"동"（toŋ）；"洞彻"中的"洞"表示明亮的意思，读"통"（tʰoŋ）。问题就出在tʰoŋ。怎么会带送气音声母？笔者认为，toŋ是标准发音，"洞烛、洞察"中读tʰoŋ，有可能是汉字音送气音和不送气音在完全具备辨义功能之前的读音的遗留。如此一来，可推断7—8世纪以前应该是无差别地读toŋ和tʰoŋ。但因无法找到当时的汉字音记录，无法确定上述推断。只不过，通过南广祐（1995）可知自15世纪《东国正韵》（1448）至20世纪初《字典释要》（1909），基本上所有的材料中都标记为toŋ。那么，tʰoŋ是进入20世纪以后才出现的不规则发音吗？也许可以这样推测。但"洞"的声符"同"只有一个读音toŋ，所以很难说是由于类推。特别是1804年刊行的《注

解千字文》中记录有tʰoŋ音,这证明tʰoŋ有可能作为俗音保留至今。进入20世纪之后汉字音中的俗音开始扩散开来。

4.1.2 宅

"宅"上古时期是定母字,中古时期变为澄母字。但定母和澄母都是不送气音。所以,将"宅"读"턱"(tʰɛk)不是根据汉语音,而是一种变异形式。虽然"媤宅、宅内"等词中"宅"读"댁"(tɛk),但是"宅"的首要读音还是tʰɛk,如"住宅、宅配"就是例证。下面是"宅"汉语音的变化过程,引自李珍华、周长楫编撰(1993:378)。

(32)　　OC　　　MC　　　OM　　　MM　　　SK
　宅　*deak　　　ɖɐk　　　tʂai　　　tʂai　　　tɛk/tʰɛk

如前文的"洞"一样,中古以前可能送气音和不送气音为自由变体,tʰɛk或许是这种读音的痕迹。南广祐只列举了15世纪以后的有限资料,但我们也只能参考。据南广祐(1995),只有《翻译朴通事》(1515?)中记录为tɐik,其余资料都记录为送气音声母。甚至连规范音性质最强的《东国正韵》(1448)中也记录为tʰɐik(入)、ttɐik(入)、to(去)。所以,与其说tʰɛk是20世纪产生的不规则变化,不如说是15世纪以前保存至今的不规则形式。不过有趣的是,《三韵声汇》(1751)、《全韵玉篇》(1799)、《注解千字文》(1804)、《字类注释》(1856)等资料中出现了tsʰɐik,《新字典》(1915)收录了tsʰɛk和tʰɛk。现在"宅"读tʰɛk。从这一点看,tsʰɐik和tsʰɛk这两个读音值得关注。近代音时期之前的10世纪,"宅"的汉语音声母已塞擦音化。进入13—14世纪的近代音时期,入声韵尾消失,变成开音节。所以,"宅"读tsʰɐik可能是受到汉语声母变化的影响,也可能是受到17—18世纪出现的韩语腭化的影响。如笔者(严翼相 1997b)所言,与其说是受到数百年前产生的汉语变化的影响,不如说受到韩语腭化的影响更合适。但是,《儿学编》(1908)和《字典释要》(1909)都只记为tʰɐik,这么看来,字典标记的保守性是很强的。如果这些资料强调汉语规范音,则应记为类似tsɛ这样的

第十章 从中国音韵学角度分析多音字

音。总之,如今汉字的俗音恢复为正音这一现象,是证明17—18世纪发生的韩语腭化现象及知系汉字腭化还没有全部完成的重要资料。值得注意的是,产生t->ts-这样的变化之后,又重新恢复为ts->t-。这一例证明确显示音变的机制呈现多样、复杂的特点。无论如何,很有可能"宅"读tʰɛk是中古以前发音的痕迹。

4.1.3 度

"度"在"法度、程度、温度、尺度、频度、度量"中表示"法则、程度"时,读"도"(to),但在"度德量力"中表示"图谋、估量"时,或在"度支"中表示官名时,读"탁"(tʰak)。"度德量力"指估量自身的德望和能力,"度支"是户曹的又称。如上所示,"度"的to和tʰak读音受到了区分去声和入声的汉语音的影响。下面"度"的汉语音引自李珍华、周长楫编撰(1993:115,350)。

(33)
	OC	MC	OM	MM	SK	T/G
度	*da	du	tu	tu	to	Ⅲ/1
	*dak	dɑk	tɔ/tɑu	tuo	tʰak	Ⅳ/1

直至中古时期,这两个读音都井然有别,一个是开音节,一个是闭音节。但进入近代音时期,两者都变成了开音节。所以,汉字音to反映了汉语的去声音,tʰak反映了入声音。这两个读音完全遵从中古时代的区分。问题是tʰak的送气声母。汉语音中,"度"一直是不送气音。因此,也可推断其为汉字音送气音音位化之前的读音。据南广祐(1995),《新增类合》(1576)、《三韵声汇》(1751)和《全韵玉篇》(1799)以后的资料中也出现了tʰak读音。

4.1.4 切

汉语中,"切"表示"断"义时读第一声,表示"近"义时读第四声。无论哪种情况,都带送气声母。"切"的上古音和中古音也带送气声母。下面"切"的汉语音引自李珍华、周长楫编撰(1993:254,141)。

◆ 韩国汉字音新探

（34）　　OC　　　　MC　　　OM　　　MM　　　SK　　　T/G
　　切　*tsʰiet　　tsʰiet　　tɕʰiɛ　　tɕʰie　　tsəl　　Ⅳ/G4
　　　　*tsʰiei　　tsʰiei　　tsʰi　　tɕʰi　　tsʰe　　Ⅲ/G4

本章3.1.3节讨论过"切"的汉字音"절"（tsəl）和"체"（tsʰe）。它们对应于保存入声韵尾的中古汉语的两种读音。问题是tsəl的声母是不送气音。这也可以推测是汉字音中送气音、不送气音音位化之前定型的读音。准确反映汉语音的规范音当然应该是tsʰəl。据南广祐（1995），《东国正韵》（1448）中记为"쳟"（tsʰjəl），《大学谚解》（1590）中记为tsʰəl，但这些估计不是实际读音，而是规范音。反而是15世纪以后大部分的资料都标为"체"（tsʰje）[＞"체"（tsʰe）]和"졀"（tsjəl）[＞"절"（tsəl）]。可以推断，tsəl是在齿音形成送气音之前定型的读音。

4.1.5 刺

汉语"刺"有三个读音。作为拟声词时读cī，表示"刺"或"扎"时读cì，表示"贯通"或"紧急"时读qì。①ci来自中古去声字，qi来自中古入声字。据李珍华、周长楫编撰（1993：68，384），它们的汉语古音如下：

（35）　　OC　　　　MC　　　OM　　　MM　　　SK　　　T/G
　　刺　*tsʰie　　tsʰie　　tsʰi　　tsʰɿ　　tsa　　Ⅲ/3
　　　　*tsʰiek　　tsʰiek　　tsʰi　　tʰɕi　　tsʰək　　Ⅳ/3

"刺客、刺戟、刺绣"中的"刺"表示"扎"或"针"的意思，汉字音读"자"（tsa）。但是，"刺杀"中的"刺"虽带有"扎"的意思，但依然读"척"（tsʰək）。张三植（1972：90）列举的tsʰək的释义有"侦探、拉、扯、窃窃私语、做针线活"，但读tsʰək音的单词只举了"刺杀"一例。似乎与tsa的释义大体重复。"刺"的汉语音在中古以前存在去声和入声两读，可以说汉字音tsa和tsʰək反映的是中古以前的汉语音。问题是tsa的声母。汉语"刺"

---

① 【译者注】著者据李家源、安炳周监修（1998）《教学大汉韩辞典》，教学社。

第十章　从中国音韵学角度分析多音字

一直是送气声母，汉字音是不送气声母意味着什么？这可能是送气齿音声母形成之前的音。这有没有可能是6世纪以前的音？据南广祐（1995），《新增类合》（1576）、《倭语类解》（1720）、《三韵声汇》（1751）等资料中的读音是tsɐ和tɕʰjək。但《训蒙字会》（1527）记录了tɕʰi、tɕil、tɕʰjək三个读音。这不由让人怀疑以前tsɐ和tɕʰi以及tɕʰək和tɕil是混用的。虽然需要确认《训蒙字会》中tɕʰi和tɕil的用法，但如果这样的推测属实，则说明"刺"读tsɐ和tɕil是汉字音送气音音位化之前的读音。值得注意的是，张三植（1972：90）字典中将"刺客"的读音记作"자객"（tsa.kɛk）和"척객"（tsʰək.kɛk）。

4.1.6 徵（征）

"征集、征收"中的"征"（徵）主要读"징"（tɕiŋ），国乐中使用的"徵音"中读"치"（tɕʰi）。从上古音以来，"徵"就有带软腭鼻音韵尾的平声读法和开音节去声读法。可以认为汉字音tɕiŋ和tɕʰi反映了汉语音的这种差异。

（36）	OC	MC	OM	MM	SK	T/G
徵	*tĭəŋ	ţɪəŋ	tʂiəŋ	tʂəŋ	tɕiŋ	Ⅰ/3
	*tĭə	ţɪə	tʂï	tʂɿ	tɕʰi	Ⅲ/3

由于这种区别从汉语上古时期一直延续至今，不容易判断以哪个特定时期的发音为依据。不过，看元音会发现，现代音介音i脱落，可以推断tɕiŋ最迟也是近代音以前的音。因为近代音以前仍保留介音i。至于tɕʰi，因其介音ǐ只存在于中古以前，可以推定tɕʰi是中古以前的音。问题是tɕʰi的送气音声母。汉语不管是平声还是去声，都是不送气音声母，为何汉字音会是tɕʰi？据南广祐（1995），《三韵声汇》（1751）、《全韵玉篇》（1799）、《字典释要》（1909）中出现了tɕʰi音。这也可以看作齿音形成送气音之前固定下来的读音。

4.1.7 则

汉语"则"一直是单音字，中古时期是精母入声。但汉字音有两个读

音。"规则"中读"칙"（tɕʰik），表示"马上"时读"즉"（tsɨk）。两个读音都带入声韵尾，但声母不同。据李珍华、周长楫编撰（1993：402），"则"的音变过程如下：

（37） OC MC OM MM SK T/G
则 *tsək tsək tsei tsɤ tsɨk/tɕʰik Ⅳ/1

自古以来，汉语音一直是不送气音，所以tɕʰik的送气音声母就成了问题。"规则""学则"等大部分词中的"则"都读tɕʰik，没有任何证据可以证明这是受到汉语音的影响。因为汉语从上古音至现代音，声母都不是送气音，且现代汉语方言也没有读送气音声母的。可以推断，tɕʰik也是汉字音体系中送气音具有音位功能之前定型并保存至今的读音的痕迹。

4.2 晚期中古音以前读音的痕迹

4.2.1 布

如下所示，汉语"布"也一直是带不送气音声母的单音字。

（38） OC MC OM MM SK T/G/FQ
布 *pua pu pu pu po/pʰo Ⅲ/1/博故

但汉字音中"宣布、布告"的"포"（pʰo）是首要读音。因汉语上古音以来一直是不送气音，所以应该是"보"（po）。为什么会是pʰo？如果作为误读来处理，可能比较简单。但古代汉字音也可能是po。因为佛教用语"布施"中的"布"不是pʰo，而是po。《东亚新国语词典》（1990）中将其处理为韩国化的发音。但是，下一节要谈论的"婆罗"并不读 pʰara，而读para。这暗示佛教用语很好地保存了古代汉字音的痕迹。韩国佛教用语保留很久之前的发音这一点非常有趣。自三国时代传入以来，佛教在朝鲜时代离现实社

第十章 从中国音韵学角度分析多音字 ◆

会较远。从这一点看，佛教用语保存很多古音痕迹的可能性相当大。① 与此类似，严棉（1994）指出，佛教界保留了日本汉字音最早的音韵体系吴音的很多读音。

据南广祐（1995），除了标榜规范音的《东国正韵》，中世以后的汉字音资料全部记为pʰo。那么，"布"具体是从何时开始读pʰo？这可能是韩国汉字音唇音送气音音位化之前的发音。唇音送气音是何时形成音位的？如前面第4节导入部分所言，这个问题没有明确的答案。柳烈（1983，1990）认为，大概10—12世纪所有送气音完全音位化。张南基（Chang 1982）认为是14—15世纪。虽然14—15世纪是近代音时期，但10—12世纪可以说是晚期中古音时期。② 唇音送气音确立音位地位比齿音晚，但比软腭音早。从这一点来看，大概可以推测是晚期中古音时期。所以"布"的pʰo音可能是晚期中古音以前定型的。

4.2.2 幅

如下所示，汉语中"幅"是入声单音字。下面是"幅"在汉语中的音变过程（李珍华、周长楫编撰 1993：21）。

（39）

	OC	MC	OM	MM	SK	T/G
幅	*pǐwək	pǐuk	fu	fu	pok/pʰok	Ⅳ/3

不过，早期中古音时期是帮母三等，晚期中古音时期变为唇齿音的非母。下面是Pulleyblank（1991：98）构拟的"幅"的前期中古音和晚期中古音。

（40）

	EMC	LMC	OM	MM
幅	*puwk	fjywk/fuwk	fu	fu

---

① 张南基（Chang 1982）也持同样的观点。
② 据第一章的分期，10—13世纪（相当于宋朝）属于古代官话，即早期近代音。

"大幅、小幅"中"幅"的汉字音是"폭"（pʰok）。例外的是，在戴在头上的"幅巾"中读 "복"（pok）。汉语音带不送气音声母，所以当然应该读pok，但是pʰok却成了首要读音。中世汉字音大多是pok，《全韵玉篇》（1799）中依俗音记为"핍"（pʰip）。这是因其与"偪"通用，很难看作"幅"的固有读音。据南广祐（1995），没有一个中世资料将读音记为pʰok，只有《倭语类解》（1720）的训中初次以pʰok出现，但音仍然是pok。《字类注释》（1856）也是一样。所以，可能是进入21世纪之后，训读确立了正音的地位。而pʰok这样的训读源于何处？说源于汉语音应该没有大的问题。那么，这反映的又是哪个时期的汉语音？可以有两种推测：第一，如上所示，可以推断为中古以前唇音形成送气音之前的音，因送气唇音的形成比送气齿音晚，所以可以推测是汉语晚期中古音时期；第二，受到汉语晚期中古音声母的直接影响。如上所示，因晚期中古音时期"幅"已唇齿音化，所以f声母对应为pʰ的可能性很高。现代韩语i元音之前的f记为pʰ可以支持这一点。

（41）film   필름（pʰil.rim）   fiction   픽션 (pʰik.ɕjən)
     field   필드（pʰil.tɨ）   figure（花样滑冰）피겨（pʰi.kjə）
     finance 파이낸스（pʰa.i.nen.sɨ） filter   필터（pʰil.tʰə）

这两种可能性中，后者更有说服力，可惜没有决定性的证据。只不过从唇音送气音化比齿音晚这一点来看，很可能汉字音送气唇音音位化的时期和汉语唇齿音形成的时期都是晚期中古音时期。当然，前期和晚期中古音的分界是何时，不同学者意见略有差异。总之，"幅"为汉字音研究提供了非常有趣的启示。虽然汉语音可能会直接影响汉字音，但也有可能有些情况下首先影响韩语，之后韩语的训读再次引起汉字音的音变。接下来讨论的"糖"和"茶"就属于这类情况。

4.3 近代音的痕迹

笔者在此关注的是汉语中古时期带浊音声母的平声单音字。这些字有

第十章　从中国音韵学角度分析多音字

"糖""茶""婆""皮""便"等。这些字的送气声母很有可能是受到近代音变化的影响。①问题是现在追寻这些汉字音的变化过程并非易事。虽然11世纪邵雍的《皇极经世书·声音唱和图》中明确记录了这样的变化,但韩国汉字音只有15世纪以后的材料。从南广祐(1995)中很难看出这样的变化。

(42)

	糖	茶	婆	皮	便(平)	便(去)
《东国正韵》(1448)	ttaŋ	tta	ppa	ppi	ppjən	ppjən
《翻译老乞大》(1515?)	ttaŋ(tʰaŋ)	.		pa	pʰi	.
《翻译朴通事》(1515?)						
《训蒙字会》(1527)	taŋ	ta(tsʰa)	pʰa	pʰi	pʰjən	pjən
《新增类合》(1576)	taŋ	ta(tsʰa)	-	pʰi	pʰjən	pjən
《三韵声汇》(1751)	taŋ	tsʰa	pʰa	pʰi	pʰjən	pjən
《全韵玉篇》(1799)	taŋ	tsʰa/ta	pʰa	pʰi	pʰjən	pjən
《字典释要》(1909)	taŋ/tʰaŋ	ta(tsʰa)	pʰa	pʰi	pʰjən	pjən
《新字典》(1915)	taŋ/tʰaŋ	tsʰa/ta	pʰa	pʰi	pʰjən	pjən

至于考察15—19世纪韩语材料中这些字音的演变,以及确认"茶""砂糖""雪糖"等词何时传入朝鲜半岛,这些工作留给韩语学者和民俗学者。

4.3.1 婆

汉语中"婆"是並母平声一等单音字。《广韵》中的反切是"薄波切"。据李珍华、周长楫编撰(1993:298),"婆"的汉语音变过程如下:

---

① 这些字也与4.1节和4.2节中提到的汉字一样,无法完全排除是韩语送气音具有音位功能之前读音的可能。李准焕(2008)注意到,送气音汉字中平声的送气音化比例比仄声略高的情况仅限于並母字,认为这不是受到近代汉语浊平声字清送气音化的影响,而是由于类推,是内部变化。但韩国汉字音的送气音化反映了几个层次,不能因为浊音声母平声字的送气音化比例比仄声字低而完全排除其受到汉语近代音影响的可能。而且,早的话12世纪,晚的话14—15世纪,韩国汉字音中送气音已完全确立音位地位。由此看来,与汉语音之间的规则对应不管怎么说应是受到了汉语音的影响。

（43）　　　OC　　　MC　　　OM　　　MM　　　SK　　　T/G
　　　婆　　*buai　　bua　　pʰuɔ　　pʰo　　pʰa/pa　　I /1

这里需要关注的一点是，上古、中古时期的不送气音进入近代音时期以后变为送气音。"老婆、产婆"中"婆"的汉字音是"파"（pʰa）。佛教用语"娑婆、婆罗"中的"婆"不是pʰa，而是pa。因此，pʰa可能是晚期中古音唇音形成送气音之前以自由变异形式存在的读音，也可能是受到了近代音的影响。考虑到韩中之间未曾中断的语言接触，后者更有说服力。当然，现在只有15世纪以后的资料，没有决定性的证据，需要查考中国的《鸡林类事》（1103）等资料。不过，将"婆罗"读para肯定是近代音以前的读音。在南广祐（1995）收录的1527年以后的资料中，"婆"全部读pʰa。从这一点来看，pʰa音早已存在。这与前面介绍的"布施"的po情况相似。最早的日本汉字音体系吴音主要是通过佛教传承至今，并在佛教用语中使用。韩国佛教用语"娑婆、婆罗"也保留了古音的痕迹，这是十分有趣的现象。

4.3.2 皮

"皮"是並母三等平声字。《广韵》中的反切是"符羁切"。据李珍华、周长楫编撰（1993：36），"皮"的汉语音变化如下：

（44）　　　OC　　　MC　　　OM　　　MM　　　SK　　　T/G
　　　皮　　*bĭai　　bĭe　　pʰui　　pʰi　　pʰi/pi　　I /3

直至近代音时期，汉语"皮"才成为送气音。那么，中古音时期之前的汉字音很有可能是"비"（pi）。但现在为什么读"피"（pʰi）？和"婆"一样，可能有两个原因：第一，可能是唇音送气音音位确立之前的音；第二，也可能受到了近代音送气音化的影响。如果有从7世纪至15世纪的汉字音记录，会很容易得出结论。"鹿皮"现在不读nokpʰi，而是nokpi。《东亚新国语词典》（1990）将其分析为韩国化的发音。但据南广祐（1995）和权仁翰（2009），15世纪以后的材料全部标为pʰi。所以，可以说pi反映的是近代音以

第十章 从中国音韵学角度分析多音字

前的汉语音，而p^hi反映的是近代音以后的汉语音。

4.3.3 便

汉语"便"也是多音字。据李珍华、周长楫编撰（1993：212，241），"便"的音变过程如下：

（45）
	OC	MC	OM	MM	SK	T/G/I/FQ
便	*biăn	biɛn	p^hiɛn	p^hiən	p^hjən	I /3/並母/房连
	*biăn	biɛn	piɛn	pian	pjən	III /3/並母/婢面

汉语中，"便"表示"便宜"时读平声，表示"方便、大便、小便"时读去声。上面值得关注的是平声读音声母的变化。因为"便"进入近代音时期后出现了送气音化。汉字音中，平声时读p^hjən，去声时读p^hjən或pjən。因此，韩语"大便、小便"的发音符合汉语音，而"便利"则应该读pjən.ri。读p^hjən.ri的理由是什么？"简便"也应该读kan.pjən。为什么读kan.p^hjən？pjən符合读音原则，而kan.p^hjən和p^hjən.ri送气音化的原因可能有两个。第一，可能是以自由变异的形式无规律地使用pjən和p^hjən。第二，类推现象。直至中古时期，"便"不论声调，全部都是不送气音。近代音时期两者都清音化，而只有平声变为送气音。因此，"便宜"这类读平声的词首先变为p^hjən，受此影响也有部分去声字变为p^hjən。考虑到读音随意思的变化而变化，不太可能是汉字音送气音音位化之前的变异形式。类推也只能说是因"便宜"的影响而从pjənri变为p^hjənri。但这样的假设说服力不强。因为与"편의"（p^hjən.ii）相比，"간편"（简便 kan.p^hjən）或"편리"（便利 p^hjən.ri）使用频率更高。一般认为，使用频率高的词比使用频率低的词先变化（Phillips 1984）。总之，这和韩语声调不稳定现象有一定的关系。即与汉语明确区别声调不同，韩语和汉字音区别声调没有太长时间，音义在定型的过程中和汉语产生了差异。总之，即使"便利"的"편"（p^hjən）存在疑点，但"便所"的"변"（pjən）可以看作中古以前的音，"便宜（方便、便利）的"편"（p^hjən）可以看作受到了近

代音的影响。①

4.3.4 糖

如果分析"糖"的汉语音变，可以推断汉字音的"당"（taŋ）是中古以前的音，"탕"（tʰaŋ）是近代音以后的音。因为据李珍华、周长楫编撰（1993：330），"糖"进入近代音时期之后才变为送气音声母。

（46）   OC   MC   OM   MM   SK   T/G/I/FQ

糖   *daŋ②   daŋ   tʰaŋ   tʰaŋ   taŋ/tʰaŋ   I/1/定母/徒郎

从20世纪初期的资料开始，"糖"的汉字音全部记为taŋ和tʰaŋ。从这一点来看，汉字音读tʰaŋ的时间并不久。特别是《翻译老乞大》（1515？）和《翻译朴通事》（1515？）中有砂糖"땅"（ttaŋ）的记录。因16世纪时汉语音已变为tʰaŋ，所以将"糖"记为"땅"（ttaŋ）异乎寻常。需要特别注意的是，"糖"的训读不是"사당"（sataŋ），而是"사탕"（satʰaŋ）。据李基文（1965）和萧悦宁（2014），"砂糖"是来自近代汉语白话的中世韩语借词。因此，韩语出现satʰaŋ这个词至少数百年以后，tʰaŋ在汉字音中才确立正式地位。这表示汉字音的变化与韩语的变化相比相当缓慢，汉字音比韩语发音更保守。那么，这是韩语的影响还是汉语的影响？如果说是受到汉语音变的直接影响，那么时间上相差较大。早在11世纪，汉语"糖"的声母已送气音化。所以，应该是因汉语的影响，韩语首先形成"사탕"（sa.tʰaŋ）这个词，经历漫长的岁月之后，连汉字音也随之变化。"糖"的tʰaŋ这个读音，与其说是汉字音受到汉语的直接影响，不如说是汉语影响韩语后，训比音先变的例子。

和"糖"同音的"唐、塘、搪、螗、溏、堂、棠、螳"等字都没有变为tʰaŋ，依然是taŋ。如果音变不是选择性的，为什么只有"糖"的读音变为tʰaŋ了呢？这支持了Phillips（1984）的主张，可以推断是从使用频率较高的

---

① 本章的修改接近尾声时，笔者了解到张南基（Chang 1982）提出了相同的观点。

② 李珍华、周长楫编撰（1993）中这一栏是空的，"糖"与"唐"中古以后发音相同，故引用了"唐"的发音。

第十章 从中国音韵学角度分析多音字

"糖"开始送气音化的。那么，可以假设"糖"的读音是从taŋ逐渐向tʰaŋ转变。这与"茶"的变化不同，"糖"的汉字音并不是在向tʰaŋ转变的过程中。因为在"葡萄糖、无加糖"等新词中，都不读tʰaŋ，而读taŋ。所以，"糖"的音变，自从在"砂糖""雪糖"等词中定型以后一直处于停滞状态。

4.3.5 茶

类似的现象也出现在"茶"的音变中。汉语"茶"直至中古音时期仍是不送气音，进入近代音时期以后才变为送气音（李珍华、周长楫编撰 1993：309）。

（47）　　　OC　　MC　　OM　　MM　　SK　　　T/G/I/FQ
　　　茶　*dea　ḍa　tṣʰa　tṣʰa　ta/tsʰa　I/2/澄母/宅加

前面2.1节提到，中古时期"茶"的声母已是腭化或翘舌音化的塞音，所以可将"茶"的ta音看作汉语上古音的痕迹。现在的问题是tsʰa。因直至中古时期仍是不送气音，进入近代音时期声母才送气音化，所以汉字音tsʰa这个读音应该是受到近代音的影响。如果tsʰa是受近代音的影响，那么15世纪以后的汉字音资料中都应记录为tsʰa。但16世纪材料中tsʰa以训出现，音依然是ta。下面是"茶"的汉字音变化过程，据南广祐（1995）。

（48）《东国正韵》（1448）　ttaŋ
　　　《释谱详节》（1447）　tsʰa
　　　《训蒙字会》（1527）　{tsʰa}ta
　　　《新增类合》（1576）　{tsʰa}ta
　　　《倭语类解》（1720）　{tsʰa}ta
　　　《三韵声汇》（1751）　tsʰa
　　　《全韵玉篇》（1799）　tsʰa（俗）/ta
　　　《字类注释》（1856）　{tsʰa}tsʰa/ta（俗）

《字典释要》（1909）　{tsʰa}ta

《新字典》（1915）　　tsʰa（俗）/ta

18世纪中叶的材料中，"茶"的读音变为 tsʰa。虽然18世纪末也有材料将 tsʰa 视为俗音，但19世纪中期有些材料将ta视为俗音。总之，可以推断tsʰa是受到汉语近代音送气音化现象的影响。训读比音先变，这个现象与汉语音变首先影响了韩语，之后又影响到汉字音的"糖"的变化过程一致。这个例子很好地证明了中世韩语受到了汉语音变的影响。①

5. 现代音的痕迹

上文尚未探讨进入20世纪汉字音出现了哪些体系性变化。虽然目前仍有学者强调明确区分长短音，但汉字音中的长短音区分已难以恢复。比如，"道德、道峰、富者、富川、火灾"的首音节和"二、四、五"等字都需要读为长音，但韩语说话者几乎都没有意识到这一点。另外，可能是不可避免地受到韩语"ㅐ"（ɛ）元音逐渐与"ㅔ"（e）元音合并这一现象的影响，爱情"애정（ɛ.tsəŋ）"读为"에정（e.tsəŋ）"，概论"개론（kɛ.ron）"读为"게론（ke.ron）"。这是韩语的内部变化。那么，不存在因与汉语接触而产生的变化吗？当然，由于一段时间的政治交往中断，两国几乎没有交流，所以语言接触自然也不频繁。但笔者不认为完全没有语言接触。严格意义上说，下面所列汉字并不是多音字，而是汉字音和现代汉语音的接触在词汇中的例证。

---

① 张南基（Chang 1982）指出，佛教用语"茶利"读作tari。这是证明佛教用语保存古音的又一例证。反映汉语近代音变化的例子在近代韩语的汉语外来词中也可以发现。据李基文（1965）和萧悦宁（2014）的研究，"铜"（tʰuŋ）、"唐巾"（tʰaŋ.kən）、"上头"（saŋ.tʰu）、"砂糖"（sa.tʰaŋ）等中古浊音的送气音化自不必说，还有"肠子"（tɕʰaŋ.tsɛ）、"唱戏"（tɕʰaŋ.ɕi）等借用当时汉语音的例子。另外，也有如"蜜蜡"（mi.ra）、"珐琅"（pʰa.ran）、"木棉"（mu.mjən）、"白杨"（pɐi.jaŋ）、"赤根菜"（ɕi.kin.tsʰɛi）这类入声韵尾消失的例子，还有如"甘结"（kan.kje）、"闪段"（sjən.tan）等反映了15世纪汉语近代音唇鼻音韵尾-m变为-n的例子。

5.1 深圳

因韩中两国间的语言接触而对汉字音产生影响的是表示田边沟渠的"圳"字。笔者(严翼相 1997b；Eom 1999b)曾简单提及,中国东南部关口城市深圳的"圳",任桂淳(1994)等部分中国史学者主张应读"수"(su)。张三植(1982)收录了"圳",读音也只有su一音。韩文打字软件中,"圳"收录有tsʰən和su两个读音。《汉语大字典》收录的现代汉语音有zhèn、quǎn、chóu、huái等。zhèn或quǎn表示田中的垄沟,chóu音下没有记录明确的意思。正因为存在chóu这个读音,所以将"圳"字读为su并非完全不可。因为汉字音tsʰən和zhèn或quǎn对应,su和chóu对应。

总之,"深圳"的汉字音可以读simsu或simtsʰən。不过,最近大部分人都读simtsʰən,也许是受到了这座城市的汉语音——shēnzhèn的影响。韩国普通民众的语言生活中,中国南部的这个城市频繁出现的时间最早也是20世纪80年代后期,因为深圳是韩中建交以前韩国人通过中国香港出入中国内地的关口城市。笔者认为,simsu和simtsʰən一开始相互竞争,结果因中国当地发音的影响而固定为simtsʰən,或者是在竞争过程中受"圳"的声符"川"的读音tsʰən的影响出现了类推现象,而固定为tsʰən。

5.2 榨菜

此外,"榨菜"也引人注意。"짜사이"(ts*a.sa.i)是以芥菜根为原料的"榨菜丝"的韩语名称。韩国华侨或中国食品店所谓的"짜사이"(ts*a.sa.i)或"짜차이"(ts*a.tsʰa.i)这种中国式咸菜,韩国主妇一般称作ts*asai。"菜"的读音不是体现汉语标准音的tsʰai,而是sai这一点比较特别。笔者(严翼相 1997c)对此现象以及其他多种中国食物名称做过比较详细的分析,在此不赘。"菜"作为sai通用,是部分闽南语或吴语中出现的塞擦音擦音化现象直接传入的结果。比如,闽方言区漳浦就将"菜"读为sai(Sung 1986)。即从中国南部地区引进榨菜丝,将其记为更接近当地发音的ts*asai之后,再投

入韩国市场。①因为外包装上贴着的进口商品内容标识就是"짜사이"（ts*a.sa.i）。虽然这与汉字音没有直接关联，但至少证明韩语和汉语现代音存在接触。

5.3 香港

在韩国没有人将"香港"读作"향항"（hjaŋ.haŋ）。在韩国可能有人采用中国式的说法指称瑞典，读作sətsən；也可能有人将洛杉矶写作"罗城"，读作nasəŋ。报纸上偶尔也将新加坡记为"星港"，这时发音当然是səŋhaŋ。但"香港"却不是"향항（hjaŋ.haŋ）"，而是"홍콩（hoŋ.kʰoŋ）"。其他单词中的"香"和"港"都不读hoŋ和kʰoŋ，所以不能将它们视为多音字。不管是将"香港"读作hoŋkʰoŋ，还是将hoŋkʰoŋ写作"香港"，这分明是受到当地粤语发音hœn.koŋ的影响。如果不是从粤语直接传入的，至少是受到了英语Hong Kong的影响。

5.4 哈尔滨

与此相似的例子还有中国黑龙江省的哈尔滨。目前已开通韩国航班的这座城市，一般叫"하얼빈"（ha.əl.pin）。②有趣的是，读作haəlpin，写的时候却写作"哈尔滨"。大部分的韩国人将北京（puk.kjəŋ）、上海（saŋ.hɛ）、南京（nam.kjəŋ）、西安（sə.an）、桂林（kje.rim）、长春（tsaŋ.tsʰun）、沈阳（simjaŋ）等韩国人比较熟悉的城市按汉字音来读。哈尔滨按当地发音haəlpin来读，与其说是因为与上列城市相比知名度较低，不如说是因为这个地名是非汉语式地名。虽然不知道韩语说话者如何分辨汉语式地名和非汉语式地名，但

---

① 中国的"茶馆"在韩国既叫takwan，也叫tsʰakwan，目前渐渐更多的人叫tsʰakwan。或许这也是现代汉语音的影响。还有，"熘三丝儿"（jusansil）和"白干儿"（pɛkal）也是受到近代以后发音影响的词。因为不是读汉字音，而是借用中国当地发音。在此不展开讨论。对这个问题感兴趣的读者请参考笔者（严翼相 1997c）对中国食物韩语名称的分析。

② 据严翼相标记法应标记为"하얼삔"（ha.əl.ppin）。这里依通用的名称记为"하얼빈"（ha.əl.pin）。

显而易见的事实是，这是因现代韩中语言接触而出现的韩语接受汉语现代音的例证。

5.5 乌龙茶

韩国销售的中国茶基本上都读汉字音，如绿茶、红茶、普洱茶等。但例外是以中国当地发音通用的乌龙茶。乌龙茶若按汉字音读当然是"오룡차"（o.ljoŋ.tsʰa），但人们一般称为"우롱차"（u.loŋ.tsʰa），市面上销售的产品名称也记为uloŋtsʰa。

5.6 其他

1992年韩中建交以后，随着韩中之间人员、物资往来大幅增加，韩语中经常出现"北京"（ppe.i.tɕiŋ）、"上海"（saŋ.ha.i）等地名。"80后"（ppa.riŋ.ho.u）、"90后"（tɕi.u.riŋ.ho.u）、"游客"（jo.u.kʰə）等汉语普通名词也成为韩语外来词。主流媒体首先开始使用这些名词。随着中国观光客的激增，"요우커"（jo.u.kʰə）最近出现的频率很高。"요우커"（jo.u.kʰə）是按照严翼相标记法标记，按照政府外来语标记法是"유커"（ju.kʰə）。而按照外来语标记法，"뻬이징"（ppe.i.tɕiŋ）、"빠링호우"（ppa.riŋ.ho.u）、"지우링호우"（tɕi.u.riŋ.ho.u）等应标记为"베이징"（pe.i.tɕiŋ）、"바링허우"（pa.riŋ.hə.u）、"주링허우"（tsu.riŋ.hə.u）。

6. 结语

本研究证明韩国汉字音多音字可以找到汉语上古音、中古音和近代音的痕迹。简单整理如下：

（49）上古音：茶 ta, 金 kɨm

中古音：帅 su/sol, 说 se/səl, 切 tsʰe/tsəl, 复 pu/pok, 易 i/jək, 识 tɕi/tɕik, 塞

sɛ/sek, 度 to/tʰak, 徵（征）tɕʰi/tɕiŋ①

早期中古音：洞 toŋ, 宅 tɛk, 切 tsəl, 刺 tsa, 徵 tɕʰi, 则 tɕʰik

晚期中古音：布 pʰo, 幅 pʰok

近代音：北 pɛ, 帖 tsʰe, 婆 pʰa, 皮 pʰi, 便 pʰjən, 糖 tʰaŋ, 茶 tsʰa

现代音：圳 tsʰən, 菜 sa.i, 香港 hoŋ.kʰoŋ, 哈尔滨 ha.əl.pin, 乌龙 u.loŋ, 北京 pe.i.tɕiŋ, 上海 saŋ.ha.i, 80后 pa.riŋ.hə.u, 90后 tsu.riŋ.hə.u, 游客 jo.u.kʰə / ju.kʰə

从中国音韵学的角度分析多音字，可以为学界做出如下三点贡献。第一，汉字的传入时期。可以明确地说，"茶"读ta和"金"读kim更接近汉语上古音。这表明现代韩国汉字音依然保留中国汉代以前上古音的痕迹。这与学界普遍认为包括韩日汉字音在内大部分汉语方言都是以汉语中古音为基础的观点不同，对于研究汉字传入时期，具有非常重要的意义。这也支持笔者一系列论文（严翼相 1994a；严翼相 1997d等）中提出的观点，即汉字于公元前2世纪的上古音时期，在卫满朝鲜时传入朝鲜半岛。国际中国语言学界的部分学者因现代韩国汉字音比日本汉字音最早的读音体系吴音体现的音韵现象晚，推断日本比韩国更早使用汉字。本研究值得这些学者的注意。

第二，现代汉字音的形成时期问题。有关韩国汉字的先前研究，主要集

---

① 除了正文提到的材料外，反映中古音痕迹的其他多音字还有s-和r-对应的"率"字以及k-和h-对应的"降、见、滑、活"等。"率"有两读，如"比率"的"畳"（rjul）和"率领"的"舍"（sol），r-和s-对应。因韩语r-和汉语l-对应，所以也可以认为l-和s-对应。这样的音韵现象似乎可以推测是由汉语上古音复声母*sl-衍生而来。梅祖麟、罗杰瑞（1971）认为，中古l-声母在部分闽方言中以s-出现的现象源于上古复声母*sl-。桥本万太郎和俞昌均（Hashimoto & Yu 1973）也将乡歌中的汉字"尸"字的读音解读为-s或-l，并以此为依据，提出汉语上古音存在*sl-声母。顺着这种思路，韩国汉字音"率"字读sol反映的是"率"的上古音。但事实上，汉语中古音时期"率"已是多音字，认为汉字音反映的是中古音更合理。此外，"降"（"下降"kaŋ、"投降"haŋ）、"见"（"看见"kjən、"出现"hjən）、"滑"（"滑降"hwal、"滑稽"kol）、"活"（"生活"hwal、"水声"kwal）等汉字构成k-和h-音韵对应。k-和h-对应在百济汉字音等韩国古代汉字音中是经常出现的现象，这看上去和汉语上古音有关。但实际上，中古时期这些字已出现其他反切，所以看作反映了中古音比较合理。

第十章 从中国音韵学角度分析多音字

中于汉字音的形成时期。有学者主张现代汉字音是以10世纪以后宋代音为基础，韩国汉字音研究的代表人物朴炳采（1971b）认为是相当于早期中古音时期的6—7世纪的隋唐音，河野六郎（1964—1965）则认为是以8世纪的晚期中古音为母胎。综合这些观点，可以认为韩国汉字音大体上成型于汉语中古音时期。多年来，研究汉字音的学者们一直致力于探寻汉字音成型的准确时间。但是，多音字的韩国读音既反映6—8世纪的中古音，又反映直至14世纪以后的汉语近代音。当然这不是否认大多数汉字音基于中古音这一事实。本研究的价值在于证明韩国汉字音自上古音时期传入，经中古、近代直至现代，一直不断地和汉语存在语言接触现象。汉字音自传入至今，通过和汉语长时间的接触，至今一直受到汉语音变化的影响。有时汉语音首先影响韩语，之后引起汉字音的变化。这不同于朴炳采（1989）的主张，即汉字音传入后完全不受汉语的影响。本研究有力地证明了汉字音也同汉语或韩语一样，现在这一瞬间也正发生着变化。所以，本研究的结果可以用作说明音变原因、过程的词汇扩散理论的基础资料。

第三，这些年来有关韩国汉字音的研究大部分集中于资料相对丰富的15世纪以后的近代汉字音中的正音。现在虽然资料比较零散，但学界需要关注诸如古代和中世汉字音、俗音、异读等，扩大研究的领域。只有这样，才有可能对汉字音和韩语进行更完整的历时研究。所以，笔者认为本研究在拓展汉字音的研究范围这一点上有学术价值。不过限于学识和时间，笔者没有直接查考中世韩语资料，而是引用二手材料，并且某些观点停留在推论的状态，这两点比较遗憾。待听取学界专家的高见，以后再进行补正。

第十一章　韩国汉字音-l韵尾中国方言起源说探疑[*]

> 1. 引言
> 2. Martin的学说
> 3. Martin学说的问题
> 4. 内部变化的证据
>   4.1 汉语西北方音与韩国汉字音
>   4.2 7世纪前汉字音-l韵尾
>   4.3《训民正音解例》中的情况
> 5. 汉字音韵尾的秘密
> 6. 结语

---

　　[*]　中古汉语入声韵尾-p、-t、-k中的-p和-k在汉字音里保存完好，而-t却在汉字音里变成了-l。Martin（1997）在美国著名语言学期刊 *Journal of East Asian Linguistics* 上提出，汉字音韵尾-l反映了唐五代时期汉语西北方言韵尾的弱化。当时西北方言里中古汉语韵尾-t 先变成-d，后变成-r。事实上，有坂秀世（1957）、李基文（1972）早于Martin几十年，就提过类似主张。本章试图提供韩国古代汉字音韵尾-t 在比中国西北方言韵尾弱化更早时已变为-l的证据，探讨是否应重新审视Martin的主张。此外，本章将通过一些例证说明，汉字音韵尾-l不是来自汉语的外部影响，而是内部音变的结果。

　　本研究得到淑明女子大学校内研究经费资助。本章初稿曾在以下两个学术会议上报告：第10届国际中国语言学学会年会（2001）和韩国中文学会20周年纪念大会（2001）。现版本是在《中语中文学》第29辑（2001）和 *Korean Linguistics* 第11卷（2002）所刊载版本的基础上修改而成。

第十一章　韩国汉字音 -l 韵尾中国方言起源说探疑

1. 引言

汉语的音节由两部分组成，韩语的音节由三部分组成。表面上看，分析汉语音节结构比韩语简单，但其实并非如此。因为汉语的音节分成声母和韵母之后，韵母会再细分为韵头、韵腹、韵尾三部分。结果汉语的音节实际上分为四个部分。韩语的音节由初声、中声、终声三部分构成。汉语的声母相当于韩语的初声，汉语的韵头、韵腹相当于韩语的中声。韵尾和终声都是表示音节的尾音。本书不论汉语还是韩语，将尾音都称作韵尾。

韩国文字在创制之初，虽对汉语音韵学多有参考，但对音节结构的分析没有采用汉语的二分法，而是采用了三分法。笔者认为原因有三条。第一，韩语押韵不需要将介音从韵中单独划出，这样一来，将音节分为三部分（初声、中声、终声）要比四部分（声母、韵头、韵腹、韵尾）简单得多。第二，如朴镇浩（2007 私下交流）所言，韩语与汉语相比，辅音韵尾很多，如采用二分法，韩语的韵母种类会过于繁复。第三，最主要的原因是韩语后一个音节若没有初声，会和前一个音节的韵尾连读，所以只能将音节尾辅音成分和元音分开。

中古汉语的入声韵尾-p、-t、-k中，-p和-k如表（1）所示，在现代韩国汉字音中保存完好。

(1)　　MC　　MM　　SK
甲　　kap　　tɕia　　kap
合　　ɣɒp　　xɤ　　hap
各　　kɑk　　kɤ　　kak
学　　ɣɔk　　ɕye　　hak

然而，舌尖塞音-t在汉字音中变成舌边音-l。

(2)　　MC　　MM　　SK
葛　　kɑt　　kɤ　　kal

割	kɑt	kʌ	hal
发	pĭwɐt	fa	pal
达	dɑt	ta	tal

在汉字音中韵尾-t几乎无一例外地变成-l。现代韩语韵尾-t只出现在韩语固有词中。

（3）

	NK(耶鲁式)	NK(国际音标)	词义
붓	pus	put	"笔"
꽃	kkoch	kkot	"花"
낮	nac	nat	"白天"
맏	mat	mat	"老大"

这是为什么？在汉字音韵尾形成时音韵体系中没有-t，只有-l吗？在Martin（1997）看来，当时韩语辅音体系中已形成-t韵尾。那么为什么只有-t韵尾变成-l？与入声韵尾（-p, -t, -k）相对应的鼻音韵尾（-m, -n, -ŋ）在传统汉语音韵学中称为阳声韵尾。在阳声韵尾中，与-t对应的韵尾为-n。中古音韵尾-n在汉字音中也是-n。

（4）

	MC	MM	SK
感	kɒm	kan	kam
含	ɣɒm	xan	ham
间	kæn	tɕiɛn	kan
汉	xɑn	xan	han
江	kɔŋ	tɕiaŋ	kaŋ
航	ɣɑŋ	xɑŋ	haŋ

关于中古音韵尾-t在汉字音中何以演变为韵尾-l，主要有两种学说。有坂秀世（1957）、李基文（1972）、Martin（1997）等认为中古音韵尾-t在晚唐时期

第十一章　韩国汉字音 -l 韵尾中国方言起源说探疑 ◆

变为-r，汉字音的-l即受此影响。朴炳采（1971a, 1990）、俞昌均（1991）、姜信沆（1997）则认为-l为汉字音自身的变化。①前者认为是语言外部的原因，后者认为是语言内部的原因。在国内两派对立观点共存的情况下，Martin的论文又使该问题成为国际讨论的焦点。本章的主旨是要论证汉字音-l韵尾变化是来自外部因素还是内部因素，进而检验Martin学说的合理性。

2. Martin的学说

Martin（1997）认为，公元800年前，中古韵尾-t在中国西北方言中变成-r类音。其主张的依据是韩国汉字音、藏语以及古代突厥语（维吾尔语）有类似的语言痕迹。他举的韩国汉字音的证据是《东国正韵》（1448）反映的15世纪韩语的拼写。《东国正韵》将中古入声韵尾-t标记成-lʔ，（5）列出了一些例证。（5）中MSK表示中世韩国汉字音（Middle Sino-Korean）。

(5)		MM	《东国正韵》	MSK	SK
弊		pie	볋	pjəlʔ	pjəl
吉		tɕi	긿	kilʔ	kil
不		pu	붏	pɨlʔ	pul
日		ȵ	싫	ilʔ	il

《东国正韵》的标记方法很难说准确记录了当时的语音，只不过是当时的编者认为实际发音-l作为入声韵尾不太合适，于是同时标写-ʔ来表示入声而已。②事实上中古音韵尾-t在15世纪汉字音中已变为-l。

Martin提供的藏语例证是引自罗常培对佛教典籍藏语转写的研究。据罗常培（1933），中古入声韵尾在西北方言中经历了以下演变：

---

① 内部变化的观点又可以分两种。第一种认为古代韩语不存在韵尾-t，中古韵尾-t从一开始就变成-l并固定下来（朴炳采）；另一种认为起初中古韵尾-t在古代韩语里对应为-t，后来变成-l（俞昌均）。这方面的详细讨论请参考李海雨（Lee 1994a）和朱星一（2001）。

② Martin学说的问题第3节会仔细讨论。

（6）上古音（OC）　　　中古音（MC）　　　近代音（OM）
　　　　　　　　　　8世纪　　　　9—10世纪

-p　　　　　　　-b　　　　　　-b　　　　　　-β　　　　　　-∅
-t　　＞　　　-d　　＞　　-ɹ　　＞　　-ð/-r　　＞　　-∅
-k　　　　　　　-g　　　　　　-g　　　　　　-γ　　　　　　-∅

中古入声的清塞音韵尾-p、-t、-k在8世纪变为浊塞音-b、-d、-g，之后经历了浊擦音阶段，到近代音时期韵尾完全消失。[①] 然而粤方言、客家方言、闽方言至今还保留着清塞音韵尾。在苏州方言中，-p、-t、-k则全部变成喉塞音-ʔ。

Martin（1997）还指出，古代突厥语（维吾尔语）典籍标记汉语借词时，将中古音-t标记为-r，如（7）：

（7）　　　MC　　　MM　　　Old-Turkic　　　Old Turkish　　　SK
蜜　　　mit　　　mi　　　mur　　　bɑ:l　　　mil

Martin根据中国边疆广大地区将汉语中古韵尾-t记为-r/l这一现象，推测汉字音韵尾-l受到中古-t变为-r类音的中国北方某个方言的影响。

3. Martin学说的问题

Martin的学说存在几个问题。第一，汉字音韵尾-l的所谓"唐五代西北方音起源说"并不是Martin首先提出来的。李基文（1972，1998）早已提出汉字音韵尾-l是唐代以前北方方音的影响下产生的。他的依据也是前面提到的罗常

[①] Martin质疑罗常培（1933）的观点，即入声韵尾弱化是经过清塞音＞浊塞音＞塞擦音最终消失。Martin的理由是，Coblin（1991）认为中古音-p、-t、-k在古代西北方音里不经过-b、-d、-g，而是直接变成-p、-r、-k。

第十一章 韩国汉字音-l韵尾中国方言起源说探疑

培（1933）的研究结果，即中国西北方音中，中古音-t经历了-d > -ð > -r的变化。此外，李基文之前，有坂秀世（1957）也曾提出相同的主张。但Martin却没有在文章中提及这些先前研究。李基文（1981）指出，北魏文献中，"别"字表示"每"的意思，跟蒙古语的büri类似，"乞万真"（*kelmürčin）、"拂竹真"（*pürtüčin）和蒙古语kelemürčin（翻译官）、örtegečin（马夫）类似，认为这是北魏时期古汉语-t韵尾已变成-r的重要证据。但其实"乞万真"和"拂竹真"不是汉语，而是用汉语标记的鲜卑语。据韩森·芮乐伟（2005），鲜卑族建立的北魏的最大部族拓跋族使用的语言是突厥语和蒙古语。因此，李基文根据Ligeti（1970）提出的上述主张与汉语音韵变化无关，对汉字音-l韵尾的来源自然缺乏解释力。

第二，没有决定性证据证明15世纪《东国正韵》的-lʔ标记是9世纪中国西北方言-r的痕迹。Martin（1997）没有说明，到底是汉字音-l来自中国西北方音，还是西北方音-r来自汉字音-lʔ。Martin主张汉字音-l来自中国西北方音，而韩国汉字音韵尾-l又是中国西北方音存在流音韵尾的证据。他的主张会产生循环论证的问题。

第三，Martin（1997）认为汉字音-l是辅音弱化的中间阶段，即汉语中古入声韵尾完全消失的过程阶段。他举了自己之前的研究（Martin 1996：86—87，91—92）中列举的中古音-k在中世韩语/汉字音中为-h（ɣ）的11个例子来佐证他的主张。下面是其中几例：

（8）　　　MC　　　MM　　　Middle SK　　Modern SK
尺　　　tɕʰɑk　　　tsʰ　　　챃 tsah　　　tsʰek ~ tsa
俗　　　ziwok　　　su　　　숗 sjoh　　　sok
笛　　　diek　　　ti　　　딯 tjəh　　　tsek ~ tsə

然而，他举的11个例子为数过少，不足以作为判断的依据。当然，也可将其看作演变最后近于完成的阶段。但在此之前，必须有"-t大量变为-h"作为前提。现代汉字音中，"尺"是开音节tsa，"笛"也读作tsə。但是"俗"没有开音节读音。另外，双唇塞音韵尾-p根本不曾表现出弱化的现象。因此，即便我们接受Martin的主张，也无法从逻辑上说明韩国汉字音入声韵尾的弱化现象为什么没有继续下去。因为除了-t变为-l之外，-p与-k根本没有受到弱化的影响，而是以原型固定下来。包括西北方音在内的中国北方方音中辅音都是经过弱化最后消失。Martin要解释为什么汉字音在前期受汉语影响，而后期又放弃与汉语相同的变化，回到原来的状态。同时，Martin还要解释下列两个问题：

（9）a. 韩国汉字音除了-l以外还有中国西北方音其他的痕迹吗？
　　　b. 中古音-t在西北方音变成-r的9世纪之前，古代韩国汉字音的韵尾是不是-t？

韩国汉字音的入声韵尾中只有-r来自中国的西北方音，而其他音韵特征来自别的方音的这一假设有些牵强。对于问题（9a），我们可以通过对北方诸方言和韩国汉字音进行历时、综合的考察得出结论。这个问题本身是一个大规模的课题，本章将运用一些间接资料做简单的考察。本章着重解释的是（9b）的问题，将重点展示中古音入声韵尾-t在西北方音变成-r的9世纪之前在古代韩国汉字音中已变为-l的证据。

4. 内部变化的证据

4.1 汉语西北方音与韩国汉字音

在声母方面，中古音与西北方音的最大差异是鼻音。罗常培（1933）提出，中古鼻音声母m-、n-、ŋ-在唐五代西北方音中变成mb-、nd-、ŋg-。例如，文水、兴县方言的中古 m-、n-、ŋ-声母读mb-、nd-、ŋg-（罗常培1933）。然而，西北方音的这种特征在（10）所示的汉字音中毫无体现：

（10）　　　　MC　　　　MM　　　SK
　　万　　　mĭwɐn　　　uan　　　man

第十一章　韩国汉字音 -l 韵尾中国方言起源说探疑

母	məu	mu	mo
南	nɒm	nan	nam
奴	nu	nu	no
鱼	ŋĭo	y	ə
玩	ŋuɑn	uan	wan

韵母方面，朴炳采（1971a）认为中古音与西北方音最大的差异是代韵和泰韵。在反映中唐西北方音的慧琳《一切经音义》中，蟹摄的代韵与泰韵没有差异，而中世汉字音中，这两个韵和队韵界限明显。据朴炳采（1971a），这几个韵的拟音如下：

（11）	MC	《一切经音义》	Middle SK
代	ɒi	ai	ɐi（开口）
泰	ɑi, uɑi	ai, uai	ai（开口），oi（合口）
队	uɒi	uai	oi（合口）

虽然需系统比较两个方言后才能下结论，但从上述论证可以明显看出，韩国汉字音与中国西北方音没有密切的关系。

4.2　7世纪前汉字音-l韵尾

罗常培提出的中古入声韵尾的弱化过程在（6）中作了总结。如果汉字音-l受到中国西北方音（NW）-r的影响是事实，那么由（6）可以得出下列推论。

（12）	MC	NW	SK
7 世纪	-t	-t	-t
8 世纪	-t	-d	-t
9 世纪	-t	-r	-l

◆ 韩国汉字音新探

先不管西北方音在开始辅音弱化的8世纪时对汉字音产生了什么影响，有一点可以肯定，即在7世纪之前汉字音没有理由弱化。① 因此，考察7世纪以前中古音韵尾-t在韩国汉字音的表现具有重要意义。这也是本章的重点所在。

韩语学界大体上根据设立汉四郡的时期推定汉字于公元前1世纪左右传入朝鲜半岛。但如果以中国的势力进入朝鲜半岛作为判断汉字传入时期的根据，按理来说应当追溯到比汉四郡约早100年于公元前2世纪建立的卫满朝鲜时期（严翼相1994a；严翼相 1997d）。问题是现在汉语语音史研究还没有精确到能够说明公元前2世纪和公元前1世纪之间的音韵差异。毕竟公元2世纪之前基本看作上古音时期。笔者根据韩国汉字音里遗留的汉语上古音痕迹，推定从公元前2世纪起汉字开始大量传入朝鲜半岛。②

那么在新罗统一三国的668年以前，中古入声韵尾-t在三国汉字音里如何对应？与（9b）中提到的一样，假如李基文和Martin的主张是正确的，在三国统一以前中古音-t在汉字音里应该全部对应为-t或类似的音。因为中古音-t在汉语西北方音里变成-r的时期是9世纪。依俞昌均，三国统一以前即7世纪以前的汉字音是古代汉字音（Old Sino-Korean，OSK）。7世纪以前的汉字音里发现-l韵尾并不难。7世纪以前高句丽的地名常以"忽"字结尾，新罗的地名常以"火"字结尾。这个"火"又和"伐"对应。"忽"和"伐"在上古音和中古音都是以韵尾-t结尾的入声字。据朴炳采（1971b），一般将前字的汉字音拟作kol或hol，将后字的汉字音拟作pəl。这种拟音是考虑到现代韩语"고을"（ko.il）（村子）和"벌（판）"（pəl.pʰan）（平原）的发音。③这些例子很好地说明了上古音和中古音的韵尾-t在7世纪以前的古代汉字音里已变成-l。现存最早的韩国史书是金富轼的《三国史记》，其中"地理志"收录了186个高句丽地名，有48个以"忽"字结尾。下面是一些以"忽"字结尾的地名：

---

① 实际上韩国汉字音自古以来浊阻塞音从未起过音位作用，因此西北方音-d在汉字音里基本不可能对应为-d（Eom 1994）。

② 笔者在Eom（2001）里曾提出更保守的看法，但再晚4世纪前汉字已大量传入朝鲜半岛。

③ 百济地名词尾"夫里"（puri）是将新罗的pəl扩展成双音节，今天的"扶余"旧名是"所夫里"。"昌宁"早期标记成"比自火、比斯伐"，后变为"火王"，又变成"昌宁"。

第十一章　韩国汉字音 -l 韵尾中国方言起源说探疑

（13）17 买忽＝水城
　　　69 冬音忽＝豉盐城
　　　73 乃忽＝息城
　　　114 也次忽＝母城

（13）中的地名左右对应。例如，第17号地名中"买"与"水"对应，"忽"与"城"对应。"买"的上古音是 *mree?（郑张尚芳 2003），"买"反映了训读"물"（mul）（水）的音。第69、第73、第114号地名中左侧地名都以"忽"结尾，右侧地名都以"城"结尾。"忽"与"城"语音完全不同。"忽"是表示"城"的训读"고을 koɨl > 골 kol"的音。据俞昌均（1980, 1991），"忽（次）"与"口"和"古（次）"对应。

（14）25 獐项·口＝古斯也·忽次
　　　62 穴·口＝甲比·古次

上例里"口"与"忽（次）"和"古（次）"对应。可知此处"忽"的声母与"口"和"古"的声母相同。

（15）a. 口＝忽次＝古次
　　　b. 口＝忽＝古

（15b）如果只看声母，由于"口"和"古"在上古和中古时期声母是 k-，"忽"的声母当然也被推定为 k-。俞昌均（1991）认为"口"的声母是k-，和日语表示嘴巴的"くち"（kuti）相似。考虑到（15a）里"口"和"忽次、古次"对应确实如此。朴炳采（1971a）认为"忽"早期是kol，后来变成ɣel～hol。"忽"的上古音和中古音如下：

（16）　　　OC　　　MC　　　MM　　　SKGR（高句丽汉字音）　　词义
忽　　*xuət　　xuət　　xu　　kol　　　　　　　　　　　"村子"

古代汉字音声母k-和h-对应的情况很多。对于这些字的声母构拟学者没有异议。只是对于韵尾如何变成-l还没有明确的解释。（15a）"口"和"忽次、古次"相对应，所以可能"忽次"和"古次"里的后字表示单音节的韵尾，或者"口"表示双音节词。考虑到古代韩语韵尾的一般情况，前者可能性更大。可以推测"次"的声母对应于"忽"和"古"的辅音韵尾。（17）列出了"次"的上古音和中古音。

（17）　　　OC　　　MC　　　MM
次　　*tsʰĭei　　tsʰi　　tsʰɿ

因此"忽"的韵尾是-t或-tsʰ，考虑到现代韩语里-tsʰ在韵尾位置发作-t，将"忽"拟作kot或hot似乎更合理。不过，朴炳采仍把"忽"构拟为kol或hol，原因在于考虑到韩语表示"村子"的"고을"（ko.il）或"-골"（kol）。总之，如果接受现有研究，"忽"和汉语音韵尾-t没有任何关系，可以肯定在7世纪以前的汉字音里"忽"韵尾已读-l。

根据《三国史记·地理志》，新罗地名147处中有28处以"火"结尾。（18）就是这类新罗地名的例子。

（18）56 比自火＝比斯伐
　　　62 舌火
　　　78 毛火＝蚊伐
　　　81 退火

观察（18）的56号地名和78号地名，可知"火"和"伐"对应。但很难想象这两个字音韵对应。首先看它们的上古音和中古音。

第十一章 韩国汉字音-l韵尾中国方言起源说探疑

（19） OC　　　MC　　MM　　SS（新罗汉字音）　　词义
　　火　*xuəi　　xuɑ　　xuo　　pəl　　　　　　　"平原"
　　伐　*bǐwăt　bǐwɐt　fa　　pəl　　　　　　　"平原"

（19）中"火"和"伐"很难推定为音韵对应，因为新罗地名里"火"不是取音，而是取义。它们的对应是因为"火"训读时和"伐"的音读相似。"火"的训读用现代韩语表示是"블"，音为pul。该词的中古韩语"븓"（pɨl）和"伐"的现代汉字音pəl非常相似。现代韩语"-벌"（pəl）表示"平原"。因此朴炳采（1971a）大体上将"伐"拟作puɫ、pɜl或pəl。这是汉语音韵尾-t在古代汉字音里变成-l的有力的证据。①

另外，韩哲夫（Zev Handel 2001 私下交流）和权赫俊（2009 私下交流）认为，汉语古音里没有以-l结尾的汉字，因此为了用汉字表示以-l结尾的高句丽和新罗的地名，不得已只好用语音上和-l最接近的-t尾汉字。他们的观点似乎有理，但需要考察汉字音形成时韩语是否形成了-t韵尾。如果-t具有音位功能，-t结尾的地名没有理由读-l。这个问题将在下面第5节仔细讨论。

总之，可以知道高句丽与新罗地名词尾的"忽"与"伐"在7世纪以前的古代汉字音里韵尾已是-l。中国西北方音是到9世纪才完成中古音韵尾-t到-r的转变。可见，韩国汉字音的-l韵尾不可能是中国方音的痕迹。李基文和Martin的主张有待商榷。下面是支持笔者主张的"汉字音韵尾-l为内部变化结果"的补充证据。

4.3 《训民正音解例》中的情况

众所周知，训民正音于1446年公布。同年，同名的文字体系说明由郑麟趾、申叔舟、成三问、崔恒、朴彭年、姜希颜、李垲、李善老等集贤殿学者共

---

① 权赫俊（2001 私下交流）认为，只凭两个字就主张上古韵尾-t在古代汉字音里读-l缺乏说服力。他的质疑是有道理的。但考虑到这两个字在很多地名中使用，且古代汉字音资料匮乏，这两个字确实提供了决定性的线索。

◆ 韩国汉字音新探

同编撰成书。为了避免与文字体系"训民正音"混淆,这本书一般称为《训民正音解例》(姜信沆 1987)。书中有对入声韵尾-l的说明:

(20)半舌音韵尾-l只适用于谚文,不可用于汉字读音。比如,入声字"彆"的收音应当是-t,但俗音读-l,这是-t发生弱化的结果。如果以-l来读"彆"的收音,则音太过柔和缓慢而失去了入声的意味。①

世宗和集贤殿的学者们在汉字音方面是非常重视汉语标准发音的教条主义者。他们意识到当时的汉字音和他们认为的汉语标准音差距太远,只好努力修正使之合乎汉语标准音。(20)就证明了他们的这种态度。但在一年后编撰的《东国正韵》里却完全不顾《训民正音解例》的规定,把中古入声字-t标记成-lʔ。他们为何在一年之内放弃自己的原则?一般认为是由于世宗和集贤殿的学者们意识到1446年的规定里,实际音-l和标准音-t相差太远。因此与其固执地坚持人为的韵尾-t,还不如在承认实际音-l的同时,为了反映原来是入声字的性质而标记成-lʔ,这可以算是折中的方案。吴方言的代表方言苏州方言里,中古入声韵尾-p、-t、-k 全部变成了喉塞音-ʔ。不过,二合辅音-lʔ并不是当时学者们参考汉语方言提出的新规范音。总之,他们认为汉字音韵尾-l不妥,为了在训民正音创制后制定新的规范,在实际音和理想音之间费尽心思。假如-l是以前中国北魏地区或西北地区的方音影响下形成的,相信世宗和集贤殿的学者们也不会那么费心。由于韩国汉字音主要以中古音为标准,他们应该不会觉得有必要修订从中国唐代西北方音传入的音。因此笔者认为汉字音韵尾-l不是受中国音影响的结果,而是由于汉字音内部变化而形成的。②

---

① 原文如下:"且半舌之ㄹ,当用于谚,而不可用于文。如入声之彆字,终声当用ㄷ,而俗习读为ㄹ,盖ㄷ变而为轻也。若用ㄹ为彆之终,则其声舒缓,不为入也。"

② 本节思路承蒙林龙基教授的启发。

第十一章 韩国汉字音 -l 韵尾中国方言起源说探疑

5. 汉字音韵尾的秘密

我们也可以找到百济地名里中古韵尾-t类汉字相互对应的例子。下面的百济地名引自Eom（1991a）。

（21）33 结己＞洁城
　　　44 屈旨＝屈直
　　　57 上柒＞尚质
　　　129 实于山＞铁冶

第33、第44、第129号地名的首音节和第57号地名的次音节都带-t韵尾。[①] 这看上去可能是中古韵尾-t在百济汉字音里对应成-t，但无法下定论，因为也可能两者都读-l。

下面引自 Eom（1991a），反映了百济地名中韵尾-t类汉字和-n类汉字的对应。

（22）30 雨述＞比丰
　　　36 一牟山
　　　86 马突＞马珍

（22）总共3个地名当中，呈现出-t：-n的对应。据此很难得出有意义的结论。事实上带-t韵尾的百济地名汉字和开音节对应的情况最多。

（23）2 热也山＞尼山
　　　11 舌林＞西林
　　　16 今勿＞今武

[①] 此外，104号"栗支"的"栗"也带韵尾-t，但是没有对应材料。

18 伐音只
23 悦己＝豆陵尹
70 碧骨
80 阙也山
136 勿阿兮＞务安
144 葛草＝何老＝谷野

这里牵涉一个更本质的问题，即古代韩语有没有韵尾。《三国史记·地理志》收录的147个百济地名里面，-p韵尾的汉字一个都没有，这一点比较奇怪（Eom 1991a）。这说明百济汉字音里韵尾-p尚未形成。Eom（1991a）认为百济汉字音里已形成-k韵尾，但在严翼相（2007c）中改变了看法，认为仍处在形成过程当中。

这一现象让人想起柳烈（1990）提出的韩语直到7世纪末期都是开音节的主张。柳烈（1990）认为6—8世纪古代韩语开始形成-m、-l、-n、-k、-p韵尾，古代韩语的辅音韵尾8世纪以后按下列顺序逐步形成：

（24）6—8世纪　　-m, -l, -n, -k, -p
　　　9—10世纪　　-ŋ
　　　10—12世纪　 -t, -ts, -s, -h

假如柳烈的主张是对的，那么10世纪以前中古音-t在汉字音里不可能对应为-t。那时已形成的韵尾-m，-l，-n，-k，-p，-ŋ里，和-l最接近的是发音位置相同的-t。朴炳采（1971a，1971b）认为中世汉字音因某种无法知晓的原因，

第十一章　韩国汉字音 -l 韵尾中国方言起源说探疑

韵尾回避-t，故中古音韵尾-t在汉字音里表现为-l。① 考虑到柳烈的观察，朴炳采的主张变得清晰起来。与古代汉字音里开音节和闭音节频繁对应的现象相关，姜信沆（1990）认为古代韩语即便韵尾发音不准，也不影响互相沟通。他的这一主张暗示古代韩语辅音韵尾不具有音位地位。安炳浩（1984）也认为古代韩语不考虑韵尾，只利用初声和中声来沟通。

假如"古代韩语开音节说"是正确的，笔者的主张就会出现矛盾，因为汉语上古音、中古音韵尾-t无法以任何形式的韵尾出现在古代汉字音里，那么本章4.2节提出的将7世纪以前高句丽地名里的"忽"拟作*kol就有问题。因为连辅音韵尾的存在本身都无法确定。

但是综合关于汉字音韵尾形成的各种学说，我们认为，如本书第五章的结论一样，古代韩语辅音韵尾完全形成之前，经历了一定时间的自由变异的阶段。自由变异是指虽然使用某个音，但没有辨义的功能。古代汉语韵尾-t在古代韩语-t完全形成的9—10世纪以前，在不同时期分别表现为-Ø、-l、-n、-t等多种形式。② 因而将高句丽地名词尾"忽"构拟为*kol是可以接受的。

---

① 朴炳采（1971b：234）考察了孙穆用汉字标记高丽时期韩语音的《鸡林类事》（1103）里出现的中古-t韵尾汉字。下面是从中引用的部分例子。
（i）石曰突　水曰没　马曰末　弓曰活
左侧汉字表义，右侧汉字表示高丽音。这些汉字的古音如下：
（ii）

	NK	MM	MC	SK	字义
突	tol	tu	duət	tol	"石头"
没	mul	mo	muət	mol	"水"
末	mal	mo	muɑt	mal	"马"
活	hwal	huo	ɣuɑt	hwal	"弓"

上例似乎反映了12世纪韩语里"突""没""末""活"等中古-t韵尾汉字读-l韵尾。但《鸡林类事》是12世纪的资料，用来判断汉字音韵尾-l是受中国方言的影响还是自身的变化显得太晚。而且汉语音没有-l韵尾，只能用-t韵尾汉字来记录当时韩语的-l韵尾。这一点在"花曰骨"中表现得很明显。"꽂"（花）在现代韩语里的发音是kkot，用带-t韵尾的汉字"骨"来表示最合适。因此《鸡林类事》的标记似乎应该一部分读-l，一部分读-t。

另外，申祐先（2016）推测，古代汉字音回避*-t韵尾的原因是汉语内破音的-t和古代韩语外破音的-t不符，于是先对应为呼出气流相对较少的-ɾ，后来变成-l。这一观点虽有创意，但语言学证据不足，而且需要解释为什么-p或-k没有出现这种替代现象。

② 不同于柳烈的10世纪说，Martin（1997）认为9世纪时韩语已形成-t韵尾。

6. 结语

本章驳斥了李基文（1972）和 Martin（1997）的韩国汉字音入声韵尾-l"中国西北方音起源说"。他们各自根据自己独立的研究，认为汉字音-l是9世纪以后晚唐五代从中国西北方音传来的。本章指出，中国西北方音和韩国汉字音之间几乎没有其他相似点，高句丽、新罗地名里用作词尾的入声字"忽、伐"的古代汉字音分别拟作*kol和*pəl，并根据《训民正音解例》的记录，得出结论，汉字音韵尾-l的出现不是由于外部的影响，而是韩语内部变化的结果。中古舌尖塞音入声韵尾-t在7世纪以前汉字音里表现为-t、-l、-n或-Ø。表现如此多样的原因在于韵尾是经过了很长时间逐步形成的，即古代韩语里完全没有辅音韵尾的时期表现为-Ø，后来韵尾形成的过程中表现为-l、-n、-t自由变异的状态。因此，李基文和Martin的汉字音-l韵尾中国方音起源说值得商榷。

还有几条证据支持笔者的主张。第一条是第八章讨论的"日"（nal）。nal是来自"日"的汉语古音。"日"的古音如下：

（25）　　　OC　　　MC　　　MM　　　SK　　　NK

日　　*nĭet　　nʑĭet　　ᅀᅵᆯ　　il　　nal

笔者当然无从知晓nal何时始见于文献，即便查考，也只能根据训民正音创制的15世纪以后的材料，对本研究不起决定性作用。笔者推测，在15世纪之前早已开始使用该词。因为nal的初声n-与"日"上古音声母发音相近，而韵尾-l的形成又较早。[①]笔者在第八章将"낫"（nat）视为保留了"日"的汉语上古音声母n-和韵尾t-的形式。不过，倘若按柳烈的理论，韩语的韵尾-t和-ts在10世纪才完全形成，那么nat的韵尾保留上古音的痕迹这一说法很难成立。因为"낫"（nat）可能比"날"（nal）出现得晚。

另一个证据是乡歌。现存25首乡歌中，目的格助词用"乙"表示。朴炳

---

① 笔者（Eom 1999a）指出，"茶"和"金"保留了中国上古音的痕迹。参见本书第七章。

第十一章　韩国汉字音-l韵尾中国方言起源说探疑

采（1990）将"乙"拟作əl，而"乙"为-t韵尾入声字。①

（26）　　　　OC　　　MC　　　MM　　　OSK
　　　乙　　　iĕt　　　iĕt　　　i　　　(ət >) əl

乡歌中"乙"的用法也反映了古代韩语中-t韵尾实现为-l韵尾的现象。这也是中国北方中古韵尾从-t变成-r之前，正好与韩国汉字音-l韵尾是内部变化这一主张相符。

最后，高岛谦一（Takashima 2001 私下交流）指出 t-变成 l-或 r-的现象在很多语言里都可以发现，是十分自然的语言现象。即便没有外部影响，古代汉字音里也可能出现-t > -l的变化。他的观点很有道理。其实韩语的"듣다"（tɨt.ta）（听）、"묻다"（mut.ta）（问）、"걷다"（kət.ta）（走）等"ㄷ"（t）不规则动词在活用形中韵尾变成"ㄹ"（l），如"들어"（tɨl.ə）、"물어"（mul.ə）、"걸어"（kəl.ə）。英语butter、computer在美式英语中读bʌrər、kəmpyurər。但问题是为什么汉字音里无一例外地出现这种变化，而韩语固有词里却没有出现。百姓是如何将汉字词和固有韩语词准确区分开，汉字词将-t一律换成-l，固有词则继续使用-t的呢？②在古代韩语-t、-l通用的时期，百姓事实上不可能将汉字音和固有词读音区别开。因此，只有认为汉语入声韵尾-t在汉字音中对应为-l之后韩语才形成-t韵尾，才能解释这一现象。

---

① 吴英均（Oh 2008）根据李方桂的上古音拟音，举出"契"（*khiadh>kul, kuz）等舒声字在中世韩语韵尾变成-l的例子，主张汉字音-l韵尾是韩语内部的变化。

② 朱星一（2001）提出了一个具有独创性的假说。他不仅否认外部影响，甚至也不承认内部影响。他认为不是汉语音传入古代韩国，而是古代汉字音传入汉语，即不是汉语音-t变成汉字音-l，而是汉字音-l传入汉语，没有韵尾-l的汉语只好用-t来对应。朱星一的假说很难解释韩国汉字音如何对中国当地长期传承下来的读音产生系统性影响，以及为何固有词有-t，汉字词没有-t，只有-l。

第十二章　汉字音腭化的词汇扩散变化*

1. 引言
2. 汉语和汉字音的塞擦音化
3. 研究方法
4. 舌上音知系二等字的变化
   4.1 非腭化的情况
   4.2 腭化的情况
5. 舌上音知系三等字的变化
   5.1 腭化的情况
   5.2 非腭化的情况
6. 舌头音端系一等字的变化
   6.1 非腭化的情况

---

* 第十二章通过考察近代汉字音腭化的原因和过程，检验词汇扩散理论的正确性。本研究获1998年江原大学海外派遣教授研究经费资助，1999年笔者在美国加州大学尔湾分校期间完成。在此特别感谢这篇论文初期准备阶段提出高见的李敦柱教授和南基拓（音译）教授以及审读论文英文版初稿的王士元教授、郑锦全教授。论文的一部分以 "Lexical diffusion of Sino-Korean" 为题在第9届国际中国语言学学会年会（2000）上宣读，现版本是在《中国学报》第41辑（2000）刊载内容的基础上修改而成。本章的英文版 "The mechanism of Sino-Korean palatalization" 发表在 Journal of Chinese Linguistics 专著系列第20卷（2003）。本章在三个方面和先前研究不同。第一，本章认为汉字音不是韩语里的化石，而是始终处在不断变化当中。第二，本章认为汉字音腭化不是受到汉语的影响，而是韩语内部变化。第三，本章先将齿龈塞音类汉字根据汉语声母和等分为四类，再观察腭化的过程，并在此基础上对汉字音腭化提出新的主张。

第十二章 汉字音腭化的词汇扩散变化

> 　　6.2 腭化的情况
> 　7. 舌头音端系四等字的变化
> 　　7.1 腭化的情况
> 　　7.2 非腭化的情况
> 　8. 结语

1. 引言

语言总在不断地变化，这在语音、词汇、语法方面都表现得很明显。

（1）a. 语音的变化

韩语的"ㅔ"（e）原来是元音"ㅓ（底层音位：ə）+ㅣ（底层音位：i）"构成的复合元音，18世纪末至19世纪中期变为单元音e。（崔润铉 1998）"ㅐ"（ɛ）原是"ㅏ（底层音位：a）+ㅣ（底层音位：i）"复合元音，后来单元音化为前舌低元音[ɛ]，最近音值逐渐和前舌中元音"ㅔ"（e）相同。

b. 词汇的变化

小时候听过的"소제"（扫除 so.tse）一词，现在听不到了，改叫"청소"（清扫 tsʰəŋ.so）。"식모"［食母（厨娘）ɕik.mo］的说法也消失很久了。汉诗中能看到的"상봉"（相逢 saŋ.poŋ）一词在2000年6月韩国和朝鲜举行首脑会谈时常在媒体上出现。

c. 语法的变化

汉语复合名词的语序原来是修饰词放在被修饰词后面，但很久以前语序变成像现在一样的"修饰词+被修饰词"。（桥本万太郎 1998）

例：邱（堤坝）+商（商朝）>商（商朝）+邱（堤坝）

◆ 韩国汉字音新探

标记法跟不上语言的自然演变。现在"배"（pɛ）（梨）和"베"（pe）（衣料）都发同一个音pe。哺乳类的"개"（kɛ）（狗）和甲壳类的"게"（ke）（螃蟹）也倾向于不分。"稀贵"的发音是"히귀"（hi.kwi），有时也说"히기"（hi.ki），写的时候依然是"희귀"（hɨi.kwi）。当然笔者并不是主张根据发音书写。因为如果按照发音书写，那么拼写法体系会崩溃。尽管如此，提倡使用汉字的一些人要求区别长短音，这让人觉得是抗拒语言的自然变化。现在在首尔出生长大的大部分人分不出下列哪些单词的首音节是长音。

（2）华商、火伤、和尚、画像、岭东、永同、徒劳、道路、预金、礼仪①

韩语词典标记了长短音，但如果主张一定要区分长短音，那就像主张保留已消失的中世韩语声调一样听起来不切实际。"天"汉语中古至现代都读 $t^hiɛn$，韩国汉字音在两三百年前还读"턴"（$t^hjən$）。如果有人主张今天汉字音读"턴"（$t^hjən$）或"턴"（$t^hən$），不读"천"（$ts^hən$），有谁会同意？语言学者对大众的嗜好和语言的自然变化没有多少可控的余地。总之，语言一直在变化，这不是人的意志、努力所能左右的。

有关音变的学说主要有规则性假说和词汇扩散理论。这两个学说严翼相（1997a）进行了仔细的比较。两者的差异主要是对音变过程见解不同，总结如下：

（3）a. 规则性假说：音的物理性的变化要经过长时间逐渐发生，在包含某个音的词汇中，相同的音变会同时出现，最终会在相同的时间完成。

b. 词汇扩散理论：音变是瞬间发生的，要经过漫长的时间逐步扩散到包含某个音的词汇中。

新语法学派的规则性假说是指，音变在同样的条件下，在所有词汇中同时出现，以相同的速度缓慢进行之后同时完成。而支持词汇扩散理论的学者主

---

① "华、和、岭、徒"是短音，"火、画、永、道、预、礼"是长音。

第十二章　汉字音腭化的词汇扩散变化

张音变虽然是瞬间性的，但需要漫长的时间逐步扩散到所有词汇。

另外，严翼相（1997b）和Eom（1999b）给出了汉字音词汇扩散的例子。笔者试图从汉字音变化中独具特色的腭化找出例证。韩国汉字音一般会反映汉语音变，但汉字音腭化却在一定程度上与汉语音变无关。

（4）a. 知识　디식（ti.ɕik）> 지식（tɕi.ɕik）
　　　b. 电气　뎐기（tjən.ki）> 전기（tsən.ki）

这些字的汉语音变如下：

（5）　　　　　上古音　　　　中古音　　　　近代音　　　　现代音
　　a. 知识 *tĭe ɕĭək　>　tĭe ɕĭək　>　tʂi ʂi　>　tʂʅ ʂʅ
　　b. 电气 *dien kʰĭei　>　dien kʰĭei　>　tien kʰi　>　tien tɕʰi

（4a）"디식"（ti.ɕik）变成"지식"（tɕi.ɕik）和汉语近代音的塞擦音化一致。韩语"디"（ti）变成"지"（tɕi）经过了ti>tsi>tɕi三个阶段。第一阶段准确地说是塞擦音化，第二阶段是真正的腭化。但本文根据韩语学界的惯例，将从塞擦音化开始的现象统称腭化。

但是，（4b）"뎐기"（tjən.ki）变成"전기"（tsən.ki）和汉语音的变化没有关系。因为"电"在汉语音中一直都是齿龈塞音（d-、t-）。因而，笔者寻找腭化的原因时，比起外部因素，更重视内部因素。笔者上述研究最早尝试从理论上解释汉字音的变化，这有一定意义，不过未能通过实例对词汇扩散理论的核心——音变原因和过程给出更有深度的观察结果。[①]

汉字音腭化与稍早出现的韩语腭化密切相关。李基文（1972）认为韩语腭化出现在17—18世纪的转换期。李明奎（1990）用12条结论很好地归纳了目前韩语腭化的研究成果。我们把这些结论整理成三条，如下所示：

[①] 参见4.2节对（18）（19）的讨论。

（6）a. t-腭化出现最早，扩散最广。中部方言按t-、n-、h-的顺序腭化，东南和东北方言出现的k-腭化在中部和西南方言没有出现。没有决定性证据显示，滑音j前面的t-比元音i前面的t-先腭化。

b. 腭化从15世纪开始，16—17世纪逐渐扩散。17世纪末在许多地区表现活跃，18世纪初期基本完成。"ㄷ"（t）或"ㅌ"（t^h）先变为"ㅈ"（ts）或"ㅊ"（ts^h），后来变成腭音。

c. 腭化从东南方言开始，逐步向西南和东北方言扩散，然后波及中部方言。西北方言至今未出现腭化。

关于腭化以往的研究数量较多，但存在几个问题：

（7）a. 对古代韩语腭化的研究较少。据柳烈（1990），公元前古代韩语中辅音ts-在i元音前出现受限，在其他元音前音值是t-或s-。

b. 对塞擦音化和腭化的理论研究和分析不多。例如，（6）中的腭化过程如果考虑到对应音位或音变地区，似乎与词汇扩散模型相符，但几乎没有研究从这种角度入手。

c. 相对忽视对汉字音腭化的研究。

事实上，汉字音腭化的现有研究，如南广祐（1969），主要集中在查明腭化的时间。但这些研究一般来说是整体探讨腭化，即分析何时何地汉字先出现腭化。这一点姜信沆（2003）也不例外。他认为舌上音在18世纪变成腭音，舌头音在-i或-j前部分变成硬腭塞擦音。他没有注意相关汉字因汉语中古音声母和等的差异有不同的变化、何时以怎样的契机发生变化以及发生的原因和过程。这种整体分析忽视了腭化逐步扩散的发生条件。

这方面李得春（1994）和李敦柱（1995）做得比较好。李敦柱把知系和端系的汉字分开处理。李得春认为这些字需要考虑等的差异。知系传统音韵学叫舌上音，端系叫舌头音。简单整理如下：

第十二章　汉字音腭化的词汇扩散变化

(8) a. 舌上音知系在上古音时期是齿龈塞音，在中古时期是腭音或翘舌塞音，近代变成翘舌塞擦音。在传统汉语音韵学中指知、彻、澄、娘声母，中古音分别为 *ṱ-、*ṱʰ-、*ḓ-、*ṋ-。

b. 舌头音端系从中古时期到现在一直是齿龈塞音。传统上指端、透、定、泥声母，中古音分别为 *t-、*tʰ-、*d-、*n-。

笔者（Eom 2007b）提议称知系为"硬腭音类声母"，端系为"齿音类声母"。这种说法学界还没有普遍使用，所以本书采用传统术语。

所谓"等"是指中古后期的韵图根据主要元音的性质将汉字分为一等到四等。当时《广韵》的206韵按照主要元音和韵尾归并成16韵摄或摄。等的概念并不是绝对的，每个摄根据主要元音的相对差异分为四类。一等的主要元音是后舌低元音，四等是前舌高元音。与一等、二等相比，三等、四等带有介音 j 或元音 i，比较容易引起腭化。考虑到等的差异在汉字音腭化中起决定性的因素，李得春（1994）的分析更深入。李敦柱（1980，1996 私下交流）认为，知系的变化是由汉语翘舌音化引起的。这一分析的问题我们会在结论部分再谈。李得春对知系二等字还剩下多少读 t- 或 tʰ-、多少变成 ts- 或 tsʰ- 没有给出明确说明。本章将依等对知系和端系字进行分类，从历时角度仔细观察腭化过程。

2. 汉语和汉字音的塞擦音化

下例显示，知系在汉语近代音中被卷舌塞擦音替代，端系到现代汉语一直是齿龈塞音。下面出现的I/G表示声母和等。

(9)		I/G	MC	OM	MM
多		端/1	t-	t-	t-
低		端/4	t-	t-	t-
卓		知/2	ṱ-	tṣ-	tṣ-
长		知/3	ṱ-	tṣ-	tṣ-

汉语的变化如下：

（10）中古齿龈塞音分化规则

$$端（知）*\underline{t}- > \begin{cases} t- > t- / \_\_\_ G1 \,\&\, G4 \quad （端系） \\ \underline{t}- > t\underline{s}- / \_\_\_ G2 \,\&\, G3 \quad （知系） \end{cases}$$

韩国汉字音的知、端系中，大部分三等、四等字和一部分二等字经历了腭化。下面的MSK指中世韩国汉字音。

（11）		I/G	MC	MM	MSK	SK
多	端/1		t-	t-	t-	t-
低	端/4		t-	t-	t-	ts-
卓	知/2		ṭ-	tʂ-	t-	tʰ-
长	知/3		ṭ-	tʂ-	t-	ts-

上面的变化可概括为（12）。

（12）韩国汉字音塞音分化规则

$$知系 \quad *\underline{t}- > t- > \begin{cases} t^h- / \_\_\_ G2 \\ ts- / \_\_\_ G3 \end{cases}$$

$$端系 \quad *t- > t- > \begin{cases} t- / \_\_\_ G1 \\ ts- / \_\_\_ G4 \end{cases}$$

（9）和（11）显示，中古音腭化的条件是声母，而汉字音腭化的条件是等。（10）和（12）显示，汉语替换成翘舌音，汉字音替换成腭音，但塞音变成塞擦音这一点是一致的。考虑到汉字音的变化大部分反映了汉语音的变化，这一现象是很特殊的。本章将深入考察韩国汉字音腭化的过程，检验汉字音腭

第十二章 汉字音腭化的词汇扩散变化

化是否符合词汇扩散理论提出的音变模型。

3. 研究方法

出于便利的考虑,笔者对汉字音腭化的历时观察将参考南广祐的《古今汉韩字典》(南广祐 1995)。南广祐一生研究汉字音,这本字典是他毕生的杰作。这部庞大的字典涵盖了从1448年编纂的朝鲜最初的韵书《东国正音》到1915年的笔画检索字典《新字典》,收录了韵书类、字学书类、字典类、谚解文献类等共105种汉字音相关文献,包括南广祐亲自调查的韩国和朝鲜常用的7352个汉字的读音。当然,7352字的音并不是105种文献都有收录,每个字收录了差不多十多种文献的读音。虽然标音各不相同,要详细查看字典的范例,并确认文献的出版年份,但南广祐的字典将15世纪到20世纪的汉字音整理得井然有序,对汉字音研究贡献突出。

下面是本章主要引用的文献的著者和出版年度,最下面文世荣《朝鲜语辞典》是笔者补充的资料。

(13)

年份	作者	书名
1448	申叔舟等	《东国正韵》
1515(?)	崔世珍	《翻译老乞大》
1515(?)	崔世珍	《翻译朴通事》
1518	金诠等	《翻译小学》
1527	崔世珍	《训蒙字会》
1576	柳希春	《新增类合》
1588	校正厅	《小学谚解》
1590	校正厅	《孟子谚解》
1590	校正厅	《论语谚解》
1720	洪舜明	《倭语类解》
1751	洪启禧	《三韵声汇》

1799	不详	《全韵玉篇》
1856	郑允容	《字类注释》
1908	郑若镛	《儿学编》
1909	池锡永	《字典释要》
1915	朝鲜光文会	《新字典》
1940[①]	文世荣	《朝鲜语辞典》

4. 舌上音知系二等字的变化

李得春（1994）认为，知系二等字一部分变成ts-和ts^h-，剩下的保留t-和t^h-。他提到知系二等字和端系一等字基本上声母相同，但未说明有多少知系二等字声母保留t-、t^h-。如果实际查阅南广祐的字典，可以发现知系二等字中，声母是t-、t^h-的汉字比声母是ts-、ts^h的汉字多得多。

（14） 知系二等字 ＞SK　　　t- ~ t^h-　　　26　　70.3%

　　　　　　　　　　　　　t- ~ ts- ~ ts^h-　2　　5.4%

　　　　　　　　　　　　　ts- ~ ts^h-　　　9　　24.3%

　　　　　　　　　　　　　共37字　　　　　　　100.0%

4.1 非腭化的情况

下面是知系二等字中声母为t-或t^h-的26个字的音韵信息。本章汉字音变化资料中：如"戆"字1799年的读音所示，用"-"连接正音和俗音；如"椓"字1909年的读音所示，用"/"连接异音。本章18世纪以前汉字音标记方法是基于Ramsey（1991），稍作了调整。因此本章的标记方法和其他章有所不

[①] 笔者写作时由于文世荣《朝鲜语辞典》使用权限的限制，部分1940年的字音参考的是张三植（1972）。这是考虑到1940年到1970年语音几乎没有变化。现在这本词典在世宗计划主页可以下载。

第十二章 汉字音腭化的词汇扩散变化

同，请读者留意。①

(15)②

	1448	1527	1576	1720	1751	1799	1856	1909	1940
懟	.	.	taŋ	.	tsaŋ	tsaŋ-taŋ	.	taŋ	taŋ
卓	toak	tʰak	tʰak	.	tsʰak	tsʰak-tʰak	tsʰak-tʰak	tʰak	tʰak
倬	toak	.	.	.	tsʰak	tsʰak-tʰak	tsʰak-tʰak	tʰak	tʰak
啄	toak	tʰak	tʰak	tʰak	tsʰak	tsʰak-tʰak	tsʰak-tʰak	tʰak	tʰak
椓	toak	.	.	.	tsʰak	tsʰak-tʰak	tsʰak-tʰak	tsʰjok/tsʰak/tʰak	tʰak
琢	toak	.	tʰak	.	tsʰak	tsʰak-tʰak	tsʰak-tʰak	tʰak	tʰak
瞠	tʰɐiŋ	.	.	.	tsɐiŋ	tsɐiŋ/tsiŋ	tsɐiŋ/tsiŋ	tsɛŋ/tsiŋ	taŋ
逴	toak	.	.	.	tsʰak/tsjak	tsʰak-tʰak/tsjak	tsʰjak/tsjak-tʰak	tak/tsyak-tsak	tʰak
踔	.	.	.	.	tsʰak	tsʰak-tʰak	tsʰak-tʰak	tʰak	tʰak
坼	ttɐik	tʰɐik	tʰak	.	tsʰɐik	tsʰɐik-tʰak	tsʰɐik-tʰak	tʰak	tʰak
拆	tɐik	.	.	.	tsʰɐik	tsʰɐik-	tsʰɐik-	tʰak	tʰak

---

① 为保持全书的统一，我们把"ㅈ"（c-）和"ㅊ"（cʰ-）改为 ts-和tsʰ-。考虑到18—19世纪转换期韩语发生了单元音化，我们改变了元音的标音方法。例如，元音"ㅔ"和"ㅐ"以这时期为准从复合元音改为单元音e和ɛ。不过，紧音仍标记成tt-、pp-这种形式。

② 【译者注】原著第十二章将中世韩语、字母转写为ʌ，译稿统一作ɐ。

◆ 韩国汉字音新探

					tʰak	tʰak			
豸①	ttai				tsʰai	tsʰai	tsʰɛ	tsʰɛ	tʰɛ
撑	.	tʰɐiŋ	tʰɐiŋ	tʰɐiŋ	tsɐiŋ	tsɐiŋ-tʰɐiŋ	tsɐiŋ	.	tʰɐiŋ
撞	ttoaŋ	.	taŋ	.	tsaŋ	tsaŋ-taŋ	taŋ	taŋ	taŋ
幢	ttoaŋ	taŋ	.	.	tsaŋ	tsaŋ-taŋ	tsaŋ-taŋ	taŋ	taŋ
棹	.	to	to	.	.	so-to	tso-to	to	to
啅	tʰak	.	.	.	tsʰak	tsʰak-tʰak	tsʰak	.	tʰak
憧	ttoaŋ	.	.	.	toŋ	tsʰuŋ-toŋ	tsʰuŋ	toŋ	toŋ
橙	ttɐiŋ	tiŋ	.	.	tiŋ	tsɨŋ/tsɐiŋ	tsɐiŋ/tsɨŋ	tsɨŋ	tiŋ
浊	ttoak	tʰak	tʰak	tʰak	tsʰak	tsʰak-tʰak	tsʰak-tʰak	tʰak	tʰak
擢	ttoak	.	.	.	tsʰak	tsʰak-tʰak	tsʰak-tʰak	tʰak	tʰak
濯	ttoak	.	tʰak	.	tsʰak	tsʰak-tʰak	tsʰak-tʰak	tʰak	tʰak
绽	ttan	tʰan	.	tʰan	tsan	tsan-tʰan	tsan-tʰan	tʰan	tʰan
宅	tʰɐik/ttɐik	tʰɐik	tʰɐik	.	tsʰɐik	tsʰɐik-tʰɐik	tsʰɐik-tʰɐik	tʰɐik-tʰek	tʰɛk

---

① 这个字也是知系三等字，意思是"没有脚的虫子"，音是"지"（tsi）。如果表示的是传说中的动物獬豸（韩国古代建筑前常有獬豸的雕像），音是"태"（tʰɛ），这时是知系二等字。

第十二章 汉字音腭化的词汇扩散变化

择	ttek	.	tʰɐik	tʰɐik	tsʰɐik	tsʰɐik- tʰɐik	tsʰɐik-. tʰɐik	tʰɛk
泽	tteik	tʰɐik	tʰɐik	.	tʰak/ tsʰɐik	tsʰɐik- tʰɐik/ tʰak	tsʰɐik- tʰɐik/ tʰak	tsʰɛk- tʰɛk/ tʰak	tʰɛk

上面所有汉字在现代汉语中声母都读塞擦音，因此现代汉字音声母读塞音是非常例外的现象。值得注意的是，从1751年《三韵声汇》到1915年《新字典》这些字同时记录了齿龈塞音t-/tʰ-和塞擦音ts-/tsʰ-的读音。这期间基本上塞擦音声母记为正音，塞音声母记为俗音。知系二等字在这期间好像有两种发音。如果这是事实，上面的汉字在20世纪初期如何定型为塞音t-/tʰ-? 哪些汉字数百年期间读塞音或塞擦音，但在1933年由于拼写法统一案，塞擦音读法突然消失，只读成塞音？这种人为性变化的例子在其他汉字中是找不到的。因而笔者怀疑上面的汉字是否确实有塞擦音的读法。那么1751年到1915年间这些汉字的塞擦音声母意味着什么？注意这些塞擦音一般为正音，虽然正音对当时字典的编纂者来说，是合乎汉语音的读音，但估计实际上民间几乎没有通用。这可以视为矫枉过正。因此1933年制定拼写统一案时，放弃了持续数百年的正音，将俗音设为标准音。

4.2 腭化的情况

下面将知系二等字中声母变成ts-/tsʰ-的汉字按腭化的顺序排列。这类字约占南广祐的字典知系汉字的四分之一。

(16)	1448	1527	1576	1720	1751	1799	1856	1909	1940
赚	ttam	tam/ tsam	.	.	tsam	tsam	tsam	tsam	tsam

韩国汉字音新探

字									
谪	tɐik	tjek	tjek	tsjek	tsjek	tsjek	.	tsjək-tsək	tsək
摘	tɐik/tʰjek	.	tjek	tjek	tjek/tsjek	tjek/tsjek	tjək/tsjək	tjək/tsək-tsjək	tsək
嘲	tjoŋ①	tjo	.	.	tsjo	tsjo	tsjo	tso	tso
侘	tʰa	.	.	tsʰa	tsʰa-tʰa	tsʰi-tʰa	tʰa	tsʰa/tʰa	
桯	ttɐiŋ	tjeŋ	.	.	tsjeŋ	tsjeŋ	tsjəŋ	tsjəŋ-tsəŋ	tsəŋ
翟②	ttjek	.	.	tsʰɐik/tjek	tjək/tsʰɐik	tjək/tsʰɐik	tjək/tsʰɐik	tsək	
喋	ttjep	.	.	tsjep/tsap	tʰjep/tsap	tʰjəp/tsap	tʰjəp-tsʰəp/tsap	tsʰəp	
丁	tɐiŋ/tjeŋ	tjeŋ	tjeŋ	tjeŋ	tjeŋ	tjeŋ/tsɐiŋ	tjəŋ/tsɐiŋ	tjəŋ-tsəŋ/tsɐiŋ-tsəŋ	tsəŋ

这些汉字从1527年开始到1799年完成腭化经过了大约270年。9字中除了"赚"和"侘"外，7字都有滑音j。容易发现，滑音j是腭化的条件。这些字为什么出现了滑音j？"赚"和"侘"没有滑音j，为什么声母也能变成塞擦音？这些仍是疑问。这里值得注意的是，"赚"和"侘"的元音是a。（18）

---

① 【译者注】《东国正韵》高韵、杲韵、诰韵、鸠韵、九韵、救韵带韵尾ŋ，这是人为规定，不反映实际音值。

② "翟"及下面的"喋、丁"既是知系二等字，也是端系四等字。

第十二章　汉字音腭化的词汇扩散变化

中"茶"和"湛"元音也是a。低元音a引起腭化的情况十分罕见。这些字的声母从t-变成ts-的时间整理如下：

（17）1527　赚

　　　1720　嫡

　　　1751　摘、嘲、咤、锃、翟、喋

　　　1799　丁

虽然例子不多，但知系二等字的变化速度与词汇扩散理论提出的所谓"S"曲线是一致的。"S"曲线是指在音变初期，在有限的词语中慢慢发展，但一旦加速，便迅速扩散到大量词语中，然后再逐渐变慢。①

下列知系二等字既读t-，又读ts-或tsʰ-。"茶"读ta和tsʰa，"湛"读tam（快乐）、tsam（便安、姓氏）、tsʰim（掉进、淹没）。

（18）茶　tta　ta②　ta　ta　tsʰa　tsʰa-　tsʰa-　ta　ta/
　　　　　　　　　　　　　　　　　ta　　ta　　{tsʰa}　tsʰa

　　　湛.　　.　　tam　.　　tam/　.　　tam/　tsam　tam/
　　　　　　　　　　　　　tsam/　　　tsam/　　　　tsam/
　　　　　　　　　　　　　tsʰim　　　tsʰim　　　　tsʰim

在数十年前"다 한 잔"（ta.han.tsan）（一杯茶）的说法通用于一部分庆尚方言。现在几乎没有人将"차 한 잔"（tsʰa.han.tsan）说成"다 한 잔"（ta.han.tsan）。以前也有过"다례"（ta.rje）的说法，现在都说成"차례"（tsʰa.rje）。"다방"（ta.paŋ）（茶房）的使用频率也正在下降。虽然偶尔还能听到"티켓다방"（tʰi.kʰet.ta.paŋ），但和二三十年前相比，日常会话中听到tapaŋ的次数很少。这不仅仅是受到"카페/커피숍"（kʰa.pʰe/ kʰə.pʰi.sjop）等

---

① "S"曲线请参考（29）。

② 《训蒙字会》（1527）的训读已是"차"（tsʰa）。

◆ 韩国汉字音新探

外来词的影响。

（19）　　t-　　　　　茶房　　　tapaŋ
　　　　　t- ~ tsʰ-　　茶礼　　　tarje ~ tsʰarje
　　　　　tsʰ-　　　　茶盏　　　tsʰatsan

笔者着眼于"茶"的这种变化，Eom（1999a）对知系二等字是否在变化之中提出了疑问。虽然"茶"本身可能在变化中，但由于知系二等字没有其他例子，所以主张所有知系二等字都在变化会显得草率。"湛"不是常用字，观察其音变不太容易。总之，因为"茶"和"湛"也有腭化的读音，将这些字包括在内，对（14）稍作修正如下：

（20）知系二等字＞　SK　　t- ~ tʰ-　　　26　　70.3%
　　　　　　　　　　　　　ts- ~ tsʰ-　　11　　29.7%
　　　　　　　　　　　　　　　共37字　100.0%

这里有一个问题，就是实际音变的时期和文献中出现的时期可能不一致。一般来说，音变反映在文献上会比实际音变滞后。因为拼写法不会直接反映音变。例如，"의"（ɨi）的读音因地区、个人、情景不同，包括"의"（ɨi）、"으"（ɨ）、"이"（i）、"에"（e）。一般首音节读ɨ，作属格标记时读e，其他情况读ɨi或i（Sohn 1999）。但写的时候仍写作"의"（ɨi），如（21）。[①]

（21）a. 의자"椅子"，의리"义理"，의사"医师"
　　　 b. 우리의 소원"我们的愿望"
　　　 c. 강의"讲义"，사의"谢意"，고의"故意"

[①] 几年前韩国市场热销的烧酒"김삿갓"（kim.sat.kat）的广告词是"소주 위에 소주"（so.tsu wi.e so.tsu），而不是"소주 위의 소주"（so.tsu wi.ɨi so.tsu）。写的是"에"（e）而非"의"（ɨi）。这是为了更好的广告效应而故意违反拼写法。

特别有趣的是，"ᅴ"（ɨi）元音和辅音结合的音节只有一个"희"（hɨi）。如下例所示，hɨi不论在什么情况都读hi［南基拓（音译）1998 私下交流］。

（22）a. 희극 [hi.kik] 희롱 [hi.roŋ] 희망 [hi.maŋ] 희박 [hi.pak]
　　　b. 고희 [ko.hi] 숙희 [suk.hi] 환희 [hwan.hi]

即便如此，"희"（hɨi）一直写作"희"（hɨi），而不是"히"（hi）。和前面指出的一样，这是拼写法不能及时跟上音变的缘故。本章所依据的文献大部分不反映口语的音变，只是读书音资料。这些文献中的音变反映的是读书音的变化，而不是口语的变化。由于没有其他办法研究过去音变的痕迹，本章对这种时间上的不一致不再赘议。

5. 舌上音知系三等字的变化

知系三等字比知系二等字多很多。南广祐的字典中收录的知系三等字超过96%都变成了ts-或tsʰ-，占绝大多数。只有七个字的声母为t-或tʰ-。

（23）知系三等字　＞　SK　　t- ~ tʰ-　　　7　　　4.0%
　　　　　　　　　　　　　ts- ~ tsʰ-　　170　　　96.0%
　　　　　　　　　　　　　共177字　　　100.0%

5.1 腭化的情况

下列是随机选中的知系三等字中出现腭化的汉字。

◆ 韩国汉字音新探

(24)

	1448	1527	1576	1720	1751	1799	1856	1909	1940
沾	tʰjem/ tsjem	.	tʰjem	.	tsʰjem	tsʰjem	tsʰjem	tʰjəm	tsʰjəm
笳	.	tje	. {tsje}	.	tsje	tsje	.	tsjə	tsjə
氈	tjen	.	tsjen	.	tsjen	tsjen	tsjən	tsjən	tsən
长	ttjaŋ/ tjaŋ	.	tjaŋ	tsjaŋ	tsjaŋ	tsjaŋ	tsjaŋ	tsjaŋ- tsaŋ	tsaŋ
朝	tjoŋ/ ttjoŋ	tjo	tjo	tsjo	tsjo	tsjo	tsjo	tsjo-tso	tso
中	tjuŋ/ ttjuŋ	tjuŋ	tjuŋ	tsjuŋ	tsjuŋ	tsjuŋ	tsjuŋ	tsjuŋ- tsuŋ	tsuŋ
知	ti	.	ti	tsi	tsi	tsi	tsi	tsi	tsi
忠	tjuŋ	tʰjuŋ	tʰjuŋ	tsʰjuŋ	tsʰjuŋ	tsʰjuŋ	.	tsʰjuŋ	tsʰjuŋ
耻	tʰi	.	tʰi	tsʰi	tsʰi	tsʰi	tsʰi	tsʰi	tsʰi
重	ttjuŋ	.	tjuŋ	tsjuŋ	tsjuŋ	tsjuŋ	tsjuŋ	tsjuŋ-tsuŋ	tsuŋ
帐	tjaŋ	tjaŋ	tjaŋ	.	tsjaŋ	tsjaŋ	tsjaŋ	tsjaŋ- tsaŋ	tsaŋ
著	tje	.	tje	.	tsje	tsje	tsjə	tsjə	tsə
展	tjen	.	tjen	.	tsjen	tsjen	tsjən	tsjən- tsən	tsən
驻	tju	.	.	.	tsju	tsju	tsju	tsju-tsu	tsu
珍	tin	tin	tin	.	tsin	tsin	tsin	tsin	tsin
彻	tʰjel?	.	tʰjel	.	tsʰjel	tsʰjel	tsʰjəl	tsʰjəl- tsʰəl	tsʰəl
超	tʰjoŋ	.	tʰjo	.	tsʰjo	tsʰjo	tsʰjo	tsʰjo-tsʰo	tsʰo
丑	tʰjuŋ	.	.	.	tsʰju	tsʰju	tsʰju/ tsʰjuk	tsʰju	tsʰuk

262

第十二章　汉字音腭化的词汇扩散变化 ◆

程	ttjəŋ	.	tjeŋ	.	tsjeŋ	tsjeŋ	tsjəŋ	tsjəŋ- tsjəŋ tsəŋ
豸	tti/	.	tʰi	.	tsʰi/	tsʰi/	tsʰi/	tsʰi/ tsʰi/
	ttai				tsʰai	tsʰai	tsʰɛ	tsʰɛ tʰɛ
窒	til?/	.	til	.	tsil/	tsil/	tsil/	tsil tsil
	tjel?					tjel	tjel	tjəl
追	tʰjui/	.	tʰju	.	tsʰu/	tsʰju/	tsʰju/	tsʰju-tsʰu tsʰu/
	toi				tʰoi	tʰoi	tʰø	tʰø tʰø
竹	tjuk	tjuk	tjuk	tjuk	tsjuk	tsjuk	tsjuk	tsjuk- tsuk tsuk
哲	tje?	tʰjel	tʰjel	.	tʰjel	tsʰjel	tsʰjəl	tsʰjəl- tsʰəl tsʰəl

首先看腭化的条件。和腭化的知系二等字一样，知系三等字的绝大多数有滑音j。只有"知""珍""耻""豸"等在元音i前腭化。可以知道j比i更容易引起腭化。王士元教授（1999电子通信）指出，韩国汉字音里j比i更容易引起腭化，这是很有趣的现象。英式英语里滑音[j]也比[i]更容易引起腭化。比如，Tuesday出现了腭化，但tea却没有。

现在来看音变的时间。虽然数量较少，但在15世纪"沾"已有腭化的痕迹，在16世纪"筋"和"鳣"发生了腭化。1527年"筋"的音是"더"（tjə），训读是"저"（tsə），这实际上表明汉字音"더"（tjə）已腭化，用作训读。腭化初期的痕迹在"质"和"肠"中也可以找到。

（25）	1448	1515	1527	1576	1588	1590	1720	1751	1799
质	ti/tsi	.	.	tsil	tsil	tsil	tsi	tsi/tsil	tsi/tsil
	tsil?								
肠	ttjaŋ	tsʰjaŋ	tjaŋ	tjaŋ	tjaŋ	.	tsjaŋ	tsjaŋ	tsjaŋ
		{tsʰjanɐ}							

"质"读去声时是知系彻母三等字，读入声时是章母三等字。《东国正

韵》（1448）中ti和tsi是去声，tsil是入声。① 虽然《东国正韵》反映的不是当时的现实音，但"质"字的音用ti和tsi来标记暗示其已开始腭化。"肠"和其他知系三等字一样，从1720年的文献开始正式腭化。《翻译老乞大》（1515？）中出现了"쟝"（tsjaŋ），这当然是汉语音。考虑到仅12年后编纂的《训蒙字会》（1527）中，训是"애"（ɛ），音是"댱"（tjaŋ），tsʰjaŋjɛ的说法反映出"댱"（tjaŋ）已腭化。

除了上面讨论的几个字，大部分汉字在1720年到1751年经历了塞擦音化。南广祐字典中很多汉字没有列出1720年的读音，所以不能断言，但至少可以推测1720年多数知系三等字发生了腭化。因此，姜信沆（1989）主张知系汉字的腭化是在《注解千字文》（1804）中首次出现，以及李得春（1994）认为知系三等字的腭化在1751年首次出现等说法都是不准确的。

另外，在完成阶段又呈现出缓慢的变化。(26) 引自上面（24）的最后一部分。

(26)	1448	1527	1576	1720	1751	1799	1856	1909	1940
窒	tilʔ/tjelʔ	.	til	.	tsil/tjel	tsil/tjel	tsil/tjəl	tsil	tsil
追	tʰjui/toi	.	tʰju	.	tsʰu/tʰoi	tsʰju/tʰoi	tsʰju/tʰø	tsʰju-tsʰu/tʰø	tsʰu/tʰø
竹	tjuk	tjuk	tjuk	tjuk	tsjuk	tsjuk	tsjuk	tsjuk-tsuk	tsuk
哲	tjeʔ	tʰjel	tʰjel	.	tʰjel	tsʰjel	tsʰjəl	tsʰjəl-tsʰəl	tsʰəl

"窒"和"追"与其他知系三等字一样在1751年发生了腭化。但和其他知系三等字不同，在19世纪中期和20世纪初还没完全变成ts-，而是仍同t-/tʰ音竞争。"竹"是1720年没有发生腭化的确切例子。"哲"在1751年还没有发生腭化，这是出乎意料的。

对上述汉字按照腭化时间重新排序，可以清楚地看出变化的过程。

---

① 正文和资料中的记音不采用《东国正韵》式标记，而是以音值标记为主。

第十二章 汉字音腭化的词汇扩散变化

（27）1448　　　　沾质

　　　1515（？）　肠

　　　1527　　　　筯

　　　1576　　　　鳣

　　　1720　　　　长朝中知忠耻重

　　　1720—1751　帐著展驻珍窒*追*彻超程豸丑

　　　1751　　　　竹

　　　1799　　　　哲

　　　1909　　　　（窒）

　　　1940　　　　（追）

每个汉字或多或少都有点儿问题。例如，"沾"和"质"1448年以前也可能出现过腭化的读音，但没有方法确认。1720年至1751年之间腭化的汉字中，"驻"和"丑"在以前的资料中遗漏，所以也无法排除在1720年前已腭化的可能性。"窒"和"追"从1751年资料开始看到腭化的读音，但齿龈塞音声母的发音到20世纪初期都同时存在。如果从（24）没有引用的知系三等字中再找一些字，添加进（27），可以更好地观察变化。

（28）1448　　　　沾质

　　　1515（？）　肠

　　　1527　　　　筯

　　　1576　　　　鳣

　　　1720　　　　长朝中知忠耻重［丈杖场肠苌楮箸储猪传转篆郑赵柱蛛肘胄厨筹中重池智持直趁镇陈尘秩侄……］

　　　1720—1751　帐着展驻珍窒*追*彻超程豸［仗张杼仠绽眝躇潴樗侦祯赪柽肇住拄诛辀宙紬幮躅畤跱愸仲衶堙麈帙征惩澄……］

　　　1751　　　　竹［迟］

1799　　　哲

1909　　　（窒）[经]

1940　　　（追）

（28）中出现的知系三等字的音变反映了词汇扩散理论提出的语音渐变模型。因为知系三等字数量较多，所以是支持前面引用的"S"模型有力的证据。即一个音发生变化，引起相同条件的所有词汇变化，这一过程需要很长时间。知系三等字在15—17世纪经过漫长的时间渐渐出现了变化。但一旦出现加速，相同条件下的词语将迅速变化。18世纪初就是这个阶段。到了最终完成变化的阶段，变化速度再次急速下降，需要漫长的时间才完成音变。18世纪后半期到20世纪初期就是这个阶段。音变的这种情形与Chen & Wang（1975）所说的"音变是语素到语素在整体词汇中循序渐进扩散的过程"相符。这种词汇扩散的音变Wang & Cheng（1970）形象化地表示为所谓的"S"曲线，如下所示：

（29）腭化

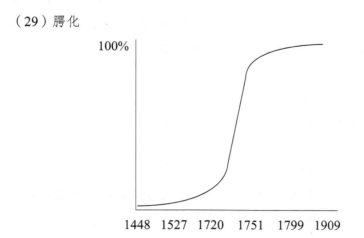

知系三等字中在1720年腭化的汉字很多，从这一点可知，比起在1751年腭化的一些知系二等字，知系三等字在数十年前就已开始腭化。问题是为什么同样的变化条件下知系二等字比三等字腭化稍晚一些。两者都是以滑音j为音

第十二章 汉字音腭化的词汇扩散变化

变条件，当时一般人如何能知晓等的差异仍是疑问。不过，知系二等字中只有几个腭化的汉字，所以这不是大问题。

5.2 非腭化的情况

下面是知系三等字中还没有发生腭化的极少数的例子。南广祐字典中收录的知系三等字中没有发生腭化的汉字一共有7个，还不到4%。这些字可重新分为两类：出现了腭化的读音但最后固定为t-，或者从未发生腭化。

(30)		1448	1527	1576	1720	1751	1799	1856	1915	1940
	迍	tjun	.	tun	.	tsjun	tun- tsjun	tun- tsjun	tun- tsjun	tun
	窀	tjun	tun	.	.	tsjun	tun- tsjun	tun- tsjun	tun- tsjun	tun
	揥	tʰjei	.	tʰei	.	tsʰje	tsʰje- tʰe	tsʰjə- tʰə	tsʰjə- tʰə	tʰə
	答	tʰi	tʰei	.	tʰei	tsʰi	tsʰi	tsʰi	tsʰi	tʰai

上面汉字中，"迍、屯、揥"三个字和其他知系三等字一样在1751年有过腭化的过程，从1799年到1915年大约100年间腭化读音和非腭化读音是共存的。而"答"从1751年开始到1915年读腭音tsʰi，之后固定为tʰai。这些汉字为什么一度读腭音声母，然后又变成非腭音，这无法解释。前边已见过正音和俗音中将俗音定为标准音的例子。在这里"迍"和"窀"的正音、"揥"的俗音分别成了现代标准音，不能一概而论。这三个字滑音j的脱落比其他知系三等字早，在1799年即18世纪末已出现滑音j的脱落，而其他知系三等字大部分是在20世纪上半叶1933年韩文拼写法统一案制定时j才正式脱落。当然，为什么这些字j先脱落仍是疑问。

◆ 韩国汉字音新探

（31） 1448 1527 1576 1720 1751 1799 1856 1915 1940
爹 tta ta . . ta ta ta ta ta
磋 . tok . . tok tok tok tok tok
怼 ttoi/ . . . tɐi tɐi tɐi tɛ tɛ
　　 ttjui

上面三例是知系三等字中从未经历腭化的汉字。"爹"是知母三等字，又是定母一等字。"磋"是澄母三等字，又是定母一等字。"怼"是澄母三等字。因为"爹"和"磋"也是定母即端系汉字，可能对声母变成t-在某种程度上有所影响。但"怼"不属于端系，却也没有经过腭化的过程，这种情况十分罕见。总之，它们不具备腭化的条件i或j，所以可以看作没有发生腭化。

6. 舌头音端系一等字的变化

大部分端系一等字和汉语一样没有经历腭化过程。南广祐字典中收录的323个端系一等字中超过97%的字读t-/t^h。

（32）端系一等字 ＞ SK　　t-/t^h-　　　　　314　　97.2%
　　　　　　　　　　　　　t-/t^h- ~ ts-/ts^h-　4　　0.9%
　　　　　　　　　　　　　ts-/ts^h-　　　　　5　　1.9%
　　　　　　　　　　　　　共323字　　　　100.0%

下面是在端系一等字完全没有经历腭化的汉字中随机提取的样本。

6.1 非腭化的情况

（33） 1448 1576 1720 1751 1799 1856 1909 1915 1940
多 tsi/ta ta ta ta ta ta ta ta ta

第十二章 汉字音腭化的词汇扩散变化

字	1	2	3	4	5	6	7	8	9
单	tan/ssjen	tan	.	tan/sen	tan/sjen	tan/sjən	tan/sjən-sən	tan/sən	tan/sən
答	tap	tap	tap	tap	tap	tap	tap	tap	tap
当	taŋ	taŋ	taŋ	taŋ	taŋ	taŋ	taŋ	taŋ	taŋ
德	tɨk	tek	tek	tek	tek	tək	tək	tək	tək
刀	toŋ	to	to	to	to	to	to	to	to
冬	toŋ	toŋ	toŋ	toŋ	toŋ	toŋ	toŋ	toŋ	toŋ
得	tɨk	tɨk	tɨk	tɨk	tɨk	tɨk	tɨk	tɨk	tɨk
登	tuŋ	tiŋ	tiŋ	tiŋ	tiŋ	tiŋ	tiŋ	tiŋ	tiŋ
堆	toi	tʰoi	.	tʰoi	tʰoi	tʰø	tʰø	tʰø	tʰø
贷	tɐi/tʰɨk	tɐi	tɐi	tɐi/tʰɨk	tɐi/tʰɨk	tɐi/tɨk	tɐi-tɛ	tɛ/tʰɨk	tɛ/tʰɨk
敦	ton/tton	ton	.	ton/tan	ton/tan	ton/tan	ton/tan	ton/tan	ton/tan
他	tʰa/tta	tʰa	tʰa	tʰa	tʰa	tʰa	tʰa	tʰa	tʰa
托	tʰak	tʰak	.	tʰak	tʰak	.	tʰak	tʰak	tʰak
吞	tʰɐn	tʰɐn	tʰɐn	tʰɐn	tʰɐn	tʰɐn	tʰɐn-tʰan	tʰan	tʰan
土	to/tʰo/tto	tʰo	tʰo	tʰo/tu	tʰo/tu	tʰo/tu	tʰo/tu	tʰo/tu	tʰo
桶	tʰoŋ/joŋ	tʰoŋ	tʰoŋ	tʰoŋ/joŋ	tʰoŋ/joŋ	tʰoŋ/joŋ	tʰoŋ/joŋ	tʰoŋ/joŋ	tʰoŋ/joŋ
偷	tʰuŋ	tʰu	tʰu	tʰu	tʰu	tʰu	tʰu	tʰu	tʰu
达	tʰalʔ/ttalʔ	tal	.	tal	tal	tal	tal	tal	tal
大	tʰai/tta/ttai/tʰoa	tai	tai	tai	tai/ta/tʰai	tɛ/ta/tʰɛ	tɛ	tɛ/ta/tʰɛ	tɛ

269

韩国汉字音新探

度	tto/ttak	to/tʰak	.	to/tʰak	to/tʰak	to/tʰak	to/tʰak	to/tʰak	to/tʰak
豆	tuŋ/ttɯŋ	tu	.	tu	tu	tu	tu	tu	
弹	ttan	tʰan	tʰan	tʰan	tʰan	tʰan	tʰan	tʰan	tʰan
特	ttɨk	tʰɨk	tʰɨk	tʰɨk	tʰɨk	tʰɨk	tʰɨk	tʰɨk	tʰɨk

上面列举的端系一等字因为自古以来完全没有腭化，所以不在讨论之列。端系一等字没有腭化是因为没有滑音j或元音i。但"多"在《东国正韵》（1448）中出现了ta和tsi，不知有何依据。"单"用tan和sən标记是因为其本来就是多音字。表示"单独"或"独自"义时是端母一等字，读tan；用作"姓氏或地名"时是禅母一等字，读sən。"桶"在汉语中是透母一等上声字，原来是单音字。但汉字音读"퉁"（tʰoŋ）和"용"（joŋ）（量器斛）。"单"和"桶"不是t-和ts-之间的变化，这里不再细论。

下面是读tʰ-和ts-/tsʰ-的汉字。

（34）

	1448	1576	1720	1751	1799	1856	1909	1915	1940
桧	tʰoal?/tsjujel?	.	tsjel	tsjel	tsjel	tsjəl	tsjəl-tsəl	tʰal/tsjəl	tʰal/tsəl
啴	tʰan/tsʰjen	.	.	tʰan/tsʰen	tʰan/tsʰen	tʰan/tsʰən	tsʰən	.	tʰan/tsʰən
推	tʰoi/tsʰjui	tʰju/tsʰju	.	.	tʰoi/tsʰju	tʰø/tsʰju	tʰø/tsʰju	tʰø/tsʰju	tʰø/tsʰu
拓	tʰak	tʰak	.	.	tʰak/tsʰjek	tʰak/tsʰjek	tʰak/tsʰjək	tʰak/tsʰjək	tʰak/tsʰək

上面的汉字好像是处在声母t-/tʰ-渐变成ts-/tsʰ-的过程中。然而，它们都是多音字。"桧"据《广韵》有两读，皆读入声，为透母臻摄一等和章母山摄

第十二章 汉字音腭化的词汇扩散变化

三等。汉字音中表"棍子"的 t^hal 和表"梁上短柱"的 $ts\partial l$ 分别对应汉语中古音的两读。因此，应该认为端系一等字没有经历腭化。"啴"在《广韵》中为"他干切"（马喘）和"昌善切"（宽绰）。t^han 是据前一个反切，$ts^h\partial n$ 据后一个反切。"推"也一样。"推"《广韵》反切是"他回切"和"叉佳切"（排也）。汉字音"퇴"（$t^h\phi$）和"추"（ts^hu）是依据这两个反切。"拓"《广韵》也出现了两个反切。"他各切"在汉字音中为"탁"（t^hak），"之石切"为"척"（$ts^h\partial k$）。训分别是"拓印"和"开拓"。综上所述，"梲、啴、推、拓"四字的汉字音读 t^h- 和 ts-/ts^h- 是因为其在汉语中是两个音。如果把这些字归为端系字，应视为还没腭化。而以 ts 和 ts^h 为声母的音属于章系或精系，汉语原来就是塞擦音。因此，前面提到的对端系一等字腭化分类的统计需稍加修改。

（35）端系一等字　>　SK　　t-/t^h-　　318　　98.5%
　　　　　　　　　　　　　　ts-/ts^h-　　5　　　1.5%
　　　　　　　　　　　　　　共323字　100.0%

6.2 腭化的情况

下面是端系一等字中读塞擦音声母的汉字，按变化先后排序。

（36）

	1448	1576	1720	1751	1799	1856	1909	1915	1940
倜	ttjuɲ	tju	.	tsju	tsju	.	tsju-tsu	tsju	tsu
凸	ttjel?	.	t^hjel	t^hjel	t^hjel-tjel	t^hjəl-ts^hjəl	t^hjəl	t^hjəl-tjəl	ts^həl
掇	.	t^hjel	.	t^hal	.	t^hal-t^hjəl	ts^hjəl-ts^həl	t^hal	ts^həl
髑	.	.	.	tok	tok	t^hjok-tok	t^hjok-ts^hok	tok/t^hjok	ts^hok

| 逮 tɐi/ | tʰjei | . | tʰjei/ | tʰjei/ | tʰje/ | tʰɐi/ | tʰje/ | tsʰe |
| ttje | | | tai | tʰɐi | tʰɐi | tʰje | tʰɛ | |

上面的汉字是端系一等字且原来带滑音j，或者像"髑"一样后来产生了滑音j。不知本应没有的滑音j为何会出现，但可见腭化的条件和知系汉字相同。这些字塞擦音化的时间整理如下：

（37）1751　俦
　　　 1856　凸
　　　 1909　掇髑
　　　 1940　逮

然而很难从这五个字中得出什么结论，因为字这么少，又是在约两百年间发生的音变。

7. 舌头音端系四等字的变化

南广祐字典中收录了端系四等字139字，其中占93.5%的130字塞擦音化。剩下9字中，3字读齿龈塞音和腭塞擦音，6字只读齿龈塞音。

（38）端系四等字 > SK　　t-/tʰ-　　　　　　6　　　4.3%
　　　　　　　　　　　　　t-/tʰ- ~ ts-/tsʰ-　3　　　2.2%
　　　　　　　　　　　　　ts-/tsʰ-　　　　 130　　 93.5%
　　　　　　　　　　　　　　　　　　　　共139字　100.0%

7.1 腭化的情况

下面是腭化的130个字中随机挑选的端系四等字。

第十二章 汉字音腭化的词汇扩散变化

(39)

	1448	1527	1576	1720	1751	1799	1856	1909	1940
底	tjei/tsi	.	tje	tje	tje/tsi	tje	tjə	tjə-tsə	tsə
填	ttjen	.	tjen	tjen	tsin/tjen	tsin/tjen	tsin/tjən	tsin/tjən	tsən
踢	tjek	tjek	.	.	tjek/tsʰjek	tjek/tsʰjek	.	tjək-tsək	tsək
贴	tʰjep	tʰjep	.	.	tsʰjep	tʰjep	tʰjəp	tʰjəp-tsʰəp	tsʰəp
涕	tʰjei	tʰjei	tʰjei	.	tʰjei/tsjei	tʰjei	.	tʰje-tsʰe	tʰje
调	ttjoŋ/tjuŋ	tjo	tjo	.	tjo/tsju	tjo/tsju	tjo/tsju	tjo-tso/tsju-tsu	tso
丁	tɐiŋ/tjeŋ	tjeŋ	.	tjeŋ/tjɐeŋ	tjeŋ	tjeŋ/tsɐiŋ	tjəŋ	tjəŋ/tsɐiŋ-tsɐŋ	tsəŋ
厅	tʰjeŋ	tʰjeŋ	tʰjeŋ	tʰjeŋ	tʰjeŋ	tsʰjeŋ	tsʰjəŋ	tsʰəŋ-tsʰjəŋ	tsʰəŋ
梯	tʰjei/ttjei	tjei	tjei	tjei	tjei	tjei	tsje	tje-tse	tse
蝶	ttjep	tjep	tjep	tjep	tjep	tjep	tsjəp	tjəp-tsəp	tsəp
鸟	tjoŋ	tjo	tjo	tjo	tjo	tjo	tjo	tjo-tso	tso
天	tʰjen	tʰjen	tʰjen	tʰjen	tʰjen	tʰjen	tʰjən	tʰjən-tsʰən	tsʰən
铁	tʰjelʔ	tʰjel	tʰjel	tʰjel	tʰjel	tʰjel	tʰjəl	tʰjəl-tsʰəl	tsʰəl
低	tei	.	tje	.	tje	tje	tjə	tjə-tsə	tsə

狄	tʰjek/ ttjek	tjek	tjek	.	tjek	tjek	tjək	tjək-tsək
田	ttjen	tjen	tjen	tjen	tjen	tjen	tjən	tjən-tsək	tsən
店	tjem	tjem/tem	.	tjem	tjem	.	tjəm	tjəm-tsəm	tsəm
庭	ttjeŋ	tjeŋ	tjeŋ	tjeŋ	tjeŋ	tjeŋ	tjəŋ	tjəŋ-tsəŋ	tsəŋ
蜓	ttjeŋ	tjeŋ	.	tjeŋ	tjeŋ	tjeŋ	tjəŋ	tjəŋ-tsəŋ	tsəŋ
弟	ttjei	tjei	tjei	tjei	tjei	tjei	tje	tje-tse	tse
跌	ttel?	til	.	.	tjel	tjel-til	tjəl-til	til-tsil	tsil
堤	tjei	tjei	.	.	tjei	tjei	tjəi	tjəi	tse

端系四等字的变化条件也是滑音j。上面资料中只有"填"在元音i前音变，是唯一的例外。从上面资料可以看出最早发生腭化的汉字是"底"。但"底"是多音字，意义不同，音也不同。例如，《东国正韵》中，表示"下面"义时读"뎨"（tjei），表示"抵达"义时读"지"（tsi）。如果排除这些字，端系四等字腭化的例子到1720年为止还未出现。到1751年一部分汉字的读音才开始腭化，和齿龈塞音声母开始通用。之后开始缓慢变化。到1909年为止，几乎大部分的端系四等字完成了腭化。特别是"低、店、庭、蜓"在1908年刊行的《儿学编》中，已用腭化声母tsə、tsəm、tsəŋ、tsəŋ来标记。整理如下：

（40）1751　　填蹢贴涕调

　　　1799　　丁厅

第十二章 汉字音腭化的词汇扩散变化

1856　　梯蝶

1908　　低店庭蜓

1909　　鸟天铁狄田弟跌

1940　　底堤

端系四等字从1751年开始腭化，到1909年基本完成。将（39）没有收录的其他端系四等字补充进（40），整理如下：

（41）A组（1751）：抵填蹢贴涕调

　　　B组（1799）：丁厅

　　　C组（1856）：梯蝶

　　　D组（1908）：低店庭蜓听钓

　　　E组（1909）：鸟天铁低狄田弟跌邸抵柢弤抵羝诋抵狄荻逖的靮迪
　　　　　　　　　　笛滴敌钿典殿奠电填颠（大部分端系四等字）

　　　F组（1940）：底堤

我们再次采用Wang（1969）的模型，将上例形象地表示为（42）。（42）中，U表示没有变化，即unchanged，C表示已变化，即changed。

（42）	1720	1751	1799	1856	1908	1909	1940
A组	U	C	C	C	C	C	C
B组	U	U	C	C	C	C	C
C组	U	U	U	C	C	C	C
D组	U	U	U	U	C	C	C
E组	U	U	U	U	U	C	C
F组	U	U	U	U	U	U	C

通过分析以上的资料，可发现以下事实：

(43) a. 端系四等字约从1751年开始变化，比知系汉字晚。
　　　b. 从18世纪中期到19世纪中期以几乎感知不到的速度缓慢变化。
　　　c. 20世纪初变化完成。

　　1856年的资料中看不见腭化的端系四等字，到1909年俗音几乎都已腭化，从这一点可以判断，至少19世纪后期开始端系四等字经历了快速的变化。这种判断就以书面语为中心的读书音而言是妥当的。所以姜信沆（1989b）提出的舌头音即端系汉字从18世纪末开始变化的主张是不对的。端系四等字的腭化与知系的变化相比，结束得更快。尽管如此，端系四等字的变化还是符合词汇扩散理论，因为变化是从18世纪中期开始，20世纪初期完成。而且词汇扩散理论所说的逐步音变并不设定绝对的时间基准。

　　（41）中的6组汉字，分别根据什么音韵、形态或意义条件决定变化先后，这一问题也很有趣。例如元音的种类或词语的使用频率可能决定变化的顺序。但可惜的是尚不清楚各组汉字有什么语言学特质。①

7.2 非腭化的情况

　　下面是端系四等字中没有腭化的汉字。南广祐字典中有6个字，在端系四等字中占4.3%。它们中一部分不具备引起腭化的条件，即滑音j或元音i，剩下的字即使有j、i也没有发生腭化。

(44)
	1448	1527	1576	1720	1799	1856	1909	1915	1940
徒②	tto	.	to	to	to	to	to	to	to
踢	ttaŋ	.	.	.	tʰaŋ	.	tʰaŋ	tʰaŋ	tʰaŋ
诞	ttan	.	tʰan	.	tʰan	tʰan	tʰan	tʰan	tʰan
挑	tʰom/	.	.	.	tjo	tjo	tjo-tso	tjo	to

---

① 在第9届国际中国语言学学会年会上，张敏教授也指出了这一点。
② "徒"和"挑"都既是透母四等字，又是定母四等字。透母和定母都属端系，只有送气和清浊的差别，都是齿龈塞音，因此本章只算一次。

第十二章　汉字音腭化的词汇扩散变化

	$t^hjoŋ$								
跳	ttoŋ	tjo	.	.	tjo	tjo	tjo-tso	tjo	to
掉	ttjuŋ	.	.	.	to-tjo	to	to	to-tjo	to

上面6个字中，"徒、踢、诞"没有腭化，因为这些字不具备腭化的条件。而"挑、跳、掉"没有腭化就比较特殊，因为它们具备引起腭化的因素滑音j。它们为什么没有腭化仍是疑问。

下面是读t-/t^h-或ts-/ts^h-的汉字。

(45)	1448	1527	1576	1720	1799	1856	1909	1915	1940
鈦	ttai	t^hai	.	.	t^hjei/ tai	t^hje/ tɛ	t^hje-/ ts^he/tɛ	t^hje/ tɛ	ts^he/ t^hɛ
愓	ttaŋ	.	.	.	t^haŋ	t^haŋ	t^haŋ	t^haŋ/ ts^hək	t^haŋ
棣	ttjei/ ttɛi	t^hjei	.	.	t^hjei/ t^hɛi	t^hje/ t^hɛi	t^hje-ts^he/t^hje/ t^hɛi-t^hɛ	ts^he/ t^hɛ-t^hɛi	t^he

据《广韵》，当"鈦"的意思是"以锁加足"或"铁钳"时，反切为"特计"，又音大。当"鈦"的意思是"钳"时，反切是"徒盖"。前者汉字音是"톄"（t^hjei）或"대"（tai），后者是"대"（tai）。无论如何，中古音的声母是定母，属端系字。因此现代汉字音"체"（ts^he）和中古音没有任何关系，而是因为滑音j发生腭化。总之，还不能确定"鈦"的现代汉字音的首要读音到底是什么。南广祐（1995）认为"鈦"的首要读音是"태"（t^hɛ），第二位的读音是"체"（ts^he）。张三植（1972）认为，首要读音是"체"（ts^he），第二位的读音是"대"（tɛ）。因此这个字的读音到现在为止还没有准确的说法。"愓"表"放荡"义时读"탕"（t^haŋ），但如果表"害怕"或"小心"义，读"척"（ts^hək）。《广韵》中为入声"他历切"，是单音字。"愓"是透母四等字，上古音以来经历了*t^hiek> t^hiek> t^hi> t^hi的变化。因而，

tsʰək可以看作接近汉语音。但阳声韵tʰaŋ音是怎么形成的仍是疑问。"棣"（山樱桃）读"체"（tsʰe），但是表"熟练"义时读"태"（tʰɛ）。这个字汉语中是单音字。《广韵》中为去声"特计切"，和前面讨论的"鈦"的反切相同。"棣"是定母蟹摄四等字，"태"（tʰɛ）音和汉语音比较相似。汉语从上古音到现代经过了*diei>diei>ti>ti的音变，所以tsʰe音和汉语音没有任何关系，是滑音j引起的汉字音内部变化。总之，"鈦、惕、棣"三字部分情况下读腭音声母，前文提出的端系四等字各声母分化情况可修改如下：①

（46）端系四等字 > SK t-/tʰ-　　　　6　　　　4.3%
　　　　　　　　SK ts-/tsʰ-　　　133　　　　95.7%
　　　　　　　　共139字　　　　　　　　　　100.0%

8. 结语

先前研究把舌音系汉字整体看作汉字音腭化的单位，本研究摆脱了这种倾向，将舌音系汉字分为舌上音知系和舌头音端系，再分为知系二等字和三等字、端系一等字和四等字进行分析。结果如下：

（47）　　　　　　　t- ~ tʰ-　　　　　ts- ~ tsʰ-
　　知系二等字　　26（70.3%）　　　11（29.7%）
　　知系三等字　　7（4.0%）　　　　170（96.0%）
　　端系一等字　　318（98.5%）　　　5（1.5%）
　　端系四等字　　6（4.3%）　　　　133（95.7%）

从上表可以看出，大多数知系二等字和大部分端系一等字读t-或tʰ-声母，而大部分知系三等字和端系四等字完成了腭化。

---

① Hancom软件8.15版中，"鈦"只在"대"（tɛ）音下面出现，"惕"只在"척"（tsʰək）音下面出现。"棣"在"체"（tsʰe）和"태"（tʰɛ）音下面均能找到。

第十二章　汉字音腭化的词汇扩散变化 ◆

本研究的目的是推测腭化的原因和过程，观察的焦点集中于知系三等字和端系四等字的变化。它们在不同的时间开始变化，完成的时间也不一样。

(48) a. 知系三等字在1448年发行的《东国正韵》中已可以看到腭化的例子。正式的腭化是从1720年《倭语类解》开始。1751年发行的《三韵声汇》中大部分字已腭化。知系二等字的一部分也是在1751年大量腭化。

b. 端系四等字从1751年《三韵声汇》到1856年《字类注释》变化较慢，1909年《字典释要》开始大量腭化。

可见，知系三等字的腭化从15世纪中期开始到18世纪中期大约经过了300年的岁月，端系四等字的腭化从18世纪中期开始到20世纪初大约经过了150年。同时大部分的知系三等字和端系四等字腭化后，极少数的汉字还在继续变化。本研究的意义在于，在姜信沆（1989b）、李得春（1994）等现有研究的基础上准确阐明了腭化的时期。更重要的是，证明了汉字音腭化经过长久的岁月缓慢进行这一事实。新语法学派的规则性假说认为语音本身的变化要经历漫长的时期，但在词汇中的扩散是瞬间完成的。词汇扩散理论认为语音的变化在相同条件的整个词汇中逐渐扩散。汉字音的腭化过程更符合词汇扩散理论。

对腭化的原因本章几乎没有谈及。王士元在Wang（1969）之后提出的词汇扩散初期理论只承认音变的内在原因。这和新语法学派的见解几乎一样。唯一的差异是对例外变化的看法，即新语法学派认为音变是规则性变化，没有例外。但其对于例外没有给出恰当的解释。这些例外只是解释为方言的混合或类推的结果。

词汇扩散理论学者认为，例外音是变化过程中的一些残余。他们对音变原因的解释比对音变过程的解释薄弱。由于初期理论局限于语言内部原因，无法解释汉语方言中经常发现的读书音和口语音来自不同方言影响的现象。但这个问题在 Wang & Lien（1993）词汇扩散修正理论中得到了解决，即音变原因不仅包括语言内部因素，也包括外部因素。因而简单概括这两个学派对音变原

◆ 韩国汉字音新探

因解释的差异，就是只承认语言内部因素和同时承认语言内、外部因素。

确定汉字音腭化的原因不太容易。只能仔细观察变化时期和过程，做出最合逻辑的解释。对此如前文第1节指出的一样，李敦柱（1980）认为舌面音的腭化受到了汉语翘舌音的影响，舌头音的腭化受到了舌上音腭化的影响。他主张翘舌音的变化、舌上音的腭化以及舌头音的腭化是逐步推进的。这个主张好像有道理，但如果观察韩语固有词出现的腭化就会发觉有些牵强。例如，"고디식"（ko.ti.ɕik）变为"고지식（ko.tɕi.ɕik）"，"딕희다（tɨk.hɨi.ta）"变为"직히다（tɕik.hi.ta）"。韩语固有词的舌音腭化其实比汉字音开始得早。据李明奎（1990），韩语的腭化17世纪下半叶开始活跃，18世纪上半叶完成。

据王力（1985），中古腭塞音 *ʈ-、*ʈʰ-、ɖ-在近代音先变为腭塞擦音（tɕ-、tɕʰ-），然后变为翘舌音tʂ-和tʂʰ-，时间分别是宋代和元代。宋代是10—13世纪，元代是13—14世纪。

（49）ʈ-、ʈʰ-、ɖ-　　　　tɕ-、tɕʰ-　　　　　　　　tʂ-、tʂʰ-
　　　唐（7—10世纪）　　宋（10—13世纪）　　　元（13—14世纪）

可见，汉字音知系的变化和汉语知系汉字塞擮音化的时间相差至少有400年，至多有800年。400年前汉语发生的变化不太可能引起400年后韩国汉字音发生类似的变化。因此笔者（Eom 1999b）指出，知系汉字腭化的原因受到韩语固有词腭化的影响。① 因为它们之间的变化仅仅相差半个世纪，更有说服力。端系汉字音的腭化和知系汉字的变化有关。如果把汉字音的腭化看作体系内部原因引起的，则与新语法学派和词汇扩散理论的学说都相符。因此，这不太适合用来判断这两个学说的准确性。

最后，本研究根据文献的出版年份对音变时期进行了观察，由于作者的方言、文献性质及记述目的，文献可能没有准确反映出版当时的实际读音。本

---

① 韩哲夫（Zev Handel）教授在第9届国际中国语言学学会年会的讨论环节提到，腭化在世界语言中很常见，不必认为有外部原因。笔者对此表示赞同。

第十二章　汉字音腭化的词汇扩散变化

研究为了方便起见，选择了南广祐字典里收录的舌音系（t-、tʰ-）汉字，在挑选过程中可能出现细微的统计误差。如果有该字典的电子版，可能得出的统计结果更准确。当然，字典本身的错误也会出现在电子版。因此，需要日后一一确认一手文献，再次检查本章的研究结果。这个课题将留给韩语学者。权仁翰从15—16世纪10种谚解书和3种童蒙教材收集了5300多个汉字的音和训，整理出版了《中世韩国汉字音训集成》，这样可以比较容易核实南广祐字典中的部分内容，但这项工作因时间关系只能留待以后进行。

第十三章　寻找与韩日汉字音最接近的中国方言[*]

1. 引言
2. 传统类似度测定方法
   2.1 标准的设定
   2.2 调查的方言
   2.3 计量共同特征
3. 传统研究方法的问题
   3.1 计量标准的可变性
   3.2 规则选择的随意性
4. 探索解决方法
   4.1 丁邦新的条件分类
   4.2 普林斯和斯莫伦斯基的优选论

---

[*] 确定韩国和日本的汉字音与中国哪个方言最接近，可以为判断汉字音的母胎音与传入路线提供重要信息，所以这个课题和汉字音借入时期一直都是研究热点。先前研究大多主张汉字音与中国南方方言比较相似，但到底是闽方言、客家话还是粤方言则无定论。本章将对此给出明确的回答，同时指出传统研究方法存在的问题。本研究得到2004年汉阳大学校内研究费和中国台湾"教育部门"的资助，部分内容曾在中国台湾"中研院"语言学研究所（2004）和第1届韩日中国语言学国际研讨会（2005）上宣读。之后相关论文收录在《中国语文学论集》第31辑（2005）、《语言暨语言学》第6卷第3期（2005）及《韩国的中国语言学资料研究》（2005）。感谢"中研院"语言学研究所郑锦全所长对本研究在汉字音与中国方言语音类似度测定方面给予的帮助。

第十三章　寻找与韩日汉字音最接近的中国方言

> 4.3 郑锦全的计量法
> 5. 基于计量测定方法的相互理解度
> 5.1 韩汉相互理解度
> 5.2 日汉相互理解度
> 6. 基于计量测定方法的语音类似度
> 6.1 韩汉语音类似度
> 6.2 日汉语音类似度
> 7. 结语

1. 引言

韩国汉字音与中国哪个方言最接近？虽然现在全球都流行学中文，但很少有哪个大学或辅导班教中国的方言。懂闽方言的人觉得韩国汉字音与闽方言十分相似，熟悉客家话的人觉得韩国汉字音与客家话相似，也有人觉得香港地区使用的粤方言与韩国汉字音最接近。这些都是主观看法，没有什么依据。汉字音是来自汉语，肯定有其母胎方言。但到目前为止学界对此不太关心，而将研究重心集中在推定汉字音的来源时期，即汉字是何时传入韩国的。汉字音研究有一个陷阱，就是认为现代韩国汉字音与某个特定时期的汉语最相似，便将此时判定为汉字最初传来的时期。从汉语与汉字音的比较中获得的初步信息只是暗示了汉字音的定型时期。而汉字音的定型时期不一定与汉字的传入时期一致。即，在汉字读音体系确定为如今面貌之前，韩国汉字音应经历过几次大的变化。现代韩国汉字音保留了汉语中古音，由此可以认为现行汉字音体系的定型时期是汉语中古音时期，但不能认为汉语中古音时期是汉字最初传入的时期。汉字是在比那更久远的汉语上古音时期传到古代韩国。汉字音或韩语里存在的为数不多的汉语上古音痕迹可以证明这一点。

◆ **韩国汉字音新探**

现代韩国汉字音是来自中国哪个方言？汉字音和中国方言之间的共时比较与查明汉字音母胎方言的工作不是一回事。因为汉字音传来之后经历了很大的变化，而汉语不管是标准语还是方言变化更大。所以即使说现代韩国汉字音与现代中国的哪个方言最接近，也不能保证汉字音就来自该方言。不过，只要对中国方言和汉字音持续进行抽丝剥茧的研究，就一定能发现可以判定韩国汉字音由来的决定性线索。这不仅有助于判断古代韩国人与中国哪个地区交流最为活跃，同时还会为判定汉字音的由来时期提供间接证据。

不过，至今没有人对韩国汉字音与中国哪个方言最相似进行过深入的研究。Maspero（1920）主张5世纪吴方言是现代韩国汉字音的源头。有坂秀世（1936，1957）主张韩国汉字音是源自10世纪宋代开封方言。Karlgren（1926）认为汉字音源自公元600年中国北方音。这三种说法都没得到普遍的支持。另外，近些年有研究主张古代韩国汉字音中的百济汉字音与闽方言最相似（Eom 1991a，1991b，1992）。韩国汉字音无唇齿音、保留中古入声韵尾等多个方面与闽方言相似。传统研究方法主要考虑两种语言或方言中共同发生的音变的数量，而这是有问题的。因为如果选择的音韵变化规则不同，研究结果也会不同。例如，客家话和粤语都有中古入声韵尾，站在它们的立场，也可以得出与客家话或粤语相似的结论。

本研究旨在探明韩国汉字音与中国哪个方言最相似，首先介绍传统的研究方法，然后指出传统研究方法的问题。本研究将会根据语言学家郑锦全提出的汉语方言间类似度计量测定方法来科学地找出与韩国汉字音最为相似的中国方言（郑锦全 1988，1994；Cheng 1982，1991，1996）。本研究的结论将有助于认识韩国汉字音的性质，科学地验证现存说法的合理性，并为推定古代汉字的传播路径与变迁过程提供重要线索。本章中，方言不是作为与标准语相对的概念，而是在广义层面上指汉语共同语的一个分支。因此标准汉语也属于官话方言，放在方言的范畴内讨论。

2. 传统类似度测定方法

2.1 标准的设定

笔者（Eom 1991b, 1992）为了判断百济汉字音与中国哪个方言最相似曾设定如下几条音韵规则。虽然采用这些音韵规则是为了探明古代汉字音与中国相似的方言，但里面包含了汉语主要历时音变，对探明现代汉字音与中国方言的关系也是适用的。笔者对选择的规则稍作了修改，如（1）所示。[①]这些规则是根据王力（1985）的研究，对这些音变的说明或其他可能的构拟等与本章主旨无关，这里不过多讨论。

（1）a. EOC 硬腭塞音 LOC 塞擦音化

$\{*\text{ʈ-}, *\text{ʈ}^h\text{-}, *\text{ɖ-}\} > \{*\text{tɕ-}, *\text{tɕ}^h\text{-}, *\text{dʑ-}\} / \# \_\_\_\_ \text{G3}$

b. OC 齿龈塞音 MC 塞擦音化

$\{*\text{t-}, *\text{t}^h\text{-}, *\text{d-}\} > \{\text{ʈ-}, \text{ʈ}^h\text{-}, \text{ɖ-}\} > \{\text{tɕ-}, \text{tɕ}^h\text{-}, \text{dʑ-}\}/\# \_\_\_\_ \text{G2, G3}$

c. LMC 唇齿音化

$\{*\text{p-}, *\text{p}^h\text{-}, *\text{b-}, *\text{m-}\} > \{\text{f-}, \text{f-}, \text{v-}, \text{ɱ-}\} / \# \_\_\_\_ \text{u}$

$\{\text{p-}, \text{p}^h\text{-}, \text{b-}, \text{m-}\} / \# \_\_\_\_ \text{V} （V \neq u）$

d. LMC 浊音声母清化

$*\text{C-}[+\text{vd}, +\text{obstruent}] > \text{C-}[-\text{vd}, +\text{obstruent}] / \# \_\_\_\_$

e. OC 硬腭鼻音擦音化

$*\text{ɲ-} > \text{ʑ-} > \text{Ø-} / \# \_\_\_\_$

f. MC 软腭塞音硬腭塞擦音化

$\{\text{k-}, \text{k}^h\text{-}\} > \{\text{tɕ-}, \text{tɕ}^h\text{-}\} / \# \_\_\_\_$

g. 鼻音浊塞音化

$\{*\text{m-}, *\text{n-}, *\text{ŋ-}\} > \{\text{b-}, \text{d-}, \text{g-}\} / \# \_\_\_\_$

[①] 这里排除了笔者原来设定的八条规则中软腭擦音的软腭塞音化规则。这条规则可以表示为 $\{*\text{x-}, *\text{ɣ-}\} > \text{k-} / \# \_\_\_\_$。这种现象出现在百济汉字音和日本汉字音中，但就现代中国方言而言只是偶见于部分闽方言的白读音（Sung 1992；严棉 1994），所以本章将这条规则排除在外。

上面的EOC、LOC、OC、LMC、MC分别代表早期上古音（Early Old Chinese）、晚期上古音（Late Old Chinese）、上古音（Old Chinese）、晚期中古音（Late Middle Chinese）、中古音（Middle Chinese）。（1a）—（1f）是历时音变规则，（1g）是从部分方言的现象归纳出的规则。两者可以看作丁邦新（1998）划分的普遍条件和特殊条件（丁的术语是"独特条件"）。上述规则在方言中的适用比较宽。例如，（1a）（1b）中塞音塞擦音化的事实很重要，而不是一定要变成硬腭塞擦音。因此，t-变成齿龈塞擦音ts-也被视为经历了相同的变化。

2.2 调查的方言

本节引用的汉语方音依据《汉语方音字汇》（第二版），只是因版面的关系，以第一版收录的方言点为中心展开讨论。读音分两种：文读和白读。两者不一致时上面是文读，下面是白读。英语缩写表示主要方言点，根据通用的分类分成7大方言，加上韩国汉字音，如下所示：

(2) 官话方言：BJ 北京
　　吴方言：SZ 苏州，WZ 温州
　　湘方言：CS 长沙，SF 双峰
　　赣方言：NC 南昌
　　客家方言：MX 梅县
　　粤方言：GZ 广州
　　闽方言：XM 厦门，CZ 潮州，FZ 福州
　　韩国汉字音：SK 韩汉

为了观察上文提到的音变规则是否出现在中国方言中，笔者对中国方音进行了调查，结果如下：

第十三章　寻找与韩日汉字音最接近的中国方言

（3）EOC 硬腭塞音 LOC 塞擦音化

	BJ	SZ	WZ	CS	SF	NC	MX	GZ	XM	CZ	FZ	SK
支	tʂɻ	tsʮ	tsei	tsɿ	tʂɻ	tsɿ	tsɿ	tʃi	tsi	tsĩ	tsie	tɕi
								ki				
只①	tʂɻ	tsɤʔ	tsɿ	tsɿ	tʂɻ	tsət	tsət	tʃi	tsi	tsi	tsi	tɕi
旨	tʂɻ	tsʮ	tsɿ	tsɿ	tʂɻ	tsɿ	tsɿ	tʃi	tsi	tsi	tsi	tɕi
真	tʂən	tsən	tsaŋ	tsən	tien	tsən	tsən	tʃen	tsin	tsiŋ	tsiŋ	tɕin

（4）OC 齿龈塞音 MC 塞擦音化

	BJ	SZ	WZ	CS	SF	NC	MX	GZ	XM	CZ	FZ	SK
知	tʂɻ	tsʮ	tsɿ	tsɿ	tʂɻ	tsɿ	tsɿ	tʃi	ti	ti	ti	tɕi
							ti			tsai		
智	tʂɻ	tsʮ	tsɿ	tsɿ	tʂɻ	tsɿ	tsɿ	tʃi	ti	ti	tei	tɕi
珍	tʂən	tsən	tsaŋ	tsən	tien	tsən	tsən	tʃen	tin	tien	tiŋ	tɕin

（5）LMC 唇齿音化

	BJ	SZ	WZ	CS	SF	NC	MX	GZ	XM	CZ	FZ	SK
夫	fu	fu	føy	fu	xəu	fu	fu	fu	hu	hu	xu	pu
分	fən	fən	faŋ	fən	xuan	fən	fun	fən	hun	huŋ	xuŋ	pun
							pun		pun	puŋ	puoŋ	
勿	u	fɤʔ	fai	fu	xəu	ut	vut	mɐt	but	mãĩ	uʔ	mul

（6）LMC 浊音声母清化

	BJ	SZ	WZ	CS	SF	NC	MX	GZ	XM	CZ	FZ	SK
熊	ɕiuŋ	jioŋ	jyoŋ	ɕin	ɣien	ɕiuŋ	iuŋ	huŋ	hioŋ	him	him	xyŋ	uŋ
近	tɕin	dʑin	dʑiaŋ	tɕin	dʑien	tɕʰin	kʰiun	kʰən	ken	kun	kuŋ	køyŋ	kɨn
道	tau	dæ	dɛ	tau	dɤ	tʰau	tʰau	tou	to	tau	tɔ	to

---

① 这里的"只"是"只有"的"只"（章纸），是中古上声字。"一只"的"只"（章昔）是中古入声字，与前者方音有所不同。

◆ 韩国汉字音新探

（7）OC 硬腭鼻音擦音化

	BJ	SZ	WZ	CS	SF	NC	MX	GZ	XM	CZ	FZ	SK
日	zɿ	zʅʔ	zai	zɿ	i	lət	ȵit	ʝət	lit	zik	niʔ	il
		ȵiɿʔ	ȵiai	ȵi		ȵit						
惹	zɤ	zɒ	zei	zɤ	ȵiɔ	ia	ȵia	ʝɛ	lia	zia	nia	ja
					ȵia							
热	zɤ	ȵilʔ	ȵi	ye	e	lɛt	ȵiat	jit	liɛt	ziek	ieʔ	jəl
					ia					lua	zuaʔ	

（8）MC 软腭塞音硬腭塞擦音化

	BJ	SZ	WZ	CS	SF	NC	MX	GZ	XM	CZ	FZ	SK
鸡	tɕi	tɕi	tsɿ	tɕi	tɕi	kɛ	kɐi	ke	koi	kie	kje
										kʰue		
基	tɕi	tɕi	tsɿ	tɕi	tɕi	ki	kei	ki	ki	ki	ki
吉	tɕi	tɕiiʔ	tɕiai	tɕi	tɕi	tɕit	kit	kɐt	kiɛt	kik	keiʔ	kil

（9）鼻音浊塞音化

	BJ	SZ	WZ	CS	SF	NC	MX	GZ	XM	CZ	FZ	SK
马	ma	mo	mo	ma	mo	ma	ma	ma	mã	mã	ma	ma
		mɒ							be	be		
乃	nai	nE	na	lai	la	lai	nai	nai	nãĩ	nãĩ	nai	nɛ
岳	ye	ŋoʔ	ŋo	io	lʊ	ŋɔk	ŋɔk	ŋɔk	gak	ŋak	ŋouʔ	ak

2.3 计量共同特征

现在测定韩国汉字音与中国方言间的共同特征。首先，以（1e）硬腭鼻音的擦音化现象为例。在中国方言里规则（1e）的应用比较宽，如下表所示，发生相同变化或相似变化时用符号+标记，未发生时用符号-标记。观察时，以

第十三章　寻找与韩日汉字音最接近的中国方言

保留鼻音还是失去鼻音作为判断标准。由于n-和l-都是共鸣音，且中国部分方言n-和l-通用，所以舌边音l-也看作带鼻音成分。

（10）

	BJ	SZ	WZ	CS	SF	NC	MX	GZ	XM	CZ	FZ	SK
规则（1e）	+	+/-	+/-	+/-	+/-	+/-	−	+	−	+	−/+	+

当然需要更多的例子进行验证，但这里暂以上述资料为判断标准，可以得到（10）所示的结果。用这种方式可以全面调查（1）所列音韵规则在中国主要方言中的应用情况。结果如表（11）。

（11）

	BJ	SZ	WZ	CS	SF	NC	MX	GZ	XM	CZ	FZ	SK
规则（1a）	+	+	+	+	+	+	+	+	+/-	+	+	+
规则（1b）	+	+	+	+	+	+	+/-	+	−	−/+	−	+
规则（1c）	+	+	+	−	+	+/-	+/-	−	−	−	−	−
规则（1d）	+	−	−	+	−	+	+	+	+	+	+	+
规则（1e）	+	+/-	+/-	+/-	+/-	+/-	−	+	−	+	−/+	+
规则（1f）	+	+	+	+	+	+	−	−	−	−	−	−
规则（1g）	−	−	−	−	−	−	−	−	−/+	−/+	−	−

为了找出哪个方言与韩国汉字音的共同特征最多，我们计算了共同特征的数量。

（12）

BJ	SZ	WZ	CS	SF	NC	MX	GZ	XM	CZ	FZ
5	4	4	5	5	5	6	7	5	6	6

据以上分析结果，可以将韩国汉字音与中国方言间的相似度分为4个等级。

（13）最相似（7）　　GZ
　　　　上（6）　　　　MX, CZ, FZ
　　　　中（5）　　　　BJ, CS, SF, NC, XM
　　　　下（4）　　　　SZ, WZ

由以上分析得出的结论是，与韩国汉字音最相似的中国方言为广州（GZ）的粤方言，最不相似的方言为苏州（SZ）、温州（WZ）的吴方言。

3. 传统研究方法的问题

3.1 计量标准的可变性

前面2.3节中使用的方法很难判定粤方言就是与韩国汉字音最相似的中国方言，因为梅县（MX）的客家方言和潮州（CZ）、福州（FZ）的闽方言也与韩国汉字音十分相似。另外，同样是使用闽方言，厦门（XM）比闽方言其他地区类似度要低一级。比这种模棱两可更严重的问题是计量方法的可变性。因为文读与白读的差异以及个别汉字音的独特读音等原因，+/-或-/+的情况很多。如（12）中的统计就是同时承认+和-。笔者（Eom 1991a）在过去的研究中将此视为变化进行中的状态，并推测该变化将会进行至最终形态，因此将其视为+。虽然提出以Wang（1969）的词汇扩散理论作为理论依据，但并没有准确把握词汇扩散理论的本质。音变一旦发生就会变到底的主张与设定了音变存在多种情况的词汇扩散理论的本质不符。尤其是，词汇扩散论支持者们近来提出了双方向（Wang and Lien 1993）甚至是多方向（Eom 1999b）扩散假说，音变在完成之前会经历相当长的时间。所以将可能产生分歧的情况排除重新分析，只统计完全一致的情况，结果如下：

（14）　BJ　　SZ　　WZ　　CS　　SF　　NC　　MX　　GZ　　XM　　CZ　　FZ
　　　　5　　　3　　　3　　　4　　　4　　　4　　　4　　　6　　　3　　　5　　　5

第十三章　寻找与韩日汉字音最接近的中国方言 ◆

将以上结果重新分成4组：

（15）最相似（6）　　GZ
　　　上（5）　　　　BJ, CZ, FZ
　　　中（4）　　　　CS, SF, NC, MX
　　　下（3）　　　　SZ, WZ, XM

表（15）的结果也表明广州（GZ）粤方言与韩国汉字音最相似。这样前后结果一致是我们所期待的，但也可以看出比起之前的结果，汉字音与北京（BJ）的类似度变高，与梅县（MX）、厦门（XM）的类似度变低。如果同样的资料因研究方法不同会得出不同的结果，那结果肯定有问题。

那么，应该用什么规则计算共同特征数才最准确？上面（13）与（15）将共同的−特征、共同的+特征的数量看作同类特征一起计算。但是虽然相同但没发生变化的数量并没有意义。例如，韩语与英语都没有声调，不区分名词的性，动词不出现在句首，动物的性别不出现在动物名称后，但不能说它们是相似的语言。所以应排除共同的−数量，只看共同的+数量。（16a）是将+/−算作+的数值，（16b）是排除+/−只单纯看+的结果，（16c）是两者的平均值。

（16）	BJ	SZ	WZ	CS	SF	NC	MX	GZ	XM	CZ	FZ
a.	4	3	3	4	3	4	3	4	2	4	3
b.	4	2	2	3	2	3	2	4	1	3	2
c.	4.0	2.5	2.5	3.5	2.5	3.5	2.5	4.0	1.5	3.5	2.5

如果根据表（16c）将韩国汉字音与中国方言间的类似度分为4类，结果如下：

（17）最相似（4.0）　　BJ, GZ
　　　上（3.5）　　　　CS, NC, CZ

中（2.5）　　　　　SZ, WZ, SF, MX, FZ
下（1.5）　　　　　XM

根据上文（16a）（16b）的分析结果，数值最高的是北京（BJ）和广州（GZ）。因为之前的分析结果中广州（GZ）也排在前面，所以这个结果在意料之中，但北京（BJ）与汉字音最为相似的结果在预料之外。仔细比较会发现北京（BJ）在表（13）中处于"中"类似度，在表（15）中处于"上"类似度，而在使用最严谨的计量方法即只计量+特征的表（17）中则处于"最相似"的类似度。共同特征计量标准的可变性是传统研究方法测定类似度的第一个问题。

只是，无论用上文提及的哪种方法来分析，最后的结果往往是同一种方言一直保有最高的共同特征数值。即，结果表明广东地区使用的粤方言与现代韩国汉字音最相似。但要确定第二相似的方言有点儿难，可以说是一直处于"上"的潮州（CZ）的闽方言，但北京（BJ）官话的相似数值也十分高，这让结果显得有些混乱。因为一般倾向认为韩国汉字音与保留了很多古音的中国南方方言相似。总之，用什么方法来计量两种方言之间的共同特征最恰当，目前还很难下定论。

3.2 规则选择的随意性

传统方法除了上文指出的计量共同特征数的问题，还有其他严重的问题。要比较某种方言X与Y，理论上说可以设定的音韵变化规则多到不计其数。所以，为了提高X与Y的相似性，会只选择这两种方言中存在的音韵现象作为判断条件，这样就可以得到想要的结果。即，选择的规则不同，结果也会随之变化。例如，例（1）的7条规则之上如果加上（18）的规则，闽方言与其他方言的差别会更大。汉语中古音的擦音在中国很多方言里保留为擦音，但是厦门（XM）、潮州（CZ）、福州（FZ）等地闽方言的口语音中改成了塞擦音。将此表述为规则，如（18）所示：

第十三章　寻找与韩日汉字音最接近的中国方言

（18）擦音塞擦音化

*s- > ts- / # _____

下面带有中古擦音声母的汉字引自张光宇（Chang 1986）。JY、CY、ZP 分别代表建阳、潮阳、漳平。①

（19）

	FZ	JY	CY	ZP	XM	CZ
笑	tsʰieu	sio	tsʰio	tsʰio	siau	tsʰie
						tsʰio
市	tsʰei	tsʰi	tsʰi	tsʰi	tsʰi	tsʰi
生	tsʰaŋ	tsʰaŋ	tsʰĕ	tsʰĩ	tsʰĩ	sĕ

规则（18）是笔者学位论文中设定的10条标准之一，在本章（1）的7条规则之外。没有在本章使用此规则是因为在部分闽方言和百济汉字音中发现了擦音的塞擦音化现象，所以只对提高这两者的相似性有所帮助。下列百济地名在《三国史记·地理志》中有不同的标记。

（20）31　奴斯只＝怒叱只
　　　134　塞琴　＝捉滨

这里31号地名的"斯"（s-）与"叱"（ts-）、134号地名的"塞"（s-）和"捉"（tsʰ-）相对应，可以看出百济汉字音擦音s-变成塞擦音ts-。笔者的学位论文（Eom 1991a）曾提出百济汉字音与闽方言最相似，规则（18）对得出此结论起了非常重要的作用。在计算共同的+特征的数量时，百济汉字音与闽方言之间共同特征数会因是否包括上述规则而不同。但此规则对于测定百济汉字音与中国方言间的类似度到底是否公正妥当，是需要认真考虑的问题。这

---

① （19）的CZ是根据《汉语方音字汇》加上去的。

也是传统方法存在的第二个严重的问题。①

与此相似的还有上古软腭擦音的塞音化现象。

（21）{*x-, *ɣ-} > k- / # _____

这条规则可以提高百济汉字音与日本汉字音类似度，曾在作者之前的论文（Eom 1991a）中使用。下表中GO、KO、SP 分别是日本吴音、日本汉音、百济汉字音的简称。

（22）		BJ	SZ	WZ	CS	SF	NC	MX	GZ	XM	CZ	FZ	GO	KO	SP	SK
	海	xai	hE	he	xai	xue	hai	hɔi	hɔi	hai	hai	xai	kai	kai	k-	hɜ
	忽	xu	huɣʔ	çy	fu	xəu	f ət	fut	fət	hut	huk	xuɔʔ	koti	kotu	k-	hol
	何	xɣ	fiɐu	vu/ fia	xo/ o	xu	hɔ	hɔ	hɔ	ho/ ua	ho	xɔ	ga	ka	k-	ha

软腭擦音的塞擦音化现象在中国的主要方言中没有出现，只出现在百济汉字音与日本的吴音和汉音等汉字音体系中。将这条规则作为判断类似度的标准只能相对提高这两种汉字音之间的类似度。可见，在方言间类似度调查时使用传统方法很有可能出现人为操纵的情况。

---

① 请注意，上面的例子是为了指出先行研究的问题，可能跟语言事实有偏差。笔者（严翼相 2003）重新构拟了百济汉字音的声母，提出百济汉字音中塞擦音还不具有音位地位。这与笔者1991年提出的主张相反（Eom 1991a）。1991年的结论是，尽管表现有点儿混乱，塞擦音已经形成。但笔者仔细分析材料后发现，需要更加重视百济汉字音将ts-对应为s-以及部分s-和ts-混用的情况。因此在2003年提出百济汉字音的塞擦音不是独立的音位，修改了早期的观点。暂且不论百济语或百济汉字音中塞擦音是否独立音位，上面的例子清楚地反映了传统类似度测定方法的局限和问题。

第十三章　寻找与韩日汉字音最接近的中国方言

4. 探索解决方法

4.1 丁邦新的条件分类

解决这种问题的第一个方案可以考虑采用丁邦新（1998）的主张。他为了对中国方言进行系统的分类，设定了如下音变条件：

（23）a. 中古浊音声母
　　　b. 中古入声韵尾
　　　c. 中古知系声母保留t-
　　　d. 中古次浊声母上声字（"马、理、晚"等）变阴平
　　　e. 中古见系字的腭化
　　　f. 中古声调的变化

丁邦新又将以上6种区分方言的音韵条件分为基本条件（23a）（23b）、独特条件（23c）（23d）和补充条件（23d）（23f）。根据以上条件丁邦新将中国方言分类为：

(24)	官话方言	吴方言	湘方言	赣方言	客方言	闽方言	粤方言
a	-vd+as -vd-as	+vd+as -vd-as	+vd-as -vd-as	-vd+as	-vd+as	-vd-as	-vd+as
b.	Ø/ʔ	ʔ	Ø	ʔ/ʔt/ptk	ptk	Ø/ʔk/ptk(ʔ)	ptk
c.	−	−	−	−	−	+	−
d.	−	−	−	−	+	−	−
e.	+	+	+	+	−	−	−
f.	4	7—8	4—6	5—7	5—6	7—8	7以上

根据（24a），官话方言和粤方言属于同一个大方言，要加上（23b）的条件，才可以将它们分为两种方言。但是，（24b）没办法区分客家方言与粤方

言。（24c）显示闽方言与其他方言不同，（24d）显示客家方言与其他方言不同。如（24c）（24d）一样，为了区分某种方言与其他方言而以特定变化现象作为区分标准，这种做法合适吗？丁邦新的分类给人的感觉是，没有设定客观的标准，然后据此分类，而是为了给现有分类一种理由而选择了最为合适的标准。因此，很难说丁邦新的7个条件是合理的。丁邦新（1998）曾提议用早期的音变条件给大方言分类，再用晚期的音变条件给次方言分类。但什么时候算早期，什么时候算晚期并不明确。他自己也说，这种时期的划分不是绝对的而是相对的。像（24b）既可以用于大方言的分类，也可以用于北方方言的次方言分类。同样的条件既可以用于大方言的分类又可以用于次方言的分类，可见丁邦新提出的区分早期和晚期音韵条件的说法就失去了意义。所以，丁邦新的条件和分类方法缺乏说服力。

4.2 普林斯和斯莫伦斯基的优选论

音韵规则间重要程度的差异，过去的音韵分析一直没有予以有效的区分。虽然给规则定了优先顺序，但不能说优先采用的规则就是更重要的规则。另外，有些规则无所谓优先应用，这些规则的重要程度难以判断。普林斯和斯莫伦斯基（Prince & Smolensky 1993）区别了制约条件（constraints）的重要程度，将较少违反相对更重要制约条件的音韵形式定义为最优形式（optimal form），提出了所谓的优选论（Optimality Theory）。[①]将之前中国方言分类的多种音韵规则转换为制约条件，根据其重要程度设定优先顺序，再比较各方言违反制约条件的程度，这样好像可以比较客观地分析方言间的类似度。但是，决定制约条件排序还是只能靠主观判断，所以，优选论不能有效解决本章提出的问题。

4.3 郑锦全的计量法

那么就没有客观科学地测定方言类似度的方法吗？郑锦全认识到传统计

---

① 优选论的最新进展可参考安相哲（2003）。

第十三章　寻找与韩日汉字音最接近的中国方言 ◆

量方法在任意设定音韵变化规则基础上计量两种方言共同音韵变化数存在的问题，提出利用计算语言学方法计算类似度的准确数值。他将中国方言研究的基本资料《汉语方言词汇》和《汉语方言字汇》全部录入数据库，用计算机来测定方言间词汇类似度、发音类似度及相互理解度。继而开发出了可以简单测定方言间相互理解度和发音类似度的计算机程序CCLang。郑锦全认为相互理解度也可以理解为交流沟通度，0—1范围内的数值可以精确区分到0.0001的差别。发音类似度也同样可以得到精确测量。关于此方法的详细内容可以参考郑锦全的英文论文（Cheng 1982，1991，1996）或中文论文（郑锦全 1988，1994）。笔者（严翼相 2004a）曾提出传统的中国方言分类方法中分类标准模糊的问题，介绍了郑锦全的方言类似度和相互理解度的计量测定方法。笔者（严翼相 2004b）还讨论过郑锦全的计量法如何解决方言分类的一些争论点。因此郑锦全计量模型设计方法的相关说明本章不再赘述。

5. 基于计量测定方法的相互理解度

5.1 韩汉相互理解度

现在来看通过CCLang得到的韩国汉字音与中国方言间的相互理解度测定结果。CCLang是从两个方向测定两种方言间的相互理解度，因为讲方言X的人对于Y方言的理解度与讲Y方言的人对于X方言的理解度有可能不同。CCLang将作为基准的方言定义为主位方言，将作为测定对象的方言定义为客位方言来进行对比测定。所以严格来说，对比两种方言的相互理解度只能取平均值。（25a）是基于CCLang Zihui 2 即《汉语方音字汇》（第二版）模式，以韩国汉字音为主位方言，以中国各大方言为客位方言进行的方言相互理解度的测定结果。（25b）是以中国方言为主位方言，以韩国汉字音为客位方言进行的相互理解度的测定结果。（25c）是两项结果的平均值。

◆ 韩国汉字音新探

（25） BJ　SZ　WZ　CS　SF　NC　MX　GZ　XM　CZ　FZ　JO[①]　YJ[②]
　　　a. 0.394　0.447　0.377　0.392　0.363　0.520　0.487　0.537　0.471　0.415　0.476　0.395　0.426
　　　b. 0.517　0.469　0.391　0.466　0.391　0.541　0.575　0.528　0.488　0.499　0.505　0.495　0.521
　　　c. 0.456　0.458　0.384　0.429　0.377　0.531　0.531　0.533　0.480　0.457　0.491　0.445　0.474

相互理解度数值根据CCLang的版本不同（1999，2003，2004）而稍有不同，（25）是根据最新版（2004）得出的结果。据（25），中国方言与韩国汉字音相互理解度由高到低排序如下：

（26）a. GZ　NC　　MX　FZ　XM　SZ　YJ　CZ　JO　BJ　CS　WZ　　SF
　　　b. MX　NC　　GZ　YJ　BJ　FZ　CZ　JO　XM　SZ　CS　WZ　=　SF
　　　c. GZ　MX　=　NC　FZ　XM　YJ　SZ　CZ　BJ　JO　CS　WZ　　SF

按照郑锦全的方法来计量，与韩国汉字音相互理解度最高的中国方言依次为广州（GZ）、梅县（MX）/南昌（NC）、福州（FZ）、厦门（XM）的方言。前面按照传统方法计量的3次结果中，与韩国汉字音最相似的是广州（GZ）的粤方言。在用郑锦全的计量方法测定后也是广州（GZ）的粤方言与韩国汉字音最相似。虽然如此，也不是说可以无视之前提及的传统方法的问题，因为在之前传统方法计量中一直处于上位圈的潮州（CZ）方言在郑锦全的计量方法测定结果中处于第八位0.457，属于中间位置。如果说郑锦全计量测定方法是更科学的方法，那这就是能推翻之前传统方法测定结果的决定性例证。

另外，与韩国汉字音相互理解度比较低的方言依次为双峰（SF）、温州（WZ）、长沙（CS）、建瓯（JO）、北京（BJ）的方言。属于中部地区方言的吴方言和湘方言比属于北方地区的北京话与韩国汉字音的相互理解度更低这一点引人注意。研究普遍认为北方方言变化更快，这个结果出乎意料。罗杰

---

① JO=建瓯
② YJ=阳江。

第十三章 寻找与韩日汉字音最接近的中国方言 ◆

瑞（Norman 1988）认为中部地区方言比北部地区和南部地区方言拥有过渡性特点。如果是那样，则会推测粤方言、客家方言或闽方言等南方方言与韩国汉字音相似。但这样就很难理解北方方言比中部方言同韩国汉字音更相似这个结果。[①]这好像只能用韩国汉字音本身的复杂性来解释。因为汉字音不像其他中国方言一样被作为一种独立的口语使用，所以测定韩国汉字音与中国方言间的相互理解度意义不大。

5.2 日汉相互理解度

用日语来读汉字并不简单。首先，日本有使用日语固有词来解读汉字意思的训读法。例如，《朝日新闻》读作"Asahi Shimbun"，Asahi是训读，新闻是音读。另外，《每日新闻》读作"Mainitsi Shimbun"，这里两个词都是音读。什么时候用训读，什么时候用音读没有一定之规，只是根据词汇的使用习惯来读。音读时，一个汉字可以有好几种读法，日本汉字音根据形成时期的不同，分为吴音、汉音、唐音、宋音等。理论上说，一个汉字音读可以有4种读法。其中使用最多的是汉音，其次为吴音。音读因为没有规则，因词而异，只能根据不同的词来读。这样一来，人名或地名，如果不直接问本人或当地人，可能会不清楚正确的读法。总之，先看一下通过使用CCLang（2004）得到的日本汉字音中的吴音与中国中南部方言间相互理解度的测定结果。（27a）是在CCLang Zihui 2 即《汉语方言字汇》（第二版）模式下，将日本吴音作为主位方言，将中国主要方言作为客位方言进行的方言相互理解度测定结果。（27b）是将中国主要方言作为主位方言，将日本吴音作为客位方言的测定结果。（27c）为二者平均值。

---

① 就韩国汉字音而言，我们很疑惑韩国汉字音对北京（BJ）方言和韩国汉字音对潮州（CZ）方言和潮州（CZ）方言的相互理解度与北京（BJ）方言对韩国汉字音和潮州（CZ）方言对韩国汉字音之间为什么产生这么大的差距。切换主位方言和客位方言会出现0.086—0.101的差距在中国方言之间是很罕见的。

（27） BJ　SZ　WZ　CS　SF　NC　MX　GZ　XM　CZ　FZ　JO　YJ
　　a. 0.296 0.392 0.363 0.277 0.347 0.443 0.437 0.493 0.463 0.427 0.394 0.384 0.405
　　b. 0.429 0.416 0.403 0.388 0.399 0.462 0.477 0.449 0.449 0.433 0.391 0.432 0.444
　　c. 0.363 0.404 0.383 0.333 0.373 0.453 0.457 0.471 0.456 0.430 0.393 0.408 0.425

（28）吴音排序
　　a. GZ　XM　NC　MX　CZ　YJ　FZ　SZ　JO　WZ　SF　BJ　CS
　　b　MX　NC　GZ＝XM　YJ　CZ　JO　BJ　SZ　WZ　SF　FZ　CS
　　c. GZ　MX　XM　NC　CZ　YJ　JO　SZ　FZ　WZ　SF　BJ　CS

汉语方言与日本吴音的相互理解度由高到低依次是广州（GZ）、梅县（MX）、厦门（XM）、南昌（NC）的方言，即依次为粤方言、客家方言、闽方言、赣方言。除了赣方言，其他都是南方方言。

下面是日本汉音与中国方言间相互理解度的调查结果。（29a）是在 CCLang Zihui 2 即《汉语方言字汇》（第二版）模式下，将日本汉音作为主位方言，将中国主要方言作为客位方言进行的方言相互理解度的测定结果。（29b）是将中国主要方言作为主位方言，将日本汉音作为客位方言的测定结果。（29c）为二者平均值。

（29） BJ　SZ　WZ　CS　SF　NC　MX　GZ　XM　CZ　FZ　JO　YJ
　　a. 0.344 0.379 0.328 0.338 0.314 0.460 0.461 0.527 0.501 0.450 0.426 0.453 0.432
　　b. 0.463 0.399 0.382 0.409 0.378 0.494 0.492 0.472 0.506 0.477 0.420 0.488 0.479
　　c. 0.404 0.389 0.355 0.374 0.346 0.477 0.478 0.500 0.504 0.464 0.423 0.471 0.456

将以上结果排序，结果如下：

（30）a. GZ XM MX NC JO CZ YJ FZ SZ BJ CS WZ SF
　　　b. XM NC MX JO YJ CZ GZ BJ FZ CS SZ WZ SF
　　　c. XM GZ MX NC JO CZ YJ FZ BJ SZ CS WZ SF

与日本汉音的相互理解度由高到低依次是厦门（XM）、广州（GZ）、梅县（MX）、南昌（NC）的方言，即依次为闽方言、粤方言、客家方言、赣方言。果然南方方言与日本汉字音的相互理解度更高。但数值最高的不是广州的粤方言而是属于闽方言的厦门话。这个结果很有趣，但日本汉字音同韩国汉字音一样不作为独立口语使用，调查日本汉字音与中国方言的相互理解度没有什么意义。

6. 基于计量测定方法的语音类似度

6.1 韩汉语音类似度

如上所述，更重要的工作是测定韩日汉字音与中国方言的语音类似度。但是，用CCLang只能测定方言间的相互理解度，不能测定类似度。在笔者的请求下，郑锦全在2004年8月成功升级了CCLang程序，改进后的CCLang（2004）程序不仅可以测定方言间相互理解度，还可以测定语音类似度。下面是对语音类似度测定的结果，韩国汉字音数据是根据张三植（1972），中国方言数据是根据《汉语方音字汇》（第二版）：

（31）　BJ　　 SZ　　 WZ　　 CS　　 SF　　 NC　　 MX　　 GZ　　 XM　　 CZ　　 FZ
　　　a. 5459　 4707　 4537　 5248　 4224　 5343　 5796　 5208　 7949　 5827　 5755
　　　b. 7666　 8063　 8528　 8182　 8616　 6967　 6619　 6902　 9686　 7533　 8560
　　　c. 13125 12770 13065 13430 12840 12310 12415 12110 17635 13360 14315
　　　d. 0.416　0.369　0.347　0.391　0.329　0.434　0.467　0.430　0.451　0.436　0.402

（31a）是同音字的数量，（31b）是异音字的数量。（31c）是调查的汉字总数，即（31a）（31b）的总和。（31d）是（31a）除以（31c）得到的数字，这就是根据郑锦全方法得到的语音类似度。将此结果由高到低排序，如下所示：

（32） MX   XM   CZ   NC   GZ   BJ   FZ   CS   SZ   WZ   SF
　　　0.467 0.451 0.436 0.434 0.430 0.416 0.402 0.391 0.369 0.347 0.329

（32）的结果很有趣。目前为止，我们根据传统方法得到的结果都是韩国汉字音与中国粤方言的类似度最高，根据郑锦全的方法测定相互理解度得到的结果也是韩国汉字音与粤方言最接近。但用郑锦全的方法测定语音类似度时，则出现了意料之外的结果。语音角度来说，与韩国汉字音最为相似的方言为梅县（MX）地区使用的客家方言；然后是厦门（XM）、潮州（CZ）的闽方言；而使用粤方言的广州（GZ）地区仅排在第五位。这不仅反映了之前使用的传统方法的问题，还为一直以来寻找与韩国汉字音最相似的中国方言的争论画上了句号。

6.2 日汉语音类似度

6.2.1 日本吴音与汉语方言

日本汉字音中最悠久的音系是吴音，其次为汉音。严棉（1994）通过比较日本汉字音与中国方言间的音韵特征发现，不管是吴音还是汉音都与闽南话最相似。本研究根据最新版CCLang（2004）测定了日本吴音与中国的主要方言间的类似度，结果如下：

（33）　　 BJ   SZ   WZ   CS   SF   NC   MX   GZ   XM   CZ   FZ
　　　a. 4458 4152 4407 4404 4139 4467 4663 3894 6516 4832 4814
　　　b. 8902 8838 8873 9331 9006 8128 8022 8456 11419 8788 9756
　　　c.13360 12990 13280 13735 13145 12595 12685 12350 17935 13620 14570
　　　d. 0.334 0.320 0.332 0.321 0.315 0.355 0.368 0.315 0.363 0.355 0.330

第十三章　寻找与韩日汉字音最接近的中国方言 ◆

（33a）是同音字的数量，（33b）是异音字的数量。（33c）是调查的汉字总数，即（33a）（33b）的总和。（33d）是（33a）除以（33c）得到的数字，即语音类似度。将此结果由高到低排序，如下所示：

（34）MX　　XM　　CZ　=　NC　　BJ　　WZ　　FZ　　CS　　SZ　　GZ　=　SF
　　　0.368　0.363　0.355　　0.355　0.334　0.332　0.330　0.321　0.320　0.315　0.315

根据（34）的结果，与日本吴音最相似的中国方言为梅县（MX）的方言，即客家方言。这与严棉主张闽南语与日本汉字音最为相似的研究结果不同。另外，被认为是吴音母胎音的中国方言吴语与日本吴音间的类似度相对来说不算高。属于吴方言的温州（WZ）话排第六位，苏州（SZ）话则排倒数第三位。反而是属于闽方言的厦门（XM）话和潮州（CZ）话位于第二、三位。

6.2.2 日本汉音与汉语方言

下面是使用CCLang（2004）测定的日本汉音与中国方言间语音类似度的结果：

（35）　　BJ　　　SZ　　　WZ　　　CS　　　SF　　　NC　　　MX　　　GZ　　　XM　　　CZ　　　FZ
　　　a. 4635　　3820　　4049　　4829　　3744　　4566　　4746　　4035　　7109　　5116　　5065
　　　b. 8460　　8875　　8961　　8586　　9146　　7754　　7649　　8040　　10511　8259　　9160
　　　c. 13095　12695　13010　13415　12890　12320　12395　12075　17620　13375　14225
　　　d. 0.354　0.301　0.311　0.360　0.290　0.371　0.383　0.334　0.403　0.383　0.356

（35a）是同音字的数量，（35b）是异音字的数量。（35c）是调查的汉字总数，即（35a）（35b）的总和。（35d）是（35a）除以（35c）得到的数字，即语音类似度。将此结果由高到低排序，如下所示：

（36）XM　　CZ　=　MX　　NC　　CS　　FZ　　BJ　　GZ　　WZ　　SZ　　SF
　　　0.403　0.383　　0.383　0.371　0.360　0.356　0.354　0.334　0.311　0.301　0.290

据此方法测定，与日本汉音语音最相似的中国方言为厦门（XM）的方言，即闽南语。其次为同属于闽南语的潮州（CZ）话。属于客家方言的梅县（MX）话则和潮州（CZ）话同为第二相似方言。日本汉音与中国方言的类似度比日本吴音与中国方言的类似度高，表明汉音比吴音更接近中国方言音。这是可以根据形成时期预想到的结果。另外，日本汉音与中国闽南语最相似的结果与严棉的研究结果一致。

7. 结语

本章使用传统测定方法与郑锦全计量方法考察了韩国与日本的汉字音同中国哪个方言最相似。用传统方法得出粤方言为最相似方言，用计量方法在相互理解度测定中粤方言依然是与韩国汉字音最相似的方言。而与日本汉字音汉音相互理解度最高的中国方言为闽方言，与吴音相互理解度最高的中国方言则是粤方言。

韩国汉字音与中国方言间的相互理解度介于最高0.533（GZ）到最低0.377（SF）之间。也就是说用韩国汉字音来读中国句子时，说广州方言的人可以听懂一半以上的内容。韩国汉字音和广州（GZ）间的相互理解度数值0.533与郑锦全（1994）曾调查的136个城市间相互理解度排序中位于第四十八位的西安（XA）与南昌（NC）间的相互理解度数值相同。而韩国汉字音与双峰（SF）间的相互理解度（0.377）排在第一百三十五位，在最下位圈。

另外，日本汉字音与中国方言间的相互理解度没有韩国汉字音高。日本吴音和相互理解度最高的广州（GZ）话之间的理解程度也仅为0.471。日本汉音和相互理解度最高的厦门（XM）话之间的理解程度稍微高一点，有0.504。相互理解度约为0.5的意思就是沟通中有一半内容是互相理解不了的。所以，用韩国汉字音或日本汉字音来讲现代汉语的白话文与中国人进行沟通是不可能的事情。

如果只比较韩日汉字音与中国方言间的相互理解度，韩国汉字音比日本汉音高，日本汉音比吴音高。这不是说三者的形成顺序是日本吴音、日本汉

第十三章　寻找与韩日汉字音最接近的中国方言

音、韩国汉字音，而是暗示韩国汉字音形成以后比日本吴音、汉音经历了更多的变化。

但是，韩国汉字音与中国方言不同，不是独立的口语方言，所以测定相互理解度不太重要。郑锦全2004年改进后的最新版CCLang测定的语音类似度的结果是，韩国汉字音与梅县（MX）地区使用的客家方言最为接近。而之前一直认为与韩国汉字音最为相似的粤方言则在闽方言之后排在第五位。接着是北京（BJ）的官话，排在最后的是苏州（SZ）、温州（WZ）的吴方言和双峰（SF）的湘方言。

与吴音最相似的方言依次是梅县（MX）、厦门（XM）、潮州（CZ）/南昌（NC）的方言。与汉音最相似的方言依次是厦门（XM）、潮州（CZ）/梅县（MX）、南昌（NC）的方言。吴音与客家话最为相似的结果为重新检讨过去的研究提供了契机。

本章的研究结果显示，传统方法测定的类似度和计量方法测定的类似度几乎没有相关性。因此，本章指出的传统方法的问题依然存在。即用什么方法来计量两种方言X与Y相同的特征数量最为妥当还不够明确，而且可以任意设定作为测定标准的音韵变化规则。这些无疑是传统方法需要解决的问题。

郑锦全的计量测定方法是可以正确测定中国方言间类似度的计量方法，这一点具有非同寻常的意义。将中国语言学研究扩展到计算语言学及数理语言学领域，对开启中国语言学的新纪元功不可没。但是，CCLang还是有几个缺点，比如nan和lan与nan和tui进行差异对比时，尽管相差的程度明显不同，但没有考虑到这种程度的差别。另外，还有不能正确反映文读音与白读音差异的问题。如果将闽方言的文读音与白读音分别录入，则可能出现完全不同的结果。虽然一直在努力改进，但现在还是无法用CCLang测定中国方言间词汇的类似度。①与此相比，就如笔者（严翼相 2004a）所提到的，更本质性的问题

---

① 如果用CCLang可以计算词汇的相似度，则可以间接推定韩国汉字音的形成时间。金镇宇（1985：258）根据同源词的共享率，提出了分辨两种语言分化时期的数值。

同源词共享率（%）：　72　　67　　60　　50　　40　　33　　25
分化时期（年）：　　1000　1206　1567　2125　2810　3371　4250

如果韩国汉字音和中国方言之间的词汇共享率是50%—60%，那么约2000年—1500年前汉字音开始分化、形成。参见第十四章第4节介绍的斯瓦迪士（Morris Swadesh）的语言年代学。

◆ 韩国汉字音新探

是基于语音类似度的方言间亲疏关系和基于词汇类似度及理解度的方言间亲疏关系差异很大。与韩国汉字音相互理解度高的中国方言依次是粤方言、客家方言/赣方言、闽方言。但与韩国汉字音发音相似的中国方言依次是客家方言、闽方言、赣方言、粤方言。日本吴音与粤方言的相互理解度最高,与客家话发音最相似。而汉音则与闽语的相互理解度及语音类似度最高。韩国汉字音与日本吴音的相互理解度与语音类似度的顺序差异是对现象的准确反映,还是郑锦全方法的问题所致,目前还不确定。总之,虽然没有要求相互理解度与语音类似度一定要一致,但如果两者相近会更有说服力。

另外,还有几个与韩国汉字音相关的问题。与韩国汉字音更相似的日本汉音和厦门(XM)话最相似,但韩国汉字音为什么和与日本吴音最相似的梅县(MX)话最相似?假如与日本汉音和韩国汉字音最相似的中国方言是一致的,研究才更有说服力。通过CCLang测定的韩日汉字音类似度结果显示,韩国汉字音与日本汉音的类似度为0.613,而与吴音的类似度为0.609。虽然差异非常小,但这个结果是支持传统学说的。这样就更难解释CCLang测定的韩日汉字音与中国方言间类似度的差异。只能在将来通过更加细致地调查韩日汉字音与客家方言及闽方言来获得更妥当的结论。

韩日汉字音和中国方言间正确的类似度测定本身不直接暗示古代东亚地区汉字的传播路径。因为不能根据韩日汉字音与中国哪种方言最相似就判定那个方言是母胎音。汉字的发音不管是哪个地区都会经历变化,现在也在变化。如果两个地区的语言变化速度不同,随着时间的流逝两种语言当然会变得不同。音变的方向也可能不同,而且或许会受到别的方言或语言的影响,所以在追溯韩日汉字音的母胎音的过程中要严密考虑很多因素。虽然本研究的结果还有许多存疑的地方,但是期望可以为将来的研究提供铺垫。另外,韩国汉字词词汇体系与中国哪个方言最相似也是将来要研究的课题。这类研究将有助于对韩国汉字音的母胎方言、传播时期及形成过程的探究。

第十四章　寻找与韩国汉字词最接近的中国方言*

> 1. 问题
> 2. 调查方法
> 3. 调查资料
> 4. 调查结果
> 5. 结果分析

1. 问题

本章的目的在于探寻韩国汉字词汇与中国哪个方言词汇最接近。现代韩语词汇57%以上是汉字词，其中大部分借自古代汉语。通过阐明与韩国汉字

---

* 其实对韩国人而言汉语易学，因为很多词相似。韩语词汇中57%以上是汉字词。如果学习了一些汉语，就会发现汉语中有像"平和"和"和平"这种语序颠倒的词，还有"房（子）"和"屋（子）"这类两种方言中意义颠倒的词。更有意思的是，韩语的"鸡卵"在普通话中是"鸡蛋"，而客家方言和闽方言叫"鸡卵"。那么现代韩语的汉字词汇究竟来自中国哪个方言？和汉字音传入地区是否相同？对此笔者一直很疑惑。本章试图回答这些问题。虽然不能断定和韩国汉字词最类似的汉语方言是韩国汉字音的母胎，但至少可以为回答上述问题提供线索。本章得到2005—2006年汉阳大学校内研究费资助，发表在《中国语文学论集》第43辑（2007）上。相关内容曾在第9届韩中文化论坛（2007 济州大学）和第9届东亚汉学国际学术会议（2007）上用中文报告。

◆ **韩国汉字音新探**

词汇最类似的中国方言，可以为推测汉字传入韩国的途径及分化时间提供重要信息。[①]但过去这方面的研究并不多。罗杰瑞（Norman 1988）为划分汉语方言提出了10条标准。其中4条标准涉及特定汉字的语义变化，引起了笔者的注意。

（1）a. 用"站"或"站"的同源词表"站立"义。
　　　b. 用"走"或"走"的同源词表"行走"义。
　　　c. 用"儿子"或"儿子"的同源词表"儿子"义。
　　　d. 用"房子"或"房子"的同源词表"房子"义。

不考虑其他6条形态、音韵特征，只根据上述4条标准也足以得出期望的方言分区结果。[②]

（2）

	北京	西安	昆明	苏州	温州	长沙	双峰	南昌	梅县	广州	福州	建瓯
(1a)	+	+	+	−	−	+	?	+	−	−	−	−
(1b)	+	+	+	+	+	+	−	+	−	−	−	−
(1c)	+	+	+	+	+	−	−	−	−	−	−	−
(1d)	+	+	+	+/−	−	+/−	?	−	−	−	−	−

根据上述资料，可以把汉语方言分成：北京、西安、昆明话为代表的北方方言，苏州、温州、长沙、双峰、南昌话为代表的中部方言，梅县、广州、福州、建瓯话为代表的南方方言。北方方言是指70%的汉族人所使用的官话方言，不只分布于中国北方，其区域还包括中国西部及西南部，约占国土总面积的80%。

---

① 在《标准国语大词典》的约44万条词目中，汉字词约占57%。如果只看名词，汉字词约占81%。

② 其他6个条件是：第三人称代词是"他"或"他"的同源词；领属助词是"的"或"的"的同源词；常用否定词是"不"或"不"的同源词；表示动物性别的词序在前；平声分阴阳；软腭音在i元音前腭化。

第十四章　寻找与韩国汉字词最接近的中国方言 ◆

现在来看韩国汉字词。韩国汉字词中（1a）"站"使用频率不高，但用于"站立"等词，所以是+。（1b）"走"的意义是"跑"。（1d）"房子"的意义更接近于"房间"。这里"子"字没有特别的意思，只是词缀。（1c）"儿子"的语感汉语与韩语有所不同。多数汉语使用者认为"儿子"的词义是从第一个音节"儿"字来的，这时"子"字与"房子"的"子"字相同，只是词缀。例如，济南、西安、武汉、成都、温州等地通用的词是"儿"。当然"子"字本身也有"儿子"的意义。粤方言和闽方言地区使用的"仔"和"囝"可能就是从"子"来的，这些方言中"仔"和"囝"代替了"儿"。但对韩国人来说，"儿"没有"儿子"义，只有"儿童"义，"子"的意思是"儿子"。（1c）也是−。资料（2）加上韩国汉字词，可修改为：

(3)

	北京	西安	昆明	苏州	温州	长沙	双峰	南昌	韩国	梅县	广州	福州	建瓯
(1a)	+	+	+	−	−	+	?	+	+	−	−	−	−
(1b)	+	+	+	+	+	+	−	+	+	+	+	+	+
(1c)	+	+	+	+	+	+	−	−	−	−	−	−	−
(1d)	+	+	+	+/−	−	+/−	?	−	−	−	−	−	−

值得注意的是，（3）中韩国汉字词似乎与中国中部地区方言比较类似，可以分为一组。但仔细观察会发现韩国汉字词与南部方言更接近。因为除了（1a），其他与南部方言都相同。但不能据此认为韩国汉字词一定与中国南部方言词汇最接近。上表引起了笔者对韩国汉字词地域特色的好奇。

通过这样的单纯比较不能确定韩国汉字词汇的方言特点，理由如下：

(4) a. 比较的词汇数量不足。
　　b. 韩国汉字词与中国中部方言的关联不明确。
　　c. 韩国汉字音的音韵体系与中国南方方言更相似。

（4a）指出的比较的词汇数量不足这个问题比较容易解决。本研究会大量增加与中国方言词汇比较的韩国汉字词。问题是（4b）和（4c）。主张韩国汉

◆ 韩国汉字音新探

字来自中国中部方言的学者只有Maspero（1920）。他最早主张韩国汉字来自吴方言。Maspero在20世纪初对韩语的历史和韩国汉字音有多少了解，令人生疑，但假设古代朝鲜半岛三国的汉字音有所不同，那么百济汉字音可能是来自当时的吴方言。但据李基文（1998）的学说，新罗统一三国时，由新罗语统一了三国语言，那么现代韩国汉字音里仍旧保留吴方言语音特点的可能性是很小的。所以只看资料（3）就主张可以将韩国汉字词汇与中国中部方言划分在一组中，好像过于草率。

这里不用考虑高本汉（Karlgren 1926）的"北方音说"。虽然高本汉认为韩国汉字音源自唐代长安音，但这不是全面研究韩国汉字音后得出的结论。只是因为韩国汉字音大致类似于《切韵》为代表的中国中古音体系，而高本汉认为自己构拟的中古音是唐朝的长安音。现在认为中国中古音是中国特定方言语音的学者不多，所以高本汉的"北方音说"根据不足。

近几年对韩国汉字音的研究发现，韩国汉字音与中国南部方言类似。从语音特征上看韩国汉字音确实与闽、粤、客家等中国南方方言类似。看起来与 -p、-t、-k、-m韵尾已脱落的北方方言相差甚远，与保留 -p、-t、-k、-m、-n、-ŋ韵尾的南方方言类似是理所当然的。问题是与闽、粤、客家方言中的哪一个方言更类似。正如笔者（严翼相 2005b；严翼相 2005c，2005d）所指出的，根据各自的研究方法与特定方言的亲疏程度，至今已提出各种不同的学说。笔者根据郑锦全开发的通过数据测定中国方言之间亲疏关系的软件CCLang（2004）测试发现，现代韩国汉字音与客家音最类似。但是通过同一软件测试相互理解度时发现韩国汉字音与粤方言之间的相互理解度最高。

另外，金泰庆（2006）比较了韩国汉字词与闽方言词汇，发现韩国汉字词与厦门、潮州地区的闽方言词最类似。闽方言较福建的其他次方言保留了更古老的音韵体系，在这一点上她的结论非常妥当，是在预料之中。但她的论文没有明确说明为什么只将韩国汉字词汇与闽方言词汇相比较。也许她过去就认为韩国汉字词汇与中国闽方言词汇类似。如果将韩国汉字词与汉语其他方言词汇比较，是否还会得出韩国汉字词汇与闽方言词汇最类似的结论呢？

本研究将韩国汉字词与中国20个主要方言的词汇进行比较，探明韩国汉

第十四章 寻找与韩国汉字词最接近的中国方言 ◆

字词汇究竟与中国哪个方言地区的词汇最接近。本研究可以为一直争论不休的韩国汉字词的性质提供重要的信息。

2. 调查方法

郑锦全（Cheng 1991）批评了以往研究对两个方言共享的音韵现象进行部分、表面的观察之后就判断方言类似度或划分方言的做法，开发了利用电脑通过数据测定方言间词汇类似度、相互理解度、语音类似度的方法。他的研究方法在严翼相（2004a）中已详细介绍，在此略过。通过此方法测定出的18个主要方言词汇类似度用0—1的相关系数（correlation coefficients）表示如下。0表示两个方言之间词汇完全不同，1表示完全相同。

（5）

	BJ	JN	SY	XA	CD	KM	HF	YZ	SZ	WZ	CS	NC	MX	GZ	YJ	XM	CZ	FZ
BJ	1.0000																	
JN	0.6715	1.0000																
SY	0.6983	0.6421	1.0000															
XA	0.6108	0.6076	0.5881	1.0000														
CD	0.4478	0.4533	0.4254	0.4874	1.0000													
KM	0.4902	0.5333	0.4818	0.5455	0.5530	1.0000												
HF	0.4784	0.5008	0.4746	0.4993	0.4802	0.5431	1.0000											
YZ	0.5110	0.5287	0.4936	0.5396	0.5056	0.5731	0.6014	1.0000										
SZ	0.2891	0.3099	0.2866	0.3169	0.2951	0.3547	0.3432	0.4129	1.0000									
WZ	0.2179	0.2311	0.2104	0.2211	0.2115	0.2492	0.2342	0.2621	0.3128	1.0000								
CS	0.4613	0.4872	0.4487	0.4836	0.4854	0.5383	0.4836	0.5052	0.3453	0.2610	1.0000							
NC	0.4428	0.4546	0.4179	0.4475	0.4233	0.4767	0.4732	0.5201	0.3755	0.2817	0.5551	1.0000						
MX	0.2149	0.2123	0.1930	0.2013	0.1658	0.1931	0.1772	0.1912	0.1821	0.1896	0.2260	0.2722	1.0000					
GZ	0.2401	0.2215	0.2037	0.2090	0.1719	0.2204	0.1993	0.2176	0.1841	0.1949	0.2275	0.2457	0.3022	1.0000				
YJ	0.2252	0.1984	0.1872	0.1807	0.1480	0.1955	0.1832	0.1942	0.1587	0.1693	0.2008	0.2290	0.2784	0.4776	1.0000			
XM	0.1987	0.1641	0.1428	0.1332	0.0891	0.1248	0.1069	0.1247	0.0798	0.1022	0.1195	0.1331	0.1658	0.1707	0.1860	1.0000		
CZ	0.2136	0.1737	0.1608	0.1396	0.0984	0.1290	0.1190	0.1300	0.0972	0.1012	0.1353	0.1498	0.1856	0.2118	0.2158	0.3380	1.000	
FZ	0.2693	0.2184	0.1920	0.2014	0.1399	0.1613	0.1489	0.1752	0.1230	0.1414	0.1603	0.1844	0.1412	0.1647	0.1568	0.2800	0.2459	1.000

上表英文简称所表示的方言点如下：

（6）BJ 北京　　JN 济南　　SY 沈阳　　XA 西安　　CD 成都
　　　KM 昆明　　HF 合肥　　YZ 扬州　　SZ 苏州　　WZ 温州
　　　CS 长沙　　NC 南昌　　MX 梅县　　GZ 广州　　YJ 阳江
　　　XM 厦门　　CZ 潮州　　FZ 福州

如上表所示，北京（BJ）和沈阳（SY）的相关系数最高，为0.6983；苏州（SZ）和厦门（XM）的相关系数最低，为0.0798。也就是说，北京和沈阳方言的词汇最为类似，苏州与厦门的方言词汇类似度最低。除了北京（BJ）-沈阳（SY）以外，类似度较高的方言依次是：北京（BJ）-济南（JN）（0.6715），济南（JN）-沈阳（SY）（0.6421），北京（BJ）-西安（XA）（0.6108），济南（JN）-西安（XA）（0.6076），合肥（HF）-扬州（YZ）（0.6014）。

可惜的是，郑锦全开发的测定中国方言词汇间类似度的软件CCLang里没有加入韩国汉字词资料。所以现在判断韩国汉字词与中国哪个方言词汇类似，只有靠手工操作。笔者（严翼相 2004a）曾指出通过手工操作判断两种语言间类似度的局限性和问题，可是现在别无他法。本研究依据调查中国方言词汇时使用的标准参考书《汉语方言词汇》（第二版）展开调查。这本书收录了20个方言点的词汇，比（6）多出了几个方言点。根据一般的分类方法将20个中国方言点分为7大方言，如下所示：

（7）官话方言：北京（BJ）济南（JN）西安（XA）太原（TY）
　　　　　　　　武汉（WH）成都（CD）合肥（HF）扬州（YZ）
　　　吴方言：苏州（SZ）温州（WZ）
　　　湘方言：长沙（CS）双峰（SF）
　　　赣方言：南昌（NC）
　　　客家方言：梅县（MX）

第十四章　寻找与韩国汉字词最接近的中国方言

粤方言：广州（GZ）阳江（YJ）
闽方言：厦门（XM）潮州（CZ）福州（FZ）建瓯（JO）

这本书将1230个基本词汇分为名词、动词、形容词、代词、数词、量词、副词、介词、连词9个词类。其中收入词汇最多的是名词，占调查词汇的52.7%，共648词。这些名词又分为17类。本研究将这648个名词与韩国汉字词汇进行比较。这里将研究范围局限于名词有以下两个原因。第一，一般语言中名词的数量要比其他词类多。第二，就与韩国汉字词汇的类似度而言，名词的类似度要比其他词类更高。所以比较名词之间的类似度可以期待得出有价值的结论。

比较名词的时候首先要决定的是选择哪些词汇作为比较对象，也就是词目的选择。《汉语方言词汇》没有明示词目，不过大概是以普通话词汇为标准。这些词汇虽然不完全与北京方言词汇一致，如"磁石"与"橄榄"的北京方言词汇是"吸铁石"和"青果"，但普通话是以北京等北方官话方言地区词汇为标准，所以这本书的词目当然与北京词汇接近。崔玉花（2005）和金垣中（2005）的调查可以证明这一点。他们以韩国汉字词中与《汉语方言词汇》词目完全相同的汉字词汇为对象，判断汉字词与各方言相同与否。分别独立进行的两项调查研究结论几乎相同。崔玉花的结论是与韩国汉字词汇类似度最高的方言是北京方言，最低的是建瓯方言。金垣中的结论也是北京、济南、扬州、西安等官话方言的词汇与韩国汉字词类似，潮州、福州、建瓯等闽方言类似度最低。

考虑到韩国汉字音与客家方言、闽方言、赣方言、粤方言等中国南方方言最类似，他们的调查报告留下了一个挑战性的课题。韩国汉字词应该是十分保守的，居然与北京方言词汇类似，应怎样看待他们的结论？这说明韩国汉字词有多种源头，还是反映了不同时期的多种层次？其实很多中国人读过韩国人用汉语写的文章后会惊讶地发现韩国人懂不少古文。未曾谋面只通过书信交流的中国人当见到韩国人时发现这个韩国人比自己想象的年轻。如果只看文风还以为是老人，因为他们使用大量的古文。由此来看，崔玉花和金垣中的调查结论值得深思。

但是，笔者在准备本章时发现了他们调查方法上的问题。他们将《汉语方言词汇》的词目与现代韩国汉字词进行比较，如果相同就纳入调查范围，然后调查该词语是否在其他中国方言中实际使用。调查结果当然与北京方言词汇最类似。所以此次调查时,只要与《汉语方言词汇》词目对应的韩国汉字词在该书20个方言点中的任何一个方言点存在,就纳入调查范围。例如他们的调查中遗漏了"金子",因为韩语里"金"不叫"金子"。但本研究包括该词,因为温州、潮州、福州、建瓯等地也使用相当于"金子"的"金"。

在本研究中,与《汉语方言词汇》词目对应的韩国汉字词,只要在中国20个方言中的任何一处使用,就纳入调查范围。本研究不考虑和汉字词形式相同的汉语词汇在该方言中是不是意义完全相同的自由语素。而且,词目在韩语、汉语中语义领域稍微不同也无妨,只要基本意义相同即可。没有这两个前提就无法判断两种语言的词汇相同与否。

确定这些大的原则后,实际选择比较词汇时还是遇到了一些问题。第一,有些汉字词与汉语意义相同但不是自由语素。例如"风、云、牛、猪"等汉语词是单音节名词。这些词在韩国汉字词中为黏着语素,必须跟别的语素组合成词。"台风、微风"可以成词,但不说"风大"。当然可以将"中风"(疾病名)简称"风",说"风来了"或"中风",但这里不是指风的本义。"云"也是如此。"上层云、中层云、下层云"可以成词,可是不说"云多"。汉字词没有相对于"风、云、牛、猪"的自由语素。因此根据上述原则认为没有对应的韩国汉字词。

第二,应该怎样处理"儿""子""头"之类的名词词缀。这些词缀在中国部分方言中没有特别的意义,只是习惯性使用并且大多不能互换使用。例如,"花"可以单独使用也可以加上词缀"儿",但不可以用"子、头"作为词缀。"鹅"可以单独成词,但"鸭子"必须加上词缀"子"才可成词。"石"字也不能单独成词,必须加上词缀"头"。"杯"字可以独立成词,也可以说"杯子"或"杯儿"。这些词可不可以说与韩国汉字词相同?忽略这些词的黏着语素,可以认为与韩国汉字词意义相同。但在本研究中,如果与"子"或"头"词缀相结合的成分与韩国汉字词不是相同的语素,则视为不同。因为有些汉字词和汉语连名词词缀都完全一致。例如,"狮子、饺子、箱子、椅子、桌子、馒头"(虽然汉字词"卓子"的"卓"字与汉字"桌"不同,但可以忽略)等词韩语和汉语的

第十四章　寻找与韩国汉字词最接近的中国方言

语素完全相同。

　　上述关于自由语素的原则之所以重要还有一个原因。与汉语词目"石头"和"沙头"对应的汉字词是"石"和"沙"。虽然它们不是自由语素，但中国广州和福州、建瓯等地也使用"石"这一词表示石头。如果承认汉字词"石"这个词，那么当然与这些地区的关联性会增大，但是会诱导出不正确的结论。因为韩国汉字词汇中的"石"只用于"石像、大理石"，也就是说必须与其他语素结合成词。但是中国北方方言中这些词的说法当然也是"石像、大理石"，而不是"石头像、大理石头"。那么根据这些词判断韩国汉字词和广州、福州、建瓯之间的类似度是不合理的。所以韩国汉字词没有相应自由语素的词也没有纳入调查范围。

　　只是主要在北方官话中使用的名词词缀"儿"可以忽略。"莲花儿、菊花儿"看似是三音节词，但实际发音是双音节，而且没有意义上的变化。词缀"儿"与"子、头"的不同之处在于它不仅不能独立成为一个音节，而且除了少数情况，如"画、画儿"等例以外，"儿"不能起辨别词义的作用。所以与韩国汉字词汇比较时不考虑儿化韵尾。

　　第三，与汉字词比较时，忽视汉语表示昵称的词头"阿"和"老"。例如，与"哥哥"对应的汉字词是"兄"，中国部分方言也使用"兄"这个词，但也有叫"阿兄、老兄"的方言。这三种类型在本质上没有太大的区别，可以视为同一形式。

　　第四，虽然形式相同，但在两种语言中的意义不同时，视作不同的词。例如，"颜色"在汉语中是"色彩"的意义，但在韩语中表示"脸色"。"汽车"在韩语中的意思是"火车"。所以，形式相同但意义不同时，先不讨论是否有意义上的延伸，而是直接视为不同的词。

　　将上述选定比较词汇的条件概括如下：

（8）a. 与《汉语方言词汇》名词词目对应的韩国汉字词，只要在中国20个方言中的任何一处使用，就纳入调查范围。

　　　b. 汉语单音节名词在韩国汉字词中如果不以自由语素形态存在，即使与其他语素结合使用，也排除在调查范围之外。

c. 与"子、头"等名词词缀相结合的汉语词，只有韩国汉字词也使用同一词缀才视为相同的词。但忽略构成儿化韵的"儿"词缀。

d. 忽略汉语词汇里的前缀"阿、老"。

e. 即使由同一语素构成，如果韩汉词语意义不同，则视为不同的词。

符合这些条件可作为比较对象的词共148例，《汉语方言词汇》中名词共648例，作为比较对象的词占名词总数的22.8%。本章所根据的《汉语方言词汇》（第二版）是2005年出版的，该书在1995年出版的版本基础上进行了修订、增补。

3. 调查资料

根据上述条件，将从648个词中选定的韩汉共同使用的词汇整理如下。相同词素或其组合在该方言中意义相同时用+表示，不同时用−表示。表格上的序号是为了论述方便加上去的。

（9）

汉语	太阳	月亮	银河	天气	晴天	江	风景	时候	现在	从前	今年	明年	后年	日子	今天	明天	昨天	夜里	早晨	上午
韩语	太阳	月	银河	天气	晴天	江	风景/景致	时节/时间	现在	从前/以前	今年	来年/明年	后年	日子	今日	来日/明日	昨日	夜间	早起	上午
BJ	+/−	−	−	−/+	+/−	+	−	+/−	+/−	+	+/−	+	−	−	−	−	−	−	−/+	−	−
JN	+/−	−	−	−/+	+	+	−	+/−	+/−	+	−	+	−/+	+	−	−	−	−	−	−	−
XA	−	−	+	+/−	+	+	−	−/+	+	+	−	+	−	+	−	−	−	−	−/+	−	−
TY	−/+	−	−	+	+	+	−	+	+	+	−	+	−	−/+	+	−	−	−/+	−/+	−	−
WH	+/−	−	−	−/+	+	+	−	+	+	+	+	+	−	−/+	−	−/+	−/+	−	−	−	−
CD	+	−	−	+	+	+/−	−	+	+	+	−	+/−	−	−	−	−	−	−	−	−	−/+
HF	+/−	−	−	+	+	−/+	−	+	+	−	−	+	−	−	−	−	−	−	−	+	−
YZ	+	−	−	+	+/−	+	−	+	+	+	−	+/−	−	−	−	−	−	−	−	+/−	−
SZ	+/−	−	−	+	+	+/−	−	+	+	+	−	+	−	−	−	−	−	−	−	−	−

第十四章　寻找与韩国汉字词最接近的中国方言 ◆

WZ	+/-	-	-	-	+	+/-	+	+		-/+	-	+	+	+/-	-	-	-	-
CS	+/-	-	-	+	+	+	+	-		-/+	+	+	+	+/-	+/-	+	-	-	+/-
SF	-/+	-	-	+	+	+	+	-		+	+	+	+	+	+	-	+	+
NC	-/+	-	-	+/-	+	+		+/-	+/-		+	+	+	+	+	-	+	+
MX	-	-	-/+	+/-	-	-				+	+	+	-	+/-	-	-	-	-
GZ	-	-	-/+	+/-	-	+/-	+			+	+	+	+	+	-	-	-	-
YJ	-	-	-/+	-/+	+			+	+	+	+	+		+	+			
XM	-	-/+	-	-/+	-	+	+	-/+		+	+	+	+	+	+	-	+/-	-
CZ	-	+/-	-/+	-/+	+	+	-	-/+		-/+	-	+	+	-/+	+	-	-	-
FZ	-	+	-	+/-	-	-	-			-	-/+	+	-/+	-	-	-	-	-
JO	-	+	-	+/-	-	+	-			+/-	+	+	+	-	-	-	-	-

（10）

汉语	下午	大年初一	端午	中秋	重阳	金子	银子	铜	铁	磁石	颜色	畜生	羊	鲤鱼	蛇	蛋	梅花	荷花	菊花	棉花
韩语	下午	正月初一	端午(节)	中秋(节)	重阳(节)	金	银	铜	铁	磁石	色	畜生	羊	鲤鱼	蛇	卵	梅花	莲花	菊花	棉花
BJ	-	-	-/+	-/+	-/+	-	-	+	+	-	+/-	+	+	+	-	-	+	-/+	-/+	+
JN	-	-	-/+	-/+	-/+	-	-	+	+	-	+/-	+	+	+	-	-	+	-/+	+	+
XA	-	-	-/+	-	-	-	-	+	+	-	+	+	+	+	-	-	+	+/-	+	+/-
TY	-/+	-/+	+	-	+	-	-	+	+	-	+	+	+	+	-	-	+	+/-	+	+
WH	-	-	+/-	+/-	+/-	-	-	+	+	-	+	+	+	-	+/-	+	+	-	-/+	+
CD	-/+	-/+	-/+	+/-	-	-	-	+	+	-	+	+	+	+/-	-	+	+	-	-/+	+
HF	+	-	+/-	-	+	-	-	+	+	-	+	+	+	+	+	-	+	-	+	+
YZ	-/+	-/+	-/+	-/+	+	-	-	+	+	-	+	+	+/-	+	-	+/-	-	-	+	+
SZ	-	-	+	-/+	-	-	-	+	+	-	+/-	+	+	+	+	+	+	-	-/+	+
WZ	-	+	-	-	+	-	-	+	+	-	+	+	+	+	+	+	+	+/-	+	+
CS	+/-	-/+	+/-	+/-	-	-	-	+	+	-	+/-	+	+	+	+	+	+	+/-	+	+
SF	-	-	+/-	+	-	-	-	+	+	-	+	+	+	+/-	+	+	+	+/-	+	+
NC	-	+/-	+	+	-	-	-	+	+	-	+	+	+	+	+	+	+	-/+	+	+
MX	-	-	-	+/-	-	-	-	+	+	-	+	-	+	+/-	+	-	+	+/-	+	+
GZ	-	-	+/-	+/-	+	+	-	+	+	-	+/-	+	+	+	+	-	+	+/-	+	+
YJ	-	-	+/-	+	+	+	-	+	+	+	+	+	+	+	-	+	+	+	+	+
XM	-	+	+/-	+/-	-	-	-	+	+	-	+	+	+	+/-	+	+	+	+	+	+
CZ	-	+	-	-	+	+	-	+	+	-	+	+	+	+	+	+	+	+	+	+

◆ 韩国汉字音新探

FZ	−	+	−	+/−	+/−	+	+	+	+	−	+/−	−	+	+	+	+	+	+/−	+	+/−
JO	−	+	−	+/−	+	+	+	+	−	+	−	+	−	+	+	+	+/−	+	+

（11）

汉语	高粱	黄豆	蚕豆	花生	蔬菜	姜	橘子	柚子	葡萄	樱桃	橄榄	藕	核桃	香蕉	荔枝	早饭	粥	馒头	包子	饺子
韩语	高粱	黄豆	蚕豆	落花生	菜蔬	生姜	橘	柚子	葡萄	樱桃	橄榄	莲根	胡桃	芭蕉	荔枝	早饭	粥	馒头	馒头	饺子
BJ	+	+/−	+	−	−	−	+	+	+	−	−	−	+	+	−/+	+	+	+	+
JN	+/−	+/−	+	−	−	−	+	+	+	−	−	+	+/−	−/+	−	−	−/+
XA	−	+	+	−	−	+/−	+	+	+	+	+	−	+	+	+	+	+	+	−	+
TY	−	+	+	+/−	−	+	+	+	+	+	+	+	+	+	+	+	+	+	−/+	+
WH	+	+	+	−	−	−	+	+	+	−	−	+	+	+	+	+	−/+	−/+	+	+
CD	+	+	+	−	+	+/−	+	+	+	+	+	+	+	+	+	+	+	+	+	+
HF	−	+	+	−	−	+	+	+	+	+	+	+	+	+	+	+/−	+	−	+
YZ	+	+	+	−	−	+	+	+	+	+	+	+	+	+	+	+	+	+	+	+
SZ	−	+	+	−	−	−/+	+	+	+	+	+	+	+	+	+	+	+	+	+	+
WZ	−	+/−	+	−	+/−	+	+	+	+	+	+	+	+	+	+	+	+	−	−	−
CS	+	+	+/−	−	+	+	+	+	+	+	+	+	+	−	−/+	+	+	+	+
SF	+	−	+	+	+	+	+	+	+	+	+	+	+	+/−	+/−	−/+	+	+
NC	+	+	+	+	+	+	+	+	+	+	+	+	+	+	+	+	+	−/+	+	+
MX	−	+	−	−	−	−	−/+	+	+/−	−/+	+	+/−	+	+	+/−	+	+
GZ	−	+	+	−	−	−	+	+	+	+	+	+	+	+	+	+	+	+	+	+
YJ	−	+	+	−	−	−	+	+	+	+	+	+	+	+	+	+	+	+	+	+
XM	−	−	−	+/−	−/+	−	+	+	+	+	+	+	+	−	+	−/+	+	+
CZ	−	+	+	−	−	−	+	+	+	+	+	+	+	+	+	+	+	+	+	+
FZ	−	−	−	−	−	−	+	+	+	+	+	+/−	+	−	+/−	+	+	+	−	−
JO	−/+	−/+	−	−	−	−	−	+	+	+	−	+	+	−	−	+	+	+	−	−

（12）

汉语	面条	汤	鸡蛋	豆腐	醋	茶	衣服	上衣	帽子	袜子	房间	窗子	门	栏杆	厨房	坟	家具	桌子	椅子	柜子
韩语	面	汤	鸡卵	豆腐	（食）醋	茶	衣服衣裳	上衣	帽子	洋袜	房	窗（门）	门	栏杆	厨房	（坟）墓	家具	卓子	椅子	柜
BJ	+	+	−	+	+/−	+	+	−/+	+	−	−/+	−	+	+	+	+	+	+	+	+
JN	+	+	+	+	+/−	+	+	+	+	+	−	+	+	+	+	+/−	+	+/−	+	+
XA	+	+	+	+	+	+	+	+	+	+	+	+	+	+	+	+/−	+	+	+	+
TY	+	+	+	+	+	+	+	+	+/−	+	+	+	+	+	+	−/+	+	+	+	+
WH	+	+	+	+	+	+	+	+	+	+/−	+	+	+	+	+	−	−/+	+	+	+

第十四章　寻找与韩国汉字词最接近的中国方言 ◆

汉语	面条	汤	鸡蛋	豆腐	醋	茶	衣服	上衣	帽子	袜子	房间	窗子	门	栏杆	厨房	坟	家具	桌子	椅子	柜子
韩语	面	汤	鸡卵	豆腐	(食)醋	茶	衣服衣裳	上衣	帽子	洋袜	房	窗(门)	门	栏杆	厨房	(坟)墓	家具	卓子	椅子	柜
CD	+	+	−	+	+	−	+	−	−	+	−	+	−/+	−	+	+	+	+		
HF	+	+	−	+	+	−	+	−	+/−	−	+	−	−	−	−	−				
YZ	+	+	−	+	+	+/−	−	−	−	−	+	−	−/+	−						
SZ	+	+	−	+	+/−	+/−	−	−	−/+	−	+	−	−	−						
WZ	+	+	−	+	+	+	+	−	−	+	+	−	−	−						
CS	+	+	+/−	+/−	+/−	+/−	−	−	+/−	−	+	−	−	−	+/−	−	+			
SF	+	+	−	+/−	+	+	−	−	−	−	+	−	−	−	−/+	+				
NC	+	+	−	+/−	+/−	+	−	−	−	−	+	−	−	−	−	+				
MX	+	+	+	+/−	+	+	−	−	−	−	+	−	−	−	−/+	+				
GZ	+	+	+	+	+	+	−	−	−	+	+	−/+	+	−	−	+				
YJ	+	+	+	+	+	+	−	−	−	−	+	−	−/+	−	+	+				
XM	+	+	+	+	+	+	−	−	−	+	+	−	−	+/−	−	+				
CZ	+	+	+	+	+	+	−	−	−	−	+	−	−	−	+	+				
FZ	+	+	+	+	+	+	−	−	−	−	+	−	−	−	−	+				
JO	+	+/−	+	+	+	+	−	−	−	−	+	−	−	−	−	+				

(13)

汉语	箱子	筷子	瓶子	煤	木炭	炉子	烟筒	伞	电灯	毛巾	锤子	石灰	漆	商店	旅馆	邮票	码头	人力车	三轮车	轮船
韩语	箱子	箸	瓶	石炭	木炭	火炉/风炉	烟筒	雨伞	电灯	手巾	锤	石灰	漆	商店	旅馆	邮票	埠头	人力车	三轮车	(火)轮船
BJ	+	−	+/−	−	−	+	−	+	+/−	−	−/+	+	−/+	+	+	−	−	−	−	+
JN	+	−	−	−	+	+	−	+	+	−	−	+	+	+	+	+/−	−	−	−	+
XA	+	−	−	−	−	+/−	+	+	+	−	−	+	+	+	+	−	−	−	−	+
TY	+	−	−	−	−	+/−	+	+	+	−	−/+	+	+	+	+	−	−	−	−	+
WH	+	−	−	−	−	+	+	+	+	−	−	+	+	+	+	+	−	−	−	+/−
CD	+	−	−	−	−/+	+	+	+	+	−	−	+	+	+/−	+	−	−	−	−	+
HF	+	−	−	−	−	+/−	+	+	+	−	−	+	+	+	+	−	−	−	−	+/−
YZ	+	−	−	−	−	+	+	+	+	−	−	+	+	+	+	−	−	−	−	+/−
SZ	+	−	+	−	−	−	+	+/−	−/+	−	−	+	+	+	+	−	−	−	−	+
WZ	−	+	−	−	−/+	−	+	+	+	−	−	+	+	−	+/−	−	−	−	−	+
CS	+/−	−	−	−	+	−	+	+/−	−	−	+	+	+	+	−	−/+	−	−	−	+
SF	+/−	−	−	−	−/+	−	+/−	−	−	−	+	+	+	+/−	−/+	−	−	−	−	−/+

319

韩国汉字音新探

NC	+	−	−	−	+	−	+	−	+	+	+	−	+/−	−	+	−
MX	−	−	−	−/+	−	−/+	−	−	+/−	−	+	+	+/−	+	−	+
GZ	−	−	−	+	−	−	+	−/+	+	+	+	+	−	+	−	
YJ	−	−	−	−/+	−	−	+	−	+	+/−	−	+	−	+	−/+	+/−
XM	−	+/−	−	−	+	−	+	−/+	−	+	+	−	−/+	−	+/−	−
CZ	−	+	−	−	+	−	+	+/−	−	+	−	−	−	+	−	−
FZ	−	+	−	−	−	−	−	−	−/+	−	−/+	−	−	−	+/−	−
JO	−	+	−	−	−	−	−	−	−	−	+	+	−	−	−	+

（14）

汉语	帆船	学校	教室	书	铅笔	图章	徽章	故事	头发	左手	右手	大拇指	女人	老头儿	新郎	寡妇	教师	学生	医生	强盗
韩语	帆船	学校	教室	册	铅笔	图章	徽章	故事	头发	左手	右手	大拇指	女人	老人	新郎	寡妇	教师/先生	学生	医师	强盗
BJ	+	+	+	−	+	−	+	+/−	+	+	+	−	−	−	−	−/+	+	−	+	−	−/+
JN	+	+	+	−	+	−	+/−	−/+	+	+	+	+/−	+	−	−	−/+	−	−/+	+	−	+
XA	+	+/−	+	+	−	+	+	−	+	+	−	+	−	+	−	−	−	+/−	+	+	−
TY	+	+/−	+/−	+	−/+	+	+	+	+	+	+	−/+	−	+	−	−	+	−/+	+	+	−
WH	+/−	+	−	−	+/−	−	+/−	+	+/−	+	−	−	−	−	+	−	−	−	−	−	−
CD	+	+	+	+	−	+/−	+	−	−	−	−	−/+	−	−	−	−	−	−	−	−	−
HF	+/−	+	+	+	+	+	+	+	−	−	−	−	−	−	−	+	−	+/−	+	−	−/+
YZ	+	+/−	+	−	+	+/−	+	+	+	+	−	−	−	−	−	−/+	+	−	−	−	−/+
SZ	+/−	−	+	+	+	+	+	+	−/+	−	−	+	−	−	−	−	+	−	+	−	+
WZ	−	−	+	−	+	−/+	+	+	−	+	+	+	−	−	−	+	−	+	+/−	−	−
CS	−/+	−	+	+	+	−	+	+	+	+	+	−	−	−	−	+	−	−	+	−/+	−
SF	−	+/−	+	+	+	−	+	+	+	+	+	+	−	−	−	+	−	−	+	+/−	−/+
NC	−	−	+	+	−/+	−	−/+	+	+	+	−	+/−	−	+/−	−	−/+	+	−	−	−	+
MX	−	−/+	+	+	−	−	+	−	+	+	+	−	−	−	−	−	+	−	−/+	+	+
GZ	+	+	+	+	−	−	+	−	+	+	−	+/−	−	−	+	−	−	−	−	−	−
YJ	+	−	+	+	−	−	+	−	+/−	+	−	−	−	+	−	−	+	−	−	−	−
XM	+	−	+	+	+	−	−/+	+	+	+	−	−	−	−	+	−	+/−	+	−	−	−
CZ	+	−	+/−	+	+	+	+	+	+	+	−	−	−	+	−	−	+	+	−	−	−
FZ	+/−	−	+/−	+	+	+	+	+	+	+	+	−	−	−	−	−	+	+/−	+	−	−
JO	+	−/+	+	−	+/−	−	−/+	+	−	−/+	−	−	−	−	−	+	−	−	−/+	+	−

（15）

| 汉语 | 姑母 | 姨母 | 丈人 | 丈母 | 哥哥 | 嫂子 | 弟妹 | 妹夫 | 侄女 | 孙子 | 孙女 | 外孙 | 外孙女 | 父母 | 兄弟 | 姐妹 | 夫妻 | 亲戚 | 前面 | 后面 |

第十四章　寻找与韩国汉字词最接近的中国方言

韩语	姑母	姨母	丈人	丈母	兄	兄嫂	弟嫂	妹夫	侄女	孙子	孙女	外孙子	外孙女	父母	兄弟	姊妹	夫妻	亲戚	前面	后面
BJ	−	−	+	−	−	−	+	+	+	+	+	+	−	−	−	−	+	−	+	−
JN	−	−	+	−	−	+	+	−	+	+	−	−	−	−/+	+	−	+	−	−	−
XA	−	−	+	−	+	+	+	+	+	+	+	−	−	−	+	−	+	−	−	−
TY	−	−	+	−	−	−	+	+	+/−	−	−	−	−	−	+	+/−	+	−/+	−/+	−
WH	−	−	−/+	−	−	−	−	−	−	−	−	−	−	−	−/+	−	+/−	−	−	−
CD	−	−	+	+/−	−	+	+	+	+	−	+	−	−	−/+	−	−	+	−	−	−
HF	−	−	+	−	+	+	+	+	+	+	+	−	−	−/+	−	−	+	−	−	−
YZ	−	−	+	+	−	−	+/−	+	+	+	+	−	−	−	+	−	+	−	−	−
SZ	−	−	+	−	−	−	−	−	−	−	−	−	−	+/−	+/−	−	−	−	−	−
WZ	−	+/−	−	−	+	−	−	−	−	−	−	−	+	−	−	−	+	−	−	−/+
CS	−	−	−	+/−	−	−/+	+/−	+/−	−/+	+	+	−	−	+	−	−	+	−	−	−
SF	−	−	−	−	+	+	+	+	+	−	−	−	+	−	−/+	−	+	−	−	−
NC	−	+/−	−	+/−	−	−	+	+	−	+	−	−	−	−	+	−	+	−	−	−
MX	−	−	−	−	−	−	+	+	−	−	−	−	−	−	+	−	+	−	−	−
GZ	−	−	−	−	−	−	−	−	−	−	−	−	−	−	+	−	+	−	−	−
YJ	−	−	−	−	−	−	−	−	−	−	−	−	−	−	+	−	+	−	−	−
XM	−/+	−/+	+	−	−/+	+/−	−	−	+/−	−	−	−	+/−	+	+	+	−	−	+/−	−
CZ	−	−	+	−	+	−	−	−	−	+	−	−	+	−	+	+/−	−	−	−	−
FZ	−	−	+	−	+	−	−	−	−	−	−	−	−	+/−	−	−	−	−	+	−
JO	−	−	+	+	−	−	−	−	−	−	−	−	−	−	+	+	−	−	−	−

（16）

汉语	左边	右边	外边	上面	下面	中间	地方	东西
韩语	左边/左便	右边/右便	外边/外面	上面	下面	中间	场所	物件
BJ	+	+	−/+	−	−	−/+	−	−
JN	+	+	−/+	−	−	−/+	−	−
XA	−/+	−/+	−	−	−	+/−	−	−
TY	−	−	−/+	−/+	−/+	−/+	−	−
WH	+/−	+/−	−/+	−	−	−/+	−	−
CD	−/+	−/+	−	−	−	−/+	−	−
HF	+	+	−	−	−	−	−	−
YZ	−/+	−/+	−	−	−	+	−	−
SZ	−	−	−	−	−	−	−	−

WZ	–	–	+/–	+/–	+/–	–	–	–	–
CS	+	+	–	–	–	–	+	–	–
SF	+	+	–	–	–	–	–	+/–	–
NC	+/–	+/–	–	–	–	–	+	–	–
MX	–	–	–	–	–	–	–	–	–
GZ	+/–	+/–	–	–	–	–	+	–	–
YJ	–	–	–	–	–	–	+	–	–
XM	–	–	+/–	–	–/+	–	–	–	+/–
CZ	–	–	–	–	–	–	–	–	+/–
FZ	–	–	–	–	–	–	–	–	–
JO	+/–	+/–	+	–	–	–	–	–	–

4. 调查结果

根据上述调查结果，中国20个主要方言的名词词汇与韩语汉字词汇相同的数值如下。下文中的"同数"行代表的是韩国汉字词汇和中国方言词汇之间相同词汇数。

（17）

	BJ	JN	XA	TY	WH	CD	HF	YZ	SZ	WZ	CS	SF	NC	MX	GZ	YJ	XM	CZ	FZ	JO
同数	88	85	83	88	82	82	83	87	72	72	90	78	84	59	75	66	76	68	64	61
排名	2	5	7	2	9	9	7	4	14	14	1	11	6	20	13	17	12	16	18	19

将此数据从大到小排列可以得出一个有趣的结果。

（18）

	CS	BJ	TY	YZ	JN	NC	HF	XA	WH	CD	SF	XM	GZ	SZ	WZ	CZ	YJ	FZ	JO	MX
同数	90	88	88	87	85	84	83	83	82	82	78	76	75	72	72	68	66	64	61	59
排名	1	2	2	4	5	6	7	7	9	9	11	12	13	14	14	16	17	18	19	20

如上表所示，长沙（CS）方言与韩国汉字词相同的名词词汇最多。其次

第十四章　寻找与韩国汉字词最接近的中国方言

是北京（BJ）方言和太原（TY）方言。有趣的是，前十位中除了排列第一的长沙（CS）和第六的南昌（NC），其他都属于官话方言。主要分布在湖南省的长沙方言是湘方言的代表方言。为了与至今保留中古浊音声母的双峰方言区分，称双峰方言为老湘方言，将已经清化的长沙方言称为新湘方言。南昌方言是分布于江西省一带的赣方言的代表方言点。① 那么韩国汉字词汇主要与长沙地区的新湘方言、官话方言、南昌的赣方言词汇类似的语言学根据是什么？

郑锦全（Cheng 1991）通过数据测定中国方言之间词汇类似度的结果是，与长沙方言最为类似的方言是南昌方言，其次是官话方言。下面是从本章（5）中摘录的长沙方言与其他方言之间的词汇类似度。

（19）

	BJ	JN	SY	XA	CD	KM	HF	YZ	SZ	WZ	NC	MX	GZ	YJ	XM	CZ	FZ
CS	0.4613	0.4872	0.4487	0.4836	0.4854	0.5383	0.4836	0.5052	0.3453	0.2610	0.5551	0.2260	0.2275	0.2008	0.1195	0.1353	0.1603
排名	8	4	9	6	5	2	7	3	10	11	1	13	12	14	17	16	15

上表如果按照相关系数重新排列，结果如下：

（20）

	NC	KM	YZ	JN	CD	XA	HF	BJ	SY	SZ	WZ	GZ	MX	YJ	FZ	CZ	XM
CS	0.5551	0.5383	0.5052	0.4872	0.4854	0.4836	0.4836	0.4613	0.4487	0.3453	0.2610	0.2275	0.2260	0.2008	0.1603	0.1353	0.1195
排名	1	2	3	4	5	6	7	8	9	10	11	12	13	14	15	16	17

上表证明，与长沙方言词汇最为类似的方言是属于赣方言的南昌（NC）方言。之后依次是昆明（KM）、扬州（YZ）、济南（JN）、成都（CD）、西安（XA）、合肥（HF）、北京（BJ）、沈阳（SY）方言。这些地区均属官话方言地区。

---

① 关于赣方言和客家方言的关系存在争议。李方桂和赵元任等早期方言学家把这两个方言合称赣客方言。这两个方言有很多相似之处，相互理解度高，但语音类似度却不高，两个方言之间的类似度比闽方言次方言之间的类似度还低。因此赣方言和客家方言不宜合并为一种方言。这是笔者（严翼相 2004b）用CCLang直接分析出的结果。

Swadesh(1950)列举了适用于所有语言的100或200个基本词汇,提出通过比较两种语言之间共存的同源词数量推测两种语言分化时期的公式。①

(21) t = log C / 2log r

这里t代表的是以千年为单位从现在开始逆向运算两种语言分化的时期,C指的是两种语言之间同源词比率(%)。r是语言年代学(glottochronology)常数(constant),如以100个核心词为准是86%,以200个核心词为准是81%。例如,Swadesh选定的200词中,如果英语和德语同源词比率为60%,则英语和德语的分化时期计算如下:

(22) t = log 0.6 / 2 log 0.81 = 0.511 / 2 x 0.211 = 1.211

这里得到的数据1.211是以1000年为单位的数据,所以意味着距今1211年。这样的计算方法是词汇统计学(又叫语言年代学)的一种方法。徐通锵(1991:422)根据Swadesh的100核心词调查了中国主要方言。下面是徐通锵的调查统计结果。②

(23)	MX	GZ	NC	CS	SZ	BJ
XM	68	63	64	61	59	56
MX		79	77	72	73	69
GZ			78	76	77	74
NC				88	84	76
CS					86	79
SZ						73

---

① 关于Swadesh的内容引自Jeffers & Lehiste(1982:133—137),原文出处是"Salish internal relationship" *IJAL* 16:157—167。

② 这里引用的徐通锵的资料是梁世旭博士提供的。

第十四章　寻找与韩国汉字词最接近的中国方言 ◆

上表中与长沙词汇最类似的方言是南昌方言。其次是苏州、北京方言，再次是广州、梅县、厦门方言。这与上文郑锦全的（20）大致相同。唯一的区别是苏州和北京排名对调。长沙方言与南昌方言的同源词比率高达88%，意味着这两个方言分化时期并不久。根据Swadesh公式可以推测出大概是344+/-92年前分化的，这个时期大概是明朝中期到清朝初期。但Swadesh的语言分化年代公式选定基本词汇的原则是否妥当还是疑问，而且增减一个同源词时推测出的年代偏差高达200年左右，他的这种计算方式一直是争论的对象。因此推测年代的可信度似乎也不高。

另外，董绍克（2002：67）选定了1000个汉语基本词汇专门研究中国方言之间的词汇差异，发现普通话与主要方言之间词汇差异为：

（24）

	JN	NC	CS	SZ	GZ	MX	XM
完全相同	666	595	581	533	410	366	306
完全不同	244	345	365	426	530	515	656
同异兼备	90	60	54	41	60	119	38

上表显示，济南（JN 66.6%—75.6%）方言词汇与普通话词汇最接近。南昌（NC 59.5%—65.5%）、长沙（CS 58.1%—63.5%）方言词汇与普通话词汇的类似度非常接近。

总之，韩国汉字词汇与新湘方言、官话方言、赣方言词汇类似，这可以从之前研究中找到语言学上的合理性。新湘方言与官话方言类似的理由，可参考严棉（Yan 2006）。她主张8世纪中期，唐朝安史之乱（755—763）时期，中原发生了大规模的人口移动，使得新湘方言与中原音类似。因此，长沙及太

◆ 韩国汉字音新探

原等其他中国官话方言与韩国汉字词类似，这不令人惊讶。①

笔者（严翼相 2005a，2005b）主张与韩国汉字音语音最类似的汉语方言是梅县（MX）方言，但梅县方言在词汇方面类似度却最低。其次与韩国汉字音类似的是厦门（XM）、潮州（CZ）方言，这些方言在词汇方面的类似度也不过排在第十二位、十六位。相互理解度方面与韩国汉字音理解度最高的广州（GZ）方言也只排在第十三位，其后的梅县（MX）方言，排在第二十位。只有与梅县共同位于第二位的南昌（NC）方言在词汇类似度上排在六位以内。这样参差不齐的结果，我们应该怎样理解？这个问题下一节再讨论。

这里要注意一个问题，与韩国汉字词汇类似度最高的10种方言中8种方言是官话方言。除了长沙的新湘方言（第一位）、南昌的赣方言（第六位），从北京（BJ）的方言到成都（CD）的方言都属官话方言。据罗杰瑞（Norman 1988）的汉语方言分类，湘方言和赣方言属于中部方言。所以，上文例（3）显示，韩国汉字词与中国中部地区方言比较类似，这不是完全没有根据。可虽然如此，也不能急于说韩国汉字词汇和中国中部方言最类似。将上边（18）的结果，按7大方言分类重新排列，可以观察韩国汉字词汇与中国7大方言的关系。

---

① 官话方言中，太原方言和北京方言同为与韩国汉字音类似度第二高的方言。太原位于山西省，而山西省一带方言和其他官话方言差距很大，最近还有人建议将晋方言独立出来。李荣等总编辑（1987）把晋方言同安徽省南部黄山以南地区的徽语、广西地区使用的平话划分为独立的方言。平话相对而言还不是独立的大方言。侯精一和中国著名方言学者共同编写的《现代汉语方言概论》排除了平话（侯精一主编 2002）。主张将晋方言独立出来的学者是考虑到其存在入声或入声的痕迹。因大部分官话方言入声痕迹已消失，可以说这是晋方言的特点。佢官话方言中，长江下游的江淮官话和湖北部分地区的楚方言也有入声或入声的痕迹，所以只是依据入声主张晋方言是一个独立方言的说服力比较弱。笔者（严翼相 2004b）通过CCLang对比了晋方言和其他方言的相似度，结果发现晋方言和其他官话之间的类似度明显比晋方言和中部、南部方言的类似度更高，因此把晋方言分为大方言还不如说它只是官话方言的次方言。

第十四章　寻找与韩国汉字词最接近的中国方言

(25)

	官话方言	湘方言	赣方言	吴方言	粤方言	闽方言	客家方言
同数合计	678	168	84	144	141	269	59
平均	84.8	84.0	84.0	72.0	70.5	67.3	59.0
排名	1	2	2	4	5	6	7

官话方言以很小的优势占据第一位，紧接其后的是湘方言和赣方言，共同排在第二位。可是根据上述资料不能说汉语北部方言、中部方言与韩国汉字词类似程度相近。因为官话方言是8个方言点的平均，湘方言则是长沙（第一位）和双峰（第十一位）两个方言点的平均。赣方言只有南昌（第六位）一处的数据。官话方言大多均匀地分布在前几位。可是湘方言中的长沙（90个同一词汇）和双峰（78）的偏差太大。另外南昌方言单独位于第六位。所以将（25）重新分为北部、中部、南部方言，可以更加明确与韩国汉字词汇的类似度。

(26)

	北部方言	中部方言	南部方言
同数小计	678（8）	396（5）	469（7）
平均	84.8	79.2	67.0
排名	1	2	3

现在可以看出中国方言与韩国汉字词汇类似度依次为北部（官话）方言、中部方言、南部方言。

5. 结果分析

将中国主要方言与韩国汉字名词词汇通用数据进行计算，结果为（18）。将类似度按百分比计算，结果为（27）。计算所调查的148个词汇得出的百分比为A，计算《汉语方言词汇》收录的648个词汇得出的百分比为B。

(27)

方言	CS	BJ	TY	YZ	JN	NC	HF	XA	WH	CD	SF	XM	GZ	SZ	WZ	CZ	YJ	FZ	JO	MX
同数	90	88	88	87	85	84	83	83	82	82	78	76	75	72	72	68	66	64	61	59
A(%)	60.8	59.5	59.5	58.8	57.4	56.8	56.1	56.1	55.6	55.4	52.7	51.4	50.7	48.6	48.6	45.9	44.6	43.2	41.2	39.9
B(%)	13.9	13.6	13.6	13.4	13.1	13.0	12.9	12.9	13.0	13.0	12.0	11.7	11.6	11.1	11.1	10.5	10.2	9.9	9.4	9.1
排名	1	2	2	4	5	6	7	7	9	9	11	12	13	14	14	16	17	18	19	20

韩国汉字名词词汇和中国长沙方言最相似。但如果将大方言看作一个单位，比起长沙方言所属的湘方言，北京方言所属的官话方言与韩国汉字名词词汇更相似。本研究的结果和一般的预估有所不同。我们不能认为韩国汉字音来自客家方言，词汇来自北方官话。从中国方言分化及发展过程看，一般认为南部方言保留了最古老的共同语痕迹，而北方方言的变化最大。我们可以认为中部方言是北部方言和南部方言的过渡方言。分析与韩国汉字音语音类似度时，位于前列的南方方言在词汇类似度上却都排在后几位。与韩国汉字音语音类似度最高的方言依次为客家方言、闽方言、赣方言，但在词汇类似度方面却非如此。客家方言虽然不是汉字音的直系祖语，但至少可以说与韩国汉字音处于相似的发展阶段，但词汇类似度方面韩国汉字词却推翻了我们预想的结果。这种现象应如何解释？

我们认为有几种可能性。第一，汉字传入古代韩国后，语音变化速度与词汇变化速度不同。语音传入后变化速度较慢，可词汇在汉字语音体系稳定后也一直发生变化。北方是政治文化中心，中部是经济中心，交流比较频繁，所以可能有相当一部分新词汇从中国北部、中部传入。这与笔者（严翼相2005a）一直以来主张的韩国汉字音是活生生的语言相一致。这证明韩国汉字语音和词汇不是存于韩语体系的活化石，而是不断因语言接触、相互作用而发生变化。

第二，南方方言和韩国汉字音的类似度不能表示韩国汉字音源自南方音，也不能表示两种语言的直接交流引起了两者的类似。比起认为是那种遗传关系，认为这两种语言定型时期、分化时期或发展速度类似似乎更妥当。在韩

第十四章　寻找与韩国汉字词最接近的中国方言

国汉字音或汉字词的形成时期，朝鲜半岛和中国南部地区的交流并不活跃，因此这个看法容易接受。

第三，从韩国汉字音、词汇中可以看出语音的变化比词汇变化更保守。一般来说词汇比语音更易发生变化。词汇的变化或同一词汇的意义变化较为容易，可语音的变化需要更长的时间。比语音变化更慢的是语法的变化。总之，韩国汉字词汇和汉字音的变化符合历史语言学的一般规律。

本研究考察了韩国汉字词汇和中国北方方言词汇之间的类似度，推翻了一般的预想，可是有以下几个问题。第一，判断词汇类似度时没有充分反映两个词之间相似程度的差异。例如，不区分由两个完全不同的自由语素构成的词和只有黏着语素不同的"自由语素+黏着语素"的词，两种情况都视为不同。例如，"土豆"与kamtsa、"蔬菜"与tsʰɛso（菜蔬）的差异明显不同。另外"橘子"和"水果"都处理为与韩国汉字词"橘、kwail（<果实）"不同，可是"橘"和"橘子"不同的程度与"果实"和"水果"不同的程度不可相提并论。但我们忽略了这些差异的程度。这是为了简化类似度计算方式而采取的不得已的做法。

第二，一个方言同时有两个以上同义词时，本研究按《汉语方言词汇》的顺序用+/-或-/+表示。严格地说还可以按照使用频度高低来区分。可是《汉语方言词汇》也将99%—51%、49%—1%视为同一频度，很难用数值反映两个以上共存词汇的频度，所以这类差异暂且也不去考虑。

第三，本研究只将名词列入分析范围内，所以与调查所有词类的结果可能会出现一些统计上的差异。即使如此，此次研究的调查对象占了《汉语方言词汇》总数的52.7%以上，另外动词、形容词、代词、副词、介词、连词的汉字词汇比起名词词汇相对较少，所以很难出现推翻此结论的结果。

因此，本研究结果可以说是充分有效的。金泰庆（2006）比较韩国汉字词汇和中国闽方言词汇，得出与闽方言类似的结果。这即便在闽方言范围内是正确的观察，但从整个中国方言范围来看却有些不妥。因为会有人误认为韩国汉字词汇和中国方言中的闽方言词汇最类似。考虑到这一点，崔玉花（2005）、金垣中（2005）经过初步观察得出的韩国汉字词汇和北京方言词汇最为类似的结果就显得更有意义。

  由于上述复杂的问题，遗憾的是，即便用科学的方法找到了与韩国汉字音韵、词汇体系最类似的中国方言，对于判断韩国汉字的母胎方言而言，仍无法提供决定性的帮助。韩国汉字的母胎方言有待以后使用更多样的方法来探究。

第十五章　不规则汉字音的成因[*]

> 1. 引言
> 2. 现代汉语的不规则读音
> 　2.1 声母
> 　2.2 韵母
> 3. 韩国汉字音的不规则读音
> 　3.1 声母
> 　3.2 韵母
> 4. 结语

1. 引言

　　本章试图解释现代汉语和韩国汉字音中出现的不规则读音的成因。所谓不规则读音是指例外的汉字音，这些字音偏离韩国汉字音所依据的中国中古时

---

[*] 韩国人学习汉语并不难，中国人学习韩语也是如此。韩语有很多汉字词汇。学习一段时间的汉语之后，就会发现两者之间的音韵对应规则。但也有不符合规则的发音，研究这种汉字音是音韵研究的另一个出发点。"天"为什么不读qiān，而读tiān？"卓"为什么不读duó或tuó，而读zhuó？"调"为什么读diào？"鸟"为什么读niǎo？"秒"为什么读miǎo？"癌"为什么不读yán，而读ái？腭化问题第十二章已讨论过，本章将回答剩下的问题。本章内容的英文版和中文版分别发表在 *Written Language and Literacy* 第12卷第2期（2009）和《大江东去：王士元教授八十寿贺文集》（2013）中，收入本书时根据体例需要作了大幅修订、补充。

期的反切，不同于带相同声符的其他汉字的一般内部变化。出现不规则读音的根本原因是汉字表音功能的局限性。汉字大部分是形声字，但由于语音的历史演变，表示读音的声符会与汉字的实际读音不同。因此本研究也会考察汉字作为文字的表音功能有多大。

在讨论某一个汉字的读音是否正确时，参考的汉语音时期不同，得出的结论会不同。而且韩国汉字音形成之后，可能经历了韩语内部的音韵变化。因此与其只参照中古时期的反切，不如比较某一个汉字和以前与之声母、韵母相同的其他汉字，若读音显著不同则视为不规则读音，然后研究其形成原因。

韩国的文字是表音文字，而汉字是表意文字。汉字无法通过字形提示准确的意义，只能表达大体的意义。即使是（1）中最典型的象形字的例子，推测其准确的意义也不容易。虽然观察更早时期的字形会有所帮助，但这仍然需要一定程度的想象力。

（1）a. 日
　　 b. 月
　　 c. 山
　　 d. 木

因此，Hannas（1997）主张汉字不能脱离语言环境独立表达语义。这种看法是有道理的。DeFrancis（1984a）强调，汉字的语音功能强于意义功能。形声字不仅可以表意，也可以表音。值得注意的是，他指出形声字的比例从甲骨文时代的34%增加到18世纪的97%。

（2）	公元前16—11世纪	公元2世纪	12世纪	18世纪
非形声字	66%	18%	7%	3%
形声字	34%	82%	93%	97%

形声字指由表音的声符和表意的意符组成的汉字，其英文phonetic

第十五章 不规则汉字音的成因

compound是高本汉（Karlgren 1923）最早提出的。18世纪以后形声字在汉字当中占绝大多数。形声字既可以表意也可以表音，但这些功能有局限性。据DeFrancis（1984a），形声字中的声符表音准确率为：

（3）a. 完全相同　　　　　　　24.6%
　　　b. 除声调外完全相同　　　17.0%
　　　c. 只有声母或韵母相同　　23.4%
　　　d. 合计　　　　　　　　　65.0%

（4）中罗列了一些属于（3a）—（3c）的例子，参考DeFrancis（1984a）。（4）中每一类的首字是它下面各字的声符，右上方标的阿拉伯数字代表现代汉语中的声调。

（4）　　　　　　MM　　　　SK
　　a. 皇　　　　huang　　　hwaŋ
　　　 惶　　　　huang　　　hwaŋ
　　　 煌　　　　huang　　　hwaŋ
　　　 凰　　　　huang　　　hwaŋ
　　b. 马　　　　ma　　　　 ma
　　　 妈　　　　ma　　　　 ma
　　　 玛　　　　ma　　　　 ma
　　　 杩　　　　ma　　　　 ma
　　c. 尧　　　　yao　　　　jo
　　　 骁　　　　xiao　　　 hjo
　　　 翘　　　　qiao　　　 kjo
　　　 晓　　　　xiao　　　 hjo
　　　 烧　　　　shao　　　 so

（3）中的数据显示，只有65.0%的形声字一定程度上有提示读音的功能。这说明剩下35.0%的形声字字形不能提示字音。如果算上声母、韵母、声调中只有声母或韵母相同的23.4%，无法有效提示字音的汉字比例将达到58.4%。也就是说只有41.6%的形声字可以有效提示字音。考虑到形声字占总汉字总数的97%，就是说40.4%（97%×0.416≈40.4%）的汉字可以通过字形提示它们的字音。即使如此，还有约60.0%的汉字不能有效反映它们的读音。正因为这种文字方面的原因，汉字才会出现很多误读。

2. 现代汉语的不规则读音

2.1 声母

本章使用的缩写如下所示。上古汉语和中古汉语的拟音以郭锡良（1986）和李珍华、周长楫编撰（1993）为准，部分地方稍作修改。以上两部著作都是基于王力的构拟。

（5） CR　　Character　　　　　汉字
　　 PY　　*Pinyin*　　　　　　拼音
　　 OC　　Old Chinese　　　　上古音（2世纪以前）
　　 MC　　Middle Chinese　　 中古音（7世纪左右）
　　 FQ　　*Fanqie*　　　　　　反切
　　 OM　　Old Mandarin　　　 近代音（14世纪左右）
　　 MM　　Modern Mandarin　 现代音（20世纪以后）
　　 SK　　Sino-Korean　　　　韩国汉字音
　　 SC　　Supposedly Correct　假设标准音

下面是现代汉语读音中声母不规则的例子。

第十五章　不规则汉字音的成因

（6）

	CR	PY	*OC	*MC	FQ	OM	MM	SC	SK
	鸟	niao³	tiəu	tieu	都了	niau	niao	diao	tso
	秘	mi⁴	pĭet	pi	兵媚	pi	pi/mi	bi	pi
	溪	xi¹	kʰie	kʰiei	苦奚	kʰi	ɕi	tɕʰi	kje
	捐	juan¹	ʎĭwan	jĭwɛn	与专	iuɛn	tɕyen	yan	jən
	铅	qian¹	ʎĭwan	jĭwɛn	与专	iɛn	tɕʰien	yan	jən

汉字"鸟"的读音在现代汉语中是niao³。韩国汉字音tso是"됴"（tjo）腭化的读音（权仁翰2009）。这个字的声母在上古汉语和中古汉语中属端组，现在应该是齿音声母[t-]。但这个字为何在现代汉语中变成[niao]？这个音变产生的原因是，[tiao]在一些方言中和男性生殖器"屌"字diao³的读音一样，[①]所以这是避讳导致音变的例子。第二个汉字读音产生变化也是为了避免尴尬。"秘密"的"秘"为何在现代汉语中念mi⁴而不是bi⁴？这应该是因为在官话中女性的生殖器读bi¹。

"溪"读qi¹ [tɕʰi]合乎规则，但现代汉语却读 xi¹ [ɕi]。虽然原因还不明了，但也许是塞擦音擦音化或受到方言的影响。下面是闽方言和日本汉字音中类似的例子，参考严棉（1994）。

（7）

	知	彻	澄	从	庄	初	崇	章	昌	船	禅
厦门	t	tʰ	tʰ	ts/tʰ	ts	tsʰ	ts/tsʰ/s	ts	tsʰ	ts/tsʰ/s	tsʰ/s
漳浦	t	tʰ	tʰ	ts/s	ts	s	ts/s	ts	s	ts/s	s
吴音	t/ts	t/ts	d/z	z	s	s	z	s	s	z	z
汉音	t/ts	t/ts	t/ts	s	s	s	s	s	s	s	s

（6）中第四个字"捐"和第五个字"铅"，应和韩国汉字音一样是零声母，但在现代汉语中是juan¹和qian¹，声母为硬腭塞擦音，是以不规则读音作为标准音。它们的反切上字都是"与"字，所以汉字音保留零声母的读音是规

---

① 这是和丁邦新谈话中得知的。

则音，现代汉语读音是不规则音。那么这些汉字的声母到底是从哪里来的？

曲晓云（2006）指出，"捐"声母的来源是李方桂上古汉语构拟中的*grj-。她认为由于韵书的保守性质，韵书的编纂者没有如实地记录下有硬腭声母的那个读音。曲晓云的观点或许正确，但前提是李方桂的构拟反映的是口语，而王力的构拟反映的是书面语。曲晓云认为《合并字学篇韵便览》（1606）是第一本记录了后世 juan¹ 读音反切（居渊切）的韵书①，该书反映出17世纪初"捐"由于某些未知的原因在当时部分方言中有一个软腭声母，这个声母后来演变成硬腭塞擦音。"铅"直到近代官话中还和"捐"同音，所以与"捐"字可以有相同的解释。这些字音可以视为方音的残余。刘太杰、张玉来（1998）主张"铅"字中古时在方音中有一个软腭声母，但当时的标准韵书《广韵》没有收录。

远藤光晓（2013a）介绍了对"铅"字读音的不同见解。他指出，据平山久雄（1998），qian¹ 音来自江西黎江方言 kʰam。如果把"铅"字 qian¹ [tɕʰien]的古音看作 kʰian 或 kʰam，便可以发现存在音韵对应关系。江西赣方言的代表方言南昌方言"铅"读 ȵyɔn 和 kʰan。

我们很难判断"铅"的辅音声母是上古音的遗留还是方言的痕迹。如果考虑中古音反切是零声母，那就有必要解释长期读零声母的这些汉字，为何标准音要根据上古音。同样，若来自方言，则需要解释为何江西黎江方言的读音成为标准音。有一点值得肯定，这些研究对于有可能读 yan¹ 的"捐、铅"最终读 juan¹ 和 qian¹ 提出了一些根据。

2.2 韵母

下面罗列了现代汉语中一些韵母读音不规则的汉字。

---

① 据平山久雄（1998），《韵学大成》（1578）和《音韵正讹》（1644）记录了相似的读音。

第十五章 不规则汉字音的成因

(8)

CR	PY	*OC	*MC	FQ	OM	MM	SC	SK
癌	ai²					ai	jɛn	am
贞	zhen¹	tĭeŋ	tĭeŋ	陟盈	tʂiəŋ	tʂən	tʂəŋ	tsəŋ
侦	zhen¹	tʰĭeŋ	tʰĭeŋ	醜盈	tʂʰiəŋ	tʂən	tʂəŋ	tsəŋ
聘	pin⁴	pʰĭeŋ	pʰĭeŋ	匹正	pʰiəŋ	pʰin	pʰiŋ	piŋ
姘	pin¹	pʰĭeŋ	pʰĭeŋ	普丁	pʰiəŋ	pʰin	pʰiŋ	pjəŋ
拼	pin¹					pʰin	piŋ	pjəŋ

现代汉语里"癌"的读音是ai²,韩国汉字音是am。汉语是开音节,而汉字音是-m韵尾的闭音节。大部分的中国古音词典没有这个字。Mathews(1931)中这个字在 yen²一栏中,这个读音转换到拼音系统是yan²。在《新华字典》(1990年重排本)中,这个字只出现在 ai²一栏中。20世纪中期开始短短的几十年间到底发生了什么?根据韩国汉字音am和日本汉字音kan的读音,"癌"字的正确发音应该是yan²。那么是什么原因导致"癌"字发生了不规则的音变?据刘泽民(2008 个人谈话),"癌"如果发yan²这个音容易和"炎"字混淆。对于医生和患者来说,混淆"癌症"和"炎症"确实会引起大麻烦。这是一个由于实用性原因而改变字音的例子。与前边所提到的"鸟"字和"秘"字一样,故意改变"癌"字的标准读音可能是中国人都知道的常识,但对于以汉语为第二外语的学习者而言,却是不易理解的难点。(8)剩下的汉字都带有软腭鼻音韵尾-ŋ。但是在汉语中却读成-n。据这些字的反切,应读-ŋ韵尾,变成-n可能是因为受到了不能分辨-n、-ŋ方言的影响。不能分辨齿鼻音和软腭鼻音声母和韵尾的汉语方言使用者有很多。南京的江淮官话和台湾的闽南语都是如此。

现代汉语不规则读音的成因有避讳、方言影响、防止混淆等。此外可能还有其他原因,①但本章重点分析韩国汉字音的误读,所以先谈到这里。

---

① 刘太杰、张玉来(1998)认为现代汉语不规则读音产生的原因有不同历史来源、语言简约、字形影响、训读影响、方言影响、不平衡语音发展和偶然的变化。

3. 韩国汉字音的不规则读音

3.1 声母

3.1.1 训读

虽然韩国汉字音原则上一字一音，基本反映了中古汉语的语音面貌，但其中仍然存在许多不规则的读音。汉字音内部当然也发生了许多变化，这些变化大部分是系统性的，但也有背离规则的情况。第十二章考察了符合腭化音变趋势的比较有规则的变化。下面的例子则是韩语音系制约的结果。

（9）　CR　　*OC　　　*MC　　　FQ　　MM　　　　SK　　　　SC
　　　串　　tʰǐwan　　tɕʰǐwɛn　　尺绢　　chuan　　tsʰən/kot　　tsʰən

（9）中"串"的kot读音是韩国汉字音比较少见的训读音，是唯一韵尾为"ㅈ"的情况。汉字音的韵尾比韩语韵尾简单，只有传统所谓的入声韵尾-p、-l、-k和阳声韵尾-m、-n、-ŋ。那么"串"为什么读kot？首先看一下字义。韩语"곶"（kot）的意思是"海岬"。"串"既表"곶"（kot）的义，又表kot的音。例如，海州的"长山串"（tsaŋ.san.kot），尉州的"艮绝串"（kan.tsəl.kot）。"串"读kot的另一个例子是，汉阳大学大运动场附近搭建的石桥叫"箭串桥"（tsən.kot.kjo）。这座桥更广为人知的名字是"살곶이다리"（sal.kot.i.ta.ri），这是"箭串桥"的意译，其中"串"字事实上也兼顾音译功能。"串"字表示把东西串到一起，在此用来表达韩语动词"곶다"（kot.ta）的意义，读kot是训读。因此"살곶이"（sal.kot.i）的意思就是箭插入的地方。①如果音读"串"字，根据中国音chuan⁴（尺绢切），应读tsʰən。与日本汉字音不同，现代韩国汉字音一般没有训读，"串"的kot读音显得十分特别。

---

① 太宗李芳远即位后，去咸兴的太祖李成桂因臣下的恳求回到了汉阳。儿子太宗在此地搭起帐篷欢迎父亲太祖从咸兴归来。这时太祖向太宗射去一箭，但没射中，箭插在了地上，所以这个地方被称为sal.kot.i（箭插入的地方）。也有箭射到帐篷柱子上一说。

第十五章　不规则汉字音的成因

3.1.2 n-和r-的混用

下面是n-声母或零声母读r-声母的汉字。

（10）
	CR	*OC	*MC	FQ	MM	SK	SC
宁	nieŋ	nieŋ	奴丁	ning	(n/r)jəŋ	(n)jəŋ
拿	nɑ	na	女加	na	na/ra	na
异	ʌĭək	jĭə	羊吏	yi	i/ri	i

"宁"依反切要读njəŋ，按头音规则应读jəŋ。金素月《杜鹃花》中的"宁边"和朝鲜语的"宁边"就是例子。①但如果不是首音节，"宁"读njəŋ或rjəŋ。国语学者李崇宁的"宁"是读njəŋ，国文学者李御宁的"宁"是读rjəŋ。昌宁的"宁"读njəŋ，但宜宁和保宁的"宁"读rjəŋ。武宁王陵刚发掘时"武宁"写成munjəŋ，近十年开始变成murjəŋ。"宁"读rjəŋ跟汉语标准音ning²无关。将"안녕하세요"（您好）（an.njəŋ.ha.se.jo）说成"안령하세요"（an.rjəŋ.ha.se.jo）是很奇怪的。但《朝鲜日报》规定"宁"在没有韵尾的音节后要读rjəŋ。也许"武宁"的"宁"读rjəŋ比njəŋ更方便，但同一个汉字在不同音韵环境下读法不同会引起混乱。总之，"宁"字的音读规则有以下三条。rjəŋ按汉语标准音来看显然是误读。因为如"부녀자（pu.njə.tsa）、아녀자（a.njə.tsa）"所示，开音节后也是可以接n-的。

（11）
$$niŋ \rightarrow \begin{cases} jəŋ\ /\ \#_____(C)V & 宁越 \\ njəŋ\ /\ C_____\# & 昌宁 \\ rjəŋ\ /\ V_____\# & 宜宁、保宁、会宁、古宁 \end{cases}$$

按照上述规定，"辽宁"的韩国汉字音不是jo.njəŋ，而是jo.rjəŋ。当然，中国地名按照现代外来词标记法，依照当地音应写作"랴오닝"（rja.o.niŋ），但

---

① 【译者注】金素月是韩国近代著名诗人，开创了民谣体诗歌，以感伤风格著称。代表作为《杜鹃花》，诗中出现了地名"宁边"。

◆ 韩国汉字音新探

民间还有使用汉字音的情况，所以如果把"辽宁"标记成"요령"（jo.rjəŋ）而不是"요녕（jo.niəŋ）"，这两个地名之间的关系会变得疏远。"宁"字在汉语中一直读n-声母，历史上从来没有过r-声母的读音。因此这条规定值得商榷。除非是已固定下来的情况，我们应避免规定个别汉字的读音随语言环境而不同。

第二个字"拿"（na）和第三个字"异"（i）的读音本身没有问题。问题是"汉拿山"（han.ra.san）或"智异山"（tɕi.ri.san）等地名。按汉字音的读法应是han.na.san和tɕi.i.san。如果这些山的名字原来是han（ra）和tɕi（ri），则应选用读ra和ri的汉字。但如果是从han（na）和tɕi（i）变来的，它们便是典型的误读汉字。

这种现象韩语学界称为滑音调（euphony），即让发出的音柔和悦耳。下面为其他例子。

（12）大怒（tɛ.no）→ tɛ.ro
　　　受诺（su.nak）→ su.rak
　　　许诺（hə.nak）→ hə.rak
　　　论难（non.nan）→ non.ran
　　　议论（ɨi.ron）→ ɨi.non

如果参照汉语发音应该读左边的音。"国难"读kuk.nan，"论难"却读non.ran，而不读non.nan。"难"汉语读nan⁴。"讨论"是to.ron，但"议论"是ɨi.non。汉语读lun⁴。看来读n还是r，和前边音节有没有韵尾无关。那区分的依据到底是什么？

韩文拼写法第52条说，"汉字音既有本音又有俗音时，分别按照实际发音拼写"。下边是按照本规定读成俗音的例词。

（13）su.rak（受诺），kʰwɛ.rak（快诺），hə.rak（许诺）
　　　kon.ran（困难），non.ran（论难）

340

第十五章　不规则汉字音的成因

ɨi.rjəŋ（宜宁），hø.rjəŋ（会宁）
tɛ.ro（大怒），hɨi.ro.ɛ.rak（喜怒哀乐）
tʰo.ron（讨论），ɨi.non（议论）
mo.kwa（木瓜）
ɕi.paŋ.tsəŋ.tʰo（十方净土），ɕi.waŋ（十王），ɕi.wəl（十月）
tsʰo.pʰa.il（初八日）

如果说"宜宁"（ɨi.rjəŋ）和"会宁"（hø.rjəŋ）是俗音，那么"武宁"（mu.njəŋ）变成mu.rjəŋ也是因为将俗音作为标准音吗？如果这个音经过几百年代替了正音，那当然应认同，但这只不过是数十年间的事情，确定这些汉字词的标准音时应当尊重正音。

韩文拼写法中和汉字音有关的除了头音规则，还有第十一条规定：

（14）元音或"ㄴ"（n）韵尾后边的"렬（rjəl）、률（rjul）"一律写成"열（jəl）、율（jul）"。

韩文拼写法给的例子有"나열"（na.jəl）（罗列），"치열"（tɕʰi.jəl）（齿列），"비열"（pi.jəl）（卑劣），"분열"（pun.jəl）（分裂），"선열"（sən.jəl）（先烈），"진열"（tɕin.jəl）（陈列），"규율"（kju.jul）（规律），"비율"（pi.jul）（比率），"실패율"（ɕil.pʰɛ.jul）（失败率），"선율"（sən.jul）（旋律），"전율"（tsən.jul）（战栗），"백분율"（pɛk.pun.jul）（百分率）等。按照这个规定"确率"应读"확률"（hwak.rjul），"换率"应读"환율"（hwan.jul）。虽然我们不能无视实际读音，但汉字音的标记法在正音和俗音通用时，应以正音作为标准音，尽量减少例外性的规定。

3.1.3 非对称腭化

韩国汉字音和汉语经历了不同的腭化过程。对此第十二章已仔细讨论，这里略举几例进行介绍。

(15)	CR	OC	*OC	*MC	FQ	MM	SK
	丁	端耕	tieŋ	tieŋ	当经	ding	tsəŋ
	店	端谈	tiam	tiem	都念	dian	tsəm
	卓	端药	teauk	ʈɔk	竹角	zhuo	tʰak
	撞	定东	deoŋ	ɖɔŋ	直绛	zhuang	taŋ
	浊	丁屋	deok	ɖɔk	直角	zhuo	tʰak
	宅	定铎	deak	ɖak	场伯	zhai	tʰɛk

中古的翘舌音或硬腭塞音知系二等、三等汉字后来变成了翘舌塞擦音。中古时期齿龈塞音端系一等、四等汉字都一直保持t-类音。在韩国汉字音里，基本上端系一等字和知系二等字变成齿龈塞音，知系三等字和端系四等字变成塞擦音。（严翼相 2000；Eom 2003）韩语和汉语的腭化结果有所不同，这被视为韩国汉字音和汉语音最显著的区别之一。汉字音体系会经历一定的内部变化，这种差异不是对与错的问题。但从汉语的角度看，韩国汉字音选择不同的变化方式相当有特色。

3.1.4 类推引起的误读

不规则读音的形成大部分是因为类推。下面是声符类推导致的误读。

(16)	CR	*OC	*MC	FQ	MM	SK	SC	引发字
	铎	dak	dak	徒落	duo	tʰak tʰɛk	t⁽ʰ⁾ak	择泽
	秒	mǐau	mǐeu	亡沼	miao	tsʰo	mjo	抄炒 tsʰo
	肖	sǐau	sǐeu	私妙	xiao	tsʰo	so	硝哨梢稍
	圳				zhen	tsʰən	tsʰən/su	川
	欧	ɔ	əu	乌侯	ou¹	ku	u	区 ku
	鸥	ɔ	əu	乌侯	ou¹	ku	u	区 ku
	殴	ɔ	əu	乌后	ou¹	ku	u	区 ku
	邯	ɣam	ɣɑm	胡甘	han²	kam	ham	甘 kam
	酣	ɣam	ɣɑm	胡甘	han¹	kam	ham	甘 kam
	憾	ɣəm	ɣɑm	胡绀	han⁴	kam	ham	感 kam

第十五章 不规则汉字音的成因

聂	nǐap	nǐɛp	尼辄	nie⁴	(t)səp	njəp	摄 səp
摄	ɕǐap	cǐɛp	书涉	she⁴	səp/njəp	səp	聂 səp
喟	kʰiwət	kʰwi	丘愧	kui⁴	wi	kwi	胃 wi
釱	diat	diei	特计	di⁴	tɛ	tʰɛ	大 tɛ
槐	ɣoəi	ɣwai	户乖	huai²	kø	hø	块 kø
召	dǐau	dǐɛu	直照	zhao⁴	so	tso	绍昭韶 so
嗜	zǐei	zi	常利	shi⁴	ki	si	耆嗜憎 ki
耆*	gǐei	gi	渠脂	qi²	ki	ki	

（16）是韩国汉字音最常见的因声符类推导致的误读。汉字音和汉语音出现差异是由于汉字的发音来自（16）最右侧一栏汉字声符的类推。类推结果和正音有很大的差异。（16）明确显示，形声字的表音功能是非常有限的。

3.1.5 多音字引起的误读

下面是多音字引起的误读。

（17）	CR	*OC	*MC	FQ	MM	SK	SC	意义
	行	ɣaŋ	ɣaŋ	胡郎	hang	heŋ	haŋ	商店
	行	ɣeaŋ	ɣaŋ	户庚	xing	heŋ	hjəŋ	行动
	便	bǐan	bǐɛn	婢面	bian	pʰjən	pjən	方便
	便	bǐan	bǐɛn	房连	pian	pjən	pʰjən	便宜
	豸	die	ɖai	宅买	zhi	t(s)ʰɛ		传说的神兽
	豸	die	ɖie	池尔	zhi	tɕ⁽ʰ⁾i		没有腿的虫子

（17）中的"行、便、豸"因意义不同在中古汉语里有不同的反切，但这种读音上的差别并没有在韩国汉字音中体现出来。韩国汉字音里"行"只有一个读音，"便"字和"豸"字是多音字，但与汉语的意义区别无关。首先，"行"无论作名词"店铺"或动词"行走"义，都读heŋ。如果像汉语一样区别意义，"银行"（ɨnheŋ）在韩国汉字音中应该念ɨnhaŋ。但"行"的韩国汉字音没有haŋ的读音，只有heŋ的读音。"柳韩洋行"和"走行"分别读juhan jaŋheŋ和tsuheŋ。

"便"在韩国汉字音里有pʰjən和pjən两个读音，使用情况如（18）：

(18) a. [pʰjən]：便安 便利 便宜 方便
　　　b. [pjən]：大便 小便

在韩语中，"便"表"便利"义读pʰjən，在"大便、小便"中读pjən。在汉语中，"便利、方便"和"大便、小便"中的"便"同为不送气声母。但在表"便利"义的词语中，汉字音都是pʰjən。韩语"便宜店"（pʰjən.ii.tsəm）中的"便宜"汉语是"价格便宜"的意思，但韩语是"便利"的意思。所以从汉语的角度看，（18a）都是误读。

其实汉语的不送气音读成韩语的送气音，或者相反的情况很常见。特别是软腭音，古代韩语的送气音到中世才开始按舌音、齿音、唇音的顺序慢慢形成。对此第十章已详细探讨，此处从略。

（17）中的最后一个字"豸"在现代汉语中的读音zhi⁴表示两个意义，一是指一种传说中吞火的动物，二是指一种没有脚的昆虫。中古汉语不同意义读音不同，前者是*ɖai，后者是*ɖie。如今"豸"字的汉字音不太确定。因为有tʰɛ和tɕʰi两种读音。在2008年，首尔市政府将"해치"（hetɕʰi）（獬豸）作为首尔市新的象征物，引发了争论。按照语音演变规律，hetɕʰi的意思应该是指没有脚的昆虫。如果首尔市政府想要表达的是经常做成石像立在韩国宫殿或城市入口处那种神话中的动物，应该叫hetʰɛ。有一家著名的糕点企业名字就是hetʰɛ。但当hetʰɛ突然成为首尔的象征物时，名字变成了hetɕʰi。虽然无法准确知道背景情况，但这不是基于语言学的考虑，而是为了首尔特别市这一强大的地方自治团体的象征物避免和特定私企的名字及商标雷同。《标准国语大辞典》对hetʰɛ的解释是"一种能判断是非善恶、头上长角的想象的动物"，认为"hetɕʰi是hetʰɛ的早期形式"。将hetɕʰi说成hetʰɛ的早期形式是不对的。因为这违反了腭化的方向。hetʰɛ应该是变化之前的音。上古音时期"豸"字的读音只有一个，但到了中古时期反切变成了两个。如果它代表想象中判断是非的

第十五章　不规则汉字音的成因 ◆

神兽，是宅买切，而如果表示没有脚的虫子，是池尔切。因此如果表示神兽，就要读$t^h\varepsilon$，表示虫子就是$t\varcho^hi$或$t\varcho i$，上古音定母字应该是*die，那么就更难说$h\varepsilon t\varcho^h i$是$h\varepsilon t^h\varepsilon$的原型。

据权仁翰（2009），《新增类合》（1576）把"豸"字的音记录成t^hi。南广祐（1995）依近代汉字音记录成$[ts^h\varepsilon]$、$[t\varcho^hi]$。根据元音可以推测出$[ts^h\varepsilon]$是指动物，$[ts^hi]$是指虫子。

那么"豸"的正确读音是什么？"豸"属于知系二等字。这一类字有70%在现代韩国汉字音里没有腭化，保留了塞音声母。只有30%左右的知组二等字发生了腭化（Eom 2000，2003）。因此，当表示动物时，反切是"宅买"，可对应为$[t\varepsilon/t^h\varepsilon]$或$[ts\varepsilon/ts^h\varepsilon]$。当表示虫子时，反切是"池尔"，可对应为$[t\varcho i]$或$[t\varcho^h i]$。结论是，朝鲜时代守护宫殿的动物，如今首尔的象征"獬豸"应读$[h\varepsilon t^h\varepsilon]$或$[h\varepsilon ts^h\varepsilon]$。如果读$[h\varepsilon t\varcho^h i]$，那么能吞火可以判断善恶是非的神兽便沦落为没有脚的虫子了。

3.1.6 单向的演化

下面是本章初稿视为无法确认原因的误读汉字。从发音的单向演化来看，可以认为它们比汉语的音变进行得更快。

(19)
CR	*OC	*MC	FQ	MM	SK	SC
畜	$x\breve{i}\partial uk$	$x\breve{i}uk$	许竹	xu	$ts^h uk$	hok
畜	$t^h\breve{i}\partial uk$	$t^h\breve{i}uk$	丑六	chu	$ts^h uk$	tsuk
畜	$t^h iu$	$t^h i\partial u$	丑救	chu	$ts^h uk$	$ts^h u$
旭	$x\breve{i}\partial uk$	$x\breve{i}wok$	许玉	xu	uk	hok
革	$ke\partial k$	$kæk$	古核	ge	$hj\partial k$	$kj\partial k$
姬	$k\breve{i}\partial$	$k\breve{i}\partial$	居之	ji	$h\dot{i}i$	ki

"畜"作动词读xu^4，作名词读chu^4。例如"畜牧"读$xu^4 mu^4$，"牲畜"读$sheng^1 chu^4$。韩国汉字音不管词类一律读$[ts^h uk]$。如果按照汉语音，动词应读$[hok]$，但汉字音不分意义，一律读$[ts^h uk]$。这是因为汉字词主要使用的是名词，如果可以简单推测出动词和名词的意义差异，则不必区分发音。这可视为

345

读音简化的结果。

"旭"也是一个简化的例子。考虑到反切"许玉"和汉语中的读音xu[4],汉字音应读[hok],但它变成了[uk]。这是因为辅音声母脱落之后,发音更简单。

"革"和"姬"也不应该读[hjək]、[hɨi],而应读[kjək]、[ki],才与反切和汉语音相符。这两个字的上古及中古音都是k-声母,"革"是二等字,现代汉语变成了维持k-声母的[kɤ]。"姬"是三等字,腭化之后变成[tɕi]。音变规则如下:

(20) $\{k\text{-}, k^h\text{-}, x\text{-}\} \to \{t\varsigma\text{-}, t\varsigma^h\text{-}, \varsigma\text{-}\}$ / _____ i, y

这种变化出现于近代音到现代音变化过程中,没有对韩国汉字音产生影响。因此过去带软腭塞音声母的见系字在汉字音中大部分都保留了k-。但"革"和"姬"的声母变成了擦音[h-],这是由于辅音弱化和更进一步的单向演化。

3.1.7 保留古音

与上述情况相反,有的汉字抗拒汉语音变并保留了古音,如:

(21)
CR	*OC	*MC	FQ	MM	SK	SC
系	ɣiek	ɣiei	胡计	xi	kje	hje
颉	ɣiet	ɣiet	胡结	jie	kal/hil	hil
辄	tĭap	tĭɛp	陟叶	zhe	tsʰəp	tsəp
陟	tĭək	tĭək	竹力	zhi	tsʰək	tsək
丑	tʰĭəu	tʰĭəu	敕九	chou	tsʰuk/tsʰu	tsʰu

"系"和"颉"是两个很好的例子。不考虑两字声调和韵尾的差异,它们有相同的声母、介音和主要元音。但现代汉语里的声母完全不同。按照(20)的规则,"系"腭化成ɕi是很自然的,但"颉"腭化后不是ɕie,而是tɕie,这与正常音变不符。而且它们的汉字音中,"系"变成kje,"颉"变成

第十五章　不规则汉字音的成因

kal或hil。考虑到中古反切和自然音变的方向，这两个字应该读hje、hil。它们分别读kje、kal，表示依然保留着上古音的痕迹。两字是上古匣母字，匣母和晓母在古代韩国汉字音里一样读k-。百济地名中和匣母字"兮、何"对应的汉字是带k-声母的"支、葛、谷"。因此，"系"（kje）、"頡"（kal）再一次证明上古时期汉字开始传入古代韩国。

第三和第四个汉字"輒"（tsʰəp）和"陟"（tsʰək）牵涉送气音的问题。这两个字在汉语中是不送气汉字。两字都是入声字，所以与近代音时期浊音声母平声字从不送气音变成送气音无关。第十章提到，韩语送气音具有音位地位是从7世纪开始，而这两个汉字的读音应是7世纪以前形成的。这种例子在第十章中详细讨论过，这里再举几例。

（22）
汉字	现代汉语	上古汉语	韩国汉字音
洞	dong⁴	*dɔŋ	toŋ/ tʰoŋ
宅	zhai²	*deak	tɛk/tʰɛk
度	du⁴	*da/*dak	to/tʰak
征/徵	zheng¹/zhi³	*tĭəŋ/*tĭə	tɕiŋ/tɕʰi
则	ze²	*tsək	tsɨk/tɕʰik
布	bu⁴	*pua	po/pʰo
幅	fu²	*pĭwək	pok/pʰok
切	qie¹/qie⁴	*tsʰĭĕt/*tsʰĭei	tsəl/tsʰe
刺	ci¹/ci⁴	*tsʰĭe/*tsʰĭek	tsa/tsʰək

（21）最后一个字"丑"在韩国汉字音里有两个读音：tsʰuk和tsʰu，其中tsʰuk很特别。"丑"是去声字，中国古音里从未读过-k入声韵尾，也许这是汉字音辅音韵尾形成之前的痕迹。古代韩语的辅音韵尾形成时期，据第十一章介绍过的柳烈（1990）的学说，是8世纪以后。因此，"丑"的tsʰuk是之前形成的古音。韩国汉字音和汉语音之间的入声韵尾对应很整齐。就这一点来看，"丑"字的tsʰuk音确实很特殊。

ts^{h}uk音的另一可能是高本汉、李方桂等提出的"上古汉语闭音节说"的痕迹[①]。即,中古时期开音节汉字在上古时期同样看作带-b、-d、-g浊塞音韵尾的汉字。"丑"是幽部字,高本汉和李方桂都给它构拟了*-g韵尾。因此"丑"字有可能保留了这个韵尾。如果真是这样,那么这就是韩国汉字音保留的上古音痕迹。但我们很难想象所有的音节都是闭音节。而且即便如此,也只可能存在于非常早的上古时期。韩国汉字音能反映的汉语音最早估计是汉代音,两者之间相距甚远。所以,ts^{h}uk音是上古闭音节痕迹的可能性不大。

3.2 韵母

与声母相比,确定韩国汉字音韵母不规则读音的成因相对更难。能够指出的一个比较明显的趋势是,用低元音[a]代替高元音[i]。这种现象成因不明,部分例字如(23)所示。

(23)

	CR	*OC	*MC	FQ	MM	SK	SC
参	ʃĭəm	ʃĭĕm	所今	shen	sam	sim
师	ʃĭei	ʃi	疏夷	shi	sa	si
寺	zĭə	zĭə	详吏	si	sa	si
私	ʃĭei	si	息夷	si	sa	si
四	ʃĭet	si	息利	si	sa	si
士	dʒĭə	dʒĭə	鉏里	shi	sa	si
子	tsĭə	tsĭə	即里	zi	tsa	si
雌	ts^{h}ĭe	ts^{h}ĭe	此移	ci	tsa	tɕ$^{(h)}$i

第八章提到质部、脂部汉字的元音i在韩国汉字音中对应为a的例子。(23)提供了更多例证。(24)参考自袋山(洪起文)(1940),反映了韩国汉字音的元音低化现象及与汉语音的各种差异。

---

① 陈文备(2011 私下交流)指出了这种可能性。

第十五章　不规则汉字音的成因

(24)
CR	*OC	*MC	FQ	MM	SK	SC
魅	miət	mi	明秘	mei	mɛ	mi
畏	ĭwəi	ĭwe	于胃	wei	ø	wi
母	mə	məu	莫厚	mu	mo	mu
乞	kʰiət	kʰiət	去讫	qi	kəl	kɨl
阮	ŋĭwan	ŋĭwan	虞远	ruan	wan	wən

袋山（洪起文）（1940）也给出一个反例，"绷"字从上古音开始为前舌中低元音，但韩国汉字音却变成了后舌高元音。这种现象很独特，原因不明。

(25)
CR	*OC	*MC	FQ	MM	SK	SC
绷	peəŋ	pæŋ	北萌	beng	puŋ	pjəŋ

以上讨论了汉语和汉字音之间元音的差异。这些汉字音的元音比汉语音低，可是不易解释。未来需要搜集更多资料，集中分析元音的不规则发音。

4. 结语

本章试图分析现代汉语和韩国汉字音不规则读音的成因。汉语中避讳、防止混淆、历史和方言变化的遗留是不规则读音出现的主要原因。但这些因素与韩国汉字音不规则读音几乎没有关系。韩国汉字音中不规则读音的成因有很多，包括训读、单向的演化、古音的保留、不对称的腭化、相近字形和相同声符导致的类推、多音字导致的异读、元音低化的倾向和其他未知的原因。

虽然汉字本身可以传递读音，但有一定的局限性，所以普及审定的正音在通信不发达的过去是一件很难的事情。虽然 DeFrancis（1984a，1984b）强调汉字的表音功能，但本研究的结果表明，形声字准确提示语音的功能事实上相当有限。DeFrancis（1984b）提出汉语基本上是音节形式的表音书写体系，这一观点是值得商榷的。

参考文献

一、韩文文献

安炳浩（1984）《朝鲜汉字音体系研究》，平壤：金日成综合大学出版社。[안병호（1984）《조선 한자음 체계의 연구》, 평양 : 김일성종합대학 출판사。]

安相哲（2003）《优选论的语言分析》，首尔：韩国文化社。[안상철（2003）《최적성 이론의언어분석》, 서울 : 한국문화사。]

崔玲爱（1990）从中国古代音韵学看韩国语语源问题，《东方学志》67:309-340。[최영애（1990）중국 고대 음운학에서 본 한국어 어원 문제, 《동방학지》67:309-340。]

崔润铉（1998）[əy]单元音化[e]的历时研究，《江原人文论丛》6:5-25。[최윤현（1998）㎖ [əy]의 단모음화[e]에 관한 통시적 연구, 《강원인문논총》6:5-25。]

崔羲秀（1986）《朝鲜汉字音研究》，牡丹江：黑龙江朝鲜民族出版社。[최희수（1986）《조선한자음연구》, 목단강: 흑룡강조선민족출판사。]

崔玉花（2005）《韩国汉字词与中国方言词汇比较》，汉阳大学学士学位论文。[최옥화（2005）《한국한자어와 중국방언 어휘비교》, 한양대학교 학사졸업논문。]

崔允甲（年度不详）高句丽语、百济语、新罗语的韵尾，《朝鲜学研究》1:247-261。[최윤갑（연도미상）고구려어, 백제어, 신라어의 받침소리에 대하여, 《조선학연구》1: 247-261。]

袋　山（洪起文）（1940）误读增多的汉字音，《韩文》78:8。[대산（1940）오독이많아진 한자음, 《한글》78:8。]

东亚出版社编纂委（1990）《东亚新国语词典》（李基文监修），首尔: 东亚出版社。[동아출판사 편찬위（1990）《동아새국어사전》（이기문 감수）, 서울 :동아출판사。]

都守熙（1977）《百济语研究》，首尔：亚细亚文化社。[도수희（1977）《백제어연구》, 서울: 아세아문화사。]

都守熙（1987）《百济语研究I》，首尔：百济文化开发研究院。[도수희（1987）《백제어연구I》, 서울: 백제문화개발연구원。]

参考文献

都守熙（2000）《百济语研究 IV》，首尔：百济文化开发研究院。[도수희（2000）《백제어연구 IV》, 서울 : 백제문화개발연구원。]

韩森·芮乐伟（2005）《开放的帝国：1600年前的中国历史》，慎成坤译，首尔：喜鹊。[한센 발레리（2005）《열린 제국: 중국 고대-1600》, 신성곤 역, 서울:까치。]

姜宪圭（2003）《国语语源学通史》，首尔：以会文化社。[강헌규（2003）《국어어원학통사》, 서울: 이회문화사。]

姜信沆（1980）《鸡林类事高丽方言研究》，首尔：成均馆大学出版部。[강신항（1980）《계림유사 고려방언 연구》, 서울: 성균관대학교 출판부。]

姜信沆（1987）《训民正音研究》，首尔：成均馆大学出版部。[강신항（1987）《훈민정음연구》, 서울: 성균관대학교 출판부。]

姜信沆（1989a）韩国汉字音的昨天和今天，《国语生活》17:30-50。[강신항（1989）《한국한자음의 어제와 오늘》,《국어생활》17:30-50。]

姜信沆（1990）古代国语音节末辅音，《大东文化研究》25:7-28。[강신항（1990）고대국어의 음절 말 자음에 대하여,《대동문화연구》25:7-28。]

姜信沆（1997）韩国汉字音的舌内入声韵尾，《梧堂赵恒谨先生花甲纪念论丛》，青州：忠北大学国语教育系。[강신항（1997）한국한자음의 설내 입성 운미에 대하여,《오당 조항근선생 화갑기념논총》, 청주: 충북대학교 국어교육학과。]

姜信沆（2003）《韩汉音韵史研究》，首尔：太学社。[강신항（2003）《한한음운사연구》, 서울: 태학사。]

金富轼（1983）《三国史记》，李丙焘译，首尔：乙酉文化社。[김부식（1983）《三國史記》,이병도 역, 서울: 을유문화사。]

金荣晃（1978）《朝鲜民族语发展历史研究》，平壤：科学百科辞典出版社。[김영황（1978）《조선 민족어 발전 역사 연구》, 평양 : 과학백과사전출판사。]

金善基（1973）百济地名中的音韵变迁，《百济研究》4:23-36。[김선기（1973）백제지명 속에 있는 음운변천,《백제연구》4:23-36。]

金泰庆（2006）韩语词汇与闽方言词汇比较，《中国学报》54:19-35。[김태경（2006）한국어 어휘와 민방언의 어휘 비교,《중국학보》54:19-35。]

金完镇（1967）韩语发达史：音韵史，《韩国文化史大系》5:113-164，首尔：高丽大学。[김완진（1967）한국어발달사 : 음운사,《한국문화사대계》5:113-164, 서울 : 고려대학교。]

金完镇（1968）高句丽语t腭化现象，《李崇宁博士颂寿纪念论丛》，首尔：乙酉文化社。[김완진（1968）고구려어에 있어서의 t구개음화현상에 대하여,《이숭녕박사송수기념논총》, 서울: 을유문화사。]

金完镇（1970）早期韩中语言接触概况，《语学研究》6（1）:1-14。[김완진（1970）이른시기에 있어서의 한중 언어접촉의 일반에 대하여,《어학연구》6（1）:1-14。]

◆ 韩国汉字音新探

金武林（2012）《韩国语语源词典》，首尔：知识和教养。[김무림（2012）《한국어어원사전》, 서울: 지식과 교양。]

金秀清（音译）（1989）《对韩国学界有关三国时期语言历史见解的批判性考察》，平壤：平壤出版社。[김수경（1989）《세 나라시기 언어 력사에 관한 남조선학계의 견해에 대한 비판적 고찰》, 평양: 평양출판사。]

金垣中（2005）《韩国汉字词与中国方言词汇比较》，汉阳大学研究生院中国方言学研究报告。[김원중（2005）《한국한자어와 중국방언 어휘비교》, 한양대학교 대학원 중국방언학 연구보고서。]

金镇宇（音译）（1985）《语言理论及应用》，首尔：塔出版社。[김진우（1985）《언어 그이론과 응용》, 서울: 탑출판사。]

李宾汉（1994）《中国人的生活和文化》，首尔：金英社。[이벤허（1994）《중국인의 생활과문화》, 서울: 김영사。]

李丙焘（1971）《百济学术及技术的日本传播》，《百济研究》2:11-26。[이병도（1971）《백제 학술 및 기술의 일본 전파》,《백제연구》2:11-26。]

李丞宰（2013）《从汉字音看百济语辅音体系》，首尔：太学社。[이승재（2013）《한자음으로 본 백제어 자음체계》, 서울: 태학사。]

李得春（1994）《朝鲜语汉字语音研究》，首尔：书光学术资料社。[리득춘（1994）《조선어 한자어음 연구》, 서울: 서광학술자료사。]

李敦柱（1980）舌音系汉字腭化问题，《藏庵池宪英先生古稀纪念论丛》，首尔：刊行委员会。[이돈주（1980）설음계한자의 구개음화문제,《장암 지헌영선생고희기념논총》, 서울: 간행위원회。]

李敦柱（1995）《汉字音韵学的理解》，首尔：塔出版社。[이돈주（1995）《한자음운학의 이해》, 서울: 탑출판사。]

李海雨（1996）《通过日母字看韩国汉字音的起源问题》，《中国学论丛》5:229-250。[이해우（1996）《일모자를 통해본 한국한자음의 기원 문제》,《중국학논총》5:229-250。]

李海雨（1998）台湾白话音的上古音成分，中国语文学研究会第54回学术报告会，祥明女子大学天安校区，2.19。[이해우（1998）대만 백화음의 상고음성분, 중국어문학연구회 제54회 학술발표회, 상명여대 천안캠퍼스, 2.19。]

李基白（1990）《韩国史新论》（修订版初版），首尔：一潮阁。[이기백（1990）《한국사신론》（신수 초판）, 서울: 일조각。]

李基文（1965）关于近代汉语借词，《亚细亚研究》18:193-204。[이기문（1965）근세 중국어 차용에 대하여,《아세아연구》18:193-204。]

李基文（1972）《国语史概说》（修订版），首尔：塔出版社。[이기문（1972）《국어사개설》（개정판）, 서울: 탑출판사。]

参考文献

李基文（1981）吏读起源考察，《震檀学报》52:65-78。[이기문（1981）이두의 기원에 대한 일고찰，《진단학보》52:65-78。]

李基文（1998）《国语史概说》(新订版)，首尔：太学社。[이기문（1998）《국어사개설》（신정판），서울：태학사。]

李京哲（2003）《韩日汉字音体系比较研究》，首尔：宝库社。[이경철（2003）《한·일 한자음 체계의 비교연구》，서울: 보고사。]

李京哲（2006）《日本汉字音的理解》，首尔：爱书。[이경철（2006）《일본한자음의 이해》，서울：책사랑。]

李明奎（1990）腭化，《国语研究走到哪里》，首尔：东亚出版社。[이명규（1990）구개음화，《국어연구 어디까지 왔나》，서울：동아출판사。]

李男德（1985）《韩国语的语源1》，首尔：梨花女子大学校出版部。[이남덕（1985）《한국어의어원1》，서울: 이화여자대학교출판부。]

李男德（1986）《韩国语的语源4》，首尔：梨花女子大学校出版部。[이남덕]（1986）《한국어의어원4》，서울: 이화여자대학교출판부。]

李相度（1986）《破音字研究》，韩国外国语大学硕士学位论文。[이상도（1986）《파음자연구》，한국외국어대학교 석사학위 논문。]

李在辉（音译）（1996）带来茶的新罗人大廉，《朝鲜日报》5月24日。[이재휘（1996）차 가져온 신라인은 대렴，《조선일보》5월 24일자。]

李准焕（2008）汉字音送气音化和浊音清化的关联性再考和类型分类，《国语学》53:3-33。[이준환（2008）한자음 유기음화의 탁음청화와의 관련성 재고와 유형별분류，《국어학》53:3-33。]

刘昌惇（1964）《李朝语辞典》，首尔：延世大学校出版部。[유창돈（1964）《이조어사전》，서울: 연세대학교출판부。]

柳　烈（1983）《对于三国时期吏读的研究》，平壤: 科学百科辞典出版社；首尔：韩国文化社影印，1995。[류렬（1983）《세나라시기의 리두에 대한 연구》，평양:과학백과사전출판사；서울: 한국문화사영인，1995。]

柳　烈（1990）《朝鲜话历史1》，平壤：社会科学出版社。[류렬（1990）《조선말 력사1》，평양：사회과학출판사。]

柳　烈（1992）《朝鲜话历史2》，平壤：社会科学出版社。[류렬（1992）《조선말 력사2》，평양：사회과학출판사。]

南广祐（1969）《朝鲜(李朝)汉字音研究》，首尔：东亚出版社。[남광우（1969）《조선(이조)한자음연구》，서울：동아출판사。]

南广祐（1995）《古今汉韩字典》，仁川：仁荷大学出版部。[남광우（1995）《고금한한자전》，인천: 인하대학교 출판부。]

朴炳采（1968）古代三国的地名词汇考，《白山学报》5:51-134。[박병채（1968）고대삼

국의 지명어휘고, 《백산학보》5:51-134。]

朴炳采(1971a)国语汉字音的开封音起源说探疑, 《金亨奎博士颂寿纪念论丛》, 首尔: 一潮阁。[박병채(1971a) 국어 한자음의 개봉음 모태설에 대한삽의, 《김형규박사 송수기념논총》, 서울: 일조각。]

朴炳采(1971b)《古代国语的研究》, 首尔: 高丽大学出版部。[박병채(1971b)《고대국어의 연구》, 서울: 고려대학교 출판부。]

朴炳采(1989)《国语发达史》, 首尔: 世英社。[박병채(1989)《국어발달사》, 서울: 세영사。]

朴炳采(1990)《古代国语学研究》, 首尔: 高丽大学民族文化研究所。[박병채(1990)《고대 국어학 연구》, 서울: 고려대학교 민족문화연구소。]

朴英燮(1995)《国语汉字词汇论》, 首尔: 博而精出版社。[박영섭(1995)《국어한자어휘론》, 서울: 박이정출판사。]

桥本万太郎(1998)亚洲大陆语言扩散, 严翼相译, 《中国语语序研究》4:52-82。[하시모토 만타로(1998) 아시아 대륙에서의언어 확산, 엄익상 역, 《중국어어순연구》4:52-82。]

权仁翰(2009)《中世韩国汉字音训集成》(修订版), 首尔: J&C图书。[권인한(2009)《중세한국한자 음훈집성》(개정판), 서울: 제이앤씨북。]

任桂淳(1994)《韩国人对中国的单相思》, 首尔: 金英社。[임계순(1994)《한국인의 짝사랑 중국》, 서울: 김영사。]

水野俊平(2009)《百济和百济汉字音、百济语》, 首尔: 亦乐图书出版。[미즈노 슌페이(2009)《백제와 백제 한자음 백제어》, 서울: 도서출판 역락。]

文世荣(1940)《朝鲜语词典》(修订版), 京城: 朝鲜语辞典刊行会。[문세영(1940)《조선어사전》(수정판), 경성: 조선어사전간행회。]

吴贞兰(1988)《硬音的国语史研究》, 首尔: 翰信文化社。[오정란(1988)《경음의 국어사적 연구》, 서울: 한신문화사。]

萧悦宁(2014)《韩语近代汉音系借用语研究》, 韩国成均馆大学博士学位论文。[소열녕(2014)《한국어 근대한음계 차용어 연구》, 성균관대학교 박사논문。]

徐廷范(2003)《国语语源辞典》第3版, 首尔: 宝库社。[서정범(2003)《국어어원사전》제3판, 서울: 보고사。]

许 璧(1979)破音字小考, 《中语中文学》1:55-82。[허벽(1979) 파음자소고, 《중어중문학》1:55-82。]

许 雄(1985)《国语音韵学》, 首尔: 泉文化社。[허웅(1985)《국어 음운학》, 서울: 샘문화사。]

严翼相(1994a)韩国古代汉字上古音说, 《文镜》6:237-259。[엄익상(1994a) 한국고대한자 상고음설, 《문경》6:237-259。]

严翼相（1994b）韩国古代汉字音浊音声母存在与否，《语学研究》1:127–138。[엄익상（1994b）한국 고대 한자음 유성음 성모의 존재여부, 《어학연구》1:127-138。]

严翼相（1997a）音变的原理：规则性假说与词汇扩散，《中语中文学》20:1–33。[엄익상（1997a）음변화의 원리 : 규칙성가설과 어휘확산, 《중어중문학》20:1-33。]

严翼相（1997b）词汇扩散理论和适用，《源民学志》5:457–506。[엄익상（1997b）어휘확산 이론과 적용, 《연민학지》5:457-506。]

严翼相（1997c）中国饮食名的音韵学分析，《中国语文论丛》13:27–45。[엄익상（1997c）중국 음식명의 음운학적 분석, 《중국어문논총》13:27-45。]

严翼相（1998）多音字的中国音韵学分析，《中国语文学论集》10:381–425。[엄익상（1998）다음한자의 중국음운학적 분석, 《중국어문학논집》10:381-425。]

严翼相（2000）汉字音腭化的词汇扩散变化，《中国学报》41:197–231。[엄익상（2000）한자음구개음화의 어휘확산적 변화, 《중국학보》41:197-231。]

严翼相（2001）汉字音-l韵尾中国方音起源说的问题，《中语中文学》29:21–41。[엄익상（2001）한자음 -l운미 중국 방음 기원설의 문제, 《중어중문학》29:21-41。]

严翼相（2002a）《韩国视角下的中国语言学》，首尔：韩国文化社。[엄익상（2002a）《중국언어학 한국식으로 하기》, 서울 : 한국문화사。]

严翼相（2002b）汉语韩文标记法再修正案，《中语中文学》31:111–135。[엄익상（2002b）중국어한글표기법재수정안 , 《중어중문학》31:111-135。]

严翼相（2003）从中国音韵学的角度看百济汉字音的声母系统，《百济论丛》7:165–219。[엄익상（2003）중국음운학적 관점에서 본 백제한자음 성모체계, 《백제논총》7:165-219。]

严翼相（2004a）中国方言的传统分类与计量分析，《中国言语研究》18:27–52。[엄익상（2004a）중국 방언의 전통적 분류와 계량적 분석 , 《중국언어연구》18:27-52。]

严翼相（2004b）通过计量研究看中国方言的分化与合并，《中语中文学》34:179–197。[엄익상（2004b）계량적 연구를 통해 본 중국 방언의 분리와통합, 《중어중문학》34:179-197。]

严翼相（2005a）《韩国视角下的中国语言学》第2版，首尔：韩国文化社。[엄익상（2005a）《중국언어학 한국식으로 하기》제2판, 서울: 한국문화사。]

严翼相（2005b）寻找与韩国汉字音最接近的中国方言，《中国语文学论集》31:7–28。[엄익상（2005b）한국한자음과 가장 가까운 중국 방언 찾기, 《중국어문학논집》31:7-28。]

严翼相（2006）韩语里的汉语和汉语里的韩语 ，《真理自由》62:68–75。[엄익상（2006）한국말 속의 중국말과 중국말 속의 한국말, 《진리자유》62:68-75。]

严翼相（2007a）寻找与韩国汉字名词最接近的中国方言，《中国语文学论集》43:143–167。[엄익상（2007a）한국한자어 명사와 가장 가까운 중국 방언찾기, 《중국어문학논집》43:143-167。]

◆ 韩国汉字音新探

严翼相(2007b)汉语语音学、音系学相关韩语用语的问题,《中国文学》52:247-265。[엄익상(2007b)중국어 음성학·음운론 관련 한국어 용어의 문제,《중국문학》52:247-265。]

严翼相(2007c)百济汉字音韵母和声调之疑问,《中国言语研究》25:47-66。[엄익상(2007c)백제한자음의 운모와 성조에 대한 의문,《중국언어연구》25:47-66。]

严翼相(2007d)nal、il同源说的新解释,《中语中文学》41:105-124。[엄익상(2007d)날일동원설의 새로운 해석,《중어중문학》41:105-124。]

严翼相(2008a)如何研究汉字音,《中国语文学论集》48:61-84。[엄익상(2008a)한자음 연구 어떻게 할까,《중국어문학논집》48:61-84。]

严翼相(2008b)韩国古代汉字送气声母存在与否,《中国语文学论集》48:117-129。[엄익상(2008b)한국 고대 한자 유기음 성모 의존재여부,《중국어문학논집》48:117-129。]

严翼相(2008c)高本汉关于韩国汉字音假说的问题,《中国文学》54:241-261。[엄익상(2008c)한국한자음에 관한 칼그렌 가설의 문제점,《중국문학》54:241-261。]

严翼相(2008d)nə、na中国上古音说,《中国语文学论集》49:75-91。[엄익상(2008d)너·나 중국상고음설,《중국어문학논집》49:75-91。]

俞昌均(1980)《韩国古代汉字音研究I》,大邱:启明大学出版社。[유창균(1980)《한국고대한자음의 연구 I》, 대구:계명대학교 출판부。]

俞昌均(1983)《韩国古代汉字音研究 II》,大邱:启明大学出版社。[유창균(1983)《한국고대한자음의 연구 II》, 대구:계명대학교 출판부。]

俞昌均(1991)《三国时代的汉字音》,首尔:民音社。[유창균(1991)《삼국시대의한자음》, 서울:민음사。]

元钟实(1993)汉语破音字和韩国汉字读音中的异音别义现象小考,《春虚成元庆博士花甲纪念韩中音韵学论丛》第1卷,首尔:书光学术资料社。[원종실(1993)한어파음자와한국 한자 독음에 나타난 이음별의현상에 관한 소고,《춘허성원경박사 화갑 기념한중음운학는총》제1권, 서울:서광학술자료사。]

张荣俊(2000)韩国语的流音化和语言变化,《韩国语统辞结构新论》,首尔:博而精。[장영준(2000)한국어의 유음화와 언어 변화,《한국어 통사구조 새로보기》, 서울:박이정。]

张荣俊(2005a)关于流音化规则和韩国语语源的考察,《第35届韩国语学会全国学术大会发表论文集》,首尔女子大学,5.21。[장영준(2005a)유음화규칙과 한국어 어원에 대한 고찰,《제35차 한국어학회 전국학술대회 발표논문집》,서울여대,5.21。]

张荣俊(2005b)《走进语言》,首尔:太学社。[장영준(2005b)《언어 속으로》, 서울:태학사。]

张三植(1972)《实用新字典》,首尔:有经(音译)出版社。[장삼식(1972)《실용신

자전》, 서울: 유경출판사。]

张三植（1982）《大韩汉辞典》（再版），首尔：进贤书馆。[장삼식（1982）《대한한사전》（重版），서울: 진현서관。]

张世经（1990）《古代借字复数人名标记研究》，首尔：国学资料院。[장세경（1990）《고대 차자 복수 인명 표기 연구》, 서울: 국학자료원。]

沼本克明（2008）《面向韩国人的日本汉字音历史》，金正彬译，首尔：韩国学术院出版社。[누모토 카즈아키（2008）《한국인을 위한 일본한자음의 역사》，김정빈역，서울 : 한국학술원출판사。]

郑锡元（1992）《不可思议的中国人1》，首尔：图书出版大兴（音译）。[정석원（1992）《 불가사의한 중국인 1》，서울: 도서출판 대홍。]

朱星一（2001）关于韩国汉字音终声/-ㄹ/再考，《国际言语文学》3:145-157。[주성일（2001）한국한자음 종성 /-ㄹ/에 관한 재고, 《국제언어문학》3:145-157。]

二、中文文献

北京大学中国语言文学系语言学教研室编（1989）《汉语方音字汇》(第二版)，北京: 文字改革出版社。

北京大学中国语言文学系语言学教研室编（1995）《汉语方言词汇》(第二版)，北京: 语文出版社。

蔡　伟、汪　良编著（1988）《多音字读音手册》，北京: 北京出版社。

丁邦新（1998）汉语方言区分的条件，《丁邦新语言学论文集》，北京: 商务印书馆。

董绍克（2002）《汉语方言词汇差异比较研究》，北京: 民族出版社。

董同龢（1944/1975）《上古音韵表稿》，宜宾：四川李庄石印出版；台北: 台联国风出版社。

董同龢（1979）《汉语音韵学》，台北: 文史哲出版社。

龚煌城（2002）从原始汉藏语到上古汉语以及原始藏缅语的韵母演变，《汉藏语研究论文集》，台北："中研院"语言学研究所（筹备处）。

广文编译所（1986）《重校宋本广韵》，台北: 广文书局。

郭锡良（1986）《汉字古音手册》，北京: 北京大学出版社。

汉语大字典编辑委员会编著（1993）《汉语大字典》缩印本，成都、武汉: 四川辞书出版社、湖北辞书出版社。

何大安（1987）《声韵学中的观念和方法》，台北: 大安出版社。

侯精一主编（2002）《现代汉语方言概论》，上海: 上海教育出版社。

胡裕树（1992）《现代汉语》（增订本），香港: 三联书店。

◆ **韩国汉字音新探**

姜信沆（1989b）韩国汉字音内的舌音系字音变化，《"中研院"第二届国际汉学会议论文集 语言文字组》，台北："中研院"。

李方桂（1971）上古音研究，《清华学报》第1-2期。

李 荣等总编辑（1987）《中国语言地图集》，香港: 朗文出版（远东）有限公司。

李新魁（1963）上古音"晓匣"归"见溪群"说，《学术研究》第2期。

李珍华、周长楫编撰（1993）《汉字古今音表》，北京: 中华书局。

林山森、林 挺（1993）《多音字辨析字典》，福州: 福建教育出版社。

林 焘、耿振生（2004）《音韵学概要》，北京: 商务印书馆。

刘太杰、张玉来（1998）普通话不规则字音产生的原因，《语言教学与研究》第1期。

卢慧静（2014）《语言接触与语言层次研究—以韩国汉字音为例》，北京大学博士学位论文。

罗常培（1933）《唐五代西北方音》，"中研院"历史语言研究所单刊甲种之十二，上海："中研院"。

梅祖麟、罗杰瑞（1971）试论几个闽北方言中的来母s-声字，《清华学报》第1-2期。

潘悟云（2006）朝鲜语中的上古汉语借词，《民族语文》第1期。

潘悟云（2013）在东亚语言大背景下的韩汉同源观，《韩汉语言探讨》，首尔：学古房。

平山久雄（1998）普通话"铅"字读音的来源，《李新魁教授纪念文集》，北京: 中华书局。

曲晓云（2006）论"捐"字音，《中国言语研究》第23辑。

全广镇（1996）《汉藏语同源词综探》，台北: 学生书局。

尚玉河（1981）"风曰孛缆"和上古汉语复辅音声母的存在，《语言学论丛》第八辑，北京：商务印书馆。

申雅莎（2006）《韩汉音研究》，北京大学博士学位论文。

申祐先（2015）《韩国汉字音层次研究》，台湾大学博士学位论文。

申祐先（2016）论韩国汉字音ㄹ/-l/韵尾，《语言暨语言学》第2期。

王 力（1957/1988）《汉语史稿》上册，北京：科学出版社；《王力文集》第九卷，济南: 山东教育出版社。

王 力（1985）《汉语语音史》，北京：中国社会科学出版社。

王士元（1997）词汇扩散理论：回顾和前瞻，《中国语言学论丛》第一辑，北京：北京语言文化大学出版社。

王铁纯（1988）试论汉字多音异读现象的规范，《抚顺师专学报》第3期。

王兴汉主编（1994）《汉字异读字典》，郑州: 河南人民出版社。

吴世畯（2005）论汉-阿尔泰语准同源词，《中语中文学》第36辑。

徐通锵（1991）《历史语言学》，北京: 商务印书馆。

严 棉（1994）从闽南话到日本汉字音，《中国语文》第2期。

严翼相（1997d）韩国古代汉字为中国上古音说，《语言研究》第1期。
严翼相（2005c）韩国汉字音和中国方言的语音类似度，《语言暨语言学》第3期。
严翼相（2005d）韩日汉字音和中国方言之间语音类似度的计量研究，《韩国的中国语言学资料研究》，首尔: 学古房。
严翼相（2010）韩汉语言接触2200年，《韩中言语文化研究》第24辑。
严翼相（2013）韩汉汉字不规则读音的成因分析，《大江东去——王士元教授八十岁贺寿文集》，香港: 香港城市大学出版社。
严翼相（2014）探索百济汉字音和闽语的来源，*Journal of Chinese Linguistics*第2期。
严翼相、梁世旭主编（2008）《中国北方方言与文化》，首尔: 韩国文化社。
严翼相、远藤光晓编（2005）《韩国的中国语言学资料研究》，首尔: 学古房。
严翼相、远藤光晓主编（2013）《韩汉语言探讨》，首尔: 学古房。
杨耐思（1981）《中原音韵音系》，北京: 中国社会科学出版社。
余霭芹、远藤光晓共编（1997）《桥本万太郎纪念中国语学论集》，东京: 内山书店。
袁愈荌译、唐莫尧注（1991）《诗经全译》，贵阳: 贵州人民出版社。
远藤光晓（2013a）东亚语言中的"铅笔"，《韩汉语言探讨》，首尔: 学古房。
远藤光晓（2013b）东亚语言中的"风"与"江河"，《第五届韩汉语言学国际学术研讨会论文集》，杭州：浙江大学。
远藤光晓、严翼相编（2008）《韩汉语言研究》，首尔: 学古房。
曾大力编著（1994）《多音多义字实用字典》，长沙: 湖南出版社。
张清常（1993）《语言学论文集》，北京: 商务印书馆。
张日升、林洁明合编（1973）《周法高上古音韵表》，台北: 三民书局。
张渭毅（1999）《集韵》异读研究，《中国语言学论丛》第二辑，北京：北京语言文化大学出版社。
郑锦全（1988）汉语方言亲疏关系的计量研究，《中国语文》第2期。
郑锦全（1994）汉语方言沟通度的计算，《中国语文》第1期。
郑仁甲（1983）朝鲜语固有词中的"汉源词"试探，《语言学论丛》第十辑，北京：商务印书馆。
郑张尚芳（2003）《上古音系》，上海: 上海教育出版社。
周德清（1981）《音注中原音韵》，台北: 广文书局。
周法高（1973）《汉字古今音汇》，香港: 香港中文大学。
竺家宁（1991）《声韵学》，台北: 五南图书出版公司。

三、日文文献

河野六郎（1964-1965）朝鲜汉字音の研究，《朝鲜学报》31-35。

◆ 韩国汉字音新探

河野六郎（1968）《朝鲜汉字音の研究》，天理: 天理时报社。
藤堂明保外（1988）《汉字源》，东京: 学习研究社。
有坂秀世（1936）汉字の朝鲜音について，《方言》6（4）。
有坂秀世（1957）《国语音韵史の研究》，东京: 三省堂。

四、英文文献

An, Binghao(1991)Some problems in the reconstruction of Old Korean. *Korean Studies*15(1):99-112.

Aston, W. G. Tr.(1956) *Nihongi: Chronicles of Japan from the Earliest Times to A.D. 697.* London:George Allen and Unwin Ltd.

Baek, Eung-Jin(1978) *Sino-Korean Vowel Phonology*. University of Victoria. (Ph. D. Dissertation)

Baxter, William H.(1992) *A Handbook of Old Chinese Phonology*. Berlin & New York: Mouton de Gruyter.

Baxter, William H.(1995)Pre-Qieyun distinctions in the Min Dialects. In F.P. Tsao and M.H. Tsai (eds.). *Papers from the First International Symposium on Languages in Taiwan*, 393-406.

Baxter, William H. & Sagart Laurent(2014)*Old Chinese: A New Reconstruction*. New York: Oxford University Press.

Chang, Kuang-yu(1986) *Comparative Min Phonology*. University of California.Berkeley. (Ph. D.Dissertation)

Chang, Kun(1975) Dialect variations in Chinese historical phonology. *Bulletin of the Institute of History and Philology*46:613-635.

Chang, Namgui(1982) Phonological variations in 15th Century Korean. *Journal of Chinese Linguistics*, Monograph Series 1.

Chen, Matthew Y. & Wang William S-Y.(1975)Sound change: Actuation and implementation. *Language*51(2):255-281.

Cheng, Chin-chuan(1982) A quantification of Chinese dialect affinity.*Studies in the Linguistic Sciences*7(2):115-128.

Cheng, Chin-chuan(1991) Quantifying affinity among Chinese dialects. *Journal of Chinese Linguistics*, Monograph Series3:76-110.

Cheng, Chin-chuan(1996) Quantifying dialect mutual intelligibility. In Huang C.-T. Jmaes and Li Y.-H. Audrey(eds.).*New Horizons in Chinese Linguistics*, 269-292. Dordrecht: Kluwer Academic Publishers.

Cheng, Tsai-fa, Li Yafei & Zhang Hongming (1996) *Proceedings of the Fourth International*

Conference on Chinese Linguistics and the Seventh North American Conference on Chinese Linguistics. Los Angeles: GSIL University of Southern California.

Coblin, W. South(1983)*A Handbook of Eastern Han Sound Glosses*. Hong Kong: The Chinese University Press.

Coblin, W. South(1991) Studies in Old Northwest Chinese. *Journal of Chinese Linguistics*, Monograph Series 4.

DeFrancis, John（1984a）*The Chinese Language: Fact and Fantasy*. Honolulu: University of Hawaii Press.

DeFrancis, John(1984b) Phonetic versus semantic predictability in Chinese characters. *Journal of the Chinese Language Teachers' Association*19(1):1–21.

Dixon, Robert M. W.(1997)*The Rise and Fall of Languages*. Cambridge: Cambridge University Press.

Endo, Mitsuaki(2015) Language contact between Chinese and Japanese.In Wang William S-Y. and Sun Chaofen (eds.). *The Oxford Handbook of Chinese Linguistics*, 215–225.Oxford: Oxford University Press.

Eom, Ik-sang(1990) Problems in Karlgren's hypothesis on Sino-Korean.*Language Research*26(2):327–342.

Eom, Ik-sang(1991a) *A Comparative Phonology of Chinese and Sino-Paekche Korean*. Indiana University.(Ph.D. Dissertation)

Eom, Ik-sang(1991b) The Min dialects as the source of Sino-Paekche Korean.*The Proceedings of the Second International Symposium on Chinese Languages and Linguistics*, 220–237.

Eom, Ik-sang(1992) The Min dialects as the source of Sino-Paekche Korean. *Mungyeong*4:309–327.

Eom, Ik-sang(1994) Aspiration and voicing in Old Sino-Korean obstruents. In Young-Key Kim-Renaud(ed).*Theoretical Issues in Korean Linguistics*, 405–417. Stanford: CSLI Publications.

Eom, Ik-sang(1995) Some Old Chinese initials in Sino-Korean and Sino-Japanese. *Yuyan Yanjiu* 29(2):69–84.

Eom, Ik-sang(1996) An analysis of characters with multiple readings in Modern Sino-Korean. In Cheng Tsai-fa, Li Yafei & Zhang Hongming (eds). *Proceedings of the Fourth International Conference on Chinese Linguistics and the Seventh North American Conference on Chinese Linguistics*, 115–132. Los Angeles: GSIL University of Southern California.

Eom, Ik-sang(1999a) Different layers of borrowing: Sino-Korean characters with multiple readings. *Journal of Chinese Linguistics*27(2):27–44.

Eom, Ik-sang(1999b) Lexical diffusion of sound change in Sino-Korean. In Samuel Wang et al. (eds.).*Selected Papers from the Fifth International Conference on Chinese Linguistics*, 119–137. Taipei: Crane Publishing Company.

Eom, Ik-sang(2001) Pre-Qieyun phenomena in Old Sino-Korean. *Journal of Chinese Linguistics* 29(1):84−101.

Eom, Ik-sang(2002) The Origin of Sino-Korean Coda-l. *Korean Linguistics*11(1):101−117.

Eom, Ik-sang(2003) The mechanism of Sino-Korean palatalization. *Journal of Chinese Linguistics* Monograph Series20:175−215.

Eom, Ik-sang(2007a) Several Chinese words excavated from indigenous Korean lexicon. The 15th IACL Conference, New York,May 25−27.

Eom, Ik-sang(2007b) Fukienese, cantonese, or hakka: The phonologically affined Chinese dialects to Sino-Korean. In Sang-Oak Lee et al.(eds.). Promenades in Language, 153−175. Seoul: Hankook Munhwasa.

Eom, Ik-sang(2009) Discrepancies between sounds and graphs: Irregular readings of Chinese characters. *Written Language and Literacy*12(2):188−201.

Eom, Ik-sang(2015) 2,200 years of language contact between Korean and Chinese. In Wang William S-Y. and Sun Chaofen (eds.). *The Oxford Handbook of Chinese Linguistics*, 226−235. Oxford: Oxford University Press.

Fairbank, John K., Reischauer Edwin O.&Craig,A.M.(1989) *East Asia: Tradition and Transformation*. Boston: Houghton Mifflin Company.

Hannas, W.C. (1997) *Asia's Orthographic Dilemma*. Honolulu: University of Hawaii Press.

Hashimoto, M. (1977) Current developments in Sino-Korean studies. *Journal of Chinese Linguistics* 5(1):103−125.

Hashimoto, M. &Yu Chang-kyun(1973) Archaism in the hyang-tshal transcription. *Journal of Asian and African Studies*6:1−21.

Hock, Hans Henrich(1986) *Principles of Historical Linguistics*. Berlin & NewYork & Amsterdam: Mouton de gruyter.

Huang, C.-T. James&Li Y.-H. Audrey(1996) *New Horizons in Chinese Linguistics*. Dordrecht: Kluwer Academic Publisher.

Jang, Youngjun(2008) The Rule of /t/-lateralization and the origins of Korean words nat, nal, and il. *Journal of Chinese Linguistics*36(2):235−248.

Jeffers, Robert J.&Lehiste Ilse(1982) *Principles and Methods for Historical Linguistics*. Cambridge, MA: The MIT Press.

Jones, Charles(1993)*Historical Linguistics: Problems and Perspective*. London&New York: Longman.

Karlgren, Bernhard(1923) *Analytic Dictionary of Chinese and Sino-Japanese*. Paris: Libairie Orientaliste Paul Geuthner.

Karlgren, Bernhard(1926) *Philology and Ancient China*. Goteborg: Oslo Institute for

Sammenlignende kulturforskning.

Karlgren, Bernhard(1940) Grammata serica: Script and phonetics in Chinese and Sino-Japanese. *Bulletin of the Museum of Far Eastern Antiquities*12:1-471.

Karlgren, Bernhard(1954) Compendium of phonetics in ancient and archaic Chinese. *Bulletin of the Museum of Far Eastern Antiquities* 26:211-367.

Kim-Renaud, Young-Key(1994) *Theoretical Issues in Korean Linguistics*. Stanford: CSLI Publications.

Lee, Hae Woo(1994a) The origin of Sino-Korean. *Korean Linguistics*8(1): 207-222.

Lee, Hae Woo(1994b) A*n Etymophonological Comparison of Chinese Dialects, Sino-Japanese, and Sino-Korean.* University of Hawaii.(Ph.D. Dissertation)

Lee, Ki-moon(1963) A genetic View on Japanese. *Chosen gakuhō*27:94-105.

Lee, Sang-Oak, Kim Hyungsoo & Eom Ik-sang (2003) *Lexical Diffusion in Korean and SinoKorean. Journal of Chinese Linguistics*, Monograph Series 20.

Lee, Sang-Oak, Park Choong-Yon & Yoon James H.(2007) *Promenades in Language.* Seoul: Hankook munhwasa.

Lien, Chinfa(1997)The lexicon in competing changes. In 余霭芹、远藤光晓 (eds.). 《桥本万太郎纪念中国语学论集》, 117-125. 东京：内山书店.

Martin, Samuel E.(1966a) Lexical evidence relating Korean to Japanese. *Language*42(2):185-251.

Martin, Samuel E.(1996b) *Consonant Lenition in Korean and the Macro-Altaic Question.* Honolulu: University of Hawaii Press.

Martin, Samuel E.(1997) How Did Korean Get -l For Middle Chinese Words Ending in -t? *Journal of East Asian Linguistics*6(3):263-271.

Maspero, Henri(1920)Les dialecte de Tch'ang-ngan sous les T'ang. *Bulletin de l'Ecole Francaise d'Extreme-Orient*20:1-124.

Mathews, Robert H.(1931) *Mathew's Chinese-English Dictionary.* Shanghai: China Inland Mission & Presbyterian Mission Press.

Miller, Roy Andrew(1964)The reconstruction of the Japanese vowels. *Papers of the CIC Far Eastern Language Institute:*15-18.

Miller, Roy Andrew(1967) *The Japanese Language.* Chicago: The University of Chicago Press.

Miller, Roy Andrew(1989) Prolegomenon to a history of Korean. *Korean Studies*13(1):92-112.

Norman, Jerry(1988)*Chinese.* Cambridge: Cambridge University Press.

Norman, Jerry&Mei Tsu-Lin(1976)The austroasiatics in ancient south China: Some lexical evidence. *Monumenta Serica*32(1):274-301.

Oh, Young Kyun(2005)*Old Chinese and Old Sino-Korean.* The University of Wisconsin-Madison. (Ph.D. Dissertation)

Oh, Young Kyun(2007) Revisiting Old Chinese gē歌 rhyme group-some insights from Old Sino-Korean. The 15th IACL Conference, New York, May 25-27.

Oh, Young Kyun(2008) Dialectal variation from China or internal sound change in Korea? In Yan Yixiang and Liang Shixu (eds).《中国北方方言与文化》, 65-90. 首尔：韩国文化社.

Phillips, Betty S.(1984)Word frequency and the accentuation of sound change. *Language*60(2): 320-342.

Prince, Alan & Smolensky Paul(1993) *Optimality Theory* (Ms.). New Brunswick: Rutgers University.

Pulleyblank, Edwin G.(1978) The nature of Middle Chinese tones and their development to Early Mandarin. *Journal of Chinese Linguistics* 6(2): 173-203.

Pulleyblank, Edwin G.(1984) *Middle Chinese: A Study in Historical Phonology*. Vancouver: University of British Columbia Press.

Pulleyblank, Edwin G.(1991) *Lexicon of Reconstructed Pronunciation: In Early Middle Chinese, Late Middle Chinese, and Early Mandarin*. Vancouver: University of British Columbia Press.

Qian, Youyong(2018) *A Study of Sino-Korean Phonology: Its Origin, Adaptation and Layers*. London: Routledge.

Ramsey, Robert(1986) Inflecting stems of Proto-Korean. *Language Research*22(2):183-194.

Ramsey, Robert(1991) Proto-Korean and the origin of Korean accent. In William G.Boltz and Michael C. Shapiro(eds.).*Studies in the Historical Phonology of Asian Languages*, 215-238. Amsterdam & Philadelphia: John Benjamins Publishing Company.

Reischauer, Edwin O. & Fairbank John K.(1958) *East Asia: The Great Tradition*. Boston: Houghton Mifflin Company.

Schirokauer, Conrad(1978) A *Brief History of Chinese and Japanese Civilization*. New York: Harcourt Brace Jovanovich Publishers.

Schuessler, Axel(1987) *A Dictionary of Early Zhou Chinese*. Honolulu: University of Hawaii Press.

Sohn, Ho-min(1999)*The Korean Language*. Cambridge: Cambridge University Press.

Sung, Margaret M. Y. (1973) A study of literary and colloquial Amoy Chinese. *Journal of Chinese Linguistics*1(3):414-436.

Sung, Margaret M. Y. (1986) Phonology of Zhangpu dialect. *Journal of Chinese Linguistics* 14(1):71-89.

Sung, Margaret M. Y. (1992) Chinese dialects and Sino-Japanese. *Chinese Languages and Linguistics*1:563-585.

Ting, Pang-hsin(1975) *Chinese Phonology of the Wei-Chin Period*. Taipei: Institute of History and Philology, "Academia Sinica".

Ting, Pang-hsin(1988)A Min substratum in the Wu dialects. The 21th International Conference on Sino-Tibetan Languages and Linguistics, Sweden, October 7-9.

Vovin, Alexander(1993) About the phonetic value of the Middle Korean grapheme Δ. *Bulletin of the School of Oriental and African Studies*56(2):247-259.

Wang, William S-Y.(1969) Competing change as a cause of residue. *Language*45(1):9-25.

Wang, William S-Y. (1991) Languages and dialects of China. *Journal of Chinese Linguistics*, Monograph Series 3.

Wang, William S-Y. & Cheng Chin-chuan (1970) Implementation of phonological change: The Shuangfeng Chinese case. *Project on Linguistic Analysis*10:1-9.

Wang, William S-Y. & Lien Chinfa(1993) Bidirectional diffusion in sound change. In Charles Jones (ed.).*Historical Linguistics: Problems and Perspectives*, 345-400. London&New York:Longman.

Whitman, John B. (1985) *The Phonological Basis for the Comparison of Japanese and Korean*. Harvard University.(Ph.D.Dissertation)

Yan, Margaret M.(2006)*Introduction to Chinese Dialectology*. Muenchen: Lincom.

Yu, Chang-kyun(1970) The systems and characteristics of Modern Sino-Korean pronunciations. In Roman Jakobson and Shigeo Kawamoto (eds.).*Studies in General and Oriental Linguistics*, 659-679.Tokyo: TEC Company, Ltd.

附录　汉语外来词标记法对照表

续表

音节	政府案	严翼相案
a	아	아
ai	아이	아이
an	안	안
ang	앙	앙
ao	아오	아오
ba	바	빠
bai	바이	빠이
ban	반	빤
bang	방	빵
bao	바오	빠오
bei	베이	뻬이
ben	번	뻔
beng	벙	뻥
bi	비	삐
bian	볜	삐앤
biao	뱌오	삐오
bie	볘	삐에
bin	빈	삔
bing	빙	삥
bo	보	뽀
bu	부	뿌
ca	차	차
cai	차이	차이
can	찬	찬

音节	政府案	严翼相案
cang	창	창
cao	차오	차오
ce	처	처
cen	천	천
ceng	청	청
cha	차	차
chai	차이	차이
chan	찬	찬
chang	창	창
chao	차오	차오
che	처	처
chen	천	천
cheng	청	청
chi	츠	츠
chong	충	총
chou	처우	초우
chu	추	추
chuai	촤이	촤이
chuan	촨	추안
chuang	촹	추앙
chui	추이	추이
chun	춘	춘
chuo	춰	추오
ci	츠	츠

附录　汉语外来词标记法对照表

续表

音节	政府案	严翼相案
cong	충	총
cou	처우	초우
cu	추	추
cuan	촨	추안
cui	추이	추이
cun	춘	춘
cuo	춰	추오
da	다	따
dai	다이	따이
dan	단	딴
dang	당	땅
dao	다오	따오
de	더	떠
dei	데이	떼이
deng	덩	떵
di	디	띠
dia	댜	띠아
dian	뎬	띠앤
diao	댜오	땨오
die	뎨	띠에
ding	딩	띵
diu	듀	띠우
dong	둥	똥
dou	더우	또우
du	두	뚜
duan	돤	뚜안
dui	두이	뚜이
dun	둔	뚠
duo	둬	뚜오
e	어	어
ê	/	에

续表

音节	政府案	严翼相案
en	언	언
er	얼	얼
fa	파	파
fan	판	판
fang	팡	팡
fei	페이	페이
fen	펀	펀
feng	펑	펑
fo	포	포
fou	퍼우	포우
fu	푸	푸
ga	가	까
gai	가이	까이
gan	간	깐
gang	강	깡
gao	가오	까오
ge	거	꺼
gei	게이	께이
gen	건	껀
geng	겅	껑
gong	궁	꽁
gou	거우	꼬우
gu	구	꾸
gua	과	꾸아
guai	과이	꽈이
guan	관	꾸안
guang	광	꾸앙
gui	구이	꾸이
gun	군	꾼
guo	궈	꾸오
ha	하	하

◆ 韩国汉字音新探

续表

音节	政府案	严翼相案
hai	하이	하이
han	한	한
hang	항	항
hao	하오	하오
he	허	허
hei	헤이	헤이
hen	헌	헌
heng	헝	헝
hong	홍	홍
hou	허우	호우
hu	후	후
hua	화	후아
huai	화이	화이
huan	환	후안
huang	황	후앙
hui	후이	후이
hun	훈	훈
huo	훠	후오
ji	지	지
jia	자	지아
jian	젠	지앤
jiang	장	지앙
jiao	쟈오	쟈오
jie	제	지에
jin	진	진
jing	징	징
jiong	중	지옹
jiu	주	지우
ju	쥐	쥐
juan	쥐안	쥐앤
jue	줴	쥐에

续表

音节	政府案	严翼相案
jun	쥔	쥔
ka	카	카
kai	카이	카이
kan	칸	칸
kang	캉	캉
kao	카오	카오
ke	커	커
ken	컨	컨
keng	컹	컹
kong	쿵	콩
kou	커우	코우
ku	쿠	쿠
kua	콰	쿠아
kuai	콰이	콰이
kuan	콴	쿠안
kuang	쾅	쿠앙
kui	쿠이	쿠이
kun	쿤	쿤
kuo	쿼	쿠오
la	라	라
lai	라이	라이
lan	란	란
lang	랑	랑
lao	라오	라오
le	러	러
lei	레이	레이
leng	렁	렁
li	리	리
lia	랴	리아
lian	롄	리앤
liang	량	리앙

附录 汉语外来词标记法对照表

音节	政府案	严翼相案
liao	랴오	랴오
lie	례	리에
lin	린	린
ling	링	링
liu	류	리우
lo	/	(로)
long	룽	롱
lou	러우	로우
lu	루	루
lü	뤼	뤼
luan	롼	루안
lüe	뤠	뤼에
lun	룬	룬
luo	뤄	루오
ma	마	마
mai	마이	마이
man	만	만
mang	망	망
mao	마오	마오
me	머	머
mei	메이	메이
men	먼	먼
meng	멍	멍
mi	미	미
mian	몐	미앤
miao	먀오	먀오
mie	몌	미에
min	민	민
ming	밍	밍
miu	뮤	미우
mo	모	모

音节	政府案	严翼相案
mou	머우	모우
mu	무	무
na	나	나
nai	나이	나이
nan	난	난
nang	낭	낭
nao	나오	나오
ne	너	너
nei	네이	네이
nen	넌	넌
neng	넝	넝
ng	/	(응)
ni	니	니
nian	녠	니앤
niang	냥	니앙
niao	냐오	냐오
nie	녜	니에
nin	닌	닌
ning	닝	닝
niu	뉴	니우
nong	눙	농
nou	너우	노우
nu	누	누
nuan	놘	누안
nüe	눼	뉘에
nuo	눠	누오
o	/	(오)
ou	어우	오우
pa	파	파
pai	파이	파이
pan	판	판

◆ 韩国汉字音新探

续表

音节	政府案	严翼相案
pang	팡	팡
pao	파오	파오
pei	페이	페이
pen	펀	펀
peng	펑	펑
pi	피	피
pian	펜	피앤
piao	파오	파오
pie	폐	피에
pin	핀	핀
ping	핑	핑
po	포	포
pou	퍼우	포우
pu	푸	푸
qi	치	치
qia	차	치아
qian	첸	치앤
qiang	창	치앙
qiao	차오	챠오
qie	체	치에
qin	친	친
qing	칭	칭
qiong	충	치웅
qiu	추	치우
qu	취	취
quan	취안	취앤
que	췌	취에
qun	췬	췬
ran	란	란
rang	랑	랑
rao	라오	라오

续表

音节	政府案	严翼相案
re	러	러
ren	런	런
reng	렁	렁
ri	르	르
rong	룽	룽
rou	러우	로우
ru	루	루
ruan	롼	루안
rui	루이	루이
run	룬	룬
ruo	뤄	루오
sa	싸	싸
sai	싸이	싸이
san	싼	싼
sang	쌍	쌍
sao	싸오	싸오
se	써	써
sen	썬	썬
seng	썽	썽
sha	사	사
shai	사이	사이
shan	산	산
shang	상	상
shao	사오	사오
she	서	서
shei	세이	세이
shen	선	선
sheng	성	성
shi	스	스
shou	서우	소우
shu	수	수

附录　汉语外来词标记法对照表

续表

音节	政府案	严翼相案
shua	솨	수아
shuai	솨이	솨이
shuan	솬	수안
shuang	솽	수앙
shui	수이	수이
shun	순	순
shuo	숴	수오
si	쓰	쓰
song	쑹	쏭
sou	써우	쏘우
su	쑤	쑤
suan	쏸	쑤안
sui	쑤이	쑤이
sun	쑨	쑨
suo	쒀	쑤오
ta	타	타
tai	타이	타이
tan	탄	탄
tang	탕	탕
tao	타오	타오
te	터	터
teng	텅	텅
ti	티	티
tian	톈	티앤
tiao	탸오	탸오
tie	톄	티에
ting	팅	팅
tong	퉁	통
tou	터우	토우
tu	투	투
tuan	퇀	투안

续表

音节	政府案	严翼相案
tui	투이	투이
tun	툰	툰
tuo	퉈	투오
wa	와	와
wai	와이	와이
wan	완	완
wang	왕	왕
wei	웨이	웨이
wen	원	원
weng	웡	웡
wo	워	워
wu	우	우
xi	시	시
xia	샤	시아
xian	셴	시앤
xiang	샹	시앙
xiao	샤오	샤오
xie	셰	시에
xin	신	신
xing	싱	싱
xiong	슝	시웅
xiu	슈	시우
xu	쉬	쉬
xuan	쉬안	쉬앤
xue	쉐	쉬에
xun	쉰	쉰
ya	야	야
yan	옌	얜
yang	양	양
yao	야오	야오
ye	예	예

韩国汉字音新探

续表

音节	政府案	严翼相案
yi	이	이
yin	인	인
ying	잉	잉
yo	/	(요)
yong	용	용
you	유	요우
yu	위	위
yuan	위안	위앤
yue	웨	웨
yun	윈	윈
za	짜	짜
zai	짜이	짜이
zan	짠	짠
zang	짱	짱
zao	짜오	짜오
ze	쩌	쩌
zei	쩨이	쩨이
zen	쩐	쩐
zeng	쩡	쩡
zha	자	자
zhai	자이	자이
zhan	잔	잔
zhang	장	장

续表

音节	政府案	严翼相案
zhao	자오	자오
zhe	저	저
zhen	전	전
zheng	정	정
zhi	즈	즈
zhong	중	중
zhou	저우	조우
zhu	주	주
zhua	좌	주아
zhuai	좌이	좌이
zhuan	좐	주안
zhuang	좡	주앙
zhui	주이	주이
zhun	준	준
zhuo	줘	주오
zi	쯔	쯔
zong	쫑	쫑
zou	쩌우	쪼우
zu	쭈	쭈
zuan	쫜	쭈안
zui	쭈이	쭈이
zun	쭌	쭌
zuo	쭤	쭈오